国家社会科学基金项目资助

文化世界的意义结构

马克思主义哲学中国化向度

THE MEANING STRUCTURE OF
THE CULTURAL WORLD

THE CHINESE DIMENSION OF
MARX'S PHILOSOPHY

李晓元　著

社会科学文献出版社
SOCIAL SCIENCES ACADEMIC PRESS (CHINA)

目　录

第一版说明 …………………………………………………………… 1

导　论 ………………………………………………………………… 1

第一章　文化世界范式的历史演进
　　——文化世界总体意义的生成 ……………………………… 21
　一　文化世界的最初或发端是工作世界 …………………… 24
　二　吃穿住行性：日常生活文化的生成 …………………… 36
　三　权力与宗教：国家生活的文化跃升 …………………… 51

第二章　文化世界范式的空间进展 ………………………………… 75
　一　从乡村到城市：文化世界的城市化空间生态 ………… 75
　二　文化世界先大陆后海洋的空间运行逻辑
　　——以闽南海洋文化为范例 ……………………………… 92

第三章　文化世界观在哲学中的递进 …………………………… 131
　一　文化世界观递进的工作世界趋向 ……………………… 131
　二　西方马克思主义的工作世界指向 ……………………… 164
　三　从生活世界到工作世界
　　——许茨现象学的文化世界走向 ………………………… 171

第四章 马克思的多重文化世界理论 … 185
  一 马克思的哲学研究观
    ——哲学研究的多重文化世界指向 … 187
  二 马克思的生活世界总体观
    ——多重文化世界理论的逻辑起点 … 209
  三 马克思的工作世界本质观
    ——多重文化世界理论的价值核心 … 221

第五章 文化世界的意义结构 … 234
  一 文化世界的生活世界总体意蕴 … 234
  二 文化世界的工作世界本质规定 … 254
  三 文化世界的多重结构 … 268
  四 文化世界的价值、伦理与审美 … 292

第六章 文化世界的矛盾冲突与建构趋势 … 298
  一 文化世界的现实矛盾冲突 … 298
  二 文化世界建构的一般方法论 … 324
  三 文化世界建构的类型与境界 … 334

第七章 意识形态实例：哲学、宗教、诗文化 … 345
  一 哲学研究转型论 … 346
  二 妈祖文化的工作世界意义分析 … 359
  三 诗文化的意义向度 … 383

参考书目 … 406

后　记 … 412

第一版说明

本研究是笔者主持的国家社科基金项目《马克思主义哲学中国化的文化世界向度研究》的最终成果。由于这是一个较大课题，覆盖马克思主义哲学中国化和文化两大热点问题，正如立项申请书所论：是文化哲学基础研究，是以马克思主义哲学为指导，立足中国场域，又有世界维度，探究文化世界的一般意义结构。文化世界哲学是关于文化世界意义结构的理论体系，是对文化世界是怎么来的、什么是文化世界、怎样建构或创新文化世界等问题的探究。文化浩如烟海，文化世界辽阔无边，这样的课题涉及面非常广，研究起来非常复杂，研究什么不研究什么不应该以谁说的为标准，而只能以国家社会科学基金委给笔者的立项申请书为标准，只能以本研究申请书设定的主题、内容和内在逻辑结构为标准，这是国家规则，笔者应按规则研究，按申请书设计的任务、主题、对象、内容、结构研究。如申请书所论，本研究是一种开拓性、开创性的研究，所以，会与一些通常、惯常思维相异，这就容易造成一些误解。由此，下面先将笔者主持的国家社科基金项目《马克思主义哲学中国化的文化世界向度研究》的立项申请书关于本研究主题、目标、对象、内容、体系框架等方面的论证内容附于此处（对其内容结构、逻辑体系以及创新思想与方法等方面的详尽阐述请见"导论"部分）。其论证如下。

国外学界对马克思主义哲学中国化的研究，主要集中于毛泽东、邓小平等经典作家的理论维度，特别是在文化背景和文化生成机理的意义上，预示了马克思主义哲学中国化即立足中国文化实际的文化世界化过程。但国外学界未能形成马克思主义哲学中国化的文化世界向度的现实研究和命题研究，甚至也没有关于文化世界意义结构的独立研究，这方面的思想只是包含在一些文化哲学中。当代国外文化哲学有三个基本范式：一是以卡西尔为代表的人类文化哲学，二是以卢卡奇、葛兰西等人为代表的西方马克思主义的实践文化哲学，三是以胡塞尔、许茨等人为代表的现象学的生活世界文化哲学。这些研究都立足于西方文化实际探究文化世界的意义结构，这进一步表明，文化哲学不单是研究某些或某个具体的文化问题，也不只是脱离一定文化境遇抽象研究文化世界的一般意义。国外文化哲学向人的实践本质、生活世界乃至工作世界的复归，预示了文化哲学研究的现实世界特别是工作世界趋向。但这些文化哲学最终都把文化世界的意义结构归结为精神文化的意义结构或狭隘的意识化的主体间性关系。

国内学界在马克思主义哲学中国化的理论维度、经验视域以及生活世界向度等方面取得了丰硕研究成果，但尚未提出"马克思主义哲学中国化的文化世界向度研究"命题，也缺少这方面的实际研究。一些马克思主义哲学中国化的文化视野研究文论，探求了马克思主义哲学与传统文化、中西文化等具体文化形式结合的原则和路径，但还不是对现实文化世界意义结构的总体研究，还不具有文化世界观和方法论意蕴。从国内文化哲学研究格局看，基础研究集中于解构、传承马克思和一些国外经典作家既成的文化哲学理论以及文化哲学概念的辨析，并沿袭和形成了实践文化哲学和生活世界文化哲学等基本研究范式，实现了文化向实践或生活世界的复归；应用研究则主要是用既成的文化哲学理论探索中国文化的实际问题，并在文化全球化、文化软实力、文化模式与文化转型等方面取得了诸多研究成果。但这个格局尚缺失立足当今中国文化实际、用马克思主义哲学探究现实文化世界一般意义结构的文化哲学基础研究和创新研究，更没有揭示文化世界的工作世界基础。

马克思主义哲学中国化研究要有世界向度、现实向度，更要有现实世界总体向度。哲学是世界观的理论体系。马克思主义哲学中国化不只是用马克思主义哲学研究具体实际问题的哲学应用，其本质是立足中国实际、用马克思主义哲学研究现实世界总体的世界观和方法论，如毛泽东的实践哲学、矛盾哲学以及邓小平的唯物史观思想。马克思主义哲学中国化的文化世界向度研究，就是立足中国文化实际或文化境遇，同时又有世界维度，以马克思主义哲学为主导，探究现实文化世界的一般意义结构，建构以工作世界为核心范式的文化世界哲学新理论体系，亦即工作世界文化哲学。

本研究的理论意义：以现实文化世界意义结构为研究对象，开辟马克思主义哲学中国化的文化世界现实向度研究的新视域；开拓文化世界总体性、文化创造力、文化共同体与工作共同体等新概念的新内涵；开创以工作世界为核心范式的文化哲学新理论体系，即工作世界文化哲学，深化马克思主义哲学中国化的文化哲学基础研究；为文化理论、文化研究和文化创作提供工作世界文化哲学基础、方法和价值取向。实际应用价值：帮助社会、单位和个人建构文化世界，为其提供文化世界观、文化世界总体性方法论以及工作世界核心价值取向，为中国特色社会主义文化建设提供理论支持。

本研究的主要内容分三部分，一是历史考察，二是逻辑演绎与理论解构，三是现实描述与解析。具体内容主要有：文化世界范式的历史演进；文化世界观在哲学中的递进；马克思哲学的文化世界理论；文化世界的生活世界总体意蕴；文化世界的工作世界本质；文化世界的多重结构；文化世界的价值体系；文化世界的矛盾倾向与建构路径。

根据上述研究主题和研究内容框架，本研究针对几个容易误解的问题特做如下几点说明和强调。

（1）关于本研究的主题问题。按立项申请书所论证，本研究的研究对象和主题是"文化世界的意义结构"，是"文化哲学基础研究"，研究目标是建构以工作世界为核心范式的文化世界哲学新理论体系。"马克思主义哲学中国化"只是以马克思主义哲学为指导、立足中国文化实际又有世界维度的一个现实向度和理论视角。"马克思主义哲学中国化研究"

有两个向度或两条路径：一是研究既成的马克思主义哲学中国化的理论、历程、经验、路径等；二是以马克思主义哲学为导向，立足中国实际或中国境遇探寻现实世界的总体意义或总体问题。本研究属于后者。这里所说的"中国化"，既要立足中国实际，又要有世界维度或世界意义。同理，"马克思主义哲学中国化的文化世界向度研究"亦有两个向度或两条路径，即中国化的文化世界理论研究和中国化的文化世界现实研究。本研究属于后者。这里所说的"中国化的文化实际"，既要立足中国实际，又要有世界维度，即立足中国文化实际并不只是讲中国文化，还要涉及世界文化，还要有世界普遍意义。本研究对文化世界意义结构的探究，都体现了现实文化世界的两个维度，既立足中国实际，又追寻世界普遍意义。这里特别强调，本研究不研究马克思主义哲学中国化或马克思主义文化哲学中国化的理论——包括中国化的历史、经验、路径等，这些方面已经有大量的研究成果。本研究是笔者立足中国文化实际，同时有世界维度，用马克思主义哲学探究现实文化世界的一般意义结构，将马克思主义哲学中国化。而诸如"马克思主义哲学中国化的文化意义""马克思主义哲学中国化与传统文化和世界文化的关系"等问题就更不在本研究的研究框架上了。

切不可一提"马克思主义哲学中国化研究"就误以为是研究已有的或既成的马克思主义哲学中国化的理论成果，马克思主义哲学中国化研究，不只是研究现成的中国化成果，还包括研究者主体创造出有价值的中国化成果。作为马克思主义哲学中国化的现实世界维度的研究，只要坚持以马克思主义哲学为指导，以中国为基点同时又有世界维度，探究现实世界的总体意义或一般意义就可以了，不必非得研究上述"什么是马克思主义哲学中国化"之类的问题。比如毛泽东的《实践论》《矛盾论》都是立足中国又有世界维度，探究实践观、认识论、矛盾观的一般理论问题，都是典型的马克思主义哲学中国化成果，但毛泽东在这些成果里只是就实践论实践，就矛盾论矛盾，并没有讲马克思主义哲学中国化的概念问题以及怎样中国化的经验路径等问题，更没有讲马克思主义哲学中国化同中国实践或世界实践以及与中国矛盾或世界矛盾的关系。正是由于这种惯常的理论化研究范式，长期以来学界形成了一种惯常的思维，即一提"马克思主义哲学中国化研究"就是研究别人创造出来的现成的中国化理论，而不是自己去研究现实世界，自己去创造、创新。创造中国化成果，不只是经典作家的专利，普通研究者都有权利、有责任自己去创造中国化成果，而不只是研究别人的中国化成果。正如习近平总书记指出的，哲学社会科学研究要以人民为中心，要以马克思主义为指导，立足中国，面向世界，要研究人民群众的现实生活特别是创造性实践。这为包括马克思主义哲学在内的马克思主义中国化研究指明了一条面向现实世界、面向人民实践的道路。作为中国化研究者，除了要研究好既成的中国化理论特别是经典作家的中国化理论，还要进行实际性的中国化研究，即以马克思主义为指导，立足中国又放眼世界，探究现实世界或人民群众的实践意义，而不能总是在中国化的概念、经验路径上打转。

但是，概念问题该澄清的也要澄清，避免产生误解。鉴于毛泽东等经典作家的马克思主义哲学中国化成果，笔者认为，马克思主义哲学中国化就是以马克思主义哲学为指导，立足中国实际又有世界维度，探究现实生活世界或社会发展的普遍规律、普遍意义、普遍方法，从而为解决中国实际问题提供普遍规律、意义和方法的指导，即世界观和方法论指导。其研究对象并不是中国实际，而是现实世界的普遍规律、普遍意义、普遍方法，中国实际只是这种研究的一个根本的立足点、基点，且不是唯一的基点，因为还要有世界维度。长期以来，一些惯常的思维误以为马克思主义哲学中国化就是用马克思主义哲学研究中国实际问题，这就混淆了马克思主义哲学中国化的研究对象和研究基点，即便是一些经典作家在研究中国实际中发展了马克思主义哲学，亦不表示马克思主义哲学中国化的研究对象是中国实际，而只能说明中国实际是研究的一个立足点、基点，即便是马克思主义哲学应用研究也是强调通过研究中国实际创新具有普遍世界意义的哲学理论。因为哲学的本性就是世界观和方法论，没有普遍的世界观和方法论意义就不是哲学，而是其他学科。马克思主义哲学的研究对象是世界的普遍规律，马克思主义哲学中国化的研究对象也不例外，只不过这些"世界普遍规律"更贴近、更适合中国实际。不能把马克思主义哲学中国化研究等同于研究中国实际问题的具体学科，这是悬置、消解和去马克思主义哲学的实用主义思想倾向。

（2）关于对"立足中国文化实际"的理解问题。文化世界哲学的总体范式是文化世界或生活世界，核心范式是工作世界，是工作世界范式使本研究的文化世界和生活世界范式有了与众不同的意义。"立足中国实际"、"立足中国文化实际"或"立足中国文化境遇"，是立足中国"文化世界"的实际或境遇，其本质或核心是工作世界实际或境遇，而工作世界的本质或核心是工作世界结构。由此，作为儒家、道家的思想文化或传统文化，都属于精神意识形态文化，并不在中国文化世界结构或本质的框架或层次上，由此，本研究所说的立足中国文化实际并不是通常、惯常思维所理解的传统文化实际，而是在文化世界哲学意义上的生活世界特别是工作世界结构实际。当然，文化世界的生活世界总体性意义，也包括传统文化等思想文化实际。但它们都不处在文化世界结构的层次上，都不是"立足中国文化实际"的核心部分。尽管如此，本研究亦重视对中国传统文化的探究，如第二章第二部分就是以闽南文化为范例探究文化世界先大陆后海洋的空间运行逻辑，第五章探究关于文化世界的意义结构问题，第六章探究文化世界的矛盾冲突与建构问题，特别是资源型文化向创造型文化的转型问题，都适当地提及、论及和阐述了传统文化问题。另外，本研究所说的"立足中国文化实际"，"既要有现实向度"，更要有"现实世界总体向度"，即生活世界总体特别是工作世界结构向度，而不只是通常、惯常思维所指向的某些具体的文化问题。

"中国文化实际"是本研究的立足点，但只是一个现实场域（同时有世界维度），并不是本研究的对象和主题，研究对象和主题是"文化世界的意义结构"。从中国文化实际的文化世界意义看，本研究在立足中国文化实际方面有足够的数量或充足率。本研究第二章第一部分对城市文化空间的研究，讲了大量中国城市文化的实际，第二部分整个都是立足于中国闽南文化讲文化世界先大陆后海洋的空间运行逻辑。从第五章到第七章，特别是第六章"文化世界的矛盾冲突与建构趋势"，特别是归结的"七大冲突"问题和"六大建构趋向"的研究，都考察、探究了大量中国文化实际问题，都是立足中国文化实际，又具有"世界向度"。这一点亦如申请书所说："马克思主义哲学中国化研究，不仅要有中国实际，还要有世界向度，更要有现实世界总体向度"。还有，第七章关于意识形态实例的研究，从哲学文化到宗教信仰文化到诗文化，既立足中国文化实际，又有世界维度。

切不可一提中国文化实际就误以为是传统文化、精神文化或意识形态文化，中国文化实际的总体是人民大众的生活世界文化，基础和核心是人民大众的工作世界文化，根本是人民大众的工作创造力文化。文化的精髓、精华、实质、基础和核心，都在于人民群众的生活世界特别是工作世界，精神文化或意识形态文化不过是生活世界或工作世界文化实际的反映、折射、回声以及能动的超越和导向。我们通常所说的哲学是文化的精髓，实际只是局限于精神文化的视域，"哲学是时代精神的精华"说的就是哲学是时代"精神"文化的精华，而不是时代的文化世界的精华，哲学作为一种文化精华不过是对生活世界特别是工作世界文化精华的反映、抽象或意识化的建构。在文化世界总体性意义上，任何时代的文化精华都不可能是哲学或其他什么意识形态，而只能是人民大众的生活、工作创造或社会变革实践。比如中国古代文化的精华就不可能只是道家、儒家的思想文化，而且是中华民族创造的辉煌的历史。

（3）关于文化哲学体系建构问题。本研究主题、对象、目标、任务都不是梳理已有的文化哲学、生活世界哲学的理论体系，而是通过考察历史、理论和逻辑，建构以工作世界为核心范式的文化世界哲学新理论体系，特别是第三章"文化世界观在哲学中的递进"，就是将整个文化哲学理论做了一个有创新性的逻辑化、体系化的梳理和建构，其中就包含生活世界理论、西方马克思主义理论的"有机理论体系"，特别是以"文化世界观的工作世界趋向"，来梳理和建构从古代到现当代的已有的文化哲学理论的有机体系，在学界应该是开拓性的。如有的鉴定专家评价指出："该成果从文化世界系统研究马克思主义哲学中国化问题在学术界较为鲜见。把马克思主义的实践、生产、劳动对社会和人的存在的基础作用拓展和延伸为具有主体化、现实化、实体化和具体化的工作世界问题，阐述马克思主义的文化世界理论或哲学是以生活世界为总体、以工作世界为核心的多重文化世界理论；文化世界是工作世界、日常生活和国家生活的三个基本范式的总体等观点富有启发性，代表了研究者具有很强的思想能力和学术创新能力。""主要建树：在理论方面，该成果在坚持马克思主义生产、实践、劳动观的基础上提出了工作世界概念，并对其进行了逻辑严密、学理深刻的界定和阐述，开创和建构起以工作世界为核心范式的文化世界哲学新理论体系。"又有鉴定专家认为："该研究的突出特色：该研究融通古今中外，占有资料丰富，视野开阔……与目前理论界对该类问题的总体研究状况相比较提升了其理论视野和理论站位的宽度、高度和深度。"

上述的说明只想证明，我们诚实地按规则研究，不折不扣，我们只能按自己设计的配方"酿酒"，不可能"另起炉灶"，被动地按别人提供的配方勾兑"可乐"。我们将时刻牢记马克思在《政治经济学批判》序言中的告诫与激励："但是在科学的入口处，正像在地狱的入口处一样，必须提出这样的要求：'这里必须根绝一切犹豫；这里任何怯懦都无济于事。'"

最后一个说明，本书原计划于2015年末出版，但由于其他原因耽搁了。本书作为文化世界创新哲学，作为创新哲学，出版时正是国家确立创新发展理念、民间创新文化风起云涌的时候。"日新之谓盛德"，"苟日新，日日新，又日新"。惯常的口味，虚妄的自尊，自私的偏见，新生无处不在，藩篱亦无处不在。思想的藩篱首先要靠思想去冲破。刺激与冲击、诞生与涌现，荡涤与淹没，汹涌与沉寂，创造创新的风浪已经掀起，文化世界必将走进一个创造创新时代！

"为避免误解而做说明"，何为误解？误解通常就是用惯常的思维或公识化的知识审视新生或原创的成果、作品时所产生的不符合甚至完全背离原成果或作品的歧义、意见、鉴定及评判。误解源于惯常思维或公识范式对创新成果或原创作品的排斥与对立，会导致误解者与被误解者之间的分歧和冲突。而消除误解常常就是被误解者针对容易误解的问题，通过解释、说明的方式再一次将创新成果或作品更明白地呈现给误解者，从而达到彼此互相确认、互相信从的效应。这恰好就是一次既成文化与创新文化、公识范式与潜能范式的互动过程，如此可以说，误解也是学术、文化或社会生活进步的一种动力。如此，"说明""第一版说明"之类的行为就应该是一个文化新生和范式进化的必要的文化生态，就像"导论"这种文化符号一样，"第一版说明"作为学术文化符号通常会扮演比"导论"更核心、更有关联性和世界张力的"说明"角色，且在面对误解的各种"说明"中，还会发现新问题，生成新思想。而"导论"一般就是对成果本身的研究对象、内容、逻辑框架、创新之处的更为具体的"说明"。

本研究是以工作世界为核心范式的文化世界哲学研究，主题既立足中国又有世界维度，提出和阐明文化世界的一般意义结构问题。对于文化世界这样一个大概念，仅仅将其界定为主体化世界或生活世界显然是无济于事的，必须探究其总体意义、本质意义、结构意义、价值伦理审美意义以及冲突与建构意义等方面，这就要从过去的历史和已有的理论说起。而无论从哪里说起、从什么说起，都离不开工作世界范式。文化世界是本研究的总体范式，工作世界是本研究的核心范式。通篇一条主线就是把文化世界或生活世界范式建立在工作世界范式基础上，探究工作世界特别是工作创造对文化世界的基础和源泉意义。在本研究中，从根本上说，是工作世界范式使文化世界或生活世界范式有了与众不同的意义。而工作世界作为一个学术范式，在中国，也不再是一个"一厢情愿"的主观自在或孤独运行的范式。当然，作为一个初始的国家研究范式，还要不断地从潜能范式向普遍的显在的现实范式涌现。从"无情无愿"的客观自在范式到"一厢情愿"的主观自在、自为、自立范式再到"潜能涌现"的普遍显在范式，这或许就是范式运行的正当过程和艰难轨迹吧。

　　从工作生存论的意义上说，人民大众真正的物质家园、精神家园、梦想家园以及话语家园，都在工作世界，在共创共享的工作世界共同体。文化世界历史演进的基础是工作世界，文化世界观的递进趋向是工作世界，西方马克思主义的社会批判理论指向工作世界，许茨的生活世界现象学走向工作世界，马克思毕生都在关注和探究人民大众的工作世界。那我们的哲学研究、文化研究以及意识形态离工作世界还会远吗……

李晓元
2016 年 5 月 20 日

导　　论

　　本研究以马克思主义哲学为主导，以文化世界的历史演进为逻辑前提，呼应文化世界观递进的生活世界特别是工作世界趋向，立足中国场域又有世界维度，探究文化世界的一般意义结构。作为一个"课题"，它被称为"马克思主义哲学中国化的文化世界向度研究"。为了叙述方便，我们给这种研究一个学名叫"文化世界哲学"，以别于已有的生活世界文化哲学、实践文化哲学、人类文化哲学等其他文化哲学范式。当然，文化世界哲学也是文化哲学，并与其他文化哲学互相照看。文化世界哲学亦可称为"当代中国马克思主义文化哲学"，在核心范式的意义上，亦可称为"工作世界文化哲学"。文化世界哲学将创造、工作创造、工作共同体创造视为工作世界乃至整个文化世界的三位一体本质和最高境界，诉诸资源型文化世界向创造型文化世界转型，亦是文化世界创新哲学，而创新哲学即文化世界创新哲学。

　　概言之，文化世界哲学就是关于文化世界意义结构的理论体系，是对文化世界是怎么来的、什么是文化世界、怎样建构或创新文化世界等问题的探究。这里，"文化世界意义结构"一语不是指文化世界的意义和结构，而是指文化世界意义的关联体系，具体就是总体意义、本质意义、结构意义、价值伦理审美意义以及矛盾冲突意义与建构意义等一系列意义的关联体系，即这些意义的关联体系构成文化世界的意义结构。由此，"意义结构"当中的"结构"也不是指文化世界的结构，后者的结构作为结构意义仅是文化世界意义结构这一体系当中的一个深层次的意义规定，或者说文化世界的结构意义是文化世界意义结构中带有根本性的意义层次，文化世界的一系列意义都根源于文化世界的结构。

那么，"文化世界哲学"这一概念的合法性何在呢？这首先要从"工作世界"这一概念的合法性说起，因为文化世界哲学是以工作世界为核心范式的关于文化世界意义结构的理论体系，它把生活世界文化哲学建立在了工作世界基础上。文化世界哲学的总体范式是文化世界或生活世界，核心范式是工作世界，是工作世界范式使本研究的文化世界和生活世界范式有了与众不同的意义。在同生活世界文化哲学等文化哲学范式相对而言的语境中，在核心范式的意义上，文化世界哲学亦可称为工作世界文化哲学，但它并不只是探寻工作世界的意义，而是在工作世界基础上探究文化世界或生活世界的总体意义。从此意义上说，工作世界概念的合法性问题即文化世界哲学及其研究的合法性问题。

如果一个上班族的妈妈送她的三岁小孩去幼儿园，告别时对孩子说"妈妈去工作"，孩子一定能听懂，一定知道自己的吃穿住行以及每天在幼儿园的生活要靠爸爸、妈妈的工作支撑，一定知道自己的生命要靠爸爸、妈妈的工作来养育。而如果这个妈妈临别时对孩子说"妈妈去实践"或"妈妈去生产"，孩子一定会觉得莫名其妙。也就是说，人依靠工作生存这是三岁小孩都懂得的生存论。"任何一个民族，如果停止劳动，不用说一年，就是几个星期，也要灭亡，这是每一个小孩都知道的。"① 马克思也认为，人依靠劳动即工作生存是三岁小孩都知道的生存论。人依靠工作生存，靠工作创造生活、生命和文化，一个连三岁小孩都知道的生存论，一个现实生活中人人都知道的生存论、生活哲学或文化哲学，为什么哲学中没有这种生存论、生活哲学或文化哲学，这样问就有些绝对了。其实，马克思主义哲学当中就有丰富的工作生存论或工作文化哲学，只是我们没有注意而已。如马克思的《资本论》就是对资本主义的工作世界做了淋漓尽致的剖析，就是工作世界文化哲学。马克思主义讲实践、生产、劳动对社会和人的存在的基础作用，就是讲工作世界基础作用，因为工作是生产、劳动、实践的具体化、实体化、现实化和主体化，是本质的或现

---

① 《马克思恩格斯选集》第4卷，人民出版社，1995，第580页。

实的生产、劳动和实践活动。此外，人类文化哲学的代表人物卡西尔明确地把工作视为文化世界的核心，马尔库塞等西方马克思主义者的日常生活世界理论和社会批判理论都指向工作世界这个核心，生活世界现象学家许茨更是在现象学的意义上将工作世界置于生活世界的基础与核心层次。摩尔根的《古代社会》一书把人类文化的历史看成由工作技术、工作发明创造以及工作关系支撑和推动的历史。工作世界作为一个哲学范式早已在现当代哲学中流行，作为一个文化范式早已在文化世界和文化哲学中流传，只是还没有形成一个以马克思主义哲学为主导的以工作世界为核心范式的文化世界哲学理论体系，也没有形成系统阐述工作世界概念范式的理论系统。卡西尔把工作符号化，许茨把工作意向化，马尔库塞把工作技术化，这些持有工作生存论或工作世界文化哲学思想的人，都在很大程度上消解、遗漏甚至悖逆了工作世界的意义。工作世界的总体意义是什么，工作世界的本质意义是什么，工作世界的结构意义是什么，这些都还是悬而未决的问题或被遗漏的问题，至多是形成了许茨现象学的主体间性意义结构的理论。而工作世界的意义注定了文化世界的意义，由工作世界意义引发的文化世界的意义结构问题，即文化世界的总体意义是什么，文化世界的本质意义什么，文化世界的结构意义是什么，文化世界的价值伦理审美意义、矛盾冲突意义以及建构类型和境界意义是什么，这些问题特别是文化世界的工作世界本质与结构问题，也在很大程度上还是悬而未决的问题或被遗漏的问题。

　　工作世界作为一个根源性的意义的范式、生活世界或文化世界范式，我们认与不认、信与不信，它都客观地或主观地摆在现实、历史和理论中。这是工作世界范式合法性的现实、历史和理论根据。工作世界概念的合法性还有相对于实践、生产、劳动三个概念的合法性，因为这些概念在很大程度上是同一的概念，又在很大程度上不是同一的概念。因为同一性，工作世界概念获得了与其他三个概念在文化世界或生活世界中的同等程度的基础、核心与本质意义，又因不同性或差异性，工作世界概念成就了与其他三个概念相对而生、相对而在的独立生态，表明了工作世界概念具有其他概念不可替代的优越性和存在性。

　　工作是一个世界，即工作世界；实践、生产、劳动亦都是一个世界，即实践世界、生产世界、劳动世界。由此，这里所说的工作世界与其他三个概念的关联也指向这三个世界概念，同样，其他三个概念与工作世界的关联也指向工作这一概念。而在这些概念的关联性中，工作世界与实践的关联最为明晰，几乎是不证自明，因此最容易表明，即工作也是实践，而且是根本性的实践，实践除了工作实践还有吃穿住行等日常生活实践。工作世界是实践或实践世界的本质规定。由此，工作世界概念就很容易获得了与实践概念相对存在的合法性。接下来主要说明工作世界概念相对生产和劳动两个概念的合法性。工作与生产，或工作世界与生产世界，或工作活动与生产活动，其关联与差异主要包括以下三个方面。

其一，生产实际上是社会生产和个人生产的总体，后者即主体化的工作活动，是社会生产的主体化、日常化、实体化、具体化。当我们说生产的时候关注的是生产活动本身，主要是物的方面或物化世界，而不管是谁进行的；而当我们说工作的时候关注的是谁的工作，是主体。由此，在观念上生产往往也被误解为总体的社会生产或物的生产，而工作就是主体的劳动活动或主体化的世界。马克思唯物史观的生产概念既是总体的社会生产也是个人主体的工作生产，社会基本矛盾即生产力和生产关系是社会生产结构也是日常个人工作世界结构。但人们对唯物史观的理解往往是把生产只理解为总体的社会生产，把社会基本矛盾只理解为总体的社会生产结构或社会结构，忽略了主体化或个人化的工作世界生产和结构，对历史、社会、人只有总体的社会生产基础和结构的分析，缺失主体化的工作世界基础和结构的分析。这就给一些西方学者提供了曲解马克思主义哲学的口实或借口，即他们总是把马克思主义哲学说成社会总体层面的宏大叙事，是缺少经验和实在的形而上学体系，缺少对人和日常生活的关注，等等。工作世界是社会生产活动的主体化、实体化、具体化，工作世界结构即工作力和工作关系的关系是社会生产和社会结构即社会基本矛盾结构的主体化、具体化和实体化，社会生产结构与工作世界结构二者是总体与具体、宏观与微观的关系，没有原则的界限，并在不同语境中互相支持、解释和转换。

马克思指出："因此，说到生产，总是指在一定社会发展阶段上的生产——社会个人的生产。因而，好象只要一说到生产，我们或者就要把历史发展过程在它的各个阶段上——加以研究,或者一开始就要声明,我们指的是某个一定的历史时代,例如,是现代资产阶级生产——这种生产事实上是我们研究的本题。"① 社会生产总是一定时代的生产,一定时代的生产总是具体化为个人的生产,个人生产即主体化的工作世界,也就是说,社会化的生产活动总是要表现为具体的主体化的工作活动才具有现实性和实体性,否则就是抽象的生产。由此,个人生产即大众主体化的工作世界构成社会生产的基础和本质。马克思说自己研究的主题就是时代化的资本主义生产,而资本主义生产的具体化、大众化和主体化就是表现"个人生产"的资本主义的工作世界生态,这恰好是马克思《资本论》研究的主题。社会生产的具体化、实体化、主体化是工作世界,甚至可以说社会生产的本质是工作世界,而社会生产关系的具体化、主体化、实体化就是工作关系,甚至可以说社会生产关系的本质是工作关系。马克思的《资本论》也恰好是将资本主义生产关系这一研究主题置于具体化、主体化的工作关系之中来研究,如工人和资本家之间的雇佣劳动关系特别是其占有和分配关系等方面。工作活动是生产活动的主体化、具体化、实体化,生产都是一定工作者的工作生产。或者说生产是社会化总体的工作活动,工作是主体化的生产活动。只有在这个工作世界中才有占有关系、分配关系,住房、汽车、手表等生活财富的占有和分配关系都取决于工作世界的占有和分配关系,即在工作世界中占有、分配多少注定了在日常生活中占有或分配多少。也只有在这个工作世界中才有交往关系,工作世界的交往都是直接的或间接的工作关系的交往,在工作世界,我们不可能想跟谁交往了就去请谁吃个饭,请客主要是源于一定的工作关系。邻居的交往、家庭的交往、学生的交往,这些生活交往也都直接或间接地源于一定的工作交往,都是被一定的工作世界组织起来的,或都发生在通往一定的工作世界的途中。生产是社会历史或文化世界的基础,这是马克思主义的一个基本观点。唯物史观对生产结构的分析主要是社会总体生产结构的分析,即社会生产力与社会生产关系、经济基础与上层建筑结构的分析。但生产活动都是由个人工作者进行的,离开工作就没有生产活动,我们所看

---

① 《马克思恩格斯全集》第46卷(上),人民出版社,1979,第22页。

到的生产活动都是个人的工作活动。个人的工作活动构成总体的社会生产活动。由此，说工作世界是社会历史或文化世界的基础与说生产活动是社会和文化世界的基础既一致又有所不同。后者是社会结构的分析，主要是社会生产力、生产关系（或经济基础）、上层建筑及其关系结构，前者是主体化结构的分析，是工作力与工作关系结构。

其二，生产和工作是有区别的两个概念，这种区别不仅是在上述总体和具体、宏观和微观意义上的区别，还有更多的意义。如生产的本意是生成和产出，即通过人的活动生成和产出了新的东西，至少是改变了原有的东西。而工作则不同，如原始人采摘树上的果实并把它吃掉，这个过程就很难说是生产过程，因为没有生成和产出任何新的东西，但这个过程可以说是原始人的工作活动，即采集工作。由此，工作的意义远远大于生产的意义，它包括了所有的生产活动，还包括了一些非生产的生命活动。由此，工作或工作世界结构分析比生产结构分析具有更多的适用空间和时间。特别是对没有生产活动的或生产活动还没有成为一个社会总体活动的早期人类的蒙昧时代更适合用工作世界话语或分析结构，摩尔根、马尔库塞等人就是这样做的，或者，他们经常使用生产方式结构和工作世界结构双重分析结构。生产结构主要是社会化、理论化、经济化的话语方式，而工作或工作世界话语是社会化与日常化、大众化与理论化的综合话语体系，具有更广泛的话语适用空间和语境。如我们说"找工作"而不说"找生产"，说"我在工作"而不说"我在生产"，一般是在涉及单位、国家、社会等总体的时候才用"生产"这个词，生产是社会化的工作世界。罗素曾经指责一些马克思主义者用生产方式解释一切的狭隘性，说这是把哲学变成了经济学，同时他说马克思不会这样："据马克思的意见，人类历史上任何时代的政治、宗教、哲学和艺术，都是那个时代的生产方式的结果，退一步讲也是分配方式的结果。我想他不会主张，对文化的一切细节全可以这样讲，而是主张只对于文化的大体轮廓可以这样讲。"①工作世界的广泛意义和世界意义以及工作世界分析结构的广泛适用性，也可以使我们免除"把哲学变成经济学"的嫌疑。

---

① 〔英〕罗素：《西方哲学史》上卷，何兆武、李约瑟译，商务印书馆，1963，第388页。

其三，工作世界话语是现代文化哲学、人类文化哲学和文化人类学的话语方式。下面仅列举几个经典作家的道说。卡西尔的人类文化哲学认为，人就是文化，人的本质就是创造文化的工作活动，"人的突出特征，人与众不同的标志，既不是他的形而上学本性也不是他的物理本性，而是人的劳作（work）。正是这种劳作，正是这种人类互动的体系，规定和划定了'人性'的圆周，语言、神话、宗教、艺术、科学、历史，都是这个圆的组成部分和各个扇面"。① 许茨的现象学文化哲学认为："社会行动包含沟通，任何一种沟通都必须建立在工作活动的基础上……。各种姿态、言语、文字书写等等，都建立在各种身体运动基础上。"②"它（生活世界）从一开始就是一个主体间际的文化世界。它之所以是主体间际的，是因为我们作为其他人之中的一群人生活在其中，通过共同影响的工作与他们联结在一起，理解他们并且被他们所理解。"③ 即社会行动只有实体化、现实化为工作行动才有实际意义。马尔库塞指出："文明首先就是工作的进步，即为获取和增加生活必需品的工作的进步。"④ 又指出，"文明主要是爱欲的工作"⑤，"创造和扩大文明的物质基础的工作主要是劳动，是一种异化劳动"⑥。他虽把工作或工作世界作为文明、文化世界的基础，但又认为爱欲的文明不是在工作文明中变得文明的，而是受到工作文明的压制；不是爱欲依靠工作文明得到解放，而是工作文明依靠爱欲解放得到发展。这显然颠倒了爱欲与工作世界的关系。但在这里，这些并不重要，重要的是他也使用了工作世界话语体系来讲述文化问题，他还经常使用"工作世界"这个词语。马克思晚年的《人类学笔记》包含丰富的文化人类学思想，他亦把人类历史视为一个"文化生活"的过程，且马克思和

---

① 〔德〕恩斯特·卡西尔：《人论》，甘阳译，上海译文出版社，2003，第107页。
② 〔美〕阿尔弗雷德·许茨：《社会实在问题》，霍桂桓译，华夏出版社，2001，第296页。
③ 〔美〕阿尔弗雷德·许茨：《社会实在问题》，霍桂桓译，华夏出版社，2001，第36~37页。
④ 〔美〕赫伯特·马尔库塞：《爱欲与文明》，黄勇、薛民译，上海译文出版社，2012，第69页。
⑤ 〔美〕赫伯特·马尔库塞：《爱欲与文明》，黄勇、薛民译，上海译文出版社，2012，第70页。
⑥ 〔美〕赫伯特·马尔库塞：《爱欲与文明》，黄勇、薛民译，上海译文出版社，2012，第73页。

恩格斯都把劳动视为历史文化或文化生活的基础，"整个所谓世界历史不外是人通过人的劳动而诞生的过程"①。劳动就是劳作，就是工作，在马克思的著作特别是《资本论》里，工作和劳动两个概念经常互换并在同等意义上使用。这两个概念的差异将在下面进一步说明，即文化世界哲学方法除了将生产话语和分析结构转换成工作世界话语和分析结构，还要将劳动概念话语转换成工作或工作世界概念话语。

工作世界概念与劳动概念亦存在重要关联与差异。这里将"劳动"一词转换为"工作"或"工作世界"一词，并不只是换一个说法。劳动是制造和使用工具的行为，劳动的最初就是制造和使用工具的工作，但仅仅是制造和使用工具的工作。工作还有不制造和使用工具的工作，如脑力劳动、哲学家的静观沉思等。古代文化世界最初的劳动就是制造使用工具的体力劳动，没有独立的脑力劳动职业和分工，而实际上在这种制造和使用工具的体力劳动中也蕴含着脑力劳动，在语言和人脑产生后，任何一个劳动除了本能的驱动，还受意识的支配即脑力的支配，首领还要负责对劳动过程的总体设计和目标任务的分配、分工等。正如恩格斯指出："在所有这些起初表现为头脑的产物并且似乎支配着人类社会的创造物面前，劳动的手的较为简朴的产品退到了次要地位；何况能作出劳动计划的头脑在社会发展的很早的阶段上（例如，在简单的家庭中），就已经能不通过自己的手而是通过别人的手来完成计划好的劳动了。"② 原始社会后期，宗教、国家产生，精神劳动逐渐控制了体力劳动，而这种控制和支配在原始社会早期就存在了。但是，这时的脑力或智力同体力相比是微不足道的，即劳动的最初主要是体力劳动，甚至是在从采集到狩猎再到耕种的整个劳动过程中。虽然工具不断进步，智力不断提高，但劳动主要还是靠体力完成的，生产力、工作力、劳动力都是体力型的。远古的末期出现脑体分工，脑力劳动才具有相对独立的意义，这时就进入文明时代，就不是远古的蒙昧和野蛮时代了。脑力或智力劳动的内敛性或与体力的融合性以及体力的外显性和张扬性，导致了远古时代劳动的性质是制造和使用工具的体

---

① 《马克思恩格斯全集》第42卷，人民出版社，1979，第131页。
② 《马克思恩格斯选集》第4卷，人民出版社，1995，第381页。

力劳动，遮蔽了这种劳动的脑力方面，从而导致人们不仅把远古的劳动只看作体力劳动，而且把一切带有"劳动"字眼的劳动都看作体力劳动，或者反过来把体力劳动才看成劳动，而从事管理、思想、知识活动不是劳动。这种误解甚至已成为一种约定俗成的或公识性的知识，即一提劳动就是体力劳动或生产物质产品的劳动。比如，"劳动者最光荣"这句话往往用到工人、农民身上，而很少用到管理者、政府工作人员以及思想者身上。

总之，劳动的最初或劳动天生就是使用工具的工作，但无法反映工作的全部意义，工作不仅是体力和脑力劳动的总体，而且是指向人与人、自然和社会关系的总体的世界，比"劳动"具有更多的劳动意义和世界意义。把劳动转换成工作一词不仅能体现最初的劳动的意义，还能体现所有劳动的意义。当然，这种转换是一种主体词语或主体概念的转换，并没有放弃劳动这个词，有时还要在与工作同等意义上使用劳动这个词，因为劳动的本意与工作是相同的，至于什么时候用工作、什么时候用劳动，完全取决于语境。这里附带说明一下，马克思和恩格斯都是在同等意义上使用这两个词的，并没有在褊狭的意义上理解劳动。那么，这里之所以用工作或工作世界而不用劳动做主体词语或概念，一方面是为了避免对劳动的褊狭理解，以在更广阔更完整的意义上理解劳动；另一方面是因为工作是大众化、日常化、现代化的概念，既是文化世界中无所不在的存在，又是文化世界中无所不在的话语，而劳动一词的话语空间，无论是日常生活空间还是学术空间，越来越受到工作一词的挤压，越来越让位给工作概念。

工作、生产、劳动是同等程度和意义的概念，但不是同一的概念。有时劳动单指法律关系意义上的劳动，比如一些调整劳动关系的法律，就不能说成调整工作关系的法律，很多工作关系是没有或不需要法律调整的，而"劳动关系"则需要法律的调整。也正是因为这种狭义性，一些学者和一些哲学家对马克思的生产、劳动概念进行了有意无意的曲解，如哈贝马斯等人的西方马克思主义，责难马克思片面重视物质生产，是物质、经济决定论，他们要重视交往关系、精神关系以及存在等。而工作的广义性具有共通性，谁也不会把工作只归结为物质生产工作。由于这种狭义性，生产、劳动主要是经济学概念；由于这种广义性，工作主要是社会学和哲学概念。工作世界符合日常话语习惯和当代哲学话语趋向，特别是现代社会随着产业链的不断扩展，工作的岗位、职业和种类越来越广泛，传统的生产和劳动概念已难以涵盖和反映一些新形态的工作种类和意义，这恐怕也是当代哲学话语用工作世界范式而少用劳动、生产话语方式的一个原因。再如，一些或许多劳动，从经济学的劳动价值论视角看可能没有价值意义，但从哲学的工作价值论视角看就有价值意义，这也是工作与劳动概念的一个重大差异。再如，一般不会说战争与革命是劳动，但可以说战争与革命是工作，这也表明工作比劳动更具有普遍的世界意义。同理，工作与生产的概念差异亦在于此。另外，要将工作转换成工作世界概念，一方面，工作实际上就是工作世界，就是工作环境、工作行动、工作能力、工作关系、工作过程、工作成果与工作精神文化的总体，即一个世界，而不只是职业化的工作行动或赚钱的行为，但在观念上往往被狭义地理解为职业化的工作行动，缺少世界总体性，为了避免观念上的这种误解，将工作转换成工作世界。另一方面，工作世界是一个哲学概念，工作主要是社会学概念，也是哲学概念。如此，这种转换也没有舍弃工作这个概念，二者在不同语境中使用，在同等意义上使用。

工作世界范式的合法性即文化世界哲学的合法性。但是，文化世界哲学研究的合法性不只在于工作世界范式的历史性、现实性以及理论和日常话语的趋向性，不只在于对已有理论的工作世界范式和意义的挖掘、梳理和透视，更在于对工作世界范式的进一步开拓，更在于对文化世界意义结构理论的建构。这应该是一种研究特别是哲学研究的合法性的真意所在。开拓新范式、建构新理论即一种创造。哲学就是一种创造，哲学创造的材料，一个是经典文本，另一个是现实世界（历史是昨日的现实），而后者就是回到现实世界本身，是哲学创作的第一原则。不是哲学观，现实世界才是哲学研究的统领者、评判者。由此，融合文化世界的历史、立足文化世界的现实特别是中国现实、呼应文化世界观递进的趋向，以马克思主义哲学为导向，探究文化世界的一般意义结构，开创文化世界哲学新理论体系，就成为文化世界哲学研究即马克思主义哲学中国化的文化世界向度研究的最高和最根本的合法性所在。

下面概要叙述本研究的主要内容、逻辑结构和研究方法，这些内容、结构和方法亦是本研究的主要创新点。

"历史从哪里开始,逻辑就从哪里开始。"文化世界从史前文化开始,文化世界哲学研究就从史前文化开始。文化世界的概念、工作世界的概念、文化世界的意义结构问题,这些问题都不是思辨的概念,要理解和阐明这些概念和问题首先要立足历史。文化世界的历史意义是文化世界意义的第一根据,这源于文化的同源性,一切追本溯源都因为文化的同源性。摩尔根精彩地指出了人类文化的同源性,认为脑组织结构的同源性导致文化的"返祖现象":

> 我们的大脑与往古的蒙昧人、野蛮人的头颅中从事活动的大脑是同样的,这是靠代代相传保留下来的;这副大脑传到今天,已经被它在中间时期为之忙碌不已的思想、愿望和感情塞得满满的了。就是这同一副大脑,随着世世代代经验的培养,它变得比以前更老练了,也更大了。野蛮社会的精神处处露头,就是因为这副大脑频繁地重现它的古代癖性。这些都可以解释为一种精神的返祖现象。①

文化制度具有通约性或同源性:

> 人类的一切主要制度都是从早期所具有的少数思想胚胎进化而来的。这些制度在蒙昧阶段开始生长,经过野蛮阶段的发酵,进入文明阶段后又继续向前发展。这些思想胚胎的进化受着一种自然逻辑的引导,而这种自然逻辑就好似大脑本身的一个基本属性。这项原则在所有的经验状态下、在所有的时代中,都非常准确地发挥其作用,因而它的结果是划一的,是连贯的,并且其来龙去脉也有迹可循。单凭这些结果立刻会得出人类同源的确证。在各种制度、各项发明和发现当中所反映出来的人类心智史,可以认为是一个纯种的历史,这个纯种通过个体流传下来并依靠经验而得到发展。原始的思想胚胎对人类的

---

① 〔美〕路易斯·亨利·摩尔根:《古代社会》(上),杨东莼、马雍、马巨译,商务印书馆,1977,第58~59页。

心灵和人类的命运产生过最有力的影响，这些思想胚胎中，有的关系到政治，有的关系到家族，有的关系到宗教，有的关系到财产。它们在遥远的蒙昧阶段都曾有一个明确的起点，它们都有合乎逻辑的发展，但是它们不可能有最后的终结，因为它们仍然在向前发展，并且必须永远不断地向前发展。①

文化精神具有一致性或同源性：

> 最后，我们可以指出以下几点：人类的经验所遵循的途径大体上是一致的；在类似的情况下，人类的需要基本上是相同的；由于人类所有种族的大脑无不相同，因而心理法则的作用也是一致的。②

既然人类文化同源，东西方文化同源，大陆与海洋文化同源，就要追本溯源。这是一次对文化世界的寻根行动。因为不了解史前文化，就不能真正了解文明时代文化特别是现代文化，就像人们所说，不了解古希腊文化或《圣经》文化就不能真正了解西方文化，不了解儒道文化就不能真正了解中国文化。但问题是，摩尔根对史前文化已经做了经典的研究，我们在这个方面又能有何作为呢？摩尔根不可能穷尽史前文化乃至人类文化各个时期的一切环节和细节，否则，塞维斯的酋邦国家理论、马克思的文化人类学就没有必要存在了。比如，人类最初的文化是什么文化，人类的最初，吃穿住行性等日常生活是不是文化，文明文化生成的总体标志是什么，摩尔根没有提出和阐述这些问题，马克思恩格斯致力于唯物史观大格局、大视野，也没有指涉这些问题。由此，长期以来，人们一直误以为有了人就有了文化，就有了吃穿住行性等日常生活文化，而文化进入文明时代的标志不过是铁器和文字。如摩尔根所说："文字的使用是文明伊始的一个最准确的标志，刻在石头上的象形文字也具有同等的意义，认真地说

---

① 〔美〕路易斯·亨利·摩尔根：《古代社会》（上），杨东莼、马雍、马巨译，商务印书馆，1977，第59页。
② 〔美〕路易斯·亨利·摩尔根：《古代社会》（上），杨东莼、马雍、马巨译，商务印书馆，1977，第8页。

来，没有文字记载，就没有历史，也就没有文明。荷马诗篇的产生差不多可以作为希腊人进入文明的标志。"① "我们可以说，文明的基础是建立在铁这种金属之上的。没有铁器，人类的进步便停滞在野蛮阶段。"②

文化世界哲学借助摩尔根从蒙昧到文明的文化研究资料，从历史文化特别是史前文化的视角，考察文化世界范式从工作世界到日常生活再到国家生活的演进过程及其工作世界基础，亦是考察文化世界总体意义的生成。我们认为，人类或文化世界的最初或发端（主要是蒙昧低级阶段）只是工作世界意义的文化，不具有吃穿住行性等日常生活文化的意义，基于工作世界的进展，蒙昧中级阶段以后，吃穿住行性等日常生活才成为文化。文化世界总体意义的生成即工作世界、日常生活和国家生活三个基本文化世界范式的生成过程，其标志是文明文化阶段。文化世界生成的标志就是文明文化生成的标志，但这个标志不是某种单一的文明，如文字、冶铁技术等，而是文化世界总体意义的生成，即文明时代的国家生活的出现，标志着文化世界成为工作世界、日常生活、国家生活的总体，从而标志着文化世界总体意义的生成，标志着文化世界的生成，标志着文明文化的生成。文化世界的历史演进和总体意义的生成，其基础都是工作世界。文化世界的总体是生活世界文化，本质和基础是工作世界文化。

工作世界、日常生活、国家生活构成文化世界的三个基本范式和历史演进的动态谱系，这是文化世界范式历史演进的时间维度。从空间维度看，乡村文化与城市文化、大陆文化与海洋文化构成文化世界进展的重要的空间范式，它们的互构过程构成文化世界历史演进的重要的空间进程。摩尔根的《古代社会》一书主要指向时间文化，即生活世界、工作世界特别是技术的历史进展序列，主要还是一种时间文化人类学，尚缺失文化世界的空间生态。从他对人类早期历史研究的结论中可见一斑："最近关于人类早期状况的研究，倾向于得出下面的结论，即：人类是从发展阶梯的底层开始迈步，通过经验知识的缓慢累积，才从蒙昧社会上升到文明社

---

① 〔美〕路易斯·亨利·摩尔根：《古代社会》（上），杨东莼、马雍、马巨译，商务印书馆，1977，第35页。
② 〔美〕路易斯·亨利·摩尔根：《古代社会》（上），杨东莼、马雍、马巨译，商务印书馆，1977，第39页。

会的。"① 他把人类历史或史前时期分为蒙昧、野蛮、文明三个依次递进的历史发展阶段,每个阶段又分为三个依次递进的阶段。"整个人类历史,直至每一分支分别到达今天的状况为止,都确实是遵循着上述前进顺序进行的。"② 生活世界的历史进展依赖工作世界特别是工作技术的进步,突出表现为食物、居住等生活资料的扩大对创造这些生活资料的"生存技术"依次进步的依赖性:"人类从发展阶梯的底层出发,向高级阶段上升,这一重要事实,由顺序相承的各种人类生存技术上可以看得非常明显。人类能不能征服地球,完全取决于他们生存技术之巧拙。……因此,人类进步过程中每一个重要的新纪元大概多少都与生活资源的扩大有着相应一致的关系。"③ 生活资源的扩大靠工作创造,工作创造靠工作技术。"对于创造这些食物资源的方法,可以称之为许多顺序相承的技术,这些技术——累加,每隔一段很长的时间才出现一次革新。"④ 这些结论和观点反映了他的时间文化研究生态,即"顺序相承"的时间生态。而对文化世界从大陆到海洋或先大陆后海洋的空间运行生态的研究几乎还是空白。空间文化与时间文化是互构的过程,没有空间文化特别是乡村文化向城市文化、大陆文化向海洋文化的进展,时间文化世界就会断裂和停滞。当然,摩尔根所说的"食物资源"的扩大,也有空间文化扩展的意蕴,甚至还有向沿海生活扩展的意蕴,如他认为鱼类是早期人类食用最早、最稳定的食物,而沿海无疑是鱼类食物资源充足的地区:"我们必须承认鱼类是最早的一种人工食物,因为要充分使用这种食物就必须烹饪。人类最先使用火,其目的未必不在于此。鱼类的分布无处不在,可以无限制地供应,而且是唯一可以在任何时候获取的食物。……人类依靠鱼类食物才开始摆脱气候和地域的限制,他们(这时候他们正处在蒙昧状态中)沿着

---

① 〔美〕路易斯·亨利·摩尔根:《古代社会》(上),杨东莼、马雍、马巨译,商务印书馆,1977,第3页。
② 〔美〕路易斯·亨利·摩尔根:《古代社会》(上),杨东莼、马雍、马巨译,商务印书馆,1977,第4页。
③ 〔美〕路易斯·亨利·摩尔根:《古代社会》(上),杨东莼、马雍、马巨译,商务印书馆,1977,第18页。
④ 〔美〕路易斯·亨利·摩尔根:《古代社会》(上),杨东莼、马雍、马巨译,商务印书馆,1977,第18页。

海岸或湖岸、沿着河道四处散布，可以遍及地球上大部分地区。"① 沿海是大陆的边缘，是大陆的一部分，摩尔根这些空间文化还仅限于大陆文化空间本身，即在大陆范围内的扩展，他所考察的渔猎生活虽然也有沿海空间生活的意蕴，但本性上还是以采集或采集—狩猎以及农耕文化为基础的大陆文化，充其量是具有海洋性的大陆文化。无论如何他都没有专门考察大陆文化向海洋文化进展的空间文化逻辑问题，但这一点也不妨碍其思想的伟大和光辉。进入野蛮时代，人类开始饲养牲畜、种植谷物、建筑房屋，开始定居下来，过相对稳定的生活，这在一定意义上也抑制了大陆文化向海洋文化的扩展，也抑制了摩尔根时间文化人类学向空间文化人类学的拓展。但是，摩尔根对史前文化的研究，在大陆文化的意义上，为我们考察空间文化进展问题提供了许多支持。马克思恩格斯的著作中也包含着丰富的空间文化思想，如大陆文化向海洋文化、乡村文化向城市文化进展的思想，但亦没有明确提出和阐释文化世界先大陆后海洋的空间运行逻辑问题，还有芒福德的城市文化学，等等。这些都为我们考察文化世界范式的空间进展提供了导向、支持和进一步拓展的契机。由此，文化世界哲学考察了文化世界范式从乡村到城市的城市化空间生态及其工作世界基础，特别是依仗丰富的考古资料提出并阐明了文化世界先大陆后海洋的空间运行逻辑及其演进的工作世界基础。

　　文化世界范式的历史演进过程和空间进展逻辑在意识形态上的集中折射或回声就是文化世界观在哲学中的递进生态。但是，这种折射或回声往往滞后于文化世界的现实，如古代客体化文化世界观就是对主体化文化世界现实的遮蔽，直到近代的文化世界观才在意识主体化的意义上指向主体化文化世界，并开始了哲学世界观向文化世界观的转向，直到现当代的文化世界观才趋向生活世界总体意义和工作世界价值核心，并实现了哲学世界观向文化世界观的转向。从这个意义上讲，并不是所有的哲学都是文化哲学，古代哲学是宇宙世界观，文化世界被淹没在客体化的自然元素或精神实体之中，近代哲学的二元论倾向即哲学世界观的宇宙世界观与文化世

---

① 〔美〕路易斯·亨利·摩尔根：《古代社会》（上），杨东莼、马雍、马巨译，商务印书馆，1977，第20页。

界观的二元世界观倾向，现当代哲学世界观才是文化世界观，才实现了哲学世界观与文化世界观的统一，即现当代哲学才是真正的文化哲学。

而马克思的多重文化世界理论无疑是现当代文化世界观或文化哲学的科学形式。马克思的文化世界理论集中代表和展现着文化世界观进展的工作世界趋向。马克思的哲学研究观指向多重现实世界或文化世界，是现实世界哲学研究观，它以现实世界为价值轴心，以现实世界主导的研究方法对峙"理论哲学"研究方法，以现实世界总体对象视域扬弃"理论哲学"的理论对象和缺乏世界总体性的"现实问题"情结，以大众本位的研究目的消解个人本位和功利主义本位的研究目的。现实世界即文化世界，文化世界是由人类世界、生活世界、实践世界、工作世界等多重文化世界构成的总体。马克思的文化世界理论或哲学是多重文化世界理论或哲学，是人类文化哲学、生活世界文化哲学、实践文化哲学、工作世界文化哲学的关联体系，其中，前两者是文化世界总体观，处在其逻辑起点的层面，后两者是文化世界本质观，处在其价值核心层次，而工作世界理论更具有主体性、现实场域和本根性。马克思的多重文化世界理论为多范式的文化哲学研究提供了合法性支持，即面对不同的文化世界可有不同的研究范式和话语方式，而面对相同的文化世界则由于研究的视角、资料、语境、背景和旨趣不同，也可有不同的范式和话语体系。

那么，文化世界的意义结构是什么，这一问题即文化世界是什么、为什么是、怎样是的问题，即文化世界概念的大概念问题。文化世界的概念或意义不是一个抽象思辨的问题，而是一个融合历史根据、立足现实场域、呼应文化世界观递进趋势的描述问题。文化世界的生活世界总体意义、工作世界本质意义、多重结构意义、价值伦理审美意义以及矛盾冲突意义和建构意义构成文化世界的关联意义体系即意义结构体系。其中，总体意义、本质意义和结构意义构成文化世界的核心要义，其他意义皆如此而生。

文化世界的总体意义即生活世界总体意义，是主体化存在与主体化关系意义的总体，文化世界的总体性是世界意义总体性、个体意义总体性、结构意义总体性、本质意义总体性的统一。文化世界的本质意义即工作世界本质意义，工作世界本质意义即共创共享的工作共同体意义。文化的本质是创造，创造的本质是工作创造，工作创造的本质是工作共同体的创造，创造、工作创造、工作共同体创造构成工作世界乃至整个文化世界的三位一体本质。

文化世界的结构意义是生活世界总体结构、工作世界本质结构以及精神结构和主体结构的统一。文化力与文化关系或生活力与生活关系构成文化世界的总体结构，工作力与工作关系的互构关系构成工作世界的基本结构，构成文化世界的本质结构。工作技艺技能、工作创造力特别是专业能力、工作力需求构成工作力的基本结构；工作资源的占有、分配和交往关系构成工作关系的基本结构。最根本的工作世界结构是工作共同体结构，最根本的工作力是工作创造力，最根本的工作关系是工作共同体关系。文化世界的精神结构是生活世界总体精神、工作世界创造精神、德性伦理精神、时空拓展与流变精神等方面的总体。文化世界的主体结构取决于工作世界结构。文化世界的总体意义、本质意义和结构意义决定了文化世界的价值伦理审美意义以及冲突与建构意义。

文化世界的过程是一个矛盾冲突的动态过程。现实文化世界存在着七个主要的冲突倾向，即资源型文化世界与创造力的冲突、工作世界结构即工作关系与工作力的冲突、工作世界资本权力中心与主体中心的冲突、工作世界总体意义与个体意义的冲突、工作世界客体化与主体化的冲突、工作伦理与消费美学的冲突、技术性工作匮乏与工作就业的冲突。这些冲突都源于工作世界结构的冲突，工作世界结构冲突的实质是一些资本和权力阶层过度占有和享用资源和财富，从而压制、劫掠、破坏了工作力特别是创造力。

文化世界的建构趋势包括一般方法论趋势以及类型与境界趋势。文化世界总体方法、本质方法、结构方法构成文化世界建构的基本方法论，工作创世律、技艺生存律、共同体优先律、改变律、做事律、潜能涌现律、精神能量驱动律等方面构成基本的文化生存律。文化世界建构的类型即文化世界的转型问题，主要包括六个转型，即从资源型文化世界向创造型文化世界转型，从工作世界的资本和权力中心结构向工作共同体的共同体结构转型，从资本、权力中心工作世界向主体中心工作世界的转型、从总体统治个体的工作世界向总体与个体互构的工作世界的转型，从客体化工世界向主体化工作世界的转型，从消费主义的消费美学向工作共同体主义的工作伦理、工作美学的转型。

资源型文化世界向创造型文化世界转型的根本途径是改革各种文化体制即文化关系，文化体制或文化关系改革的关键或本质是将一些资本和权力阶层过度占有的资源和财富公平分配给广大民众工作者，以激发他们的文化或工作创造力。改革不只是释放红利，本质上是激发和提升文化力、生活力特别是创造力。实现改革的根本途径实际上就是工作世界结构的转型途径，即由资本和权力中心型的与工作力相互冲突的工作世界结构向主体工作力中心型的工作共同体结构转型。工作世界由资本或权力结构向共同体结构转型的根本路径还是工作关系的改革和工作力的提升，即主要是改变一些资本和权力阶层过度占有和享用资源的工作占有和分配关系，激发、培育和提升大众工作者的工作创造力。这也是我国当前正在实施的两个基本路径，一个是改革，另一个是大众创业、万众创新。每个社会、国家和个人都要靠工作创造世界，要从资本救世的思维转向工作创世的思维。一个缺乏创造力或创造力处于停滞的民族是危险的民族，是没有希望的民族。中国长期以来的劳动力低成本红利、廉价资源红利、技术引进的后发优势红利在一定程度上抑制了创造力的发挥和提升。在这些红利的效应即将发挥殆尽的今天，转型、调结构、保民生除了依靠民众的文化创造力，再无别的生存依靠。

文化的本质是创造，创造的本质是工作创造，工作创造的本质是工作共同体创造。创造、工作创造、工作共同体创造构成工作世界和文化世界的三位一体本质。由此，文化共同体、创造型文化世界、工作共同体构成三位一体的文化世界建构的最高最根本的世界境界。

将文化世界哲学方法拓展到哲学、宗教信仰、诗文化等意识形态实例的研究中就会发现，哲学、宗教、诗文化或艺术文化的意义本质上都指向生活世界总体意义和工作世界本质意义。资本至上和权力中心文化以及消费主义的功利伦理和物化美学都悖逆了文化世界的生活世界总体意义和工作世界价值核心。对哲学、宗教和诗文化等意识形态实例进行工作世界意义分析，是对意识形态文化或精神文化的一种新的分析方法或分析结构。

工作世界分析方法是文化世界哲学研究一开始就使用的方法，也是文化世界哲学研究力图建构的新方法,而在此之前,笔者已将此方法用于人学、世界境界哲学、宗教文化、诗文化以及闽南区域文化等文化世界意义的分析。工作世界分析方法就是以工作世界为价值核心的文化世界总体方法,就是文化世界哲学方法。笛卡儿的普遍怀疑方法,逻辑实证主义的拒斥形而上学方法,现象学的悬置法或还原法,马克思的跳出哲学的圈子走进现实世界的方法,等等,近代哲学特别是现当代哲学对于研究内容的优先性越来越凸显和张扬,同时,研究方法也越来越明亮、越来越丰盈。"在考察文化世界的过程中,无论是历史学、历史文化学、文化社会学还是历史哲学,无论是唯物史观还是其他的社会历史观,无论人类文化哲学、实践文化哲学、生活世界文化哲学还是工作世界文化哲学,其面对的世界都是一个世界,即文化世界,只是由于考察的对象视域、方法、价值取向、概念范式与逻辑分析结构以及身边的质料和手上的资料不同,才产生了上述各种学说的不同、各种学科及学科内部的差异。而这些观念、方法和话语体系互相映照,就构成一个文化世界的多元、多样、多重认知体系和逻辑框架。"① 弗洛伊德的精神分析方法或精神分析结构、柏格森的直觉分析结构、现象学的意向性或主体间性关系分析结构、儒家的德性分析结构,等等,都有其适用的文化场域和时空维度。文化世界哲学方法是生活世界总体方法与工作世界本质方法的统一,核心是工作世界分析方法或工作世界分析结构。它是基于唯物史观的有些创意的新方法,主要是主体化的生活世界特别是工作世界分析结构。唯物史观方法主要是宏观社会生活分析方法特别是社会结构分析方法,即社会生产方式或社会基本矛盾分析结构,社会生产力、生产关系、经济基础和上层建筑是其基本的概念范式。文化世界哲学方法的工作世界分析结构也不同于许茨的工作世界分析方法,后者是主体间性的意识结构分析,且他对艺术、音乐等意识形态或精神生活的分析亦是一般的主体间性关系分析,缺少工作世界分析结构。卡西尔名义上把工作置于文化世界的核心,但在具体分析人或文化世界特别是意识形态文化的时候,亦没有工作世界分析结构。西方马克思主

---

① 李晓元:《文化哲学视野中的闽南文化意义结构研究》,《闽台文化研究》2014年第3期。

义的实践文化哲学对日常生活和社会生活的分析,虽然主要指向工作世界,但主要指向的是工作世界的技术关系和精神意识场域,亦缺少对工作世界本质结构的分析。文化世界哲学既是一种文化世界观和世界境界哲学,亦是一种文化世界分析方法或分析结构。

第一章 文化世界范式的历史演进

——文化世界总体意义的生成

美国著名科学哲学家托马斯·库恩在《科学革命的结构》(The Structure of Scientific Revolutions)一书中指出，所谓科学范式，是指"在一定时间范围内，能为研究者群体提供样板问题及其解决方案的普遍公认的科学成就"①。库恩在两个不同的意义上使用"范式"这个概念：第一个意义是"存在的基质"，是某个特定科学共同体的共有物（common possessions），具有模式、模型的意义；第二个意义指范例或通例，它使某个特定的研究传统得以形成。在库恩看来，范式就是公认的模型、共同的信念以及样板或范例，范式高于科学总体和普遍法则，范式统治科学并决定科学革命。我们认为，范式也是一定的普遍法则，总体法则和普遍法则也是一定的范式，范式革命的实质就是新法则代替旧法则，新范例代替旧范例。范式或范例与科学法则没有高低之分，只有新旧之分。库恩的范式理论主要指科学范式，没有涉及存在或历史文化范式，后者更复杂丰富。在科学面对恒久的自然界及自然属性不变的意义上，可以说科学革命就是范式的革命，但是文化世界就不同了，即文化世界范式或文化理论范式的革命首先是文化世界存在的革命，文化理论范式革命并不就是文化理论范式的革命，它需要文化世界的现实历史和事实的革命，因为文化世界的结构是变动不居的，不像自然结构那样恒定。不同的人从古至今都面对

---

① Thomas S. Kuhn, *The Structure of Scientific Revolutions* (3rd Edition), Chicago: University of Chicago Press, 1996, p. 10.

一个自然界的太阳、星星、地球、原子、场、夸克等，而不同时代的人却面对不同的文化世界，有文化世界范式的革命才有文化理论范式的革命，这一差异也是自然科学与社会科学的差异。我们常说的社会科学意识形态与经济基础、生活世界直接息息相关，自然科学则无直接的相关性。但是科学范式理论革命或科学范式革命，实际上也依赖发现的新的对象和自然结构，也不仅仅是科学意识形式的革命。

库恩的范式主要是主观化的科学、理论或认知范式，至多在"存在的基质"或"样板"、"范例"的意义上包含着一些主体化的存在的意蕴。但不管是主观的还是客观存在的范式，在库恩那里都必须是公认的、共通的、显现的或样板化的，否则就不能成为范式。显然，库恩否定了自在范式的意义，夸大了范式的公共存在场域，而这个公共存在场域又主要在科学家或研究共同体的主观确认和信念之中。我们认为，范式是一个历史阶段、一个过程、一个事实，也是某种科学、技术、文化、理论的指号、符号。范式有历史范式，如古代史、近代史、现代史；又有科学、文化、意识、理论范式，如家庭、社会、国家、宗教、手工技术、机器技术、信息技术。历史的发展是从一个范式到另一个范式，科学、理论的发展也是从一个范式到另一个范式。由此，理论范式、科学范式是现实、存在、历史范式的映照和建构。由此，范式不只是主观的理论、科学、信念，还是基于客观的主观与客观或主体与客体的统一，也是无主观的客观自在范式。范式不同于概念，概念反映和建构客观，但它本身是主观，仅属于意识范畴；范式不同于范畴，范畴是基本概念；范式不同于样式，样式是存在的具体呈现，范式是存在的结构性存在，是本质范式，如手工技术范式，是对古代技术的集中，是古代技术的基本结构，手工技术样式则是各种手工技术的具体样态。

文化世界范式是文化世界链条上的各个相互关联的环节，是文化世界网络上的各个相互构造的结点，包括自在的客体范式和自为的主观、主体范式。每种文化存在或每个文化世界都有自己的文化范式。文化世界范式有总体的也有具体的，总体的如工作世界、生活世界等，具体的如每个时代、国家、社会都有无数文化范式，而这种总体和具体的区分是相对的。从蒙昧到文明的文化分期以及农耕文化、工业文化、信息文化等文化分界，主要是历史文化学、文化社会学或人类文化学的划分和文化范式。当然，文化世界哲学也使用这些范式，但不视其为基本范式。源于文化世界哲学的生活世界范式取向，生活世界无疑是文化世界哲学的总体范式，而生活世界又由工作世界、日常生活和国家生活构成。由此，文化世界哲学的三个基本范式就是工作世界、日常生活和国家生活，这是从文化世界历史演进过程归结出来的。文化世界范式的历史演进也是文化世界总体意义的生成过程。文化世界的历史演进是隐含或显现着的多重逻辑关系链条，文化世界范式就是这些逻辑关系链条上的基本环节，由此，文化世界的历史演进过程就是文化世界范式的逻辑关系演化链条。由于本研究是文化世界哲学研究，而不是其他各种较为具体的文化学的研究，所以本章主要考察具有文化世界总体意义的三个文化世界范式的逻辑链条或演化关系，即从历史文化特别是史前文化的视角，考察文化世界范式从工作世界到日常生活再到国家生活的演进过程及其工作世界基础，亦是考察文化世界总体意义的生成逻辑。当然，这三个较为总体和基本的文化世界范式链条也蕴含了诸多较为具体的文化世界范式，可以说每一个文化概念都是一个文化范式，并都对应一个文化范式的实体或存在。如摩尔根对人类文化的三个分期——蒙昧文化、野蛮文化、文明文化及其对应的各种技术或工具文化，如技术文化、制度文化、观念文化，如部落文化、性文化、家庭文化、国家文化、意识形态文化等，本研究将这些文化范式适当地融入上述文化世界总体意义演进的三个链条之中。

范式不一定被大家公认才能成为范式，更不一定被学界公认才能成为范式。作为自在的范式，认与不认，它都客观地摆在那里；作为自为范式，信与不信，它都主观地摆在那里。只要它能构成范式，只要它配做范式。范式不会因为谁或某个共同体的圈子而成为范式，更不会因为获得某种"样板"的奖赏而成为范式。范式首先是自在的范式或潜在的范式，自在的或潜在的范式终将成为显露的、展现的、共在的范式。比如工作世界范式虽然还没有在哲学中统领哲学，但从有了人和生活的那天起，它就统领人和生活了。

一 文化世界的最初或发端是工作世界

考察文化世界特别是史前文化或文化从蒙昧到文明的演进的历史发现：文化世界的最初或发端是工作世界，最初的人类或文化是不完整的人类和文化，仅是工作世界意义上的人类和文化，随着工作世界的进展，人类或文化才有了生活世界的总体意义，首先是日常生活，进而进展到国家生活，这才有了文化世界的总体意义。工作世界是文化世界范式历史演进的基础、动力和意义的源泉。考察文化的历史就是考察文化世界演进的生活世界总体性特别是工作世界基础与意义源泉。

美国文化人类学家摩尔根视人类社会历史为"文化生活"，并以工具作为划分人类不同文化时期的标准。他认为，人类"生存的技术"即"生产技术"或"工作技术"以及由此而来的智力发展推动人类进步。在《古代社会》中，他把历史分为蒙昧期、野蛮期和文明期，并认为这三个时期又分别包括低级、中级和高级三个阶段。"每一阶段都包括一种不同的文化，并代表一种特定的生活方式。"[1] 采集水果和坚果标志着蒙昧时代低级阶段，食用鱼类食物和用火知识的获得标志着蒙昧时代中级阶段，弓箭的发明标志着蒙昧时代高级阶段；制造陶器标志着野蛮时代低级阶段，饲养动物、种植农作物和建筑房屋标志着野蛮时代中级阶段，冶铁术的发明和铁器的使用标志着野蛮时代高级阶段；文字的使用标志着文明时代。[2] 摩尔根描述了蒙昧阶段的人类生态："我们可以根据一系列必要的推论，将人类追溯到这样一个时候，那时，人类对于火是无知的，他们没有清楚的语言，也没有手制武器，象野兽一样，依靠地上自生的果实为生。他们以几乎觉察不到进展的缓慢速度进入蒙昧社会，以手势和不完全的声音发展到语音清楚的语言；由作为最早的武器的棍棒发展到以燧石为锋尖的矛，并最终发展到弓箭；由燧石刀和凿发展到石斧和石槌；由柳条

---

[1] 〔美〕路易斯·亨利·摩尔根：《古代社会》（上），杨东莼、马雍、马巨译，商务印书馆，1977，第9页。

[2] 〔美〕路易斯·亨利·摩尔根：《古代社会》（上），杨东莼、马雍、马巨译，商务印书馆，1977，第9~12页。

和藤条编的篮子发展到涂有粘土的篮子，使之成为能用火煮食物的容器；最后掌握了制陶术，从而产生了耐火的容器。"① "我们对蒙昧阶段的初期知道很少"，这一时期"始于人类的幼稚时期，而其终点可以说止于鱼类食物和用火知识的获得。这时候，人类生活在他们原始的有限环境内，依靠水果和坚果为生"。② 摩尔根推测原始人诞生在热带或亚热带的果木林中。③ 他认为人类初现时，动物在数量和质量上正处于全盛时期，"如果说，人类初诞生时既无经验，又无武器，而周围到处都是凶猛的野兽，那么，为了保障安全，他们很可能栖息在树上，至少部分人是如此"④。

根据摩尔根的描述，在蒙昧低级阶段，人仅仅是语言（分节语言）、制造和使用简单棍棒和打制简单石器工具意义上的人，文化仅仅是语言、制造和使用棍棒工具意义上的工作世界文化。人们主要住在树上，还没有居住文化；吃的东西主要是天然的果实、坚果和植物的根茎，还没有吃文化；生活在热带，裸体，没有衣物文化。摩尔根在叙说蒙昧低级阶段时，没有提到衣物。古希腊神话中关于普罗米修斯盗火的故事，说的就是人之初没有火、光明和智慧，也没有衣物，处在裸体状态。《圣经》中伊甸园的故事也说人类始祖亚当和夏娃最初是裸体，不穿衣服。至少在蒙昧低级阶段，人类的吃穿住行等日常生活还是像动物，没有日常生活文化，只有采集意义上的工作世界文化。在行走方面，工作劳动使其直立行走，仅仅在这个意义上"行"具有了人化或文化的意义，具有了生活世界意义。"行"是指行动，不只是指行走，这个阶段，许多行动还不具有人化的生活世界意义，还不具有文化世界意义。总之，蒙昧低级阶段有吃穿住行的行为活动，但这些还都不是文化，还没有这些方面的日常生活文化，也没有日常生活的性文化。这里强调和确证这一点，是因为摩尔根把蒙昧低级

---

① 〔美〕路易斯·亨利·摩尔根：《古代社会》（下），杨东莼、马雍、马巨译，商务印书馆，1977，第534页。
② 〔美〕路易斯·亨利·摩尔根：《古代社会》（上），杨东莼、马雍、马巨译，商务印书馆，1977，第9页。
③ 〔美〕路易斯·亨利·摩尔根：《古代社会》（上），杨东莼、马雍、马巨译，商务印书馆，1977，第19页。
④ 〔美〕路易斯·亨利·摩尔根：《古代社会》（上），杨东莼、马雍、马巨译，商务印书馆，1977，第19页。

阶段视为人类最初的文化时期，但没有特别表明这个时期的吃穿住行等日常生活或行为还不是文化，马克思和恩格斯也没有对这一点给予特别的观照。这样，就容易给人一个误解：既然这个阶段是人类的文化时期，那日常生活也是文化了。这就在一定程度上遮蔽了工作世界相对日常生活世界的先在性。

这里附带说明一下"棍棒"问题。19世纪摩尔根根据当时各大陆都发现了处于旧石器时代的石器这一事实，推断在当时人们所知道的历史之前，还有一个更原始的社会发展阶段即蒙昧低级阶段。由于该阶段尚无考古学或生产工具的证明，摩尔根也就不可能提供此阶段生产工具的证据。但摩尔根认为该阶段确实为人类社会，而非动物群体。恩格斯在《家庭、私有制和国家的起源》中赞同摩尔根这一观点。我们认为，考古学、历史学没有工具证据不等于历史没有工具实存，按恩格斯的研究，手脚分工是在语言之前，随时随地用自然木棍和石头进行修理和打制并以之防御野兽、采摘果实，这是可以理解的。人与文化的最初是制造和使用工具意义上的工作人与工作文化。恩格斯在《劳动在从猿到人转变过程中的作用》一文中明确认为人类最古老的工具"是打猎的工具和捕鱼的工具，而前者同时又是武器"[①]。在人类早期，武器是生产工具，生产工具也是抵御野兽和人类彼此争斗的武器。那么，蒙昧低级阶段的生产工具是石器还是木器？摩尔根认为人类在蒙昧中级阶段才出现了生产工具和武器的较专业化分工，但在蒙昧低级阶段，只能是集采集、狩猎为一体的生产工具，这就是将天然棍棒打造而成的木棒、木矛等木器。众所周知，生产工具发展史表明，"硬质材料"较"软质材料"加工晚，因为它需要更高一级的加工技术。人类制造工具的顺序应该是木、石、青铜、铁、钢，而不是相反。但这只是一个总体的顺序，并不排除在某一个阶段多种工具并用的情况。至于说是先有棍棒还是先有石器，这个不必纠结也无从考证，我们可以想象蒙昧低级阶段的人类一手持棍棒、一手持石头与野兽抗争，或一边用棍棒采摘果实，一边用石头敲打坚果。只要他们手脚已分工，他们就有能力和经验使得使用的棍棒和石头不是纯天然的。恩格斯说："人类社会

[①] 《马克思恩格斯选集》第4卷，人民出版社，1995，第379页。

区别于猿群的特征又是什么呢？是劳动。""劳动是从制造工具开始的。"①蒙昧低级阶段已经有劳动、劳作、工作，劳动就要制造和使用工具，哪怕是最简陋的工具，如折断一根树棍，把它的枝条弄掉，或把一块大的石头打碎成几块小的石头，这些都是其他动物做不到的。

根据摩尔根的描述，蒙昧中级阶段进入打制石器时代，原始人开始使用火，采用鱼类作为食物，沿着河流和海岸过移居生活；掌握了摩擦取火的技术，食用更多的熟食，间或食用猎物。这个阶段，工作世界拓展到制造和使用石器与火以及间或地狩猎。由于吃熟食，有了吃的生活文化；由于移居，有了居住的生活文化和衣饰文化。文化世界从工作世界拓展到吃、住等生活世界。"从原来居住的恒常炎热的地带，迁移到比较冷的、一年中分成冬季和夏季的地带，就产生了新的需要：要有住房和衣服以抵御寒冷和潮湿，要有新的劳动领域以及由此而来的新的活动，这就使人离开动物越来越远了。"② 这里，恩格斯指出了工作世界、迁徙和生活世界的互动关系。

蒙昧高级阶段，弓箭的发明使得狩猎成为主要的工作活动，这就使工作世界由采集拓展到狩猎，食物也从天然食物拓展到狩猎食物，吃文化从植物拓展到猎物。这正如恩格斯指出的："弓箭对于蒙昧时代，正如铁剑对于野蛮时代和火器对于文明时代一样，乃是决定性的武器。"③ 这个阶段还有了磨制石器，能制造独木舟，有了用木制纤维做成的手工织物，有了定居文化的萌芽——村落。这表明日常生活文化在吃穿住行等方面进一步拓展。

野蛮低级时代，工作世界进一步拓展，人们学会了制陶术，学会了动物的驯养、繁殖和植物的种植。野蛮中级阶段，食物进一步丰富，出现了村落以及木和砖石建造的房屋、城堡，在适合游牧的地方出现了游牧生活。野蛮高级时代是向文明时代的过渡时期，工作世界与生活世界进一步拓展和丰富。

文明时代，工作世界进一步发展，并推动生活世界总体意义的进一步

---

① 《马克思恩格斯选集》第4卷，人民出版社，1995，第378页。
② 《马克思恩格斯选集》第4卷，人民出版社，1995，第380页。
③ 《马克思恩格斯选集》第4卷，人民出版社，1995，第20页。

生成。"除打猎和畜牧外，又有了农业，农业之后又有了纺纱、织布、冶金、制陶器和航行。伴随着商业和手工业，最后出现了艺术和科学；从部落发展成了民族和国家。法和政治发展起来了，而且和它们一起，人间事物在人的头脑中的虚幻的反映——宗教，也发展起来了。"① 国家生活以及艺术、科学、宗教、哲学世界观等精神生活意义的拓展都源于工作创造。"迅速前进的文明完全被归功于头脑，归功于脑的发展和活动；人们已经习惯于用他们的思维而不是用他们的需要来解释他们的行为（当然，这些需要是反映在头脑中，是进入意识的）。这样，随着时间的推移，便产生了唯心主义的世界观，这种世界观，特别是从古典古代世界没落时起，就统治着人的头脑。它现在还非常有力地统治着人的头脑，甚至连达尔文学派的具有唯物主义精神的自然研究家们对于人类的产生也没有提出明确的概念，因为他们在这种唯心主义的影响下，认识不到劳动在这中间所起的作用。"② 工作、劳动创造是文化世界的基础和源泉，但这个创造与生成意义被宗教和唯心主义哲学的精神实体遮蔽了。

随着生产力或工作创造力的提高，阶级、国家出现了。当一个人的劳动所生产的价值超过他本人的消费而有了余额时；当战俘不再被杀死，他们沦为奴隶而被强制进行劳动生产，他们创造的财富被主人全部占有时，私有制出现了。一些首领利用他们的特权首先富裕起来，氏族与部落内的掌权者首先成了剥削阶级。在这种情况下，族与族之间以掠夺奴隶和财富为目的的战争更加频繁，为防御敌对一方的掠夺和侵扰，他们各自筑起了一座座高耸的城池，开始了乡村文化世界向城市文化世界的演进。剥削阶级统治者为了保护自己的私有财产和维持自己的统治，建立了军队、警察、法庭等国家机器，国家出现了。

文化世界的最初是工作世界，工作世界是文化世界演进与跃升的基础。"每一个顺序相成的文化时期自然都随着生活资料所依赖的生存技术的增进而增加起来；因此，财产的增长是以发明和发现的进展齐头并进的。由此可见，每一个文化时期都比前一个时期有着明显的进步，这不仅

---

① 《马克思恩格斯选集》第4卷，人民出版社，1995，第381页。
② 《马克思恩格斯选集》第4卷，人民出版社，1995，第381页。

表现在发明的数量上,而且也表现在由这些发明造成的财产的总类和总额上。"① 马克思在《摩尔根〈古代社会〉一书摘要》(以下简称《摘要》)中,摘录了摩尔根这段论述:"标志人类进步的事件,不以特殊的人物为转移而体现在有形的记录之中,这种记录凝结在制度和风俗习惯中,保存在各种发明和发现中。"② 可见,马克思与摩尔根都认为工作世界是各个文化时期演进的基础,而工作创造力特别是工作技术的发明创造是根本支撑。马克思在《摘要》中经常使用摩尔根的"生存技术"这一词语,生存技术就是生产力的主体化即工作技术、工作生存技术。工作创造力停滞了,文化就停滞了。工作世界的工作技术决定生活世界或文化世界进步,正如摩尔根指出的:"人类中最先进的一部分,当其处在进步过程的某一阶段时,似乎停滞不前,直等到出现某一项重大的发明或发现,如饲养家畜或熔化铁矿之类,才产生一股新的、有力的向前迈进的冲动力。"③ 摩尔根认为,文明文化形成的根本支撑是工作技术即冶铁技术。"我们可以说,文明的基础是建立在铁这种金属之上的。没有铁器,人类的进步便停滞在野蛮阶段。"④

总之,文化世界最初是蒙昧低级阶段的工作世界文化,不具有吃穿住等生活文化意义,不具有生活世界总体意义,即不具有文化世界总体意义。随着工作世界特别是工作技术和工作关系的发展,文化世界逐渐拓展到日常生活、国家生活和意识形态生活,才逐渐有了生活世界总体意义。而生活世界总体意义又是随着工作世界意义的不断创生而不断改变的过程。工作世界是基础的文化世界,工作关系是基本的文化关系,工作能力特别是工作创造力是根本的文化能力或文化生存能力,技术是文化或工作创造力的表现。由于缺少技术或创造力的进步动力,原始社会几十万年都安于茹毛饮血的低级文化和停滞于石器复制文化,停滞于蒙昧和野蛮时代的文化世界。铁器和陶器的发明创造使人类进入文化的文明时代,是创造

---

① 《马克思恩格斯全集》第45卷,人民出版社,1995,第378页。
② 《马克思恩格斯全集》第45卷,人民出版社,1995,第541页。
③ 〔美〕路易斯·亨利·摩尔根:《古代社会》(上),杨东莼、马雍、马巨译,商务印书馆,1977,第35页。
④ 〔美〕路易斯·亨利·摩尔根:《古代社会》(上),杨东莼、马雍、马巨译,商务印书馆,1977,第39页。

力的发展打破了这种落后的原始文化世界结构,而这种古代文明又是在工作创造力的发展与停滞中延续、颓败与改变。

下面再用恩格斯的文化人类学思想进一步说明文化世界的最初是工作世界文化,工作世界是文化世界进展的基础和意义生成的源泉。恩格斯的文化人类学思想,进一步表征了人和文化的最初是工作世界意义的人和文化,随着劳动的发展文化世界才成为生活世界总体意义上的文化。劳动创造人从而创造文化是一个过程,人并不是一下子就成为人的,人的最初只是劳动意义上的人,即制造和使用工具采集自然食物的人,文化世界只是劳动意义上的文化世界,还没有拓展到吃穿住行意义上的生活世界,人类在居住、食物、衣物等生活方面还是动物化的。恩格斯指出,"人们最初怎样脱离动物界,他们就怎样进入历史……"[1] 此处的"历史"无疑是指原始社会史即蒙昧低级阶段,而劳动就是脱离动物界的根本方式,因为"人类区别于猿群的特征是劳动",是劳动使手脚分工、语言产生、猿脑变成人脑,是劳动使居住等生活条件一步步人化为文化世界。"政治经济学家说:劳动是一切财富的源泉。其实,劳动和自然界在一起它才是一切财富的源泉,自然界为劳动提供材料,劳动把材料转变为财富。但是劳动的作用还远不止于此。它是一切人类生活的第一个基本条件,而且达到这样的程度,以致我们在某种意义上不得不说:劳动创造了人本身。"[2] 人和文化的最初是劳动,劳动的最初是制造和使用工具:"动物仅仅利用外部自然界,简单地通过自身的存在在自然界中引起变化;而人则通过他所作出的改变来使自然界为自己的目的服务,来支配自然界。这便是人同其他动物的最终的本质的差别,而造成这一差别的又是劳动。"[3] 而"劳动是从制造工具开始的"。马克思也说:"所以富兰克林给人下的定义是'a toolmaking animal',制造工具的动物。"[4] 人的最初只是劳动意义上的人,就是说人的最初只是工作意义上的人,文化世界的最初只是劳动意义上的文化世界,即文化世界的最初只是工作世界意义上的文化世界。随着工作

---

[1] 《马克思恩格斯选集》第3卷,人民出版社,1995,第522页。
[2] 《马克思恩格斯选集》第4卷,人民出版社,1995,第373页。
[3] 《马克思恩格斯选集》第4卷,人民出版社,1995,第379页。
[4] 《马克思恩格斯选集》第2卷,人民出版社,1995,第179页。

世界的进步特别是工作能力的提高，人和文化世界才一步步从工作世界文化拓展到生活世界总体文化。

综上所述，文化世界的最初是工作世界文化，文化世界的总体意义并不是一进入人类社会就生成的，而是一个循序渐进的过程，是先有工作世界，再向吃穿住行等日常生活文化延伸，吃穿住行一开始都不具有文化的性质，都是自然行为或自然状态。马克思、恩格斯、摩尔根虽强调了文化世界的工作技术基础，但没有明确指明文化世界一开始只有工作世界文化，没有日常生活文化，也没有明确表明日常生活是从什么阶段演化为文化的。这就使得人们误以为文化世界一开始就有日常生活文化，吃穿住行一开始就是文化，而不是逐渐生成的过程。

上述对文化世界的最初是工作世界以及文化世界历史演进的工作世界基础的考察，对我们今天文化世界的运行有重要启示意义。

文化的意义就是生活世界总体的意义，这个总体是一个基于工作世界的不断创新拓展的进程，文化就意味着创新、流变和改变，文化的停滞就是文化的消亡，而复制就是最大的停滞。生活的意义，物质的享受与精神的喜悦，财富与历史的累积、传承皆在于此。某个人或某些人的尊贵、显赫及权势和财富都在历史的涤荡中荡然无存，历史留下的是人类共同的文化创造和文化遗存，并使后人沿着它的轨迹进行新的创造、开辟新的存在空间。

那么，这些文化得以不断拓展的动力是什么？这些文化的意义来自哪里？就是工作世界文化，就是工作创造力和工作关系互动、互构发展的工作世界结构。创造文化就是创造生活，就是创造生活世界总体意义，而创造就是工作创造，就是工作共同体的创造。工作创造力自身的矛盾即低技术与高技术、新技术与旧技术的矛盾是最根本动力。工作技术链构成一个矛盾的过程，每个环节都是矛盾的一个方面，如有了捕鱼和狩猎技术就需要火烧烤食物，有了火又推动了制陶和冶炼铁技术发展。这些都源于生命创造力的不断冲动，而生命创造力冲动的根本就是工作创造的冲动，这些创造的冲动是工作世界总体的运行和需要，即技术的总体性源于工作世界和生活世界的总体性，离开后者单纯的技术环节或矛盾就不会有任何冲动矛盾和动力，即技术体系、技术总体性也只有在整个工作世界和生活世界中才有意义。整个文化世界或生活世界从工作世界中获得意义，工作世界又从文化和生活世界中获得意义；技术体系链条从整个工作世界中获得意义，整个工作世界又从技术体系、技术矛盾过程中获得意义。

作为工作关系对文化世界的推动也是这样。每一次工作占有、分配、交往以及管理或权力关系的改变，都意味着工作世界特别是工作创造力的解放和自由，也意味着文化世界的进一步拓展和进步。从家庭关系看，母系社会是妇女工作地位占主导的结果，父系社会是男人工作地位占主导的体现。从工作行业关系看，农业与畜牧业分工促进了农业技术与驯养技术的发展。从工作世界占有关系看，原始公有制适应了低水平生产力或工作力的发展，私人占有制促进了冶铁等技术的发展，促进了文化世界向政治、法律、道德、意识形态等文明世界的发展。从阶级关系看，奴隶主最初是氏族首领，氏族首领最初是工作能力较强的人，特别是在早期，只有一个在体力、能力等各方面都强势的人才能做首领，否则不能服众，这与动物首领相似，只是首领世袭制才使后续的首领能力弱化。当然工作能力强大并不意味着道德能力强大，一些奴隶主是靠贪污集体公共财物成就的，资本家是靠暴力掠夺起家的。在古代中国，奴隶主阶级特别是首领、国王还被赋予了道德强者的角色，如夏商周的一些贤明君主。"大禹治水"中的大禹，其工作能力被赋予超人的技能或神化的能力，又是一个道德楷模。而最初的奴隶阶级则是一些工作能力相对较弱的弱势群体，或遵纪守法的道德模范，或战败者或反抗者或逆来顺受者，他们肯定不愿意做奴隶，可为什么做了奴隶？因为有国家的暴力工具。

文化世界一开始仅是工作意义的文化世界而非生活世界总体意义的文化世界，这对理解文化世界和文化哲学有重要意义。这呼应了历史和逻辑相统一的研究方法，即历史从哪里开始，逻辑就从哪里开始。这又是文化世界和文化哲学的真谛所在，即不仅文化的历史从工作世界文化开始然后向生活世界拓展，任何一个新的相对的文化世界的生成一般也是这样一种逻辑，如乡村文化世界从驯养和农耕工作世界开始，工业文化从机器发明、机器生产开始，信息文化世界从信息技术开始拓展到生活世界各个领域，等等。如此，说文化世界就是日常生活世界是不全面的，说文化哲学是研究日常生活世界的哲学是不完整的，因为文化世界最初只是工作意义上的世界，那时没有吃穿住行的生活世界和日常生活世界，那时在工作世界，人类是人，在生活世界，人类是动物，没有人化世界，即没有人的日常生活世界。而中古乃至近现代和当代的一些相对文化世界生成过程也是如此。说文化世界就是日常生活世界就把人类早期的工作意义上的文化世界排除了，就把历史和现实中处在工作世界意义阶段的文化世界排除了。说文化哲学是日常生活哲学就把关于人类早期的文化世界哲学和研究工作世界意义上的文化哲学排除了。除非这里说的日常生活世界包括早期工作意义上的生活世界。但一些文化哲学研究者诉求的生活世界并不是这个意思，而是吃穿住行、婚丧嫁娶的日常生活世界，是与生产工作世界相对而言的那个生活世界。

不仅远古人类的最初只有工作文化世界，没有吃穿住行的日常生活世界，历史和现实的一些文化世界也是工作世界意义上的文化世界，具体的文化世界首先也是工作世界意义上的文化世界。如此，说文化哲学就是生活世界哲学或日常生活哲学，就会使文化哲学陷入无生活对象或无生活视野的境地，那样文化哲学还能研究多少日常生活世界。而如果说文化哲学是日常生活世界批判哲学，那同样它还有多少日常生活可以批判，而若仅仅批判那些婚丧嫁娶、吃穿住行的日常生活，这样的文化哲学又是何等的贫乏，何等的千篇一律，特别是现代的文化世界和生活世界，都远远地超越了传统吃穿住行和婚丧嫁娶的日常生活意义，都越来越趋向总体的社会文化世界或生活世界，个人的吃穿住行和婚丧嫁娶越来越被社会总体离弃，又被自己的工作世界边缘化和消解，或许也只有在假日和节日的时候，人们才能感受到这些日常的存在。

实际上，现当代的日常生活哲学对日常生活世界的批判以及社会生活世界的批判，如物化、异化、技术合理化、单面化的批判，特别是马克思的异化劳动批判，其实都是集中在对工作世界的批判和工作世界的建构，都是工作世界哲学，而不是生活世界哲学或日常生活世界哲学。或者说它们本质上都是工作世界意义上的生活世界哲学或日常生活哲学，离开工作世界或不顾工作世界的生活世界哲学或日常生活哲学从来就没有产生过，或者只是在称谓上出现过，或者像胡塞尔所指出的那样，只是作为一个抽象的概念或先验的领域存在着并最终消解在意识意向性中。现象学社会学家许茨看到了这一点，所以他的日常生活世界理论几乎没有提到吃穿住行和婚丧嫁娶这些日常生活的事，而是大讲特讲工作世界，并把还原法、意义理论、主体间性理论、意向性理论都建立在工作世界基础上，这应是日常生活世界哲学的非日常生活性和工作世界本蕴的一个突出例证。此外，西方马克思主义的社会批判理论、大众文化批判理论也都较为清晰地指向工作世界。由此，说文化哲学是生活世界哲学至少没有从称谓上直接反映和表征文化哲学的本蕴，文化哲学应是关于文化世界意义结构的理论体系，而文化世界的总体是生活世界，本质或核心是工作世界，文化哲学是生活世界总体（内含工作世界）哲学，更是工作世界本质哲学，是这两个哲学的总体。文化世界始于工作世界，工作世界是文化哲学的起点和核心。只讲文化哲学是生活世界哲学，就遗漏了历史和现代的文化世界的工作世界核心，就会陷入无对象、无存在核心、无世界品质、无人本关切的多无境地。文化哲学只有在工作世界基础上关怀生活世界或日常生活世界，才有存在的合法性，即只有给人一个工作世界才能给人一个生活世界，否则这个哲学和生活世界就会一同陷入多无、空无境地。

当代人日常生活的沦陷更为严重。日常生活的部分被物化、技术化、单面化，都表明日常生活是不属于自己而是属于别人的异化存在；一部分被侵入和占据，这是其空间的丧失和沦陷，包括空间的范围、边界和内容的丧失和沦陷。日常生活世界的沦陷不同于日常生活世界的异化，因为异化的日常生活还是日常生活，还有其空间和领地，而日常生活世界的丧失和沦陷是被另一个世界占据的状态。这个占据者就是工作世界，即当代文化世界中，工作世界不仅处于核心地位，而且侵占这个世界的非中心和边缘地带的日常生活世界。这一方面表征文化世界或生活世界演进的工作世界基础，另一方面也暴露了过度的工作世界化倾向。这种日常生活世界沦陷的表现和根源主要是消费主义文化。

消费主义认为后工业社会或后现代社会已经由生产型社会过渡到消费型社会，人们消费不是为了满足需要而是满足欲望，不是满足生理需求而是满足心理需求，不是为了获取消费品本身的意义而是为了其文化符号的意义，即确认身份、自由、地位、尊严等。社会以消费为中心而不以生产为中心。人们疯狂消费，认为有消费才有价值、自由和尊严。鲍曼认为，在消费社会，工作伦理演变为消费伦理或消费美学，工作价值演变为消费价值。我们同意他对消费社会实际状况的描述，但不同意消费主义用消费中心取代工作中心、用消费价值取代工作价值的判断。我们认为消费社会、消费文化是后工业社会工作世界向日常生活世界的拓展和侵入，消费世界是一个新的物化的工作世界。

其一，消费是一种生产活动，主要是第三产业的服务性生产。消费以消费产业为基础，消费产业的实体化、主体化、具体化就是消费工作世界。没有消费产业的工作生产活动，就没有消费活动。如没有餐饮业的工作生产就没有饭店，就没有食客的饮食消费，没有娱乐业员工的工作生产就没有消费者的娱乐消费，没有售货员的销售工作就没有消费者的购物消费。消费产业工作生产的是服务产品以及进一步加工的消费产品，如厨师将食品加工成菜肴等。如此，消费中心实际是一个不同于以直接生产农产品和工业品为主的第一产业、第二产业的第三产业生产中心，是一个以服务为主的工作世界中心，消费型社会依旧是一个工作型社会。消费文化就是消费型工作世界文化，消费行为、消费价值、消费自由都以这个消费工作世界为基础。

其二，消费本意是享受，是生活享受，吃穿住行、婚丧嫁娶这些行为都是日常生活行为，可在消费社会这些日常生活世界被消费世界占领，成为一个消费产业化的工作世界。在消费社会，人们的消费不是取决于自己的意愿，而是按商家和社会的宣传诱导和规制来消费。在一个非消费社会，消费是自主的、私人的、自由的，而消费社会则不然。如饭店吃喝的消费，完全取决于饭店的菜单规制和餐饮结构，食客只能在这个规制和结构内选择，点菜、排座位、敬酒、买单，完全是一套公共化、社会化的程式，这种消费已成为社会化、商业化的消费，从而消费者的消费并不是在自我享受生活，而是在帮助商家和社会实现服务产品的价值，消费者成为消费产业生产的最后一道工序，其消费成为消费工作世界的最后一个环节。消费者只有不断地把产品消费掉，消费产业才能进行下去。

工作世界侵入日常生活世界除了表现在消费生活领域，还大量地表现在居住生活领域，即工作世界侵入了人们的卧室、书房。书房通常为办公室或创作室，卧室通常为思考工作的地方。日常生活世界的陷落，除了消费主义文化的驱使,还有工作就业不充分的催生和功利主义的诱导。日常生活的沦陷还有"富士康"式的生活,统一起床、吃饭、休息,生活被纳入工作体系,在厂房里生活,还有统一着装、价值观等。

以上工作世界向日常生活世界的侵入或日常生活世界的陷落状况,使文化世界呈现出从生活世界向工作世界滑落的趋向,使文化哲学呈现出从生活世界文化哲学向工作世界文化哲学转向的必然和必要。这也是这里这种历史考察的结论和必要所在,即由工作世界创造的日常生活如今正在被工作世界所侵占、奴役和遮蔽,使文化世界在日常生活世界的意义上正在丧失总体的意义。由此,还要循着史前文化的足迹,追寻工作世界和日常生活世界的总体意义,这就要从过度膨胀的工作世界特别是消费工作世界向日常生活世界复归。

二 吃穿住行性:日常生活文化的生成

如前所述,文化世界的最初或发端是工作世界,不具有生活世界文化的意义。人类的最初只是工作文化意义上的人,而非生活文化意义上的人。工作世界的进展,才使人的吃穿住行性等行为有了人化或主体化的本性,才使得人有了日常生活文化。可以说,日常生活是文化世界从工作世界向生活世界进展和跃升的一个初始形态。关于日常生活文化的生成,前面进行了较为详尽的描述,这里再回顾一下。蒙昧低级阶段,人仅仅是语言(恩格斯称为分节语言)、制造和使用简单棍棒和打制简单石器工具意义上的人,文化仅仅是语言、制造和使用棍棒工具意义上的工作世界文化。由于主要住在树上,还没有居住文化;由于吃的东西主要是天然的果实、坚果和植物的根茎,还没有吃文化;由于没有织物,穿的至多是天然的树叶、树皮等,甚至主要是裸体,没有服饰文化。之所以居住在热带,是因为那里可以赤身裸体。这时的性爱行为主要是动物式的群交、杂交。吃穿住等生活世界像动物一样,没有生活文化,只有采集意义上的工作世界文化。而行走方面,工作劳动使其能直立行走,仅仅在这个意义上,"行"才具有了人化或文化的意义,具有了生活世界意义。"行"是指行动,不只是指行走,在这个阶段,许多行动还不具有人化的生活世界意义，还不具有文化世界意义。蒙昧中级阶段，工作技术进入打制石器时代，人们开始使用火，掌握了摩擦取火的技术。这就使原始人可以食用更多的熟食。由于吃熟食，有了吃的生活世界文化；由于移居和对衣物的需求，有了居住和穿文化。蒙昧高级阶段，弓箭的发明使得狩猎成为主要的工作活动，吃文化从植物拓展到猎物。这个阶段还有了磨制石器，能制造独木舟，有了用木制纤维做成的手工织物，有了定居文化的萌芽——村落。这表明生活世界文化在吃穿住行等方面进一步拓展。野蛮低级时代，人类学会了制陶术、动物的驯养、繁殖和植物的种植。野蛮中级阶段，食物进一步丰富，出现村落以及木和砖石建造的房屋、城堡，在适合游牧的地方出现了游牧生活。野蛮高级时代，铁器发明和使用。文明时代，工作世界与日常生活世界进一步拓展和丰富，特别是宗教、祭祀等精神生活进一步发展，但在文明时代，人们也遭遇了国家、政治、意识形态等社会文化的规范、激励、升华以及侵入、遮蔽和压制。

早期人类日常生活有两个重要领域或指向，一个是吃，一个是性。正如孟子所言："食色，性也！"史前文化由于人类生活较为贫乏，生活能力有限，欲求单调，更是如此。芒福德也认为，新石器时代的村落文化，"日常生活都围绕着两大问题，食和性：一个是生命的继续，另一个是生命的繁衍。直至进入有历史记载的时代之后，村庄的仪典形式上还供奉着巨大的阴茎和阴户造像。其后，这类造像转化为纪念性形式流传给城市，不仅见诸方尖碑、纪念柱、宝塔、穹顶厅堂这类隐晦形式，还表现为一些完全裸露的形式，例如在代洛斯岛（Delos，爱琴海地区塞克拉狄斯群岛中一小岛，传说为孪生兄妹太阳神阿波罗和月亮神阿第米斯的诞生地——译者注）上的巨大阴茎造像，虽残破不堪却依然屹立，至今仍可见到"[①]。这表明性文化不仅在史前文化、村落文化而且在城市文化乃至整个文化世界中的文化本性意义。关于吃文化，前面做了较为详尽的描述，下面再谈谈性文化意义的生成与跃进。性文化是文化世界总体意义生成和跃升的重要方面，没有性文化就没有人类文化总体意义上的存在。

[①] 〔美〕刘易斯·芒福德：《城市发展史——起源、演变和前景》，宋俊岭、倪文彦译，中国建筑工业出版社，2005，第12页。

性文化即性爱文化，就是性爱的主体化或人化世界，它主要有三重含义：一是性的生理机能，性的物质化、技术化，如性器官、制造物像的性器、性产品等；二是性的精神化，如性崇拜、生殖崇拜、性道德等；三是性的制度化或社会化，如性爱关系、一夫一妻制、有关性的法律法规等。这些方面构成性文化的生活世界总体意义，其本质和基础是工作世界，即性文化都是在工作世界中造化出来的，或者说，性文化本身就是一种文化创造或生命、生活的创造，本质是工作创造。由此，性文化不只是狭义的"性交""性关系"，不仅仅是性冲动和性本能，未经主体化或社会化的性本能只是一种自然存在。不得不说，弗洛伊德主义把性文化归结为一种自然本能和冲动，背离了性的文化本性，但人类性文化确实始于这种原始冲动。

性文化意义的生成与跃升是一个过程。人的性行为的最初或发端是一种自然冲动，不具有主体化或人化的性文化意义。从摩尔根对史前文化婚制的研究看，蒙昧时期的初级阶段是一种群交、杂交生态，没有任何人化的规制，完全沿用了动物性关系的自然生态。这个时期的性只能说是性行为，而不是性文化。如前所述，至少蒙昧低级阶段的人和文化只是工作世界意义上的人和文化，还不是完整意义上的人和文化。这个时期没有吃穿住行的日常生活文化，吃穿住行还处在未开化或未主体化的非文化状态；同样，性行为也没有跃升为日常生活文化。摩尔根对史前文化的分期是科学的，但并不等于人的一切行为在史前文化的每个分期特别是在蒙昧低级阶段都是文化。人或文化世界总体意义的生成是一个过程，不是一蹴而就的，同样，人或文化世界的某个、某些具体因子如吃穿住行性行为以及国家意识形态等的生成也是一个过程，也不是一蹴而就的。性行为作为一种文化，必须是摆脱了动物的自然本能具有了人化的特征，氏族制度下的婚级制度使性关系具有了适应生活环境和工作环境的主体化因子，可视为性文化演进的文化生态，一夫一妻制则是性文化的文明生态。这一过程演进的基础仍然是工作世界。

性文化或性关系不等于婚姻关系或家庭关系，但后者是前者的主要存在方式或文化形态。人类早期男女性关系杂乱无章，发展到一定阶段才出现男女结合的社会形式——家庭，人类性关系早于家庭出现。在摩尔根之前，人们把一夫一妻制家庭看作自古以来一成不变的家庭形态。摩尔根经过数十年的研究，阐明了两性关系的社会形式——家庭的发展过程，并指出："我们已经习惯于把专偶制家族自古以来一成不变的家族形态……其实不然，家族的观念原是经历了几个顺序相继承的发展阶段才臻于成熟的，而专偶制家族乃是一系列家族形态中最后的一种形态。我的目的就是要说明在专偶制家族之前还有更古的家族形态，那些家族形态曾普遍流行于蒙昧阶段，并经历野蛮阶段初期而下达野蛮阶段中期。"① 在摩尔根看来，专偶制即一夫一妻制是野蛮阶段晚期和文明阶段的产物。摩尔根将家族分为五种顺序相承的不同形态：血婚制家族（若干兄弟和若干姊妹相互集体通婚）、伙婚制家族（以若干兄弟是他们彼此的妻子的共同配偶为基础的家族形态）、由一对配偶结婚而成的不固定的偶婚制家族、一夫多妻的父权制家族、一夫一妻制的专偶制家族。每一种形态都有独特的婚姻制度。② 在这种顺序相承的发展过程中，进步的主流是从血婚制走向专偶制。血婚制家族和伙婚制家族就处于蒙昧阶段，偶婚制属于低级和中级野蛮社会，并继续到高级野蛮社会；专偶制属于高级野蛮社会，并继续到文明社会。摩尔根认为氏族是社会组织的基本单位："氏族，就其起源来说，要早于专偶制家庭，早于偶婚制家庭，而与伙婚制家庭大致同时。它决不是建立在任何一种家庭基础上的。它决不以任何形态的家庭为其构成要素。与此相反，无论在原始时代或在较晚时代，每一个家庭都是一半在氏族之内、一半在氏族之外，因为丈夫和妻子必须属于不同的氏族。要解释这一点既简单，又能解释得彻底，那就是：家庭之产生与氏族无关，它从低级形态发展到高级形态完全不受氏族的影响，而氏族则是社会制度的基本单元，是长期存在的。"③ "氏族就是一个由共同祖先传下来的血亲所组成的团体，这个团体有氏族的专名以资区别，它是按血缘关系结合起来

---

① 〔美〕路易斯·亨利·摩尔根：《古代社会》（下），杨东莼、马雍、马巨译，商务印书馆，1977，第381页。
② 〔美〕路易斯·亨利·摩尔根：《古代社会》（下），杨东莼、马雍、马巨译，商务印书馆，1977，第382页。
③ 〔美〕路易斯·亨利·摩尔根：《古代社会》（上），杨东莼、马雍、马巨译，商务印书馆，1977，第226～227页。

的。"① 祖先和后代之间的血缘关系是氏族的基本特点,这种关系基本上可以视作继嗣原则,家庭就是从这种婚姻形式(亲、从兄弟姐妹的集体相互通婚)中诞生出来的。摩尔根描述了伙婚制和偶婚制家庭的居住状态。伙婚制家庭住在钟形的住宅中,每一栋容纳一百六十人。许多丈夫和许多妻子集体同居在一栋住宅内,而且通常同居在一间房子里。偶婚制家庭则是几个这样的家庭居住在一幢房子里,构成一个共同的家室,在生活中实行共产的原则。虽然如此,这种家庭却是建立在一男一女相婚配的基础之上的。摩尔根强调氏族是以血缘关系为基础,家庭是以婚姻关系为基础。

但是,人类的最初或最原始状态,没有氏族、家庭,也没有性文化,只有性行为。在摩尔根看来,那时盛行毫无限制的性交关系,每个女子属于每个男子,同样,每个男子也属于每个女子。在兄弟姐妹、父母子女之间均存在性关系。"我们可以根据一系列必要的推论,将人类追溯到这样一个时候,那时,人类对于火是无知的,他们没有清楚的语言,也没有手制的武器,象野兽一样,依靠地上自生的果实为生。他们以几乎觉察不到进展的缓慢速度进入蒙昧社会。"② 这个阶段就是向蒙昧过渡的阶段或最初级的蒙昧阶段。这时没有吃文化,性行为也是野兽式的,人与人的关系以性关系维系。"我们从最初以性为基础、随之以血缘为基础、而最后以地域为基础的社会组织中,可以看到家族制度的发展过程;从顺序相承的婚姻形态、家族形态和如此而产生的亲属制度中,从居住方式和建筑中,以及从有关财产所有权和继承权的习惯的进步过程中,也可以看到这种发展过程。"③

在摩尔根看来,在蒙昧初级阶段,有一个以性关系为纽带的时代,这个时代的性行为是群交阶段或群婚阶段,这个阶段没有性文化。蒙昧低级阶段不是氏族组织而是性组织,是群婚阶段,之后才是家族形态的氏族制

---

① 〔美〕路易斯·亨利·摩尔根:《古代社会》(上),杨东莼、马雍、马巨译,商务印书馆,1977,第 62 页。
② 〔美〕路易斯·亨利·摩尔根:《古代社会》(下),杨东莼、马雍、马巨译,商务印书馆,1977,第 534 页。
③ 〔美〕路易斯·亨利·摩尔根:《古代社会》(上),杨东莼、马雍、马巨译,商务印书馆,1977,第 7 页。

度。婚级制度是最早的社会制度，婚级组织是最早的社会组织。最早的婚级制度是性关系制度，是按性别组织婚级，而不是按亲属关系组成氏族。"当人类文化处于蒙昧社会的低级水平时候，人们在规定范围内实行共夫共妻，这是当时社会制度的主要原则。这种规定集体同居的权利与特权发展成为一种庞大的体制，终于成为社会结构的组织原则。"① 低级蒙昧阶段"蒙昧人既不成熟，又无经验，而且还受着本身所具有的食色等低等动物欲望的支配，所以他们在智力和心理方面都很低下"②。一开始是受欲望的支配，是性制度、性组织。性组织之后，才是以亲属为基础的氏族组织。"家族形态一开始是血婚制家族，这种形态的基础是兄弟与姊妹之间相互集体通婚；从这个形态过渡到第二个形态，即伙婚制家族，……是一群兄弟共有若干妻子和一群姊妹共有若干丈夫——这两种情况都是集体的婚配。"③ 关于这种家族形态形成的基础，他笼统地归于"人类天性"："按性别组成婚级，以及随后较高级地按亲属关系组织成氏族，这都是一些伟大的社会运动顺应人类天性所趋的原理于不知不觉之中创造出来的。"④ 家族形态或氏族制度对性行为有了一定的规制，如禁止父母与子女之间的性关系，有的氏族还禁止兄妹通婚，只允许不同氏族之间通婚。这就对性有了主体化的规定，有了性文化因子，可以说性文化是从氏族或家族制度开始的，这个文化时期应是蒙昧中期以后。

马克思确认了摩尔根所说的杂交性关系这一阶段。马克思在《摘要》中指出，最古是过着杂交的原始群生活，没有家庭，"男女杂交；过着原始群的生活；无婚姻可言；比现存的最低级的蒙昧人还低得多；在地球各处发现的、连现存的蒙昧人都不使用的比较粗糙的燧石工具证明，在人类离开了他们原始居住地并作为捕鱼者开始散居到大陆各地区以后，他们的

---

① 〔美〕路易斯·亨利·摩尔根：《古代社会》（上），杨东莼、马雍、马巨译，商务印书馆，1977，第47页。
② 〔美〕路易斯·亨利·摩尔根：《古代社会》（上），杨东莼、马雍、马巨译，商务印书馆，1977，第37页。
③ 〔美〕路易斯·亨利·摩尔根：《古代社会》（上），杨东莼、马雍、马巨译，商务印书馆，1977，第48页。
④ 〔美〕路易斯·亨利·摩尔根：《古代社会》（上），杨东莼、马雍、马巨译，商务印书馆，1977，第48页。

生活状况是极其原始的。——原始的蒙昧人"①。"原始居住地"就是摩尔根所说的"人类一开始在热带，很可能居住在树上"的蒙昧低级阶段，"比低级蒙昧人还低的阶段"则是强调最低级的蒙昧阶段或动物向蒙昧阶段过渡时期。这种"原始的蒙昧人"是杂交、群交性关系没有进入婚级制度的人，是完全的动物式的自然状态，也就是摩尔根说的蒙昧低级阶段的以性为基础的性关系维系的组织，只有性行为，没有性文化。马克思紧接着说："血缘家庭……承认一定范围内的杂交，这种范围并不是狭窄的；这种家庭组织显示出它已设法防止的一种更坏的情况。"② 在另一处，马克思也指出，在原始群中存在过杂交状态，一旦原始群为了生存必须分成较小的集团时，它就从杂交变为血缘家庭；血缘家庭是第一个有组织的社会形式。这表明，在群交阶段之后，性关系才进入血缘家庭阶段这一点上，马克思的观点与摩尔根所说的从低级蒙昧阶段的性组织到家族组织存在一致性。摩尔根认为血婚家族是第一个家族形态，血婚制开始进入氏族社会，马克思也认为"原始的蒙昧人"在群婚制之后才进入氏族社会。马克思指出："但氏族必须从杂交集团中产生；一旦在这个集团内部开始排除兄弟和姊妹之间的婚姻关系，氏族就会从这种集团里面生长出来，而不会更早。"③ "氏族根源于蒙昧时代的状态。"④ 氏族从群婚、杂交的原始蒙昧人的"杂交集团"中产生，即在"杂交集团"之后。"排除兄弟和姊妹间的婚姻关系"也表明，性关系的主体化规制是性文化生成的一个标志。

恩格斯也确认了摩尔根所说的这种原始性关系的自然状态："摩尔根在这样追溯家庭的历史时，同他的大多数同行一致，得出了一个结论，认为曾经存在过一种原始的状态，那是部落内部盛行毫无限制的性交关系，因此，每个女子属于每个男子，同样，每个男子也属于每个女子。"⑤ "所谓杂乱，是说后来由习俗规定的那些限制那时还不存在。"⑥ 那时的性还

---

① 《马克思恩格斯全集》第45卷，人民出版社，1995，第376页。
② 《马克思恩格斯全集》第45卷，人民出版社，1995，第476页。
③ 《马克思恩格斯全集》第45卷，人民出版社，1995，第499页。
④ 《马克思恩格斯全集》第45卷，人民出版社，1995，第477页。
⑤ 《马克思恩格斯选集》第4卷，人民出版社，1972，第26页。
⑥ 《马克思恩格斯选集》第4卷，人民出版社，1972，第31页。

没有主体化的规制，完全是自然状态，还不是性文化。恩格斯针对当时的学术界否认人类性生活的这个初期阶段，想使人类免去这一"耻辱"的观点指出，如果戴着妓院眼镜去观察原始状态，那便不可能对它有任何理解。恩格斯同样认为，后来始于血缘家庭的几种家庭形式，按照摩尔根的意见，是从这种杂乱性交关系的原始状态中发展出来的。这里需注意，恩格斯把这个阶段的性关系叫"杂乱性关系"，而把摩尔根描述的血婚制和伙婚制称为"群婚制"，即把摩尔根的五种家族形态归结为群婚制、对偶婚制和一夫一妻制三种："这样，我们便有了三种主要的婚姻形式，这三种婚姻形式大体上与人类发展的三个主要阶段相适应。群婚制是与蒙昧阶段相适应的，对偶婚制是与野蛮时代相适应的，以通奸和卖淫为补充的一夫一妻制是与文明阶段相适应的。"①

马克思、恩格斯都赞同摩尔根关于人类初期有一个原始性关系组织阶段的观点，认为这种两性关系是由生产力低水平决定的。"脱离动物的状态的原始人类，或者根本没有家庭，或者至多只有动物中所没有的那种家庭。……但是，为了在发展中脱离动物状态，实现自然界中最伟大的进步，还需要一种因素：以群的联合力量和集体行动来弥补个体自卫能力的不足。"② 在两性关系上的排他性必会削弱这种力量，只有杂乱性交关系才能维系这种群体的组织和力量。虽然马克思说过"在原始时代姊妹曾经是妻子，而这是合乎道德的"③，但合乎道德不一定是文化，人的自然行为有许多合乎道德，但并不是文化，比如前述蒙昧低级阶段采摘自然果实食用，符合生态伦理，但无异于一般动物的采摘食用，所以还不是吃文化，而用火烧烤食物就是吃文化了，因为有了人的造化。

性文化演进的最初是低级蒙昧阶段或"原始的蒙昧人"的纯粹性关系的自然状态，性文化的起点是以血婚制或血缘关系为起点的氏族社会的性关系，其进展经历了血婚制—伙婚制—偶婚制—父权制—专偶制。而这一进程演进的基础是以工作生存技术和工作关系为基本结构的工作世界。下面再主要通过恩格斯的思想加以阐述。

---

① 《马克思恩格斯选集》第4卷，人民出版社，1972，第70~71页。
② 《马克思恩格斯选集》第4卷，人民出版社，1972，第29页。
③ 《马克思恩格斯选集》第4卷，人民出版社，1972，第32页。

恩格斯两种生产的理论较为直接地表明,性文化或性关系的本质是生命的生产活动,一方面受物质资料生产的制约,另一方面作为一种基本的生产活动构成家庭、婚姻以及社会生活、社会关系的基础。在《家庭、私有制和国家的起源》(以下简称《起源》)的序言里,恩格斯指出:"根据唯物主义观点,历史的决定性因素,归根结底是直接生活的生产和再生产。但是,生产本身又有两种,一方面是生活资料即食物,衣物,住房以及为此所必需的工具的生产;另一方面是人类自身的生产,即种的繁衍。一定历史时代和一定地区内人们生活于其下的社会制度,受着两种生产的制约:一方面受劳动的发展阶段的制约,另一方面受家庭的发展阶段的制约。劳动愈不发展,劳动产品的数量,从而社会的财富愈受限制,社会制度就愈在较大程度上受血族关系的支配。"[①] 同时,恩格斯指出,在原始社会里,男女之间是平等的,甚至在有些生产和家务劳动中女性的地位高于男性,"在一切蒙昧人中,在一切处于野蛮时代低级阶段、中级阶段,部分地还有处于高级阶段的野蛮人中,妇女不仅居于自由的地位,而且还居于受高度尊敬的地位"[②]。原始蒙昧阶段,妇女拥有较高的社会地位,原因是财产共同拥有,同时也没有剩余财富。人类婚姻是杂婚制的,父亲不确定,形成妇女在社会中享有绝对权威的母亲系统。妇女的生命生产地位促进了母系社会的生成与发展。后来随着生产力的发展和工作世界的跃升,金属工具取代石器,出现了社会大分工,畜牧业也从农业中被分离出来,男女两性的地位发生了改变,男人被需要的程度远远高于女性的,男人创造更多的社会财富和私有财产,男人的地位和他们的劳动价值和财产同时提高。而在婚姻制度上,形成对偶制家庭,男人有了确定的配偶,并且子女可以继承他的财产,而妇女的劳动和自身的价值变得越来越不重要,父亲取代了母亲,一切大权都掌握在男性手中,而妇女处在受压迫、受奴役的地位。最后,以婚姻家庭性关系为主要形式的性文化跃升为一夫一妻制,母系社会生活跃升为父系社会生活。

恩格斯还揭露了资本主义性文化或婚姻家庭文化与私有制工作世界的

---

① 《马克思恩格斯选集》第4卷,人民出版社,1972,第2页。
② 《马克思恩格斯选集》第4卷,人民出版社,1972,第88页。

关系:"在今日的资产阶级中间,缔结婚姻有两种方式。在天主教国家中,父母照旧为年轻的资产阶级儿子选择适当的妻子,其结果自然是专偶制所固有的矛盾得到了最充分的发展:丈夫方面是大肆实行杂婚,妻子方面是大肆通奸。天主教会禁止离婚,恐怕也只是因为它确信对付通奸就像对付死亡一样,是没有任何药物可治的。相反,在各个新教国家中,通例是允许资产阶级的儿子有或多或少的自由去从本阶级选择妻子;因此,一定程度的爱可能成为结婚的基础,而且,为了体面,也始终以此为前提,这一点符合新教伪善的精神。……这种新教的一夫一妻制,即使拿一般最好的场合来看,也只不过是导致被叫作家庭幸福的极端枯燥无聊的夫妇同居罢了。"① 所以,在这两种形式下,"婚姻都是由当事人的阶级地位来决定的,因此总是权衡利害的婚姻"②。资产阶级的经济地位决定他们的性文化或婚姻家庭关系。阶级地位就是经济地位,就是在工作世界中占有生产资料的统治地位和财产。

性文化、性爱以工作世界为基础,并不是不讲情感,马克思恩格斯都强调感情的重要性和相对独立性。恩格斯在《起源》中指出:"现在的性爱同单纯的性欲,同古代的爱,是根本不同的。第一,它是以索爱者的互爱为前提的……第二,性爱常常达到这样激烈和持久的程度,如果不能结合和彼此分离,对双方来说即使不是一个最大的不幸,也是一个大不幸;仅仅为了能彼此结合,双方甘冒很大的风险,直至拿生命孤注一掷,而这种事情在古代充其量只是在通奸的场合才会发生。最后,对于性交关系的评价,产生了一种新的道德标准,不仅要问:它是结婚的还是私通的,而且要问:是不是由于爱情,由于相互的爱而发生的?"③ 但爱情虽有超越现实或经济关系的相对独立性,而总体上或最终还是由分工地位即工作地位决定,资产阶级的爱情以财产关系为基础,背离了爱情的本意,还是源于工作世界的异化,缺失共创共享的工作世界共同体。爱情怎样才能对婚姻问题有最后决定权呢?那就是建立工作世界的共同体关系。"结婚的充分自由,只有在消灭了资本主义生产和它所造成的财产关系,从而把今日

---

① 《马克思恩格斯选集》第4卷,人民出版社,1972,第66~67页。
② 《马克思恩格斯选集》第4卷,人民出版社,1972,第67页。
③ 《马克思恩格斯选集》第4卷,人民出版社,1972,第73页。

对选择配偶正有巨大影响的一切派生的经济考虑消除以后,才能普遍实现。到那时,除了相互的爱慕以外,就再也不会有别的动机了。"① 没有分工和经济地位的差异,以感情为基础的爱情就实现了,而这种实现实质还是以工作关系即共创共享的工作共同体关系为基础,有了这种工作共同体,爱情、婚姻就可以不顾及以往的那种经济关系、分工、工作地位的差异了,因为它们不存在了。恩格斯提出,要想妇女得到真正的解放和平等,首先就要消灭私有制。私有制包括奴隶私有制、封建私有制和资本家私有制,是造成男女不平等以及性关系、性文化、婚姻家庭生活异化的罪魁祸首。恩格斯还认为,妇女不去社会上工作就业,妇女的解放和发展就无法实现。因为,妇女参加工作,在经济上就可以获得独立,不用依靠男人,这样就可以使妇女的地位有所提高,这对妇女解放来说是至关重要的。再者,妇女融入工作世界,就会拥有广泛的社会关系,就不再只有家庭的单一关系,而且可能拥有独立的社会地位,"妇女解放的第一个先决条件就是一切女性重新回到公共的劳动中去"。恩格斯认为,妇女只有摆脱沉重的家务劳动,把用在家庭劳动中的时间和精力用在社会劳动中,才能使自己得到真正的解放。由此可以说,妇女的解放、男女性文化关系的平等,最终取决于男女在工作世界的解放和平等。恩格斯还认为,卖淫是原始杂婚制的转化形式,是私有制的产物,只有消灭私有制,建立社会所有制,才能消灭这种堕落的性文化。"因为随着生产资料转归社会所有,雇佣劳动、无产阶级、从而一定数量的——用统计方法可以计算出来的——妇女为金钱而献身的必要性,也要消失了。卖淫将要消失,而一夫一妻制不仅不会终止其存在,而且最后对于男子也将成为现实。"② "这一代男子一生中将永远不会用金钱或其他社会权力手段去买得妇女的献身,而妇女除了真正的爱情以外,也永远不会再出于其他某种考虑委身于男子,或者由于担心经济后果而拒绝委身于她所爱的男子。"③ 这种社会占有制就是共创共享财富的工作共同体关系。它是自由、道德、平等的爱情家庭关系和性文化关系的基础。

---

① 《马克思恩格斯选集》第4卷,人民出版社,1972,第78页。
② 《马克思恩格斯选集》第4卷,人民出版社,1972,第72页。
③ 《马克思恩格斯选集》第4卷,人民出版社,1972,第79页。

有人认为真正的爱情必须摒弃一切经济条件，这是对恩格斯婚姻爱情观的误读。恩格斯批判的是不平等的私有财产关系特别是资本主义私有财产关系制约的爱情婚姻，而不是反对一切经济关系。"一夫一妻制却会肯定地失掉它因起源于财产关系而被烙上的特征，这些特征就是，第一，男子的统治，第二，婚姻的不可离异性。"① 恩格斯认为婚姻家庭两性关系以爱情为基础，资本主义的婚姻家庭关系建立在资本主义私人占有制基础上，是不自由、不平等的，伴随着资产阶级对性的贪婪与掠夺以及受压迫的妓女的不幸。以爱为基础的自由婚姻家庭建立在未来共同创造、共同占有和享受工作成果的工作共同体基础上，即爱情本身并不是爱情、婚姻家庭和性文化的最后基础，一切性文化都以工作世界为基础，自由的婚姻爱情和性关系以自由平等的工作世界为基础。

当代技术史家、人文史家芒福德从性文化的数量、质量以及主体地位角度考察了古代性文化的跃进与演化的工作世界基础。他指出，新石器的村落文化时代，"这是人类性爱生活最丰繁的时期，而且一种新的秩序、新的规则、新的保障，开始进入了这种生活；因为人类开始获得比以往任何时代都要丰富的食料来源。几乎可以肯定，这些新石器时代社区中，婴儿的出生率和成活率都超出了以往任何文化所达到的水平，如果不算极个别的侥幸例外。研磨方法制造的种种工具曾经被当作新石器文化的主要标志，这些工具是一种证据，它反映了这时期人类劳动耐心细致和条理性，这同燧石文化和狩猎文化中的劳动方式有很大区别"②。性文化不仅在量上不断丰富繁荣，而且在质上有了跃升，即有了"新秩序""新规则""新保障"。打制石器以及驯养动物、种植等工作技术的发展，使性爱所需的食物更加充足，性行为更规范，即工作世界的进步促进了性文化质和量意义上的跃升。

性文化意义的生成与跃升及其工作世界基础不仅表现在性爱数量和质量上，还表现在性地位方面。例如，母系社会中女性支配地位的确立就是源于工作世界女性的主导性。芒福德指出，新石器时代农业文化的产生，

---

① 《马克思恩格斯选集》第4卷，人民出版社，1972，第78页。
② 〔美〕刘易斯·芒福德：《城市发展史——起源、演变和前景》，宋俊岭、倪文彦译，中国建筑工业出版社，2005，第13页。

"这里，女人的特殊需要，女人所担忧的各种事情，女人对生育过程的熟悉，以及女人温柔慈爱的本性，必定都起过重要的作用。驯化动植物的内容不断丰富，人类的食料来源不断扩大，女人在这种新经济中的中心地位也随之确立"①。女人在新石器时代的驯养动物、种植农作物的工作世界中的主导地位决定了其在生活世界中的支配权力。"在田地里挥锄操劳的是女人；在园子里管理作物的是女人；制造器皿，编织筐篮，用泥条缠绕成最早的泥罐的也是女人。就形式而言，村庄也是女人创造的，因为不论村庄有什么其他功能，它首先是养育幼儿的一个集体性巢穴。"②

母系社会源于女性强势的工作能力，包括生命生产和管理财物。子女与母亲是一体，不认父亲。一开始不会男女数量对等，有的女性多，有的女性少，要平均分配，这就构成群婚氏族大家庭。后来，是女性多于男性，因为男人受到野兽的侵害以及自相残害，生存环境更艰难，女性的生活地位和分工决定了其不会被轻易杀害。儿女可以联合起来杀父，古希腊神话虽发生在父系社会，但更说明母系社会可以杀父。母系社会从根本上说就是靠这种女性工作的经济力量和身体的暴力支撑。后来，男女在生存能力和数量上逐渐平衡。随着农耕文化的进一步发展，男性越来越成为工作世界的主导。随着工作地位的变化，对偶婚认父亲，父亲取得了财产权并具有强势的工作能力，这就进入父系社会和一夫一妻制的文明时代。这也是靠身体的暴力以及经济力量和工作能力。这时，儿女即使不帮父亲，至多也是中立，所以，权力无论是父权还是母权都是靠实力取得和支撑的，一个是经济力或工作力，一个是攻击的暴力。这一点在一些神话当中体现得尤为明显。

工作世界是性文化的基础，性活动、性本能是随工作世界的进展而成为文化进而跃升为文明的。而弗洛伊德精神分析理论认为，在人类原始状态下，性活动、性本能的快乐原则是第一原则，是工作的原动力和基础，是文化乃至文明的发端，"经济的动机。如果社会成员不去工作，社会就

---

① 〔美〕刘易斯·芒福德：《城市发展史——起源、演变和前景》，宋俊岭、倪文彦译，中国建筑工业出版社，2005，第11页。
② 〔美〕刘易斯·芒福德：《城市发展史——起源、演变和前景》，宋俊岭、倪文彦译，中国建筑工业出版社，2005，第11页。

无法为他们提供足够的生活资料。因此,社会必须努力限制其成员的数目,并把他们的能量从性活动转移到工作上去"①。在弗洛伊德看来,性活动的快乐原则被工作世界的现实原则代替,最早发生于原始部落。② 性活动是人类原始状态的第一前提,工作是性活动的派生物,是对性活动的压抑。尽管弗洛伊德把这种压抑视为必要的或文明的压抑,但他把性活动视为工作世界的前提和基础,这从根本上颠倒了工作世界与性文化的关系。而他认为性活动是在工作世界的压抑中变得文明的,这又恰好确证了工作世界是性文化的基础。

综上所述,从日常生活意义的生成看,历史的第一个前提并不是日常生活文化,而是生产吃穿住行这些日常生活的工作世界;工作世界直接衍生和指向日常生活,是日常生活最亲近的基础和最直接的动力。性、家庭、婚姻、爱情是一个总体,这个总体又具有文化世界总体意义,具有生活世界总体意义,同时,是人与人、自然、社会关系的总体,其本质是工作世界总体。从根本上说,爱情、婚姻、家庭、性关系的自由、平等、道德,都依靠自由、平等、道德的工作世界共同体。人、文化世界和日常生活世界的最初都没有性文化,只有性行为。性文化生成的起点是血婚制家族,成就于一夫一妻制的性文明文化。性文化演进的基础是工作世界,其根本支撑则是工作生存能力,特别是技术生存能力。

通过上述考察,至少可得出以下结论。

(1) 从理论上讲,摩尔根、马克思、恩格斯虽然都确认了蒙昧早期的那种杂乱性关系时期,但都没有明确指出这个时期的性活动还不是性文化阶段,而是本能的自然状态,也没有明确申明以血缘关系或血婚制为起点才进入性文化阶段。而蒙昧早期是人类文化的初始阶段,这样就容易使人误解杂乱性关系时期就是性文化的初始阶段。而当时学界的诸多学者虽然认为这个阶段不是人类文化阶段,但只是出于对人类的羞耻感,甚至否定有这样一个阶段的存在,认为人类性文化一开始就是有规制的,这就把

---

① 转引自〔美〕赫伯特·马尔库塞《爱欲与文明》,黄勇、薛民译,上海译文出版社,2012,第 8 页。
② 〔美〕赫伯特·马尔库塞:《爱欲与文明》,黄勇、薛民译,上海译文出版社,2012,第 8 页。

这个阶段从史前文化阶段排除了。这主要是因为不懂得日常生活文化特别是性文化是一个以工作世界为前提和基础的逐渐生成过程，而不是一蹴而就的，不是一有了人类或人类文化，就什么都是文化了。

（2）性文化生成的历史前缘是杂乱性交的原始自然状态，是纯粹的本能和冲动，而后才被主体化，有了各种规则和道德约束，才成为性文化，才具有人的意义。由此，无论是历史文化还是单纯的性文化的第一个历史前提都不是本能的性冲动，而是工作世界文化和有主体化规制的性化即血缘关系。以性本能性冲动来揭示历史原动力的弗洛伊德主义有悖于历史文化特别是性文化生成的历史过程。西方马克思主义者马尔库塞虽然认为"文明的首先是工作"，但他认为爱欲的文明不是在工作文明中变得文明的，而是受到工作文明的压制；不是爱欲依靠工作文明得到解放而是工作文明依靠爱欲解放得到发展。这显然颠倒了爱欲与工作世界的关系。

（3）性文化不是性文化本身，而是生活世界总体文化。从性文化演化的历史看，它直接是氏族、家庭关系或社会组织的演进过程，也融合着吃穿住行日常生活生态。由此，性文化的跃升是社会关系、道德关系等生活世界总体意义的进展，而不能就性论性，性文化的建构与发展，都要同社会生活关系、日常生活关系包括各种风俗习惯和规制融合起来，而不能脱离生活世界总体意义单纯谈论或建构性文化，特别是那些时髦和流行于别国、别处的性文化，即性文化要适用本地本国的文化世界风土。

（4）性文化的基础和本质是工作世界文化，是随着工作世界的进展而跃升的。性文化的建构与发展要立足于工作世界的建构与发展，只有建构工作共同体关系，才有高级的文明性文化、性爱关系和家庭生活。解决性文化的泛滥问题也要立足于解决工作世界的问题。以健康的性文化造化自然、造化人、造化社会，或以优化的工作世界、社会世界塑造健康的性文化，早已成为文化世界建构的一个重要指向。幸福的爱情、婚姻、家庭要建立在工作创造的基础上，而不是靠嫁得好、攀附权贵甚至权色交易。男女性爱的本质是对生活世界特别是工作世界的爱，是以工作能力和工作关系为支撑的。

（5）性文化的核心是爱情文化，主要形态是婚姻家庭文化，从古至今始终存在"通奸"、"杂交"或"卖淫"等色情文化与爱情、婚姻、家庭和社会的矛盾，始终存在爱情、婚姻、家庭同工作世界的矛盾，解决这些矛盾关键在于人与人关系的平等，而平等的关键在于工作世界的工作地位、工作关系、工作创造和享受的平等。

三 权力与宗教：国家生活的文化跃升

文化世界的演进即以工作世界为基础和前提的吃穿住行等日常生活文化和国家、政治、意识形态等社会生活文化的生成过程。文化世界基本范式的演进是从工作世界到日常生活世界到国家生活世界，它们的生成构成生活世界总体意义的生成和文化跃升状态。

从文化分期看，文化世界总体意义生成的标志阶段应是文化的文明时期，即文明文化的生成是文化世界总体意义生成的标志。根据摩尔根的文化分期，人类进入文明时代即原始社会向奴隶社会过渡时期，也可以说是原始社会末期、奴隶社会初期。随着生产力或工作创造力的提高，阶级、私有制、国家出现了，人类创造了国家生活以及艺术、科学、宗教、哲学世界观等精神生活。文明文化世界既具备了技术、制度、观念等文化世界总体的基本要素或素质，也具备了文化世界的较为完备的内在关联结构，包括生产力与生产关系、经济基础与上层建筑构成的社会化的基本矛盾结构及其主体化、具体化、现实化的工作世界结构，即工作力与工作关系的互动关系结构。文化世界总体意义的生成即文化世界从工作世界到生活世界总体意义的生成，包括吃穿住行性等日常生活世界、国家生活或政治生活以及意识形态化的精神生活的生成。国家和意识形态文化使文化世界更具有理性、社会性、超自然性以及创造性。

工作世界、日常生活、国家生活构成社会生活的总体。国家生活是国家的政权活动，主要由国家的经济、政治、军事、司法、意识形态等活动构成，其实质是权力工作活动，是权力的生产、使用、治理活动，它不是个人生活，而是公共权力特别是阶级权力生活。它是文明时代的产物和重要标志，其前身是部落联盟或酋邦国家的民主制生活以及初始的氏族部落民主制生活。它使文化世界的总体意义跃升到更高一级的层次，并成为文化世界总体意义生成的重要标志。

日常生活文化虽然拓展了文化世界的意义和内涵，但还不是完整的生活世界文化，它必然衍生国家、政治、意识形态等社会生活文化，它一方面受国家文化的规范、激励、升华，另一方面又遭受国家文化的侵入、遮蔽和压制，它与国家文化一方面融合共进，另一方面又异质并存甚至冲突对抗，而和谐与对抗的性质、程度则取决于不同的文化时期特别是社会制度和工作世界的性状。但无论是和谐还是冲突，国家生活文化的生成都是文化世界意义的进一步拓展和跃升，标志着文化世界总体意义的生成。史前文化或原始文化可以没有国家、政治、意识形态，但这些国家生活文化一旦生成，文化世界就再也无法与之断裂——至少在马克思主义所构建的共产主义之前是这样，它越来越成为文化世界的主流文化或主导文化，但它无论怎样主流、主导，依旧都是以工作世界为本质、基础。

关于国家的产生或起源，摩尔根认为氏族社会发展到政治社会国家就产生了。"我们可以在这里提出一个前提：即一切政治形态都可以归纳为两种基本方式，此处使用方式（plan）一词系就其科学意义而言。这两种方式的基础有根本的区别。按时间顺序说，先出现的第一种方式以人身、以纯人身关系为基础，我们可以名之为社会。这种组织的基本单位是氏族；在古代，构成民族（populus）的有氏族、胞族、部落以及部落联盟，它们是顺序相承的几个阶段……在希腊人和罗马人当中，直至文明发展以后，这种组织依然存在。第二种方式以地域和财产为基础，我们可以名之为国家。这种组织的基础或基本单位是用界碑划定范围的乡或区及其所辖之财产，政治社会即由此而产生。政治社会是按地域组织起来的，它通过地域关系来处理财产和处理个人的问题……这个方式一旦出现，古代社会与近代社会之间的界线就分明了。"① 国家产生或起源于私有财产关系，而私有财产关系是野蛮时代工作世界特别是工作技术进步的结果，尤其是畜牧业和种植业的发展以及铁器的发明创造。从氏族到胞族再到部落再到部落联盟都是国家组织的前缘，是国家产生之前的社会组织演化环节和链条。国家不是一蹴而就的，其军队、警察、监狱等国家机器以及机构、组

---

① 〔美〕路易斯·亨利·摩尔根：《古代社会》（上），杨东莼、马雍、马巨译，商务印书馆，1977，第6~7页。

织和统治方式,在以氏族为基础的社会组织中就以潜在的要素存在了。国家社会生活和氏族社会生活的标志性区别在于,前者是以私有财产关系为基础,后者是以血缘关系为纽带。

考察国家的产生,不得不提及塞维斯的酋邦国家理论。不平等的国家从平等的氏族组织产生,那么,平等的氏族组织是怎样导致国家产生的呢?平等是怎样导致不平等的呢?这之间逻辑上必有一个既平等又不平等的过渡期。关于这个过渡期,摩尔根、马克思和恩格斯实际上都做了一定的描述,只是没有将其视为特定的国家形式。塞维斯指出:"如果我们认为,等级氏族社会不同于平等氏族社会,而且晚于平等氏族社会,处于平等氏族社会和政治文明社会的中间阶段,那么,许多悬而未决的问题将得到解决。"① 塞维斯在平等的原始社会和文明社会之间,确认有一个等级制的过渡社会阶段,并称之为"酋邦"。酋邦一部分是原始的,一部分又不是原始的,既不同于平等的氏族社会,又不同于以阶级为基础的等级制社会,是一种特殊的等级社会。这样,国家的生成就是游团—部落—酋邦—国家四个文化范式或环节演化的链条。塞维斯的酋邦国家理论对文化人类学研究产生了诸多影响,并辐射到考古学、历史学等其他学科,他自己也把这一理论看作摩尔根以后文化人类学所取得的一个重大成就。

酋邦通常是一种生产力发展水平更高、结构更为复杂、组织程度更高、人口密度更大的社会,是协调经济、社会与宗教活动的中心,明显不同于游团和部落。塞维斯强调,酋邦是一种再分配型的社会。生产发展到一定程度,就会出现生产分工与产品分配的需求,而反过来又必然产生相关的协调活动,需要有一种实行再分配活动的中心。再分配过程中出现的首领的领导权与身份地位,随着时间推移,为长子继承这一制度所稳固,最终转变成了一个酋邦社会。酋邦拥有固定的或常设的领导,具有集中的管理组织和治理的具体事务,但无合法暴力支撑其决策;拥有"集中型的领导",酋邦以此区别于无中心的游团和部落;"无合法暴力支撑其决策的真正政府",酋邦因此区别于以合法暴力支撑的国家。② 那么,酋长

---

① Elman R. Service, *A Century of Controversy: Ethnological Issues from 1860 to 1960*, Orlando: Academic Press, 1985, p. 128.

② 易建平:《从摩尔根到塞维斯:酋邦理论的创立》,《史学理论研究》2008 年第 4 期。

靠什么来实现领导呢？是权威。这是酋邦社会权力的一个最为重要的特征。酋长的权威建立在等级或者阶等的基础上，而不是建构在强制性的暴力之上。在酋邦国家中，最为有效的约束手段，就是宗教的超自然惩罚。神祇崇拜往往是祖先崇拜。酋长—祭司常常使用超自然的恐吓手段来维持社会秩序的稳定，公共"法律"典型的惩罚手段就是宗教的超自然的惩罚，比如酋长—祭司所发出的诅咒，或者公开指责。在大多数酋邦那里，不服从命令是对酋长的冒犯，也就是对神灵即祖先的冒犯。

塞维斯的酋邦国家时期即部落联盟时期，中国古代的部落联盟即酋邦国家可视为尧舜禹时代。据考证，尧舜禹处在新石器时代，当时的主要生产活动是农业生产。传说中的治水，反映那个时候农业生产和技术生态。《尚书·尧典》除了记载原始民主选举的政治外，还说到下面一些政治现象[①]：①尧舜禹时代存在一个由部落联盟首长和"四岳"组成的联盟议事会作为"最高权力机构"。②部落联盟首长是当时的正式领袖，他负责处理日常公共事务，召集所属部落酋长们开会，主持宗庙祭祀活动，代表整个联盟说话，受到人民发自内心的崇敬。③惩罚"四凶"："流共工于幽州，放欢兜于崇山，窜三苗于三危，殛鲧于羽山，四罪而天下咸服。"④"五刑有服"。服者，用也，就是使用五种刑法。⑤设置管理民政、农业、司法、宗法等项事务的"官职"。舜当部落联盟首长时，四岳作用下降，可以从决定九个人的职位一事看出来。《尚书·尧典》中记载，舜只就禹、垂、益、伯夷四人的职位征求了四岳的意见，其余五人的职位，都是舜一人拍板，不管四岳同意不同意。这表明个人权力开始出现了，部落联盟首长开始有了一些特殊的地位。四岳的销声匿迹，说明尧舜禹时代的原始民主选举制，正在逾越"一致同意"的原则，开始向国家政治和文明时代迈进。

提及酋邦国家的历史、逻辑和理论，并不是想回到酋邦这种不完整的半国家、半氏族的国家生活，而是想在完整的国家生活即政治国家中继续持有、延续这种国家的公共权力意义、平民生活意义、民主治理意义。氏

[①] 王汉昌：《禅让制研究——简论原始政治的一些问题》，《北京大学学报》（哲学社会科学版）1987年第6期。

族组织生活在某些方面具有"美妙意义",正如恩格斯指出的,"单纯质朴的氏族制度是一种多么美妙的制度呵!没有士兵、宪兵和警察,没有贵族、国王、总督、地方官和法官,没有监狱,没有诉讼,而一切都是有条有理的。一切争端和纠纷,都由当事人的全体即氏族或部落来解决,或者由各个氏族相互解决;血族复仇仅仅当做一种极端的、很少应用的威胁手段"①。就像考察史前文化早期阶段的"杂交集团",并不是想回到那种愚昧的自然状态,而是探寻它在以后的文化世界直至现代文化世界的转化形式、意义和结构。考察酋邦国家或氏族组织就是为了追寻其"美妙意义",并在以后的国家中理解、探寻这些意义。不同历史时期文化的内蕴和形式都有相通之处,一种文化的生成,总是同以往文化有着共通性,它不可能同以往文化的意义和形式彻底一刀两断,文化世界的范式总是一个前后延续和不断进展的链条。这就是摩尔根在《古代社会》中多处论及的技术、制度、精神等文化形态和文化世界的通约性、连续性或同源性。

从摩尔根的文化通约性论断可推论,具有完整意义的正宗的阶级国家必与不完整的具有国家直接的前缘意义的酋邦国家有通约性、一致性和同源性,那就是作为阶级国家或政治国家本质上是维护统治阶级的私有财产利益,但也传承、承担着酋邦国家乃至氏族组织的公共权力、民主权力意义,它不可能同酋邦国家彻底一刀两断,这种通约是文化世界运行逻辑的使然,也是文化历史发展的必然。如反对敌国的战争入侵,就是维护统治阶级的利益,也是保卫平民的利益,这样才能得到民众的响应,去服兵役、去战斗。由此,国家生活或政治国家意义的生成就有双重性,一方面是主要的或本质的方面,是维护统治阶级的权力利益,统治阶级私人权力本质,是私人权力工作世界;另一方面是次要的或辅助的方面,是维护平民、民众的权力利益,具有公共权力属性,是公共权力工作世界。而酋邦国家或氏族组织的民主制度,则更是政治国家不可或缺的治理方式或永恒的价值境界,否则这个国家就悖逆了国家的生成本性,就是一个完全专制的、异化的、必将灭亡的国家。由此,若把政治国家的意义仅仅理解为占有私有财产阶级的权力意志或权力生活,就是只抓住了国家的本质意义,

---

① 《马克思恩格斯选集》第 4 卷,人民出版社,1995,第 95 页。

而忽略了国家的公共权力意义,割断了国家与酋邦国家、氏族组织在公共权力意义上的通约性或"返祖现象"。另外,国家同酋邦国家、氏族组织一样,是一个生活世界的总体,而不只是财产关系的利益组织,它与工作世界、日常生活世界一起构成生活世界的总体,即国家以生活世界特别是工作世界为基础,并为其生产权力意义。任何国家都不可能只是统治阶级的纯粹意志和单独权力工具。

可以将摩尔根的国家生成和起源说概括为私有财产起源说,可将塞维斯的酋邦国家理论概括为财产分配等级起源说。此外,还有战争起源说、契约起源说、城邦起源说等。细究起来,这些关于国家生成和起源的学说,有一个共同之处,就是都认为国家的产生直接源于财产的占有、分配关系,直接源于私有财产关系的产生,并都把国家权力当成公共权力生活。而关于这种财产关系又源于什么,就众说纷纭了。有的归结为人性、攻击本能、欲望甚至性冲动,有的归结为上帝或神灵的造化。摩尔根则是少有的将私有财产关系和国家起源归结为工作技术或生产能力进步因素的学者之一。马克思恩格斯无疑是科学地探究了国家生成与起源问题,把国家建立在生产资料占有、分配关系基础上,又把财产关系或所有制关系与国家建立在生产力的发展水平上,认为国家的实质是阶级矛盾不可调和的产物。从文化世界总体意义上讲,马克思恩格斯则是把国家建立在生活世界基础上,又把生活世界和国家建立在生产活动或主体化的工作世界基础上。"社会结构和国家总是从一定的个人的生活过程中产生的",但是,"这里所说的个人不是他们自己或别人想象中的那种个人,而是现实中的个人,也就是说,这些个人是从事活动的,进行物质生产的,因而是在一定的物质的、不受他们任意支配的界限、前提和条件下活动着的"[①]。社会结构或国家从个人生活过程中产生,就是从日常生活世界中产生,而个人生活或日常生活的基础、本质就是个人的物质生产活动,就是主体化的生产活动,就是工作世界。在阶级社会,国家本质上就是为统治阶级生产权力的权力工作世界,正如马克思指出的:"现代工业的进步促使资本和劳动之间的阶级对立更为发展、扩大和深化。与此同步,国家政权在性质

---

① 《马克思恩格斯选集》第1卷,人民出版社,1995,第71~72页。

上也越来越变成了资本借以压迫劳动的全国政权，变成了为进行社会奴役而组织起来的社会力量，变成了阶级专制的机器。"① 资产阶级国家是为资产阶级生产权力的权力机构、机器，这个机构、机器就是资产阶级的权力工作世界。而社会主义国家就是为最广大民众生产和使用权力的权力工作世界。上述关于国家生成和起源的理论，不再一一考察，这里主要通过国家生成与起源的历史逻辑引申出国家生活的意义。

国家既是私有制和阶级矛盾的产物，也是维护群体工作世界利益的产物，国家的最初即部落联盟或酋邦意义上的国家，是生活世界特别是工作世界群体冲突的产物，是群体国家或等级国家，而不是阶级国家。①原始社会，部落群体之间的冲突特别是人类早期的攻击本能，互相侵略，为了维护部族的生存发展，建立了军队及关押俘虏的监狱、警察等权力机构。如尧舜禹时代就有纷争，蚩尤叛乱，被镇压杀死。有军队，至少是民用与军用合一的军队，有法度（自然法），有机构，这表明国家的最初不是阶级压迫工具，而是维护群体利益以及生活和工作秩序，即国家的最初是保护群体工作世界和生活世界的国家，而不是阶级统治工具。当然，这种最初的国家还是不完整的国家，不具有国家的总体意义。②奴隶私有制不可能在原始社会内部产生，蚩尤叛乱可能就是想侵夺财产据为己有，所以被尧镇压。民选的部落联盟首领是道德高尚并为民众服务的，有强大的工作创造力，且无私心和私人财产。夏启废除民选搞专制才能把财产据为私有，侵吞公产，从而把部落联盟国家变成阶级统治和维护私有制的工具，由此，国家是私有财产的产物，私有财产也是国家的产物。而封建和资本主义的前身都是私有制，所以其国家后于私有制关系。③其他历史时期的国家也具有群体性或公共性。如封建制国家秦朝就是在与其他诸侯国的战争争夺以及侵入与反侵入的过程中形成的，这既维护了统治阶级的利益，也在一定程度上维护了被统治阶级以及整个社会群体的利益。中华人民共和国则是在反帝反封建中建立的，而"中华民国"失败了，这恰好与其仅仅是反封建、维护资本的利益而没有反外国列强的殖民统治有关，因为这样就不能代表生活和工作世界群体总体的利益，不能得到群体总体的响应

---

① 《马克思恩格斯选集》第3卷，人民出版社，1995，第53页。

和拥护，也就是众所周知的缺少广大民众支持和拥护。奴隶国家、封建国家、资本主义国家几乎都是在信誓旦旦地张扬维护民众群体的各种利益中实现创生和发展的。国家必须代表群体总体的利益才能建立、巩固和发展，因为国家工作世界的存在，要向整个社会群体征兵、征税等，要靠社会所有群体的维护，依靠民众的力量。如果不是为了维护群体利益——至少表面上或次要的是如此，就得不到民众的响应和拥护，国家也无法总是用暴力来征兵、征税维持自己的生存，那样或许只能维持一时。④关于国家起源于群体总体利益、维持群体总体生活世界和工作世界的观点，最典型的是近代资产阶级的"自然状态"理论，如霍布斯认为，自然状态下，人与人是狼一样的关系，为了避免这种互相倾轧、侵犯的自然状态，人们订立法律等各种契约，建立了国家，这个契约是维护全体社会成员利益的，是群体总体利益的代表。这是说，国家是防范外侵与内侵的结果。而他认为契约一旦订立，民众一旦把权力交给统治者，就是自动放弃了自己的自然权力，即使统治者沦为专制者，民众也要服从这个契约即国家。这是说，国家又是统治者维持统治阶级利益的工具。而洛克虽主张统治者一旦违背民众群体利益，民众就可推翻之，但他所说的民众利益的核心是维持私有财产不受侵犯，这实质上与霍布斯的观点殊途同归，都是一方面主张国家维护群体利益，另一方面维护统治阶级的利益。

国家是权力工作世界群体的直接产物。国家源于物质生产活动，私有制的出现导致国家的产生。但国家的直接动力和直接的原创者是权力工作世界的群体。原始状态或原始部落的首领或管理层，将剩余产品据为己有，他们最想建立国家维护自己的利益，最有权力做出建立国家的各种决定和实施各种举措；预防外侵、维护部落总体生存利益也是他们的职责和意愿，因为有部落群体总体的存在才有他们的存在。总之，无论是维持群体物质生产的工作世界利益还是自己的权力工作世界群体的利益，他们都是国家直接的领导者。他们是国家权力工作世界的直接的推动者、最大的受益者。

国家是权力工作世界个体推进的产物。权力工作世界既然是一个工作世界、一个文化世界，就离不开它的创造力，这里把这种创造力称为权力技术或技能，它不同于权术。权术是在已有的或既定的权力体系、权力结构和权力资源范围内的技巧行为，主要是行使已有权力的方法和手段，或者说它只是依据已有的权力和权力资源制造权力产品，而不创造权力产品，它不创生新的权力文化、权力财富和权力文明。权力技能主要是创生新的权力财富、权力文明、权力产品的能力。国家权力主要通过政治、法律制度及其实施体现出来，这就需要创生、改革和实施政治法律制度的人才，这种人才不可以是群体的，从历史看，主要是个体的，如秦朝国家的权力意义和权力结构，源于商鞅变法的权力结构和意义，商鞅就是秦朝国家权力的直接的改革者，是秦国权力工作世界和权力文明以及权力财富的重要推进者。这里提出"权力财富"这一概念，权力财富就是权力文明或民主权力世界的总体，它直接是由权力工作世界、权力工作者创造的，根本是物质生产的工作世界创造和支撑的，它与物质文化财富、精神文化财富共同构成文化世界的三大财富，与物质文明、精神文明共同构成文化世界的三大文明。

国家作为一个文化世界形态，其根本支撑是从事生产活动的工作世界，工作世界的根本支撑是工作创造力。国家的产生、发展和变革都源于社会生产力的发展，都源于主体化的工作创造力。一个国家的工作创造力停滞或落后了，这个国家就停滞和落后了，就要走向消亡，被有创造力的新型国家取代。

国家的总体性本质是生产权力产品的权力工作世界。在国家生活中，人们的权力一方面都是自己生活特别是工作创造出来的，另一方面又必须得到国家的确认、认可、授权，否则，权力就没有保障，就没有合法性。在此意义上，国家是最高的权威和权力机构。"国家是拥有最高权力的社会，因而哪里有最高权力，哪里就有国家。"[①] 酋邦国家和阶级国家都是由一定权力机构和暴力机关构成的权力组织。可以说，国家的本质是生产、分配和使用权力的权力工作世界，那么，它是谁的权力工作世界呢？国家的初级形态即酋邦国家是群体或等级集团的权力工作世界，阶级社会的国家则主要地或本质上是为统治阶级生产权力的权力工作世界，辅助地或次要地是为群体生产权力的权力工作世界。

---

① 王海明：《公正与人道——国家治理道德原则体系》，商务印书馆，2010，第454页。

权力产品就是以一定的物质产品、精神产品和行为方式为载体的体现一定权力关系的产品,如把一个贪污犯或杀人犯关进监狱。这个权力产品又可分为几个层次的权力产品:公安局和公安人员生产的是侦查权力产品,法院和法官的审判活动生产的是审判权力产品,监狱和狱警生产的是关押权力产品。再如公园是国家生产的一个公共权力产品,是国家创制和赋予公众享有的权利,而不是国家直接生产公园这个物质产品,作为一个物质产品是物质生产的工作世界创造的,国家只是通过政府规划、设计、投资、管理创造这种权力关系。再如,政府取消一个审批项目就是把项目的决定权交给生产者,就是为其生产了一个项目权力产品。权力产品的实质是权力关系,权力关系的实质所有权关系,即对物质、精神产品和财富的创造、占有、使用或享用关系。

权力产品从主体角度分为按公众意志生产的公共(或公众)权力产品、按阶级意志生产的阶级权力产品、按群体意志生产的群体权力产品和个人意志生产的个人权力产品。阶级对抗的社会主要是生产阶级权力产品,阶级对抗缓和或和谐的社会主要是生产公共权力产品和群体权力产品,专制和腐败猖獗的社会主要是生产个人权力产品。公众意志、群体意志和人民意志主要体现为法制意志。从实体上权力产品可分为经济、政治、军事、文化、社会、生态等权力产品,如发动一场卫国战争就是生产一个战争权力产品。从职能上又可分为国家安全和社会稳定等权力产品等。

上述国家的总体意蕴决定了国家的根本职责和国家治理的根本任务、目标以及价值取向。权力产品无论是其物质、精神和行为载体,还是其实体内容即权力关系,从根本上讲都是物质和精神生产的工作世界创造的,即广大民众创造的,而权力工作世界是权力产品的直接的创造者,即前者为后者提供物质和精神生产资料和载体,提供物质财富和精神财富,后者为前者提供权力关系或权力财富。国家的共同本质是生产权力产品的权力工作世界,阶级社会的国家就是本质上为统治阶级生产权力的工作世界。哪里生产权力产品,哪里就有生产权力产品的工作世界,哪里就有国家。国家不应该是一个高高在上的权威,而应该是一个普普通通的工作世界或文化世界,它与其他工作世界或文化世界的不同,只是工作世界分工的不同。如此，国家的根本职责或国家治理的本意就是为统治阶级和大众工作者创造权力财富或提供权力产品，以此激发、激励他们的工作创造力。为此，还必须清除压制工作创造力的腐败机制和专制体系，必须清除把国家权力产品变成个人意志产品和个人权力财富的腐败分子和专制官僚。而大众或民众不是抽象的，是工作世界的民众，工作世界的不同构成不同的工作世界群体，为此，国家要分析和确认各个群体的利益诉求、价值取向和存在生态，为不同群体生产不同的权力产品。

国家最初是生产公共权力产品的工作世界，或者说最初意义上的酋邦国家由于没有私有财产和阶级差别，是一个为群体生产公共权力产品的工作世界。原始社会后期的酋邦或部族有权力机构、权力组织形式和运行方式，有军队和关押战俘的监狱等国家机构，有不成文的政治法律制度和道德规范，这就是维系群体生存、生产、生活和工作的一个权力工作世界，就是一个初级的半成品国家。不能因为那时没有私有制和阶级对抗就否认它是一个国家，或者仅仅承认它是国家的前身、前缘，它就是一个国家，具有国家的基本素质。不承认它是国家，源于一个先入为主的概念文化，即国家是统治阶级压迫被统治阶级的暴力工具。唯物史观的这一国家本质界说，指的是出现阶级对抗后的国家本质，是一个科学的规定，但并没有否定上述最初意义上的国家或国家的最初意义，即为群体生产权力产品的工作世界的意义。

基于上述对国家生活的历史生成的考察和意义的分析，透视国家生活的要义如下。

（1）国家生活使群体生活进展到等级、阶级生活，使个人生活和自然生态进一步进展到社会生活和社会生态，使群体精神或个人精神生活进展到社会意识形态或国家意识形态生活。国家意义的生成标志着文化世界总体意义的生成，标志着文明文化世界的生成，使文化世界更加社会化、主体化、等级化和阶级化，更加摆脱了文化世界的原始状态或自然状态，也更加具有工作创造力和文明的品质，但同时也使文化世界丧失了史前文化的自由、平等、博爱、民主的原始生态，开始步入阶级冲突、暴力强制以及意识形态控制的境地。"自由、平等、博爱，虽然从来没有明确表达出来，却是氏族的根本原则。"① 从此，文化世界就在这种文化创造力与文化财富的占有和分配关系的对抗冲突中前进。

（2）国家就是国家文化，国家文化就是国家生活，国家生活就是国家生活世界的总体，就是以权力为核心的一切国家活动的总和，主要包括国家物质生活或经济生活（如国家机构的建立、国家物质设施的建设、国家财政的运行等）、国家权力生活、国家精神文化生活（主要是国家意识形态生活）三个层次。国家或国家文化是国家生活世界的总体，其本质是生产权力的工作活动或工作世界。阶级国家或政治国家（摩尔根用语）的本质是为统治阶级生产权力的工作世界，它一方面维护群体生活世界特别是工作世界的总体利益，另一方面也是主要或本质方面，维护统治阶级群体的生活和工作世界利益。资产阶级国家是为资产阶级生产权力的权力工作世界，社会主义国家是为最广大民众生产权力的权力工作世界。既要看到和重视国家的阶级权力本质，也要看到和重视国家特别是社会主义国家的群体权力总体性。国家、国家生活、国家文化的直接本质是生产权力的工作世界，而这个权力工作世界的本质、基础和根源是广大民众的工作世界，国家、国家生活、国家文化、国家财富等，国家的一切文化、文明都是广大民众的工作创作或创造。

（3）国家根本上是物质生产工作世界创生的产物，直接是权力生产工作世界的产物；它是社会群体的共同创造和享有，其根本是物质生产工作群体的创造，直接是权力工作世界群体的创造、使用和享有。由此，我们认识国家产生和发展根源，不仅要看到物质生产世界的决定作用，还要看到作为统治者的权力工作世界和权力工作群体的推动和创造作用。国家生活或文化世界的建构与发展，既要重视其物质生产的工作世界基础，又要重视其权力工作世界的直接动能。

（4）权力文明或权力财富是文化世界的重要文明和财富。权力技术是国家权力文明、权力财富最直接的创造力，是群体的权力创造力，也是个体权力工作者的权力创造力。要重视民众工作者群体和权力工作者群体的双重权力文明和权力财富的创造和享有。工作创造力是国家的根

---

① 《马克思恩格斯全集》第45卷，人民出版社，1985，第416页。

本支撑，由此，国家或国家生活的根本职能、职责就是激发、激励工作创造力，国家统治、国家治理的根本职责就是激励、激发工作世界的工作创造力，而这种工作创造力是一个总体，是物质财富或物质文明、精神财富或精神文明以及权力财富或权力文明的工作创造力的总体。

国家生活主要由国家物质生活、国家权力生活、国家精神生活即国家意识形态生活三个层次构成。黑格尔指出，真正的进步就是精神在生存中"从不完美的东西进展到比较完美的东西"①。人既要有物质生活，也要有精神生活，这才是完整的人。而精神生活既要有个人精神生活，也要有社会、国家精神生活，这才是完整的精神生活，才是"从不完美的东西进展到比较完美的东西"。精神生活伴随着人类始终，喜怒哀乐都是精神活动，而日常意识形态则是更高一级的精神生活。"在野蛮时代低级阶段，人类的较高的属性便已开始发展起来了。个人的尊严、口才、宗教感情、正直、刚毅和勇敢这时已成为性格的一般特点，但同时也表现出残忍、诡诈和狂热。宗教中的对自然力的崇拜，关于人格化的神灵和关于一个主宰神的模糊观念，原始的诗歌……都是这个时期的东西。……这时已经创造出神话、故事和传说等等口头文学，已经成为人类的强大的刺激力。"②原始文化就有世界观、道德观、宗教意识、诗文化等形式的精神生活，但这些精神文化都是零散的、不系统的、不确定的，并具有浓厚的非理性色彩，是一种较为纯粹的日常精神生活。日常意识形态的国家化、政治化则是国家政治社会的产物。国家意识形态的生成是人和文化世界精神意识生活的跃升，是人和文化世界进入文明精神生活的标志，它使日常精神生活具有了更加主体化和社会化的理性特质和系统性、确定性形式。接下来主要考察一下宗教文化意义的生成、发展问题。意识形态中的哲学、道德、艺术等形式将在其他章节具体论及。而这里对宗教的考察主要也是宗教一般意义的考察，第六章还要结合宗教的具体形式——妈祖信仰文化进一步考察。

---

① 〔德〕黑格尔：《历史哲学》，王造时译，上海书店出版社，1999，第59~60页。
② 《马克思恩格斯全集》第45卷，人民出版社，1985，第384页。

根据摩尔根的研究，宗教的最初形式是巫术，并与节日庆典融合在一起。如处于野蛮时代的印第安人，各部落一般在每年固定的季节举行宗教庆典，届时举行祭祀、舞蹈和竞技。在许多部落中，巫术会是这些仪式的重点。巫术就是一种与神沟通的宗教活动，是神灵崇拜的早期形式，这种崇拜的实质就是对神的创造力的崇拜。摩尔根考察了处于低级野蛮时代的印第安人的宗教信仰生态，最早的宗教是自然崇拜，充满了粗俗的迷信，有多神教倾向，这些神都是具体的自然和人的对应物，如人形神、雷神、风神以及各种花草树木和河流之神。[①] "在古典世界的人们心灵中印象十分强烈的奇迹般的多神教制度、包括它的群神体系以及崇拜象征和崇拜形式，都是在氏族和胞族组织之中完成的……在起源于这些社会团体的宗教仪式中，有一些仪式被人们认为具有特别崇高的神圣意义，从而使之全民化；由此亦可看出氏族和胞族所起的宗教摇篮的作用有多大。"[②] 摩尔根考证，主持宗教典礼的人一般是氏族、部落的首领或酋长，首领或酋长兼具宗教和司法的职能。可见，宗教一开始就具有强化政治或权力的作用。如前所述，塞维斯的酋邦国家理论中的酋长的权威没有暴力工具的支撑，主要靠宗教信仰的力量来维持。马克思也指出，正是在氏族中宗教观念才得以萌芽，崇拜形式才被制定，并从氏族扩展到整个部落，而不是为氏族所专有。宗教的首要或基本意义就是崇拜，包括对自然或物质实体、人和精神实体的崇拜。这种崇拜经历了从自然崇拜或图腾崇拜到拟人化的偶像崇拜再到超自然的造物主的崇拜的过程，就是从处于低级阶段的部落的拜物教到高一些的人类发展阶段的偶像崇拜的递进过程。"拜物教是对神的进攻，偶像崇拜则是对神的服从。"[③] 而偶像崇拜并不是对所有人的崇拜，而是对首领或英雄的崇拜。关于这个演进过程，恩格斯指出："通过自然力的人格化，产生了最初的神。随着各种宗教的进一步发展，这些神越来越具有了超世界的形象，直到最后，通过智力发展中自然

---

① 〔美〕路易斯·亨利·摩尔根：《古代社会》（上），杨东莼、马雍、马巨译，商务印书馆，1977，第112~113页。
② 〔美〕路易斯·亨利·摩尔根：《古代社会》（上），杨东莼、马雍、马巨译，商务印书馆，1977，第242页。
③ 《马克思恩格斯全集》第45卷，人民出版社，1985，第667页。

发生的抽象化过程——几乎可以说是蒸馏过程,在人们的头脑中,从或多或少有限的和互相限制的许多神中产生了一神教的唯一的神的观念。"①人们之所以崇拜神,是因为神能给自己带来福祉和财富。原始宗教有"善神"和"恶神"之别,对恶神的崇拜,则是一种敬畏,让他们不要给自己带来灾难。由此,不管是自然崇拜还是拟人化的偶像崇拜抑或对超自然的造物主的崇拜,神灵崇拜都源于神的造化、造物、造人力量,即都是对神的工作创世、创造的崇拜。而神的这种工作创世、工作创造力量实质都是人自己的工作创造力量。恩格斯在《反杜林论》中指出:"一切宗教都不过是支配着人们日常生活的外部力量在人们头脑中的幻想的反映,在这种反映中,人间的力量采取了超人间的力量的形式。"② 力量就是工作创造力量。不同的人在不同的阶段可将之主体化、具体化为自己的力量,并赋予不同的意义。百姓主体化为自己的神或自己,首领、酋长、统治阶级则主体化为自己的庇护神或自己的力量。但不管是谁的神,都是一种工作创造力量,如果一个神不具有这种力量就不能成为神而被人崇拜。宗教一开始是劳动人民或工作者的创造和话语方式,必然烙上劳动人民或工作者的深痕明迹。《圣经》中记载的上帝初现,是以创世的工作者的姿态;救世的诺亚方舟就是载着种子、牲畜和工具航行于灭世的洪水,而不是载着资本、货币和黄金,是生产工作救世,而不是资本救世。宗教崇拜是对工作创世、工作创造的崇拜,而工作创造总是有道德关系,如创造物的占有、分配问题,创造者与被创造者的关系问题。由此,宗教崇拜也是道德崇拜,是对公平、仁爱、善良、平等道德关系的崇拜;宗教的神又是一个道德实体,人们对神灵的崇拜又是对道德实体的崇拜。

弗洛伊德从精神分析理论的视角出发,认为宗教起源于原始的图腾崇拜,而原始人类的图腾是由"俄狄浦斯情结"产生的。"俄狄浦斯情结"也译作"伊底帕斯情结",即恋母情结(Oedipus Complex),是指儿子亲母反父的复合情结,是弗洛伊德主张的一种观点。这一名称来自希腊神话

---

① 《马克思恩格斯选集》第4卷,人民出版社,1995,第224页。
② 《马克思恩格斯选集》第3卷,人民出版社,1995,第666~667页。

王子俄狄浦斯或伊底帕斯（Oedipus）在无意中弑父娶母的故事。弗洛伊德假设原始游牧部落被一个凶暴而嫉妒心强的原始父亲统治，他把部落里所有的妇女都占为己有，因而成了儿子们情欲的障碍，儿子们都恨他，他就把抗逆不从的成年儿子杀死或逐出部落。有一天，他的儿子们联合起来，战胜、杀死并吞食了他，但是弟兄们的情欲并未就此获得满足，因为他们之间的嫉妒心使得谁也取代不了父亲的位置，于是他们后悔了。① 弗洛伊德坚信："图腾宗教是导源于儿子们的罪恶感，他们为了减轻此种心理而以服从它的方式来请求父亲的宽恕"；"图腾宗教不仅表现出儿子们的悔恨和祈求赎罪的心理，同时，它亦意味着对战胜父亲的一种纪念"。② 由此，弗洛伊德认为，"人类的第一个社会的宗教制度就是图腾制度"③，图腾崇拜的两个禁忌正好和"俄狄浦斯情结"的两个罪恶有相对应的地方：一是禁止伤害图腾动物，这是针对杀害父亲的罪恶；二是禁止与相同图腾的女人通婚，这是针对乱伦之罪恶。在第一个禁忌的基础上逐渐萌发了宗教，原始的父亲便是图腾以及后来神或上帝的原型；在第二个禁忌的基础上确立了"异族通婚"，它成为"人类道德观念的起源"。总之，在弗洛伊德看来，图腾崇拜既是人类犯罪感的起源，也是社会体制、宗教以及伦理道德约束的发端。"俄狄浦斯情结"实质是一种受压抑的潜意识，弗洛伊德的精神分析理论把这种受压抑的潜意识看作宗教缘起或意义的来源，实际上是把宗教归结为原始人的本能和冲动。那么，这种潜意识、本能和冲动的实质又是什么呢？或又缘于什么呢？我们认为，那就是创造力崇拜。"儿子们"杀死父亲源于嫉妒父亲的工作创造力，包括物质生产工作的创造力和创造、占有、支配生命的创造力，杀死父亲后又以图腾的形式崇拜父亲，亦是对这种工作创造力的崇拜、"纪念"以及追寻。而"禁忌"损害图腾，则是对破坏这种创造力的禁忌，"禁忌"族内通婚则是对生命生产力或创造力的文明化的向往和追寻。

原始宗教是氏族、部落组织的宗教，虽然采取了自然崇拜或图腾崇

---

① 王光荣：《弗洛伊德社会文化观述评》，《南京大学学报》（哲学社会科学版）1999年第2期。
② 〔奥〕弗洛伊德：《图腾与禁忌》，杨庸一译，中国民间文艺出版社，1986，第180页。
③ 〔奥〕弗洛伊德：《精神分析引论》，高觉敷译，商务印书馆，1986，第267页。

拜、偶像崇拜、造物主崇拜等本体崇拜的形式，但其意义还主要是反映群体生活世界的诉求和普遍工作世界的价值，是一种日常生活和工作世界的宗教。文明文化世界的生成使宗教作为政治意识形态跃升为国家宗教，使国家宗教具有双重意义，一方面本质上是统治阶级的精神生活和精神工作世界，承担着将统治阶级的国家生活合理化、神圣化的职责；另一方面是大众群体的精神生活和精神工作世界，依旧持有大众的生活世界总体意义和工作世界核心价值。从此，日常生活宗教只有国家化才能不断规范化、体系化、权威化；国家宗教只有日常生活化才能发挥大众化效应，才能捕获更多的信众主体。

随着文明时代的进展，在古代政治社会或国家生活中，统治阶级进一步将阶级关系、社会关系乃至整个社会世界和现实世界神化，使文化世界成为神化世界；同时，赋予了神更多的人性和社会意义，使神不断超越史前文化的自然原始状态，以至于将神推举到那个高高在上的远离现实自然界的"天城"或"天国"。

文化世界在原始时期主要是被自然客体化的世界，在古代文明文化时期主要是被神灵客体化的世界。神灵客体化文化世界比自然客体化文化世界更接近文化世界，因为这个时候的神灵主要是宗教的神灵，越来越不具有原始时代的表征、自然界的创造力和生活世界的神话特点，或者说宗教的神灵越来越远离神话神灵的自然本性而摄入人类的精神意志基因和涵养。它是人类信仰的超越，人类也超越自然的精神实体，而不是从前依据自然力量和特征想象的自然化的神灵，它既统治人类也统治自然和自然的各种神灵，它是宇宙世界之唯一。这个神化世界既消解了自然的本性本体，也抹杀了人的本性本体。尽管如此，或者说正因为如此，它比自然化文化世界更接近人化世界，因为它本身就是人的创造物，它作为真善美的道德精神实体和最高存在境界以及最强大的工作创造力以及最幸福美好的天堂乐园的梦想，都在人性的意义上诱惑着和激励着人们向这个世界迈进，但这种迈进是以牺牲尘世的人性、现世的存在、自然的归依为代价的。可它又使人获得新的自然、人性，即获得它所描画和崇尚的与现实的人对抗的神性化的自然和人性。概言之，它使人离开原初的自然状态、自然化文化世界更远，走向一个超越现实人性、自然和社会的天国或天堂世界，通向这个世界的道路就是潜心修炼、积善行德、逆来顺受，一切听从上帝和命运的安排。就整个人类来讲，这个世界既是人对自己的贬抑、压迫和虐待，也是人对自己的想象的升华、美化和精神信仰的解放，它在信仰中把自然对人的统治和奴役转换成宗教神灵即精神实体或宗教信条对人的统治和奴役。而从社会角度讲，它把远古的氏族首领和家长制的权力统治转换成国家和意识形态的更为有效的统治，转换成王权、神权、族权多重统治合而为一的强大整体统治，它使文化世界的疆域在经济、政治、精神文化以及日常生活和工作世界的层面得到普遍的拓展，使文化世界的总体性更加绵延，使工作世界的基础性更加牢固，特别是使工作创造力、工作关系、工具和财富更加丰富。

原始时代的人主要受自然的统治，也受首领的统治。古代文明时代的人受自然的统治，主要受神灵化的阶级的统治、国家社会的统治。世界主要是一个神灵化世界，也是一个自然世界，还是一个文化世界。国家或社会统治与神权结合，是宗教的世俗化存在，是神灵客体化世界，是统治者利用神灵把民众客体化的统治。宗教信仰只是人的一种精神生活，它不是也不可能成为生活的全部。人立足于自己的工作世界生活和生存，工作创造是生生不息的永恒文化，并主导人的精神生活和物质生活。即使一个宗教信徒，其生活也是由其工作世界生成和决定的，至于他自己是为神工作还是为自己工作，并不影响这一点。但这种工作创造可以不受神灵的统治，而要受社会和阶级的统治，或者说，阶级的统治就是神灵的统治，违反神的意志就是违反阶级的意志，烧死布鲁诺的不是神灵而是统治阶级。从这个意义上讲，神化世界压制人的科学、技术发明以及创造力也是统治阶级的压制。神化世界就是统治阶级的世界，统治阶级就是神灵的化身。由此，原始文化主要是自然客体化，人主要受自然的统治，而古代文明文化主要是神灵客体化文化，人主要受自然和神化的统治阶级的双重统治。一些拥有土地的小农虽对地主没有直接的人身依附关系，但社会的苛捐杂税、政治法律和意识形态总体上代表统治阶级的意志统治他们。这种统治是进步还是倒退？从社会层面讲，这取决于社会生产力的发展；从主体层面讲，这取决于其工作世界的进步，取决于其工作能力和工作关系。进步只是一个相对的过程，当它处于停滞或又有新的文化潜能的时候就是一种落后。古代文化的进步并不能改变其客体化的命运，剥削、压迫、奴役是它的基本生态，即使是传说中的各种盛世如汉唐盛世、大清盛世也改变不了这种客体化，即使是那些安居乐业的人，也是一些快乐的奴隶或国家统治阶级的佃户，贫穷、低贱、劳役都是他们的受奴役状态。由此，古代文明时代的神化文化世界的客体化必须得到扬弃，人需要解放，文化需要向现实的人性和存在拓展，但这已不是原始的自然化人性和存在，而是以技术理性和人文精神为主导的人化世界或文化世界。

经常有这种说法：宗教是人自己创造的用来统治自己的东西。这是一种看似有理实则似是而非的说法。乍看起来，人用自己创造的东西统治奴役自己的事在历史上总是发生，这是为何？实际上人从不用自己创造的东西来统治自己，而是用自己创造的东西解放自己，或者经常用自己创造的东西统治奴役别人。众所周知，基督教一开始是受奴役和压迫的民众创造出来的，它是反映民众自己的诉求、宣扬自己解放和摆脱统治压迫的意识形态，是对统治者的规诫和训告、诅咒和鞭挞，所以信徒们受到迫害和镇压，耶稣被钉死在十字架上。后来统治阶级及其知识分子又把它创造出来并制定新的教义，使其上升为国教用来统治奴役民众，这个过程是统治阶级创造的过程，而不是民众创造的过程，或者说他们是把民众创造的东西用来统治民众，而不是民众自己用来统治自己。马克思在分析资本主义异化劳动时也指出了这个道理，劳动的异化，自己的劳动的产品、技术与自己对抗，成为奴役自己的工具，那不是工人用自己创造的产品奴役自己，而是产品归资本家所有，是资本家用工人创造的物来统治奴役工人。机器是工人创造的，却成为奴役工人的资本，成为工人失业的技术物质，但不是工人用自己创造的机器统治自己，而是资本家用工人创造的机器来奴役工人。所以消灭异化不是消灭自己，而是消灭那个异化的制造者，消灭异化关系、剥削关系和奴役制度。由此，神灵客体化文化世界，缺少主体化的自由、人性和平等的根源不在于宗教神灵本身，而在于统治者利用宗教统治、奴役民众的社会经济、政治关系和意识形态，以及民众被物化、工具化的工作世界，摆脱这种客体化文化世界的根本是改变这种社会结构和主体存在域的工作世界结构。

宗教对人性和自然性的消解甚至扼杀并不都是值得否定的，古代文明文化世界，宗教或神灵化世界是对原始自然化文化世界的超越，它抹杀和消解的人性首先是那种自然人性，那是一种低级的近乎本能和动物的人性、自然性。可以想象，在一个无国家、无法律的原始时代社会会是什么样子，从启蒙学者对自然状态的描述中可见一斑：人与人像狼一样的关系。即使今天这个时代人也总是生活在自然本能和社会秩序压制之中，宗教仍有压制自然本性，唤醒人的社会性的意义，这也是它至今没有消亡并盛行的一个主要原因。宗教用道德的真善美来建构道德法律和社会秩序，要求听从一个神灵的统治，这是一个国家的社会秩序，但是它又把人带到一个虚幻的来生世界。它谴责普遍的杀戮、劫掠、荒淫无度，但又禁止民众反抗暴政和侵略者的起义和战争，主张逆来顺受。它抹杀了原始的那种低级的动物般的人性，同时扼杀了现实世界人的理性和实践创造本性。它诉诸工作救世、创世，又极力维持现有的压制工作创造力的剥削制度，等等。由此可以说，宗教是历史的进步，作为一个古代文明的神灵化世界是对原始自然化世界的超越，但又是对现实世界和未来世界的倒退，把这个社会总体置于少数剥削阶级之手，成为压迫民众的工具。可以说宗教是鸦片，特别是在一个阶级斗争和民族独立与反抗的时代，但也可以说宗教是精神食粮，至少对于宗教民族和信徒来说是这样。我们信仰宗教，不是信仰人格化的神灵和客观的精神实体，而是信仰它作为文化符号所蕴含的生活世界、工作创世、道德世界秩序、真善美的价值世界境界的意义，但这些都是人化世界，都是现实的力量和德性。这就是我们今天对待宗教的态度，挖掘它的生活价值、道德价值、工作创世与救世价值、生态价值等。随着资本主义的萌芽，宗教对人性的全面压制，以及对旧有社会、国家秩序和制度的维护就成为崇尚理性、自由、平等和科学的资产阶级的障碍了，代表人类进步力量的资产阶级必须冲破宗教的束缚，否则就不能解放自己。

中世纪，基督教拥有压倒一切的力量。教皇是最大的封建主，教会是最大的土地所有者，基督教融入工作世界、日常生活、国家生活等社会生活各个领域。随着欧洲资本主义生产关系的产生、人文主义的兴起和自然科学的发展，基督教脱离现实生活世界特别是工作世界的神性文化，与资本主义的经济、政治精神产生了激烈的冲突。路德、加尔文等进行宗教改革就是反对基督教的这种远离生活世界的出世态度，提倡宗教的世俗化、生活化、工作化，而不否定宗教信仰和基督教教义。路德提出"天职"概念作为新教的核心教义，认为一个真正的基督教教徒不是用修道禁欲主义超越尘世道德，体认虔信并不在于逃避尘世，而在于各自对"职业"的世俗崇拜。加尔文则主张合法劳动，靠勤奋工作追求财富。他们所说的"天职"，就是把为上帝努力工作视为神圣的职责，正如韦伯所说，在新教伦理中，现世中的分配不均是神意天命，雇主和工人的工作都是"天职"，都应为信仰而工作，以博得上帝的欢心和赐福，新教"认为这种劳动是一种天职，是最善的，归根到底常常获得恩宠确实性的唯一手段"①。尽"天职"的结果和表现就是"在现代经济制度先能挣钱，只要挣得合法，就是长于、精于某种天职"②。"那些伟大的宗教运动对于经济发展的意义首先在于其禁欲主义教育的影响，而他们的充分的经济效果，一般地讲，只有当纯粹的宗教热情过去之后，才会显现出来。这时，寻求天国的狂热开始逐渐转变为冷静的经济德性；宗教的根慢慢枯死，让位于世俗的功利主义。"③ 这种"天职"使日常的世俗行为具有了宗教的意义。这样，基督教的宗教伦理就转变为世俗的经济伦理或工作伦理："禁欲主义的力量还给他们提供了有节制的、态度认真、工作异常勤勉的劳动者，他们对待自己的工作如同对待上帝赐予的必胜目标一般。"④ 韦伯认为，宗教改革后形成的这种新教伦理成了资本主义经济发展的精神动力，使宗教的工作世界本质更为直接地显现和张扬。这是宗教文化意义从出世化到世俗化、生活化和工作化进展的过程。由此，宗教意义的跃升有两种相反的意义：国家宗教超越原始宗教的自然生态即超越原始世俗世界，出世到天国是一个跃升；从天国回到尘世的生活世界即世俗化更是一次跃升。而这两

---

① 〔德〕马克斯·韦伯：《新教伦理与资本主义精神》，于晓、陈维刚译，陕西师范大学出版社，2006，第103页。
② 〔德〕马克斯·韦伯：《新教伦理与资本主义精神》，于晓、陈维刚译，陕西师范大学出版社，2006，第16页。
③ 〔德〕马克斯·韦伯：《新教伦理与资本主义精神》，于晓、陈维刚译，陕西师范大学出版社，2006，第101~102页。
④ 〔德〕马克斯·韦伯：《新教伦理与资本主义精神》，于晓、陈维刚译，陕西师范大学出版社，2006，第102页。

种跃升都源于工作世界的意义。

工作世界是宗教的普遍基础和本质,新教只是更为直接地彰显了这一本质。《圣经·箴言》中说:"你看见殷勤办事的人么,他必站在君王面前。"① 这里,"殷勤办事"主要就是工作做事,因为做事主要是在工作世界发生的,工作世界天生就是一个做事的地方,离开工作世界,就会无事可做,失业就是无事可做。"殷勤做事"就是认真、虔诚、吃苦耐劳,这样的人必定会受到赏识重用。因为殷勤做事,对于员工来说实际是为老板做事,对于臣民来说实际是为君王做事,对于自己来说实际是为自己做事。基督教虽然宣扬工作是为上帝而做,但人们实际上做的都是老板的事、君王的事或自己的事,没有一件是上帝的事。殷勤做事是宗教给工作者的奖赏,是宗教的虔诚、守信、吃苦耐劳精神和道德伦理的工作世界化,是工作伦理。佛教也有浓厚的工作世界意蕴,如佛门有句古话,叫作"佛理通商情,商情达禅要",自古佛理普蕴于日常生活特别是日常工作之中。佛门允许有经济行为存在,禅宗有"一日不作,一日不食"的理念,鼓励人们自食其力,以自己的辛勤劳动减轻对社会的负担。佛经中说:"一切法若无慈悲,皆为魔法,一切法若有慈悲,则皆佛法。"慈悲是佛法的根本。关于人们的日常行为,佛教提供"八正道",其中就包括"正命""正念""正行""正业"四个方面,指出一个人的谋生方法与工作事业、日常行为、言行举止是否正确,关乎他将来可能得到的果报,而正确的根本就是慈悲即德性。由此,追求真善美的工作世界也是佛教的核心价值取向。当今世界,宗教精神、宗教伦理与工作世界相融已成为一种时尚的文化。宗教给工作世界注入精神能量和伦理道德法度,也使宗教自身获得活力和新生;工作世界是滋养、培育宗教精神之所。宗教文化的活力在于不断随着世事的流变与工作世界相融合,才有精神能量和土壤;其他文化也是如此。有工作世界的终极价值旨归,这是文化世俗化、通俗化、大众化、平民化的真意所在。

综上所述,宗教文化总体意义的生成经历了从原始工作世界和日常生

---

① 〔德〕马克斯·韦伯:《新教伦理与资本主义精神》,于晓、陈维刚译,陕西师范大学出版社,2006,第16页。

活宗教到国家意识形态宗教的嬗变过程，宗教文化是生活世界总体文化，本质和基础是工作世界文化。宗教信仰是生活世界总体意义的信仰，是人与人、自然和社会关系的信仰；本质是工作世界意义的信仰，根本是工作创世、工作创造力和工作共同体关系的信仰。人们对神灵的信仰是对真善美道德实体或精神实体的信仰，而这些神灵、道德实体、精神实体的本质是工作创造力和工作共同体关系，即神灵精神、道德精神的本质在于工作创世、工作创造。工作创造是最大的德行、德性和最伟大的精神，离开工作创造意义的神和宗教就不可能成为神和宗教。有些人信仰宗教，是信仰宗教神灵的文化符号所代表、预示、蕴含的生活世界总体意义和工作世界核心价值。人们对神灵或宗教的信仰，实质是对自己工作创造力、工作共同体关系的信仰、信念和追寻，一些人却采取了虚幻的形式，把本属于自己对自己生活和工作世界的信仰幻化为自己对自己之外的虚幻的精神实体的信仰，这就失却了自己的生活世界和工作世界意义。不同的人、不同的阶级对宗教、神明、信仰意义的理解各不相同，有些人信仰宗教、神明是信仰宗教、神明作为文化符号所代表的生活世界和工作世界的意义，此外，再无他意。

文化世界的历史演进和总体意义生成，其基础都是工作世界。文化世界总体意义生成的标志是文明文化时代的到来，是工作世界、日常生活与国家生活文化构成的总体文化世界的生成。同样，文明、文明时代、文明世界、文明文化生成的标志是文化世界总体意义的生成，即工作世界、日常生活和国家文化的总体的生成，是技术、制度、观念特别是意识形态的总体的生成，而不仅仅是文字或工具。摩尔根对文明时代的界定也是对生活世界总体的界定。文字或工具只是文明的一个重要因子或标志，而不是总体意义的标志。就像说机器是资本主义生产力的标志，但不能说是资本主义文化的标志，因为，作为资本主义文化的标志是技术、制度、意识形态的总体。如此，对文明的界定应是文明是文化世界的总体，或是技术、制度、意识形态的总体，或者说是工作世界、日常生活、国家生活的总体，在文化世界总体的意义上，文化跃升为文明，成为文明文化世界。由此，人类文明文化生成的标志应以文化世界总体意义的生成为标志，而不仅仅是铁器或文字，后者只是文明文化生成的工作技术标志或精神文化标志，还不具有文化世界的总体意义，而作为文明文化必须是具有文化世界总体意义的文化，否则就是不完备的蒙昧或野蛮文化。工作世界、日常生活和国家生活构成一个文化世界的总体，使文化世界成为比较完备的文明文化世界。

第二章　文化世界范式的空间进展

　　第一章主要从历史文化或时间文化视角考察文化世界范式从工作世界到日常生活再到国家生活的演进过程及其工作世界基础，亦是考察文化世界总体意义的生成过程。本章从空间文化视角考察文化世界范式的历史演进，即考察文化世界从乡村到城市、从大陆到海洋的空间进展生态、运行逻辑及其演进的工作世界基础。"空间是一种物质产物，与其他物质要素相联系——这些要素包括牵涉于特定的社会关系之中的人类本身，正是这些社会关系赋予空间（以及相互关联的其他要素）以形式、功能和社会意义。因此，空间不仅是社会结构布展的某种场面，而且是每个社会在其中被特定化的历史总体的具体表达。于是，就像为任何其他现实对象确立规律一样，这是一个需要确立能决定空间的存在和变化的结构性和共时性的规律的问题，而且需要明确空间与某种历史现实的其他因素相结合的特殊性。"[1] 乡村文化与城市文化、大陆文化与海洋文化都是重要的空间文化范式，而这些范式的历史演进，特别是一种范式向另一种范式的跃升，则构成空间文化研究的主要维度。

一　从乡村到城市：文化世界的城市化空间生态

　　"把城市看作社会在空间中的投射是一个必不可少的出发点和最基本

---

[1] Castells M., *The Urban Question: A Marxist Approach*, London: Edward Arnold, 1977, p. 115.

不过的方法。"① 动态地看，城市化是空间文化世界从乡村向城市的演进的过程；静态地看，城市化是主体造化的空间结果即城市空间文化世界，其总体意义是生活世界空间，本质意义是工作世界空间。由此，城市哲学亦是城市化哲学，城市化哲学亦是城市哲学。研究文化世界必研究城市化，城市化是现实的主体化世界，是主体化运行的现实过程和趋向。现代文化的问题和主题都生成于、展现于或内含于城市化之中。"因为社会生活的空间背景变得几乎完全'城市化'了，城市社会学的主题变得无所不包，城市社会学变成了基础社会学。"② 社会生活特别是现代社会生活都被纳入了城市化的框架，现代社会学就是城市社会学，反之亦然。同样，社会生活的现代文化哲学在很大意义上就是城市化文化哲学，如马克思的异化劳动理论就是资本主义城市异化劳动理论。生活世界的演进历史即主体化世界的演进历史，城市化是其演进的空间形式。城市化是文化世界的实体化、具体化和主体化。城市化范式的演进是文化世界范式演进的空间向度，而就其过程来看，又是文化世界演进的历史时间向度。由此，城市化的空间进展问题亦是文化世界范式的历史演进问题。

历史文化和空间文化是交叉并存的，城市化的进程也是城市化本身的历史文化进程。城市化是从近代开始的，要理解城市化，必须追溯早期城市起源问题，正如芒福德所说："我们如果要鉴别城市，那就必须追溯其发展历史，从已经充分了解了的那些城市建筑和城市功能开始，一直追溯到其最早的形态，不论这些形态在时间、空间和文化上距业已被发现的第一批人类文化丘有多么遥远。须知，远在城市产生之前就有了小村落、圣祠和村镇……"③ 由此，考察城市要从考察乡村文化开始。这也是对上一章"文化世界范式的历史演进"问题的承接，是从空间文化范式的进展上接续文化世界范式的演化进程，即乡村文化是文化世界总体意义生成和人类进入文明时代在空间文化形态上的一个重要特征或标志，从此，文化

---

① Castells M., *The Urban Question: A Marxist Approach*, London: Edward Arnold, 1977, p. 115.
② Castells M., *Is There An Urban Sociology*, Sociologie du Travail, 1968, 10 (1), pp. 72 – 90.
③ 〔美〕刘易斯·芒福德：《城市发展史——起源、演变和前景》，宋俊岭、倪文彦译，中国建筑工业出版社，2005，第 3 页。

世界在空间形态上就开始了从乡村文化向城市文化以及城市化文化的递进过程。本书对于文化世界文明时期从古代到近代再到现代的演进的研究，主要从城市化的视角考察，城市化是人与人、自然和社会关系的集中展现，是生活世界文化和工作世界文化的现实化、空间化的集中写照和展现。

那么，何谓乡村，何谓城市，乡村与城市的意义是什么以及是怎样生成的，乡村是怎样演化为城市的，这些问题都集中体现在从乡村到城市的城市生成与城市化演进的生活世界意义和工作世界本质与基础问题中，接下来集中阐述这一问题。

人类蒙昧低级阶段的工作主要是使用棍棒和打制石器从事采集活动，采集水果和坚果做食物；蒙昧中级阶段主要捕食鱼类并学会用火烧烤食物；蒙昧高级阶段由于弓箭的发明，工作活动主要是采集—狩猎。人类蒙昧阶段主要依赖自然获得食物，居住地随着食物源变动而变动，居住时间的长短由自然中食物的多少来决定，群落（氏族和部落）就是为适应这种工作技术而形成的工作组织和社会生活框架。群落的规模比较小，群落的工作成果和财富都是初级的生活必需物品，主要是衣、食、住和工具。采集—狩猎者由于没有掌握控制自然环境的生产技术，对自然的改变微乎其微。群落的工作世界主要依赖人的体力和自然环境。与群落工作世界相比，乡村工作世界提高了工作能力。乡村的产生以农业工作技术即农耕技术——主要是种植和饲养技术——的发明创造为前提。农业工作者通过保护食物资源、栽培植物、饲养动物，逐步开始控制、调节食物源，使人类有了可以定居的工作技术、手段。大约在野蛮中级阶段，乡村产生了，人类过上了定居生活。

采集—狩猎工作依靠野生资源，没有生产的必要；农业工作者的工作过程比采集—狩猎工作更需要工作者的主体性和创造性，使工作技术的重要性在农业中凸显出来。古代农业技术的进化，催生了乡村工作世界，进而也促进了建筑技术的发展，为农业服务的手工技术也逐渐独立，乡村不再完全依靠自然界，而主要依靠人工造化的工作世界，成为一个相对独立于自然的社会工作世界和生活世界。乡村是以农业工作技术为基础的工作世界和生活世界体系，是工作力和人口集聚的产物，是集居住、工作、生活于一体的比较稳定的社会生活世界体系。它创造了比人类早期的迁移生活更多的生活世界和工作世界意义，使生活世界更具有总体性，使工作世界更具有创造性。乡村作为一个居住空间，其意义的总体是生活世界意义，本质和基础是工作世界意义，乡村生活和工作的意义都源于农业工作技术的发明和创造。

芒福德认为，乡村生活阶段由于新石器等工作技术的进步、食物的充裕、居住环境的安定，是人类性生活较频繁、生育能力较强、人口规模扩大较快的时期。① 甚至从精神分析的意义上讲，村庄的工作力就是性工作力或性创造力，正如芒福德所说，原始村庄的每个部分都能印证女人所起的巨大作用，这已由精神分析法逐渐揭示出来了："庇护、容受、包含、养育，这些都是女人特有的功能；而这些功能在原始村庄的每个部分表现为各种不同的构造形式：房舍、炉灶、畜棚、箱匣、水槽、地窖、谷仓等等；这些东西后来又延传给城市，形成了城墙、壕堑，以及从前庭到修道院的各种内部空间形式。房舍、村庄，甚至最后到城镇本身，乃是女人的放大。"② 当然，我们认为，性的力量作为工作力的生命力部分，源于工作力的技术创造力量，同时也是工作创造力的表征。村庄的意义不只在于自身的文化意义，更在于为城市的产生提供了物质基础、工作力和文化框架特别是价值传承向度。"村庄的秩序和稳定性，连同它母亲般的保护作用和安适感，以及它同各种自然力的统一性，后来都流出给了城市：即使这些东西在城市的过度发展中整个儿地丧失了，它们也仍会残存在寓所内或邻里之间。……我们如今称为道德的东西即发端于古代村民们的民德和爱护生灵的习俗。"③ 随着手工技术的发展和乡村规模的扩大，逐渐产生了另一种工作世界——城市工作体系和框架，与此相应，人类生活世界的空间从乡村拓展到城市生活世界。但是，空间文化或空间生活从乡村到城市的进展，不可忘记乡村的意义，城市本身就是乡村意义的延伸、扩大，

---

① 〔美〕刘易斯·芒福德：《城市发展史——起源、演变和前景》，宋俊岭、倪文彦译，中国建筑工业出版社，2005，第13页。
② 〔美〕刘易斯·芒福德：《城市发展史——起源、演变和前景》，宋俊岭、倪文彦译，中国建筑工业出版社，2005，第12页。
③ 〔美〕刘易斯·芒福德：《城市发展史——起源、演变和前景》，宋俊岭、倪文彦译，中国建筑工业出版社，2005，第14页。

是人类对生活世界总体意义的进一步开拓，是工作世界本质的进一步张扬。芒福德一再告诫人们不要忘记乡村的意义以及城市对乡村的德性、技术等文化的传承和创新意义："请注意城市在技术上是何等效法村庄的：粮库、银行、武器库、图书馆、商店，直接地或经过发展提高，都来源于村庄。同时也请不要忘记，各种灌溉沟渠、运河、水仓、壕堑、渡槽、供水排水管道等等，也都是供自动运输或储存用的容器。这类设施的原型早在城市之先便已诞生；而且若没有这一套发明创造领先，古代城市便根本无从形成其最终形式，因为城市无非就是一个容纳各种容器的巨型容器。"[1] "组织化的道德、政府、法律、正义，这类食物都起源于村庄社会的长老会议。"[2]

摩尔根更是较早地考证了乡村对于城市的生成意义。"在回顾人类进步过程时，可以注意一点，那就是：在低级野蛮社会中，各个部落常住的家是用栅栏围起来的村落。……在中级野蛮社会中，开始出现了用土坯和石头盖造的群宅院，好似一个碉堡。但到了高级野蛮社会，在人类经验中，首次出现以环形垣垒围绕的城市，最后则围绕以整齐叠砌石块的城郭。"[3] "具有达到这种水平的城市就表示已经有了稳定、发达的田野农业，已经有了成群的家畜，有了大量的商品贸易，有了房产和地产。"[4] 城市和乡村的区别是直接的工作世界基础不同，前者是工商业，后者是农业和畜牧业，后者也为城市奠定农业基础。

城市自产生之日起，就体现着一种社会分工，具有明显的工商业性质。社会分工的实质就是工作世界的分工，不同的工作世界产生不同的居住、生活空间。马克思指出："以木栅围绕起来的村落，是野蛮时代低级阶段部落的通常住地；在野蛮时代中级阶段，出现了用土坯和石头建造的

---

[1] 〔美〕刘易斯·芒福德：《城市发展史——起源、演变和前景》，宋俊岭、倪文彦译，中国建筑工业出版社，2005，第16页。
[2] 〔美〕刘易斯·芒福德：《城市发展史——起源、演变和前景》，宋俊岭、倪文彦译，中国建筑工业出版社，2005，第19页。
[3] 〔美〕路易斯·亨利·摩尔根：《古代社会》（上），杨东莼、马雍、马巨译，商务印书馆，1977，第257页。
[4] 〔美〕路易斯·亨利·摩尔根：《古代社会》（上），杨东莼、马雍、马巨译，商务印书馆，1977，第257页。

堡垒形式的共同住宅；在野蛮时代高级阶段，出现了用土墙围绕、最后用整齐石块砌成的墙围绕的城市，建有城楼、胸墙和城门，以便能同等地保护所有的人并能大家合力防守。达到这种水平的城市，就表示已经有了稳定的和发达的田野农业，已经有了家畜群，有了大量商品和房产地产。"①从摩尔根和马克思摘录的摩尔根的观点看，农业技术和以商品生产为标志的手工业技术共同构成古代城市的工作世界基础，而手工业技术工作世界对古代城市更具有直接的基础作用。马克思更为直接地表达了这一点："一个民族内部的分工，首先引起工商业劳动同农业劳动的分离，从而也引起城乡的分离和城乡利益的对立。"② 可见，城市产生的直接基础是以手工业技术为支撑的工商业工作世界，乡村的基础是农业工作世界。古代城市都有防御功能，如防御大自然的危害，防御氏族、部落间的冲突等。但各种防御的需要在野蛮时代之前就有，并未导致城市的产生，因为那时不具备工作世界基础特别是建造城市的建造技术，城市是在工商业劳动与农业劳动分离之后才产生的，是基于农业手工技术和手工业技术的发展。

再进一步分析城市生成的双重工作技术或工作世界基础——这一点对于理解城市或城市化的基础尤为重要。农业技术主导的乡村工作世界为乡村生活奠定了基础，也为城市的产生奠定了基础，乡村生活为城市生活提供了前提、框架和保障。但是，城市不同于乡村，还要有自己的工作世界基础，那就是手工业技术主导的城市工作世界。城市工作世界的产生，使人类由乡村工作世界范式进到更高一级的工作世界范式。手工业技术决定了古代城市工作世界的性质和特征。古代城市是在高级野蛮阶段或原始社会向奴隶社会发展的过程中产生的。城市的产生需要一定的前提，首先，农业技术的生产效率提高，生产出农业剩余产品；其次，手工业技术获得独立发展，城建技术和防卫技术等也达到一定水平；再次，阶级的产生是城市形成的政治前提。早期城市的基础是农业，但城市自身的工作体系还直接依靠手工业技术来构造，手工业技术是创建早期城市工作世界和生活

---

① 《马克思恩格斯全集》第45卷，人民出版社，1985，第514页。
② 《马克思恩格斯选集》第1卷，人民出版社，1995，第68页。

世界的技术手段。由此，我们说古代城市以手工技术为支撑意味着以农业技术和手工业技术双重手工技术为支撑，相对而言，农业手工技术是古代城市的较为间接的工作世界支撑，手工业技术是其更为直接的工作世界支撑。城市工作世界是工作技术发展和工作分工深化的必然产物。在乡村工作世界的形成中，体现了工作世界的体系性。一类工作技术和工作世界的发展依赖于其他种类的工作技术和工作世界，众多工作技术和工作世界构成乡村工作世界的关联体系。这种工作世界的体系性，一方面提高了农业生产效率和农产品的丰度以及人口的增长和乡村规模的扩大，这就为城市的产生奠定了人口、物质财富和工作技术基础；另一方面也将这种工作世界的体系性传导给城市，即城市工作世界的发展要以乡村工作世界为前提，要在乡村工作世界体系的基础上建立城市工作世界体系，城市手工业和商贸活动的结构都要以一定的农业生产结构为依托，即农、工、商、贸要一体化。

城市的产生，推动了权力工作世界、精神工作世界以及国家生活的发展，进一步拓展、丰富、升华了生活世界的总体意义。摩尔根指出："这种城市使社会状况发生改变，从而对政治艺术产生了新的要求。人们逐渐感到需要行政长官和法官，需要大大小小的文武官吏，还需要有一套措施来征募军队和维持兵役，那就需要向公众征收赋税。"① 马克思也指出："随着城市的出现，必然要有行政机关、警察、赋税等等，一句话，必然要有公共的政治机构，从而也就必然要有一般政治。"② 随着城市的出现，国家也相继产生了。城市的产生，使生活、生产要素向城市集中，造成城乡对立。"物质劳动和精神劳动的最大的一次分工，就是城市和乡村的分离"；"城市已经表明了人口、生产工具、资本、享受和需求的集中这个事实；而在乡村则是完全相反的情况：隔绝和分散。城乡之间的对立只有在私有制的范围内才能存在。城乡之间的对立是个人屈从于分工、屈从于他被迫从事的某种活动的最鲜明的反映，这种屈从把一部分人变为受局限的城市动物，把另一部分人变为受局限的乡村动物，并且每天都重新产生

---

① 〔美〕路易斯·亨利·摩尔根：《古代社会》（上），杨东莼、马雍、马巨译，商务印书馆，1977，第257页。
② 《马克思恩格斯全集》第1卷，人民出版社，1995，第104页。

二者利益之间的对立"。① 城市与乡村的对立实质是资本与权力阶层过度占有城市资源和财富，压制、劫掠、侵占乡村资源和财富，从而导致乡村民众工作力和生活力的匮乏、贫瘠与失落，导致二者的对抗和冲突。

城市发端于乡村，乡村已在一定程度上预示了城市的意义。但城市之所以为城市，除了乡村供给的意义，还必有自己特殊的意义，必有高于乡村的意义。乡村是乡村生活世界的总体，本质和基础是乡村工作世界。城市除了进一步拓展了生活世界总体意义，将乡村生活空间拓展到城市生活空间，它还更能发挥和体现人的创造本质。城市是改变人、塑造人和创造新人的地方，正如芒福德所指出的："最初的城市是神灵的家园，而最后的城市本身变成了改造人类的主要场所，人性在这里得到充分发挥。进入城市的是一连串的神灵，经过一段段长期间隔后，从城市中走出来的是面目一新的男男女女，他们能够超越其神灵的局限，这是人类最初形成城市时始所未料的。"② 芒福德认为城市作为"巨型容器"是"文化的容器"，"这容器承载的生活比这容器自身更重要"，"这种新型的城市的综合体又能促使人类向各个方向蓬勃发展"。③ 各种不同职业的人、不同的技术都向城市汇聚，增进了人们的交流、交往、合作和互动，加之城市生活需求的大幅增长，这些都大大激发了人的工作创造力。城市最能体现生活世界意义的总体，最能体现人类创造本性。城市的意义就是生活世界总体意义，是人与人、自然和社会关系的总体和集中展现，城市的基础和本质是工作世界或工作创造，工作创造精神是城市的根本精神。城市是文化创造过程，它一方面承接乡村生活和工作世界的文明，另一方面又超越乡村的闭塞、狭隘以及穷困与落后的单调生活。而城市的发展或城市化的历史进程又总是伴随着物化、资本化、权力中心化等人的单面化存在倾向和总体意义的失落问题。城市工作世界创造了丰富的、辉煌的生活世界总体意义，但这些总体意义主要被一些资本和权力阶级或阶层所占有、享用，城

---

① 《马克思恩格斯全集》第1卷，人民出版社，1995，第104页。
② 〔美〕刘易斯·芒福德：《城市发展史——起源、演变和前景》，宋俊岭、倪文彦译，中国建筑工业出版社，2005，第9页。
③ 〔美〕刘易斯·芒福德：《城市发展史——起源、演变和前景》，宋俊岭、倪文彦译，中国建筑工业出版社，2005，第32页。

市这个总体成为某个或某些个体的总体，这些个体就成为本体和中心，并以总体的名义来统治大众个体，使得大众个体丧失了总体的意义。

　　古代城市的意义是生活世界总体意义，本质和基础是手工技术主导的工作世界，包括农业技术工作世界和更为直接的手工业技术工作世界。古代工作世界从采集到采集—狩猎到乡村化再到城市工作世界，在技术、制度、社会关系层面上，这是一个主体的建造、创造、筑造的人化过程即主体化过程，但就古代工作世界总体来看，无论是城市还是乡村，无论是农业技术还是手工业技术工作世界，在很大程度上都还依赖自然条件，总体上是一种资源型工作世界，由此注定了其资源型生活世界生态。马克思在《1857—1858年经济学手稿》中，提出了人类交往关系发展的三阶段理论。第一阶段是人对自然的依赖关系，即自然人阶段，它是人类存在的最初形态，以维持生存和繁衍生命为特征。这一阶段人的生产能力十分有限，只是在狭窄的、孤立的范围上发展着——在这种情况下，个人严格地归属于某一整体，"古老的社会生产有机体……以个人尚未成熟，尚未脱掉同其他人的自然血缘联系的脐带为基础，或者以直接的统治和服从的关系为基础"[①]。这时，"单个人显得比较全面"，但只是一种"原始的丰富"，人的工作虽有某种自主性，但共同体的基础主要是"直接的强制劳动"；个人还没有实现个人的自由，个性、主体性完全消解在总体社会的共同体和自然力控制之中。整个古代哲学的自然本体论和神灵本体论的客体化哲学生态，也呼应了这种在很大程度上具有客体化工作世界意义的存在状态。由此，对于大众工作者来说，生活世界总体意义的失落从古代就开始了，或者失落于血缘关系这个氏族社会总体，或者失落于文明时代的政治社会或阶级统治的总体。但是，这种对自然的依赖关系和被政治国家统治的状态，并不能否定古代文化世界的工作世界基础和本质，即它是主体造化的结果，是大众工作者的工作创造的结果。上述文化世界从乡村到城市的演进过程充分证明了这一点。

　　以手工技术工作世界为支撑的古代城市，经历了漫长的发展过程才跃升为近代城市，整个古代文化世界是以乡村文化为主体，这是手工技术工

[①] 《马克思恩格斯全集》第44卷，人民出版社，2001，第97页。

作世界的局限所致。近代机器技术的发明创造开启了城市化的进程，即近代城市化是以机器技术支撑的工作世界为基础。而资本主义的生产方式或工作方式特别是雇佣劳动关系则同机器技术一起，共同构成近代城市化的基础。产业技术与城市化的互动关系集中表明了城市化的工作世界基础，产业技术是工作技术的支撑，工作技术与产业技术互为支撑、互相构造。这里在二者共通性的意义上使用这两个概念。关于产业技术推动城市化的进程，笔者在与姜军博士合著的《产业技术与城市化——技术与人、自然和社会》一书中做了如下描述：

> 1979年美国城市地理学家诺瑟姆发现，世界城市化进程呈现"S"型曲线规律：在城镇发展的早期，即城镇人口比重不足10%的时期，城镇人口增长比较缓慢，此时城市化只有潜在的趋势；当城镇人口比重超过10%后，城镇人口逐渐增多，城市化进入初始阶段；当城镇人口比重超过20%后，城镇人口增长加速，城市化进入加速阶段；之后，当城镇人口比重超过70%后，城镇人口增长速度趋缓，城市化进入终结阶段。诺瑟姆只是在历史的具体的层面上说明了工业产业和工业化对城市化进程的影响，没有一般地抽象出产业技术对城市化阶段性的决定性作用，特别是没能揭示城市化后期趋缓的产业技术根源，没能揭示产业技术体系转换即信息技术体系代替机器技术体系时城市化对人口数量的积聚效应被弱化这一规律。
>
> 机器技术体系的形成启动了城市化。机器技术体系的形成阶段是城市化的初始阶段。机器的发明和采用，一般首先发生在一个或几个产业部门中，然后沿着产业链扩散，促使产业链上的部门陆续采用机器生产。机器技术体系的扩展加速了城市化。随着技术产业化的推进，产业的聚集效应得以呈现，大量农业人口向城市集聚，当城市人口超过20%以后，城市化便进入加速阶段。机器技术体系形成之后，产业技术链或产业链之间的相关度提高，一条链上发生了技术创新，很快就会影响到其他链。因技术创新率先增长的产业技术链或产业链往往成为主导产业链，在它的推动下使产业技术网或产业网扩张，因

而使城市化加速。①

这个过程表明，城市化工作世界的拓展或扩张，不是依靠单一的产业技术，而是取决于产业技术的链式扩展和网状结构的生成。城市化工作世界比乡村化工作世界更具有世界性、体系性、结构性和总体性。

  机器技术体系的退化或升级延缓城市化。按照城市化"S"型规律，当城市化水平超过70%以后，城市化的速度大为减缓，有时城市人口比重还可能下降。根据技术创新扩散理论，任何技术都有自身极限和退化期。城市化水平达到70%以后，工业化行进到后期阶段，以机器技术为核心的传统产业技术体系的扩大越来越接近极限，面临向以信息技术为核心的高技术转换的压力。它不但不能更多地聚集人口，反而出现了排斥劳动力的趋势。信息技术体系扩展所导致的劳动力的增加与机器技术体系退化所导致的劳动力的减少有一个相互抵消的过程，特别是这个过程的初期，增加的需求有可能小于减少的需求，从而造成劳动力和人口的暂时过剩现象，而第三产业的发展和信息化进程又需要更高素质的劳动力，这就使城市化由数量型的扩张转向质量型的提升。所以，机器技术体系的退化与升级是城市化后期速度趋缓的根本原因。②

1979年美国学者发现的城市化"S"型进程源于以机器技术体系为主体的产业技术的形成、扩展、退化和升级；产业技术是城市化工作世界最深刻的基础，也是工业化和信息化的基础，产业技术演化的周期性决定城市化工作世界和生活世界进程的阶段性；中国正处于机器技术体系向信息技术体系的转型时期，面对工业化和信息化的双重选择，以工业化、信息化推进城市化必须夯实机器技术和信息技术交叉形成的双重产业技术基础，

---

① 姜军、李晓元：《产业技术与城市化——技术与人、自然、社会》，辽宁人民出版社，2003，第69~73页。
② 姜军、李晓元：《产业技术与城市化——技术与人、自然、社会》，辽宁人民出版社，2003，第77~78页。

不能只依据城市化"S"型规律的加速阶段盲目地扩张城市和人口的规模和数量,而在量的扩张的同时,更应注重质的提升。由此,一些所谓的经济学家总是依据"城市化超过20%时进入加速期"这样一个外国的城市化数据和理论来讨论中国的城市化和经济增长率,这不得不说是一种幼稚、教条、模仿、复制和缺乏独立的研究精神。外国是先工业化后信息化,其工业化进程一直起着加速集聚人口的作用,直到城市化率70%~80%后才出现"逆城市化"问题。在中国,随着工业化与信息化并进,特别是城市化率超过45%之后,信息化加快,以信息技术为核心的自动化等高技术的快速发展,在很大程度上弱化了机器技术体系或工业化对人口的集聚效应,而机器技术体系又更加陷入向信息技术、高技术的转型升级问题,这时城市化的速度就要适当地降下来,否则,势必会造成仰仗资本推手和房地产拉动的过度城市化问题。笔者2005年在中华网发表的文章《寂静的乡村与某经济学家让农民进城过好生活》中就指出了这个"逆城市化"问题,并批驳了某经济学家依据外国城市化数据来讲中国城市化进程问题的观点,后来,又将此文的主要内容收入笔者2009年出版的《工作哲学引论》一书中。该书进一步指出,中国在城市化率45%~50%以后就会在一定程度上出现发达国家70%以后的逆城市化趋势和问题,城市化的进程就应该适当地慢下来,先夯实产业技术基础、提升产业技术层次,再进一步推进城市化。[①] 遗憾的是,一些"经济学家"直到2013年还在依据上述外国城市化加速期的数据,到处鼓噪说"中国还有十几年可以保持两位数的高速成长期"。幸运的是,中共中央立足中国城市化的特殊情况和规律,将经济增长速度降到了7%,并特别重视科技创新和产业技术升级以及供给侧改革,这就大大抑制了过度城市化特别是过度房地产化的蔓延。

城市化不仅是城市人口数量的增加,而且是生活世界总体意义上的创造,更是工作世界的总体化过程;城市化既是工作世界总体的城市化,又是由工作世界总体决定的生活世界总体的城市化。城市化、城市生活世界的本质和基础在于工作世界总体的发展,而工作世界的发展植根于产业技术或工作技术的创新与发展。忘记了这一根基,城市化就会沦为人的物

---

① 李晓元:《工作哲学引论》,知识产权出版社,2009,第204~206页。

化、工具化、资本化甚至房地产化的场所，就会演化为客体化的城市化，就会造成客体化的盛行和主体化的危机。近代城市化工作世界是人类主体化能力的进展，但总体上是资本主导、驱动和统治的客体化工作世界，人被资本化、经济化和物化，成为丧失主体化存在的"经济人"。

机器技术的发明使得生产力或工作力大大提高，使得工作世界呈现出主体化的性质，科学技术开始成为第一生产力，人控制改造自然的能力增强，工作创造力呈现出来。但是这种主体化是社会生产力发展造成个人生产力贫乏，成为物化、异化的主体化。或者说社会人类总体的主体化遮蔽了大众的非主体化，他们被作为工具手段被客体化，他们的个人工作世界被客体化为赚钱的手段，成为劳动力资本，成为物的东西，丧失了主体化工作世界。这像古代的客体化蕴含主体化一样，近代主体化包含着实质的客体化问题。由此，人们总想摆脱客体的异化，追寻主体的存在。现当代机器技术体系和高技术体系的工作世界，使主体化与客体化的双重性进一步增强了。一方面，主体化能力和关系进一步发展，如当代资本主义的国家资本所有制和法人资本所有制，使得工作世界一边进一步客体化，一边进一步主体化，福利社会、福利国家、职工分红等，增强了主体性，但这只是工人之间的主体间性关系或平等关系，而大众对资本的关系则进一步客体化。另一方面，人的异化、工具化、物化、资本化、权力中心化等客体化程度进一步加深，大众的现实客体化与社会的总体主体化相分裂，由此，在社会意识形态上就表现为意识化的主体化，意志化、经验化、非理性化等意识化的主体化就在现实文化中盛行起来，这既是对现实客体化的一种遮蔽，也是对生活世界和工作世界理想的主体化和狭小的主体间性关系主体化的意识形态的反照和呼应。

手工技术支撑着农业和手工业，从而成为古代农工型城市的工作世界的基础；机器技术支撑着机器工业，从而成为近现代工业化城市的工作世界的基础；高技术支撑着高技术产业，从而成为当代信息化城市的工作世界的基础。[1] 产业技术体系的形成与发展推动城市化工作世界的递进、生

---

[1] 姜军、李晓元：《产业技术与城市化——技术与人、自然、社会》，辽宁人民出版社，2003，第89页。

活方式的改变乃至整个生活世界意义结构的创新,产业技术不只是产业的基础,也是城市化的工作世界支撑和动力源,工作世界是城市化生活世界的总体支撑和根基。从产业技术与城市化演进的过程可见,二者的本质都在于工作世界。生产力和工作力支撑工作关系、工作世界,而产业技术支撑生产力、工作力以至整个工作世界,是工作世界的根本动力和本质存在。产业技术由于其直接处在工作世界的支撑层面而使其工作世界本质显得较为直白,城市化则由于与人口积聚和生活世界相连接而使其工作世界本质显得有些隐晦,以至于容易被误解为就是社会人口的非农化过程或农业人口向城市的积聚过程,以至于一些学者和政府人士误以为只要建楼、盖房子、发展房地产市场,就能拉动经济或刺激内需,就能解决人口的非农化问题,进而导致了当下房地产市场的过度状态和工作者收入增长乏力、需求不足特别是创造力停滞的问题。"技术上的权力将实质地影响权力上的技术"[①],资本和权力阶层只能疯狂一时,过度城市化、疯狂城市化终将受制于工作世界的产业技术水平和大众工作者的工作创造力。

城市化生活世界的本质是工作世界城市化,工作世界城市化的本质是工作世界主体化即工作共同体化。城市化的意义和成果是大众工作者的共同创造,必须按能力和贡献大小共同占有、平等分配和享受,才具有主体化工作世界的本质和内蕴,由此,城市化工作世界乃至整个工作世界的本质是工作能力与工作关系的和谐互构结构即工作共同体结构。但是从当代城市化的现实看,这种巨大的主体化效应主要是整个人类的主体化效应,是人的主体化类本质所在,即这种人类共同的主体化创造和成果,并没有共享,而是成为一些权贵和资本的盛宴。从国家体系看,发达国家残忍地盘剥和劫掠发展中国家的主体化创造成果;从主体结构看,阶层贫富分化日益加剧,就业问题、医疗问题、环境问题、教育问题,这些都是平民百姓的主体化危机,这些都使得城市化生活和工作世界在一定程度上一同沦为虚假的共同体,总体上是一个资本化、经济化、物化和权贵化的工作世界,从而成为一个对平民百姓来说被压制和盘剥的客体化工作世界。当

---

① 〔美〕曼纽尔·卡斯泰尔:《信息化城市》,崔宝国等译,江苏人民出版社,2001,第288页。

然，这种客体化工作世界也不是绝对的，自由自主、公平正义、共创共享的主体化的城市化工作世界和生活世界，仍然在一定社会境遇和存在关系中运行甚至独行，并且越来越成为人们的价值追寻和美好梦想。城市化工作世界的主体化危机必伴随着主体化的选择与行动，必趋向主体化工作世界和生活世界共同体。

上面主要从产业技术与工作技术共通性的意义上考察了城市化的工作世界基础，接下来从工作关系与生产关系的共通性意义上进一步探究城市化的工作世界基础。以私有制为基础的资本主义雇佣劳动关系极大地推动了城市化进程。资本主义的生产目的就是追求利润价值，不断地扩大再生产规模，从而使大批劳动力和人口向城市集聚，使城市化速度加快、规模扩大。从这个意义上讲，现代资本主义的生产就是城市空间的生产，包括压缩空间、分割空间、开拓空间。而这种空间生产的本质不是城市物质空间生产，而是社会结构或生活世界结构特别是工作世界结构的生产。卡斯特说："不管怎么说，空间在整个分析当中占据着相对一般、次要的位置。根据一个著名的、总的来说正确的公式：城市（city）在地域上投射了一个完整的社会，有上层建筑、经济基础和社会关系。但当要具体说明这些关系或者揭示社会和空间问题之间的联系时，后者被认为仅仅是承载前者的一个场合而已。"[①] 即使是一定的城市社区文化也取决于生产方式结构："那里产生出一定程度的文化自治，但这种自治却依赖于这个地方处于怎样的生产关系、体制系统和社会阶层系统中。并且，生态对文化效应的强化也是从根本上被决定的。"[②] 社会结构特别是生产方式或工作世界结构是城市空间的中心，这些社会结构总是表现为一定的主体结构如阶级、阶层的关系结构，这些社会结构中心——无论是生产、消费、商业中心还是生活、工作中心，总是表现为一定的主体中心，这个主体中心就是权力和资本中心。列斐伏尔指出："构成性中心，有其特别的辩证性的运动。它树立了自己的权威。没有中心，就不会有都市的存在，这涉及商业

---

① Castells M., *The Urban Question: A Marxist Approach*, London: Edward Arnold, 1977, p. 92.
② Castells M., *The Urban Question: A Marxist Approach*, London: Edward Arnold, 1977, p. 104.

中心（它汇集了产品和物品）、符号中心（它将意义汇集起来并加以共时化）、信息中心、决策中心等。而每一个中心都在进行自我瓦解。它通过饱和进行着自我瓦解；其瓦解的原因在于，它要转变为另一个构成性中心。它的另一个自我瓦解的原因是，它引发了它所排斥并驱逐到郊区的那些人的行动。"① 这些权力中心和资本中心不断地享受着城市中心的统治地位和物质与文化的盛宴，同时不断地自我转换、自我瓦解，也不断地被动瓦解，即被那些遭受压抑和统治的人们的反抗、驱逐所瓦解。这是一个权力与资本中心同大众主体中心冲突的过程。卡斯特认为各种城市中心，"都不是孤立地存在，而是组织空间之社会过程的结果。也就是说，城市中心，就好像城市一样，是被生产出来的；结果，它表现出行动中各种社会力量以及内部动力的结构"②。城市中心可以是物质、权力和各种文化符号所占据的空间统治位置，但其本质不是这些。"'都市中心'，不是由既定的城市中心着手，而应揭露出城市结构之连接关系，进而追索其运作的力量。"③ 城市中心的本质是社会结构的中心，是权力与资本统治的空间位置。由此，要进行空间革命。列斐伏尔认为，资本主义的空间生产使空间的交换价值战胜了空间的使用价值，破坏了人们的日常生活。因而，要改变生活就必须改变空间，"不创造一个合适的空间，就不能够创造社会形式和社会关系"④。但是，仅仅进行诸如列斐伏尔诉诸的日常生活革命的诗性实践活动和精神解放的精神自由活动是远远不够的，还必须改变城市空间的社会结构，特别是要改变一些权力和资本阶层过度占有、享用资源和财富的城市生产关系或工作关系。这样，城市才能成为诗性化或艺术化的生活、实践和工作世界。

列斐伏尔指出了社会主义城市空间的生产关系的进步性，他说："社会主义的空间生产意味着私人财产和国家对空间的政治统治的终结，这意

---

① 〔法〕亨利·勒菲弗：《空间与政治》，李春译，上海人民出版社，2008，第69页。
② Castells M., *The Urban Question: A Marxist Approach*, London: Edward Arnold, 1977, p. 224.
③ Castells M., *The Urban Question: A Marxist Approach*, London: Edward Arnold, 1977, p. 233.
④ 〔法〕亨利·勒菲弗：《空间与政治》，李春译，上海人民出版社，2008，第141页。

味着一种转变,从私人统治到集体占用,注重使用而不是交换。"① 但是,社会主义城市空间或生产关系空间的发展也是一个不断完善和发展的过程。我国改革开放前,单一的所有制结构严重抑制了城市化进程,1980年城市化水平不到20%。改革开放后实行以公有制为主体多种所有制经济共同发展的基本经济制度,极大地扩大了城市工作世界的规模和空间,使大批乡村人口不断向城市集聚;极大地推动了城市化进程,2014年我国城市化水平接近55%。但是随着工业化效应的发挥殆尽,我国城市化正在遭遇结构调整和产业升级的瓶颈,规模扩张型的城市化已显疲态,很有可能过早出现西方在城市化率70%以后才出现的"逆城市化"问题。这需要引起我们的高度重视和警惕,以采取适当的应对策略。从城市化质量上看,工作关系或生产关系对城市化的基础和性质的作用就更为明显。以私有制为基础的城市化是少数资本和权力阶层的盛宴,而大众工作者在很大程度上被城市客体化、工具化。马克思的异化劳动理论、西方马克思主义的社会批判理论和日常生活理论,都深刻地或现实地揭示了这一点。我国以公有制为基础的城市化,为广大民众带来了重要的生活意义和工作价值,但是,一些资本和权力阶层过度占有、分有、享受资源和财富,在很大程度上将城市化的生活世界总体意义据为己有,导致一些地方形成了以卖房子、卖地、卖资源为生的资源型城市化生态,这在很大程度上是对大众工作力的劫掠和创造力的压制,使他们在很大程度上丧失了生活世界总体意义,成为城市化和拉动经济的工具,也使他们的工作创造本质陷于停滞和失落境地。也正因如此,我国正加大改革和反腐败力度,推进大众创业、万众创新,这是对创造型城市化的开启行动。"作为最后一个阶段(我们自己所处的阶段看起来正好处于两个阶段之间)的真正的大智慧,'都市'首先是由一种新的人道主义、一种具体的人道主义所实现和表达的,这种新的人道主义决定于'城市人'的类型。"② 这城市或城市化发展的大智慧就是以人为中心消解资本和权力中心,这城市人的类型就是创

---

① Forrest R., Henderson J., Williams P., *Urban Political Economy and Social Theory: Critical Essays in Urban Studies*, Aldershot: Gower, 1982, p. 181.

② Castells M., *The Urban Question: A Marxist Approach*, London: Edward Arnold, 1977, pp. 88–89.

造和享受生活世界总体意义的人，其本质是工作共同体的创造和享受。

二 文化世界先大陆后海洋的空间运行逻辑
——以闽南海洋文化为范例

"闽南文化是海洋文化"，"闽南文化具有海洋文化特质、本质"，这些说法对学界和民间而言似乎都是毋庸置疑的事实。一般来说，这些说法都没有问题，但历史地或学术地看就会有很多问题，那就是：闽南文化的最初或原点是不是海洋文化，是否具有海洋文化特质，闽南文化是何时成为海洋文化并具有海洋文化本质的，闽南文化与闽南海洋文化、闽南大陆文化与闽南海洋文化是怎样一个关联结构，这些问题，民间可以不纠结，学界、学者则必须纠结和探究。要厘清这些问题，就必须探究闽南文化的空间运行逻辑，而这一逻辑又主要关系到闽南文化的空间原点即闽南史前文化，史前文化意义的探究又主要依靠史前技术文化的考古资料。由此，探究闽南文化的空间运行逻辑与探究闽南史前技术文化的考古学意义就成为同一过程、同一课题。

所谓技术文化的考古学意义，即通过考古考究出来的一定的技术文化所能确证的历史文化的年代、性质、内涵等意义。闽南史前技术文化的考古学意义即通过考古考究出来的闽南史前技术文化所能确证的历史文化意义。根据摩尔根用工作技术划分历史文化时期的方法，闽南史前技术文化期间包括旧石器时代与新石器时代，而新石器时代又与青铜器时代交叉并存，止于铁器时代。如此，闽南史前技术文化的概念在外延上就要延伸到普遍使用铁器的唐代开漳圣王文化时代之前。大陆文化和海洋文化无疑是空间文化的两个基本范式，闽南史前技术文化固然有多重考古学意义，而就其空间文化意义来讲，就是确证了闽南文化先大陆后海洋的空间运行逻辑。

人类文化空间运行的总体是先大陆后海洋，这一点可以从考古学、人类学、历史文化学、文化人类学所提供的许多证据得到证实。那么，某个区域的海洋文化或者沿海和海岛文化是否也是这样一个空间逻辑？"原始时代的文化常是由大陆上大地方发生，然后传于小海岛，极罕有从小海岛发生后传于大陆的。""亚洲大陆是古时人类发生地方,人种迁移摇篮,在亚洲北部发生了蒙古利亚种海洋系由亚洲北部到中国大陆,再南下到南洋群岛,又南洋群岛东部向东移民到波里尼西亚各岛去……民族的迁移既然是由大陆到海岛,当然其文化也是同样的。"① 摩尔根的文化人类学亦表明,人类最初是生活在热带内陆的树上,到了蒙昧中级阶段,由于掌握了用火的技术,学会了吃熟食,才向江河湖海沿岸游动,以获取鱼类食物。那么,"海岛"、"小岛"、"海边"或"沿海"这些由大陆传入的次生"海岛文化"本身一开始是海洋文化还是大陆文化呢?或者,一些原生的海边文化或海岛文化一开始是海洋文化还是大陆文化呢?如果不能证实其初始的大陆文化性质,也就不能充分证实整个人类文化先大陆后海洋的空间逻辑。而这种专门的直接的研究证实,无论是历史文化学还是文化人类学,都显得有些缺失。以海洋文化阐述文化世界先大陆后海洋的空间运行逻辑更具代表性,因为海洋文化往往会使人误解为它一开始就是海洋文化。如果连海洋文化都要循着先大陆后海洋的空间运行逻辑,那就更能说明整个文化世界运行的这一逻辑。闽南文化是颇具个性、前沿性、代表性和影响力的海洋文化。由此,亦应探究闽南文化先大陆后海洋的空间运行逻辑。

闽南文化的原点即闽南史前文化的空间性质不是海洋文化而是大陆文化。刮削器、石锛等史前技术文化对于确证闽南史前文化的大陆文化性质,有着重要而特别的考古学意义。闽南海洋文化的依附范式孕育、萌芽于闽南蒙昧时代的原始氏族文化,成长于七闽部落文化、闽越融合部落文化、闽越部落与中原移民融合文化;其文明形态则形成于开漳圣王文化,拓展于王氏兄弟的开闽文化;而作为一种相对独立的文化范式则形成于宋代以后的妈祖信仰文化、海商文化和港口文化。这是闽南文化先行大陆文化再向海洋文化拓展、先行大陆内部交融再向世界交往延伸的空间运行逻辑。这一逻辑源于工作世界的技术进步以及工作关系和社会关系的发展,亦可辅证整个中华文化乃至人类文化都是先行大陆文化再行海洋文化;亦表征了黑格尔贬抑东方文化的"地理文化类型说"具有地理环境和绝对

---

① 林惠祥:《中国东南区新石器文化特征之一:有段石锛》,《考古学报》1958年第3期。

理性双重客体决定论倾向；并启示我们既要以大陆文化为根基拓展海洋文化，又要以海洋文化为前景晋升大陆文化。

（一）"刮削器"与"绝对理性"：闽南文化大陆性质的开启

1990年发现的漳州市郊的旧石器时代文化遗物仅有石制品，它们出自两个地点，即莲花池山和竹林山，两地相距1200米，出土的石器前者23件，后者4件，分为石核、石片、尖状器、刮削器四种。下层文化出土的石器距今约40万年。① 当时古人使用石器主要用于敲贝壳、切树皮、割兽皮。刮削器主要是大陆文化性质的石器。"刮削器在我国各旧石器时代遗址中是最重要的一类石制品，通常所占的比例约在石器中的70%～90%之间。张森水把刮削器作为远古人类日常需要的工具类的主体。这种工具在北京猿人遗址中约占75%。刮削器属于重量比较小的工具之一，通常用于加工食物、切、割、刮动物之肉，或是刮、消植物干、茎等。"② 刮削器比例大、覆盖地域广阔，是古人日常生活普遍使用的工具，在地处大陆的北京猿人遗址的工具中数量占75%，这足以表明刮削器主要是大陆文化的工具，或者说它是大陆和沿海共用的主要工具，并不具有海洋文化的特质，当然在沿海也可用于海洋食物的刮削。刮削器多，都在营地使用，其他石器在野外。"漳州刮削器在各类工具中占56%，但种类繁多，仍是各类工具中的主体，且独具特色，即凹缺刮器加工精细、类型众多、数量大，在我国各类遗址中尚未见及。它是作为木、竹竿的抛光的理想工具，而木、竹竿的用途，或许是做箭、投掷器、捕鱼、捞螺贝等的复合物。"③ 可见，刮削器也是漳州即闽南旧石器时代的主要工具。但是，漳州莲花池山遗址没有发现贝类，这说明其海洋性不强。

根据摩尔根的《古代社会》的史前文化分期理论，我们推断，莲花池山旧石器年代应处在原始社会蒙昧阶段的低、中级阶段，即以采集为主的蒙昧低级阶段和采集—狩猎并行的蒙昧中级阶段。这两个阶段在工作技术上都使用未加磨制的粗陋石器，中级阶段由于学会了制造人工火，可以烧烤动物、吃熟食，狩猎发展起来，但这两个阶段都没有制造出蒙昧高级

---

① 尤玉柱主编《漳州史前文化》，福建人民出版社，1991，第21页。
② 尤玉柱主编《漳州史前文化》，福建人民出版社，1991，第52页。
③ 尤玉柱主编《漳州史前文化》，福建人民出版社，1991，第53页。

阶段才有的弓箭和陶器。由此可说，闽南文化的最初亦是采集和采集—狩猎文化，并不具有海洋生活或海洋工作的性质，亦是大陆文化生态。蒙昧的人们，只会制作和使用打制石器的人们，虽然生活在海边，虽有贝类生活资料，但至多也是一点点采集意义上的海洋生活资料，至多是大海的海潮把贝类冲到沙滩上他们在退潮以后把贝采集到手中。而且可以说，他们采集海产品的能力远远弱于采集江河水产品或在江河捕鱼的能力，因为大海除了茫茫大海还是茫茫大海，除了深邃凶险还是深邃凶险，不像江河那样有诸多的浅滩和水岔，也不像江河水岔那样容易征服。如此，蒙昧的人们宁可在江河里捕鱼，而不愿在大海里喂鱼。如此，闽南的蒙昧史与摩尔根考证和描述的普遍世界的蒙昧史没有什么太大的异样，都是进行着采集和狩猎的工作和生活，而不是进行着海洋生活和工作，切不可以为蒙昧的人们生活在海边就有了文化世界的海洋性或海洋性的文化世界。人类文化行进的逻辑是先陆地后海洋，因为陆地生活易于海洋生活，但是生活在海边毕竟为以后的海洋文化或文化的海洋性提供了条件、经验。有学者认为远古的闽南文化就具有了海洋性，这或许就是"望海生义"，至少闽南远古文化的蒙昧时期还不具有海洋文化性质或范式，至多在拾捡海洋贝类的意义上有一点点海洋性。

  闽南文化的最初是蒙昧低级阶段的采集文化和蒙昧中级阶段的采集—狩猎并行文化，没有海洋性质或海洋文化范式这一点，不仅与普遍人类文化相通，恰好还与同自己毗连的甚至难于同自己分割的台湾古文化相通，这会更进一步佐证远古的闽南文化不具有海洋文化性质。漳州莲花池山旧石器年代比台湾的"长滨文化"早，但与台湾"长滨文化"有整体相似性。[①] 1968年，台湾大学人类学系宋文薰教授和地质学系林朝棨教授率领的考古队在台东县长滨乡的八仙洞考察，发现了台湾第一个旧石器时代文化，随后由考古学家李济博士以长滨乡之地名将此旧石器时代文化命名为"长滨文化"。考古资料表明，长滨文化是迄今在台湾所发现最古老的文化，出现在台湾尚与大陆相连时，直接源于闽南的"东山陆桥"。考古资料还表明，闽台文化起源于闽南—台湾文化，闽南—台湾文化的原点是

---

① 周建东：《闽台文化渊源》，《重庆交通大学学报》（社会科学版）2011年第1期。

"东山路桥"。"闽台之间早期人类的往来和文化交流，主要是通过'东山路桥'来完成的。……从东山岛附近向东，经海峡的中南部和澎湖列岛至台湾的台南，存在一条横亘海峡的浅滩，这个浅滩称为'东山路桥'。……许多海洋地质资料证明这条浅滩现今水深不足 40 米，有的地方仅有 10 米，浅滩的形成是更新世时期的陆相堆积物，现在属海水淹没的阶地。"① "'东山路桥'是史前时期人类往来闽台之间的必经之地。漳州地区石制品和人骨化石的发现进一步证实了'东山路桥'在闽台关系中的重要作用，也证实了漳州地区在人类迁往台湾过程中所起的桥头堡作用。"② "台湾已发现的古人类化石和旧石器地点几乎都集中在台湾南部，福建迄今发现的古人类化石和旧石器，也集中分布在闽南地区。可以设想，闽南地区是大陆古人类迁移台湾的始发点。他们沿着已经成陆的东山陆桥，经过长途跋涉到了澎湖群岛，最后借助于最原始的渡海工具，例如竹木排之类，越过澎湖水道。最后在台南登岸、落脚。"③ 考古学家贾兰坡教授认为"台湾的古人类是福建过去的，不可能不在福建留下遗迹"。台湾长滨文化是一个以狩猎、渔猎和采集为生的群落社会，人口不多，主要居住在海边的洞穴及岩荫，不知农耕、畜牧，不会制陶，但已知用火，以敲（打）击的方式制作石器。其石制品以硅质砂岩、橄榄岩、石英岩、石英和玉髓等砾石为原料，以石片石器为主，石核石器较少，有刮削器、尖状器和砍砸器。刮削器和尖状器多用较小的石英石片制成；砍砸器是将砾石从一面或两面加工而成，比较粗糙，有修整和使用痕迹。骨角器较丰富，共 100 多件。据考证，其石器制作方式与漳州莲花池山遗址和当时中国东南地区史前石器文物相似。长滨文化层距今约 1.5 万年，最早可以推到距今约 5 万年，一直到 5000 多年前才逐渐消失，为旧石器时代晚期。与大陆旧石器时代晚期文化比较，证明长滨文化源自中国南方，表明台湾和大陆原始文化的联系，至少可追溯到 1.5 万年以前。台湾长滨文化的石器工作技术和以采集、狩猎为主的工作生活方式，亦证明台湾文化的最初

---

① 尤玉柱主编《漳州史前文化》，福建人民出版社，1991，第 158 页。
② 尤玉柱主编《漳州史前文化》，福建人民出版社，1991，第 3 页。
③ 陈纯洗：《从考古学看台湾文化的起源》，《福建师范大学学报》（哲学社会科学版）1994 年第 9 期。

世界不具有海洋文化性质，而是陆地或大陆文化范式，至多在生活资料上有一点海产品的味道，这或许就是台湾文化最初的一点点海洋性。这就进一步佐证了与其同源、同宗、同类的闽南文化的最初世界亦不是海洋文化范式，亦不具有海洋文化性质。不仅台湾长滨文化本身确证了台湾文化的最初是大陆文化，而且其与闽南大陆文化的渊源亦确证了台湾文化的生成与进展逻辑亦是一个先大陆后海洋的过程，即先从大陆开始，后到台湾海岛，再后来发展为海洋文化。同样，不仅闽南文化即闽南海洋文化的最初亦是大陆文化，而且其与中国大陆文化的渊源亦确证了其生成与进展的逻辑是先大陆后海洋的过程，即先从大陆的内陆开始，后到闽南沿海，再后来发展为海洋文化。而从大陆到海岛，这个海岛或海洋文化场域，一开始并不是海洋文化，而是沿袭大陆文化范式，海洋性仅仅是其一个文化属性而已，或者说海洋文化仅是一个依附范式存在于这个大陆文化性质的大陆文化范式之中。

漳州莲花池山文化遗址证明了闽南文化的最初是以采集、狩猎为主的大陆文化，闽南海洋文化范式不是旧石器时代的文化范式，但同时也表征了闽南海洋文化是从旧石器时代就开始了，如有学者表征的"凹缺刮器加工精细""用于捕鱼、捞螺贝类"等。作为一种文化范式，还需要历史的长期积淀和工作世界的造就以及在生活世界的不断渗透和空间延伸。从根本上讲，只有具备了海洋世界的工作技术、工作能力以及工作关系或社会关系的时候，海洋文化范式或文化世界的海洋性质才能生成并得到文化的确认。仅仅有石器和骨器是无法从陆地走向海洋的，哪怕是就住在海边洞穴里的群落，他们也只能望洋兴叹。人类天生并不具有海洋文化的丽质，并不具有蓝色文明的浩瀚、深邃以及悲壮的音韵、伤情的涛声和震撼的回响。这样，哲学家黑格尔对人类文化类型的说法就显得缺少历史感和考古学的依据了，一些学者将黑格尔的这种类型说复制到闽南文化的海洋性主张上也显得有些突兀。

黑格尔在《历史哲学》的"历史的地理基础"一节中，把能引起"思想本质上的差别"的"地理上的差别"划分为三种类型：干燥的高地、草原，平原，巨川大江灌溉的平原流域，与海相连的海岸地区。据此，他把文化世界划分为三种类型。第一种类型以生活在高地上的游牧民族为代表。他们漂泊地放牧，生活变动不居，好客与劫掠两个极端并存，不守法律和规制，野蛮性十足。第二种类型以生活在平原上的农耕民族为代表。他们依靠江河灌溉土地，发展农业，土地所有权和各种法律关系牢固。[①] 他们也有航海等海洋活动，但以海作为陆地的极限，闭关自守，不具有海洋文化的性质。[②] 第三种类型以生活在海边或海岛上的海洋民族为代表。他们能从大海的无限感到自己的无限，以宽广的胸怀、智慧、勇敢，超越土地的限制，走向大海，掠夺其他区域的民族、追逐商业利润。[③] 这里暂且不说黑格尔抬高海洋文化贬黜游牧文化和农耕文化的问题，只说他以地理环境来划分文化世界类型的局限问题。在他看来，生活在海边或海洋环境中的人和民族，其文化世界范式就是海洋文化，生活在平原和内陆的人就是农耕文化或游牧文化。这既不符合人类文化世界的历史事实，也不具有文化世界从大陆文化逐步向海洋文化演进、递进的逻辑。海洋环境中的文化世界的最初亦是采集和狩猎文化，从而过渡到农耕文化，最后才进入海洋文化。

但黑格尔的理论似乎是矛盾的，他一边讲海洋地理环境造就海洋文化，一边在讲到中国和印度的时候又认为"有海洋活动不一定就是海洋文化"，这一矛盾除了有意贬低中国文化、抬高西方的原因外，还在于他的精神自由本体论。在他看来，中国、印度等大陆文化是专制文化，不具有自由精神，所以虽有海洋活动，但不是海洋文化，而欧洲海洋文化却是自由精神的体现，即大陆文化与海洋文化的根本分野不是地理因素，而是是否具有自由精神。黑格尔说："禽兽没有思想，只有人类才有思想，所以，只有人类——而且就是因为它是一个有思想的动物——才有'自由'。"[④] "人是自在自为地自由的。"[⑤] 在黑格尔看来，人的自由本质由绝对精神决定，绝对精神的自由本质规定了人的自由本质，人的自由归根结底是绝对精神的自由，绝对精神的自由通过人的自由表现出来从而实现自己的存在。因

---

① 〔德〕黑格尔：《历史哲学》，王造时译，三联书店，1956，第133~134页。
② 〔德〕黑格尔：《历史哲学》，王造时译，三联书店，1956，第146页。
③ 〔德〕黑格尔：《历史哲学》，王造时译，三联书店，1956，第134页。
④ 〔德〕黑格尔：《历史哲学》，王造时译，三联书店，1956，第111页。
⑤ 〔德〕黑格尔：《法哲学原理》，范杨、张启泰译，商务印书馆，1982，第36页。

此,"解释历史,就是要描绘在世界舞台上出现的人类的精神、天才和活力"①。即历史就是人类自由精神的历史,研究、解释历史就是要研究、解释人类自由精神的历史,而对那些没有自由精神的历史则应予以弃绝,因为它没有人的存在意义。基于这种自由本体论,在黑格尔看来,海洋文化、海洋精神的本质都直接表现为和取决于人的自由精神,临海的自然地理环境对海洋文化的影响虽然重要,但不是本体论的,在黑格尔哲学里,任何自然界都是自由精神的派生。也正是如此,黑格尔认为,临海的民族、国家即使有海洋地理环境,甚至还有一些海洋活动,但并不一定就是海洋文化,比如中国和印度。他指出:"农业在事实上本来就是指一种流浪生活的终止。农业要求对于将来有先见和远虑。……中国、印度、巴比伦都已经进展到了这种耕地的地位。但是占有这些耕地的人民既然闭关自守,并没有分享海洋所赋予的文明(无论如何,在他们的文明刚在成长变化的时期内),既然他们的航海——不管这种航海发展到怎样的程度——(海洋仍然)没有影响于他们的文化。"② 总之,当黑格尔说地理环境导致文化类型的差异时,他是个地理环境决定论者;当他以自由精神作为海洋文化与大陆文化的划分标准的时候,他是一个唯心主义的自由理性主义者。这是两个文化世界的价值坐标,至于以哪个坐标为基准,则在很大程度上取决于他的欧洲中心主义文化倾向。如他讲东方文化的时候就贬黜大陆文化,而说到拿破仑的时候却称之为"马背上的世界精神",即大陆上的自由精神或世界精神。当然,黑格尔对古代东方大陆文化的专制、封闭和保守性的描述在一定程度上是符合历史事实的。但是古代中国大陆文化的封闭性不等于古代中国所有大陆文化的存在生态,更不等于古代中国海洋文化的存在生态,黑格尔把古代中国的海洋文化生态遗漏掉了,更没有注意到闽南海洋文化的存在生态。

黑格尔文化世界理论的问题还不只在于这种欧洲中心主义倾向,更在于它的抽象理性主义,它过度夸大了理性精神、自由精神对文化的根本性和决定性,忽视了技术、制度、社会关系等工作世界意义对文化世界的生

---

① 〔德〕黑格尔:《历史哲学》,王造时译,三联书店,1956,第 51 页。
② 〔德〕黑格尔:《历史哲学》,王造时译,三联书店,1956,第 146 页。

成性与主导力量。"航海业是一种技艺"①;"指南针打开了世界市场并建立了殖民地"②。无论是游牧文化、大陆文化还是海洋文化,都取决于一定的技术、制度和精神能量,都取决于工作世界的总体,而不只是地理环境或自由精神,海洋地理环境和自由精神充其量是海洋文化的较为外显的两个重要因子而已。但黑格尔特别关注到这两个海洋文化的重要因子,就这种关注本身来讲是值得肯定的,即认识海洋文化必须持有海洋地理环境和自由精神两个分析向度。

有学者仅依据黑格尔的地理环境分类法,提出闽南文化的海洋性说法,即海边的文化或海洋环境中的文化天生就是海洋文化,这显然没有顾及和探求到文化世界的历史事实及运行逻辑。我们可以一般地说闽南文化的海洋性,但同时必须自觉和确认这种海洋性是一个生成过程,是闽南文化运行到一定历史阶段才具有了海洋性质,闽南文化一开始并不是海洋文化,也并不始终是海洋文化。刮削器开启的是闽南文化的大陆文化性质,或者说,闽南文化初始的大陆文化性质是由刮削器等技术文化决定的,而不是源于"绝对精神"或"自由理性"的多寡。

刮削器等石器技术开启和决定了闽南旧石器时代的大陆文化性质,同样也开启和决定了中国东南沿海其他区域旧石器时代的大陆文化性质,而东南沿海其他区域旧石器时代的大陆文化性质亦可进一步佐证闽南旧石器时代的大陆文化性质。下面再列举一些东南沿海旧石器技术文化。

> 福建省三明市万寿岩灵峰洞旧石器遗址出土石器11件。类型有石锤、刮削器、砍砸器和雕刻器,严格地说,只有两类:刮削器和砍砸器,且以前者居多。③ 三明市万寿岩船帆洞旧石器遗址出土石制品300余件,年代应属旧石器时代晚期,类型可分为断块、断片、打击砾石、石核、石片、石锤、刮削器、砍砸器、尖状器、手镐,

---

① 《马克思恩格斯全集》第47卷,人民出版社,1979,第320页。
② 《马克思恩格斯全集》第47卷,人民出版社,1979,第427页。
③ 李建军、陈子文等:《灵峰洞——福建省首次发现的旧石器时代早期遗址》,《人类学学报》2001年第4期。

等等。①

"青莲岗文化"、"龙山文化"、"良渚文化"是我国东南地区发现的重要的原始文化,江苏、浙江、山东等东南沿海是其主要分布区。就其石器技术文化而言,大体上属于旧石器时代晚期,石器类型以长方形扁平带孔石斧、扁平带孔石锄、长方形扁平石锛、有段石锛、方柱形或长条形石凿和长方形多孔石刀等最具有特点。这些石器大部分是农业工具,小部分是狩猎工具。就其经济生活而言,都是以农业为主,附之于狩猎、渔猎。②

江苏南、北方旧石器文化存在明显差异:苏南地区旧石器以大型砾石石器为主,工具组合中砍砸器居优势地位,文化传统属于中国南方的砾石石器——砍砸器工业;苏北地区旧石器体型较小,石器素材似以片状毛坯为主,砾石石器较少,工具类型以刮削器为主,细石器占一定比例,文化面貌则更多地接近中国北方旧石器文化。③

2000 年浙江湖州市的安吉和长兴县发现了旧石器地点 31 处。在安吉县找到石制品 186 件,长兴县采到石制品 147 件,共计 333 件。石制品多粗大,与邻近的安徽和江苏发现的工业特征基本一致,同属南方主工业,石器的类型包括宽刃类的砍和刮削器,尖刃类的手镐和手斧,无刃类的石球(含球形器)。④

辽东半岛旧石器以中小型为主,与华北地区周口店北京直立人峙峪系的小石器文化系统有密切关系,石器的主要类型有刮削器、砍砸器、尖状器三大类。到中期出现石球,晚期出现雕刻器和钻具以及钻、磨、刮等技术生产的骨器。⑤

刮削器、石锤、石斧、砍砸器、尖状器……这些旧石器技术,从内陆到沿海、从闽南到闽北、从东南沿海到东北沿海的千篇一律或大同小异的

---

① 陈子文、李建军等:《福建三明船帆洞旧石器遗址》,《人类学学报》2011 年第 4 期。
② 蒋赞初:《我国东南地区原始文化的分布》,《学术月刊》1961 年第 11 期。
③ 房迎三、沈冠军:《江苏旧石器时代考古 20 年回顾》,《东南文化》2010 年第 6 期。
④ 张森水、高星、徐新民:《浙江旧石器调查报告》,《人类学学报》2003 年第 2 期。
⑤ 王丽、刘晓庆、傅仁义:《辽东半岛的旧石器文化》,《人类学学报》2010 年第 1 期。

技术工具，决定了或足以表明旧石器时代的人类都从事着同样意义的工作，过着大同小异的生活，那就是大陆文化性质的采集、狩猎工作和生活。他们主要不是靠海洋生活，甚至不是靠河流生活。正如有学者指出："中国东部沿海地带的旧石器遗址相对是比较少的，江苏（旧石器出土相对较多——笔者注）旧石器文化遗址也不在沿海地带……时下人们谈论水文化，好以'逐水而居'为辞。殊不知在旧石器时代，人类生活在丛林之中，主要依靠采集和狩猎为生，淡水资源往往随处可得，并不需要居住在河流湖泊附近的低洼地带，而是需要住在地势比较高的地方避免潮湿和洪水侵扰。"①

刮削器无论是在内陆还是在沿海，无论是在东北还是在东南，只要是刮削陆地动物的技术工具，都注定是大陆文化性质。而海洋的食物，除了用现代技术才能捕捞到的那些大鲸鱼、大鲨鱼，原始人能捡拾和渔猎到的那些小蟹、小虾、小贝、小鱼，是很容易吃到嘴里的，烧烤、炖煮、食用的时候难道还需要用刮削器吗？难道还需要用砍砸器吗？难道还需要用石斧石锤吗？有了火，完全可以不借助任何石器工具，就可以把一般的鱼虾贝类变为美味佳肴。采集、狩猎、纷争……旧石器时代的石器虽然天生就不是海洋文化的工具，但也天然地具备一些海洋文化的功能，比如用于陆地砍伐树木的石斧，也可以用来造独木舟，刮削陆地动物的刮削器也可以刮削海洋生物，而这些石器主要是大陆工具还是海洋工具，取决于旧石器时代的大陆文化性质，依旧不取决于黑格尔所说的自由理性或沿海地理环境。

（二）"贝丘"与"石锛"：闽南文化大陆性质的进一步拓展

"闽南文化意义的生成经历了一个从远古蒙昧时期到唐代开漳建州时代的漫长历史过程，这一过程的动态谱系是：原始旧石器时代的氏族文化—原始后期新石器时代的'七闽'部落文化—闽越融合部落文化—闽越文化与中原文化的融合文化—开漳建州的开漳圣王文化。这一过程或轨迹演进的基础是工作世界。"② 闽南海洋文化作为一种依附闽南大陆文化

---

① 项义华：《区域水环境与浙江史前文化变迁》，《浙江学刊》2015年第4期。
② 李晓元：《文化哲学视野中的闽南文化意义结构研究》，《闽台文化研究》2014年第3期。

的文化范式孕育、萌芽于闽南蒙昧时代的原始氏族文化,成长于七闽部落文化、闽越融合部落文化、闽越部落与中原移民融合文化以及开漳圣王文化等历史文化形态当中,而作为一种相对独立的文化范式则形成于宋代以后的妈祖信仰文化、海商文化和港口文化。这些都表明海洋文化是闽南文化的普遍范式,闽南文化的海洋性或海洋特质并不仅指某种具体的闽南文化形态,同时也表明,闽南海洋文化范式、性质、特质的形成与进展,一方面离不开海洋地理环境的自然催生,另一方面也是最重要的方面,是靠工作生产技术和社会关系发展更新的支撑。

漳州和泉州地区新石器时代贝丘遗址的发现,为闽南地区新石器时代的海洋文化因子提供了直接的证据。贝丘是古代人类居住遗址的一种,以包含大量古代人类食剩余抛弃的贝壳为特征,大都属于新石器时代,有的则延续到青铜时代或稍晚。贝丘遗址多位于海、湖泊和河流的沿岸,在世界各地有广泛的分布。漳州和泉州地区"贝丘"遗址距今 5000~3000 年,与新石器和青铜器时代并存。[①] 这表明闽南文化新石器时代的古人类一开始便大量捕获和食用海洋贝类食物,海洋工作生存和生活方式已成为其重要文化范式,但还只是作为依附范式存在于闽南大陆文化中。这个时期的古人类是史书记载的闽文化或七闽部落文化时期。七闽文化已具有了海洋文化范式,是采集、狩猎、农耕形式的大陆文化范式与海洋文化范式的并存时期。再如,福建新石器早期的闽侯溪头遗存,仅有的发现只有丰富的蚬和蛤等贝类化石,还有野猪、赤鹿等野生动物的骨骼化石,这表明福建境内早期的劳作主要以捕捞和狩猎为主。新石器时代晚期的文化遗存中除了发现大量的贝壳和石器,也有釜类的陶器和家猪的遗骸,这表明原始农业和畜牧业已经起步,采集—狩猎文化向农耕文化过渡,而不是向海洋文化过渡。

与"七闽"关系较密切的是浙江的于越族。越为楚所灭,于越贵族和平民向福建迁移。于越首领无诸统一"七闽",自称闽越王,七闽和于越族融合而形成闽越族。他们带进江浙先进的生产工具,普遍使用青铜器,并开始使用铁器,但铁器不多,粮食生产自给有余,手工业中已能制

---

① 尤玉柱主编《漳州史前文化》,福建人民出版社,1991,第 69 页。

造麻、丝、帛等纺织品，造船业较为发达，善于水战和用舟，他们聚居在沿海、沿江地方，习惯于水上生活，善于驾舟在江河、海水中捕捞水产。① 原先比较落后的七闽迅速发展成为百越诸族中最强大的一支。闽越融合部落文化时期，工作生产技术的进步和部落联盟社会关系的融合发展，使得海洋生存技术和生活水平都有了较大的提高，海洋文化范式与大陆文化范式进一步融合互构。之后，又经历了闽越部落文化与中原移民的融合时期，这个文化时期始终存在着大陆农耕文化与海洋文化两种文化范式的冲突与融合两种趋向。

史书记载闽越族"以船为车，以楫为马，往若飘风，去则难从"②，这只是对闽越族生活和工作的海洋性记载和道说，没有反映出闽越文化的农耕文化和海洋文化的总体性，没有反映出闽越融合部落海洋文化依附于农耕文化的文化生态。而有学者仅据此就认为闽越族"是著名的海洋民族"③，是"我国古代海洋文化的缔造者"④。这种观点无疑缺乏历史根据和海洋文化进展逻辑。如果是闽南海洋文化发端意义上的缔造者，那就应该从旧石器时代开始并经过新石器时代的七闽部落文化；如果是闽南海洋文明文化意义上的缔造者，那就是开漳圣王文化；如果是闽南海洋文化独立范式意义上的缔造者，那就是宋朝以来的妈祖文化和港口贸易文化。闽越部落联盟文化只不过是闽南海洋文化依附范式的一个阶段，甚至还不具有向独立范式过渡时期的意义，只是比闽南原始氏族文化和七闽部落文化时期多了一些海洋生活或海洋性而已，其工作世界和生活世界总体上还是以农耕文化为范式的大陆文化。

有学者考证认为，6500～6000年前台湾岛的原住民也是百越族的一支⑤，这些居民在历史长河中却向内陆平原和山区发展，追寻采集和狩猎的生活方式，最终丧失了原先的海洋性。这种情况从明万历三十年（1602年）

---

① 彭文宇：《福建古代闽越族社会概述》，《中共福建省委党校学报》2002年第7期。
② 袁康、吴平：《越绝书》卷八外传，《纪地传第十》，岳麓书社，1996，第123页。
③ 陈思：《从历史角度比较闽台海洋文化的发展》，《福建论坛》（人文社会科学版）2012年第3期。
④ 陈国强、郑梦星：《闽台古代海洋文化的主人》，《台湾源流》2000年第17期。
⑤ 郭志超等：《台湾原住民"南来论"辨析——兼论"南岛语族"起源》，《厦门大学学报》（哲学社会科学版）2002年第2期。

明朝军队进入台湾清剿倭寇时随军的学者陈第的发现似乎可以得到证明。据沈有容《闽海赠言》所述，陈第发现了一个很奇特的现象，就是当地原住民"不能舟，酷畏海，捕鱼则于溪涧，故老死不与他夷相往来"。这虽然不能说明所有的闽越族失去了海洋性，但至少可以佐证闽越族时期的工作技术、工作能力以及自然环境和社会关系，不足以支撑他们过独立的海洋生活，如此便转向大陆文化生活，因为采集和狩猎更容易生存，在河流与溪水里捕鱼比在海里捕鱼更容易。他们的海洋文化范式只有依附于采集—狩猎和农耕文化范式才能存在，甚至还有被大陆文化消解和埋没的风险和可能，闽南闽越融合时期农耕文化的发展亦证实了这一点。再退一步讲，即使台湾岛 6500～6000 年前的原住民不是闽越族的一支，明朝陈第发现的当地原住民也不是 6500～6000 年前的原住民，也不是闽越族的后裔，但他们海洋性的退化和大陆文化的进化依然可以说明古代特别是远古时代的包括闽南闽越族在内的海洋环境中的居民离不开大陆文化世界，因为大陆文化比海洋文化更容易存活，海洋生活是比大陆生活更有难度的生活，人类必须先大陆后海洋，或者大陆与海洋文化并行，待有了工作世界特别是工作技术的支撑再向海洋文化进发，这是整个人类文化也是区域文化运行的普遍轨迹，也是海洋居民、海洋群落、海洋民族的文化生存轨迹。

最后，再用闽南地区关于石锛的考古资料进一步确证闽南文化先大陆后海洋的空间运行逻辑。

石锛是磨制石器的一种，是新石器时代和青铜器时代主要的生产工具，长方形，单面刃，有的石锛上端有"段"（即磨去一块），称"有段石锛"，装上木柄可用作刨土，功能类似于现在刨地的"镐头"，现在有些地方的农村也有锛子这种农具，形状类似镐头，只是铁器部分比镐头窄了很多，功能也是刨地用的。石锛的功能应主要是刨土，因为砍伐树木、加工木料用石斧更合适。当然，石锛也可以用来刨树皮、树枝、树根等，特别是更适合在山地和丘陵地区刨那些杂草树木，这一方面是为了开垦荒地，另一方面是用作打柴。石锛是较为普遍的生产工具范式，是石器进步的标志，标志着农耕文化的开始。石锛也可用于木料的斩劈、刨削。石锛在全国各地都有发现，在东南区发现得最多，而"有段石锛是中国东南区新石器文化的重要特征","有段石锛是研究我国东南区新石器时代的重要文物,也是研究东南亚以至太平洋诸岛的国际性重要古物。研究的结果不但可以了解我国东南区的新石器时代文化,也可以帮助了解东南亚至以至太平洋诸岛的古代状况"。① 林惠祥先生指出了有段石锛的考古学意义,但似乎尚未论及其对大陆文化性质的标识性意义。而林先生对有段石锛本身的构造特别是装柄技术颇有研究和创建,他指出:"有段石锛的装柄是后期的事,初期的有段石锛是不装柄的";"有段石锛的初级型还不能装柄,只是像常型石锛一样手握使用"。② 石锛后来才装上柄,装柄方法考古界有多种解说,很难一一确证,但20世纪70年代江苏省溧阳县发现的3件带柄石斧和石锛,至少验证了石斧、石锛带柄的说法。③ 而林惠祥先生认为"有段石锛是装柄使用的。其柄是有曲叉的,将有段石锛装于曲叉上用绳扎牢,形如小鳅"④。这已为浙江河姆渡遗址第二期发掘中出土的"系用鹿角的分叉处制成",以及"利用树枝的分叉制成"的实例所证实。⑤ 有柄石锛更能说明它是刨地的农耕工具。工具是手的延长,有柄更有力量,使工作力和创造力提高并高于刮削器,更适合农耕,而旧石器时代,刮削动物、植物不用柄。刮削器并不能改变自然,而有柄石斧、石锛则能改变自然。

而林先生虽没有论及有段石锛的大陆文化性质,却认为有段石锛主要是造独木舟的工具,并有意将之与海洋文化联系起来:"这种工具在各处都可用,但在沿海地方或岛屿地方,有需要造独木舟之处,尤其需要。太平洋诸岛和南洋所以多有装柄的石锛或者便是由于这种原因。我国大陆上有这种有段石锛的地方也大部分是在沿海或近溪流之处,当时或者也常用这种有段石锛造独木舟也有可能。"⑥ 因为有段石锛在沿海或岛屿出现就赋予其海洋文化意蕴,这其实有些牵强,大可不必。这一分布特点恰好说

---

① 林惠祥:《中国东南区新石器文化特征之一:有段石锛》,《考古学报》1958年第3期。
② 林惠祥:《中国东南区新石器文化特征之一:有段石锛》,《考古学报》1958年第3期。
③ 肖梦龙:《试论石斧石锛的安柄与使用》,《农业考古》1982年第2期。
④ 林惠祥:《中国东南区新石器文化特征之一:有段石锛》,《考古学报》1958年第3期。
⑤ 河姆渡遗址考古队:《浙江河姆渡遗址第二期发掘的主要收获》,《文物》1980年第5期。
⑥ 林惠祥:《中国东南区新石器文化特征之一:有段石锛》,《考古学报》1958年第3期。

明沿海或岛屿文化也是先大陆后海洋的文化运行逻辑。且内陆新石器时代也有常型石锛，这又是何为，难道都是造独木舟吗？应该从常型石锛的用途看有段石锛的用途。一定要打破这种沿海文化就是海洋文化，甚至史前沿海文化就是海洋文化的思维定式。这种牵强其实就是源于不太了解沿海岛屿文化都是从大陆文化开始的，所以非要在石锛上牵出一个海洋性来。迄今为止，除了林先生自己列举的个案——如西欧初期航海家发现的波里尼西亚诸岛时，据说由于其地无金属物，土人用有段石锛制造小艇和雕刻木器，① 尚没有任何直接证据证明石锛是造船用的，而即便可以造船、雕刻，这也不能排除它的农业功用，它是有海洋性的农业生产工具。锛子是一个技术体系，石器时代有石锛，铜器时代有铜锛，铁器时代有铁锛，联系这些锛子的用途，就更知石锛是主要的农业工具了，直到今天，不只是木匠手中有锛子，农民手中更有锛子，不只是做木匠活用锛子，做农活更用锛子。

福建闽南地区出土的新石器时代的石器以石锛居多，这是闽南新石器时代大陆文化性质即农耕文化的最有力的生产工具证明。

漳州腊州山、大帽山、万宝山等贝丘遗址处在新石器时代。其中，石锛是较为普遍的工具，几乎在每个遗址都有。② 特别是在腊州山遗址，石锛有8件，其他石器如石斧、石箭镞等都是各一件。③ 距今3300~3100年的虎林山遗址是新石器时代。"2000年发现于漳州龙文区朝阳镇樟山村的虎林山遗址，该类型分布与福建南半部地区，中心区域为漳州厦门一带，晋江流域一带、龙岩东北地区都在其文化范围之内。……此类文化遍布闽南大地……生产工具以凹弧刃石锛为其突出特色，少量常形石锛、砺石、石铲等。"④ 虎林山遗址目前所知"已达500处"，其"石器基本上是以精细磨制的石锛为主，锛的形态多样，大中小型号都存在，能满足不同的生产作业要求，石器的制作更加专业化，出现了明显具有等级身份差别的璋

---

① 林惠祥：《中国东南区新石器文化特征之一：有段石锛》，《考古学报》1958年第3期。
② 尤玉柱主编《漳州史前文化》，福建人民出版社，1991，第73~85页。
③ 尤玉柱主编《漳州史前文化》，福建人民出版社，1991，第73页。
④ 福建晋江流域考古调查队编著《福建晋江流域考古调查与研究》，科学出版社，2010，第309页。

和形态复杂精致的钏等装饰品",虎林山遗址"青铜器的制作水平也较进步,出现了兵器和乐器等"。① 再看1958年福建省文物管理委员会组织的闽南新石器时代调查的一些数据:永春县采集石器25件,其中石锛有4件;南安县采集石器50件,其中锛有23件;安溪县采集石器21件,有锛、戈、环等。② 这些出土的石锛一方面表明生产工具的进步,另一方面表明农耕文化即大陆文化的主导地位。福建福清东张的新石器时代遗址表明,农业迹象相当明显,人们已有定居的村落,并使用大量的石锛,这种工具主要是农业生产工具,它说明这时的农业已相当发达,特别是磨谷器的发现,是一个更好的证明。此外,渔猎在生活中占有重要地位,纺织和手工业也发展起来,而石器仍是以石锛和石箭头为主要特征。③

新旧石器时代都有石锛,石锛是普遍的工具或工作技术范式,是石器进步的标志,也是进入农耕文化的标志。关于锛的意义考古学尚未重视,如尤玉柱先生虽然列举了漳州腊州山、大帽山、万宝山等遗址的锛的众多数量和样式,但认为"这一时期,石器的发展不明显,或者说石器的发展处于一个相对稳定的时期"④。他对旧石器时代的刮削器做了大量说明并引申到海洋工具方面,而对石锛的意义却觉得"并不明显"。这种认识是忽视大陆文化性质的思维定式造成的,石锛是大陆文化或农耕文化的重要标志和证据。

福建闽侯昙石山文化证明新石器时代文化有海洋性,但农业或农耕文化是主流:"昙石山新石器时代遗址中出现了大量的蛤蛎壳和蚌螺壳的堆积以及一些陶网坠,可知当时人是以水产物为主要食品的。这些介壳类,都出自咸水的海口,而今日昙石山离闽江入海的地方约130里。兽骨、鹿角的出现表现当时人兼营狩猎。石器中的石镞,可能是狩猎用的;石斧、石锛都是当时的生产工具,其中较大型的石斧可用于农业上,因这个地区

---

① 福建晋江流域考古调查队编著《福建晋江流域考古调查与研究》,科学出版社,2010,第310页。
② 福建晋江流域考古调查队编著《福建晋江流域考古调查与研究》,科学出版社,2010,第336~341页。
③ 福建博物院编《福建考古资料汇编(1953-1959)》,科学出版社,2011,第274~275页。
④ 尤玉柱主编《漳州史前文化》,福建人民出版社,1991,第90页。

的土地是适宜于种植的。"① 昊石山文化出土的石器是"锛为最多"②。这表明农业是主要文化范式，石斧、石锛、石凿、刮削器等都用于农业。昊石山所发现的海洋生物遗骸并不能否定新石器时代的大陆文化性质，只能说是大陆文化蕴含着一些海洋性。

综上，石锛作为闽南新石器时代的重要、主要的生产工具或工作技术，是一种重要的工具文化范式，它标识闽南文化的大陆文化性质以及农耕文化的进展。闽南文化或闽南海洋文化的最初是蕴含着海洋性的大陆文化，随着大陆文化特别是工作技术的发展，才具有了海洋性质，闽南海洋文化才成为一个相对独立的范式。这是因为人类文化的空间进展必先夯实大陆基础再走向海洋，海洋需要更高的工作技术和开放的社会经济、政治、文化关系即工作关系。

有学者仅依据一些贝丘遗址就认为，包括闽南在内的新石器时代的史前沿海居民，凭借居处的海洋环境，以海洋资源开采为主，即以海洋经济为支柱，辅以山地的采集和狩猎。这是不符合文化世界先大陆后海洋的历史和逻辑的。邻近海岸沙滩、沙丘的贝丘遗址，当然只能反映海洋生业状态，但海洋生业状态不是原始群族的全部生业状态，只是他们开采和食用贝类产品时的生业状态，他们不可能只靠吃海洋的贝类产品活着，贝丘遗址也可能是这些族群在吃够了或吃腻了大陆的采集和狩猎的主食的情况下改换一下口味的消费遗址或野营遗址，那不是他们完整的生活和工作世界。这就像今天生活在漳州市的人吃着米面的主食以及植物和肉类的菜肴还要经常去东山岛海边吃海鲜一样。而那些距海稍远的遗址恰好表明这些群族是以采集和狩猎为生，海物消费只是辅助形式，即使这些遗址分布着众多的有贝壳堆积的小规模的遗址群，这些贝类遗址依然是以采集和狩猎或农耕为主业的遗址的辅助部分。再看这些族群的工作技术或生产工具。出土的新石器时代的石锛是重要的农业生产工具，还有石镑、石凿，这些主要是用于竹木作业的工具，居所的搭建、舟船的制作、滩涂海产品的捕捞都离不开它们。凹石器是沿海地区所特有的工具，有学者认为，它是敲

---

① 福建博物院编《福建考古资料汇编（1953－1959）》，科学出版社，2011，第254页。
② 福建博物院编《福建考古资料汇编（1953－1959）》，科学出版社，2011，第246页。

螺贝的专项工具。用海生牡蛎壳制作的穿孔贝铲和贝刀亦有沿海工具文化特色。这些颇具海洋文化意味的工具都能反映和折射新石器时代闽南文化的海洋性以及海洋工作技术意义上的海洋文化范式，但它们亦不能证明闽南文化以海洋技术、海洋工作、海洋生活、海洋经济为主，因为这些有海洋区域特色的工具或技术只是出土的新石器时代技术或工具的一小部分而已，而且这些工具也不至于用来敲海螺，贝铲、贝刀也只是大陆文化普遍使用的石铲、石刀、石斧的辅助工具，而且也不是海洋文化的专利，大陆文化也可使用和制作。总之，这些工具不但不能证明闽南新石器时代是以海洋文化为主，反而恰好证明了海洋文化是新石器时代以大陆文化为主的闽南文化的依附范式。

（三）从大陆到海洋：闽南文化的空间趋向

闽南文化的原点即旧石器和新石器时代亦即史前文化阶段，其文化性质是大陆文化，是海洋文化的孕育和依附时期。海洋文化范式不只是一个独立的实体范式或具体形态，更是植根于或蕴含于闽南文化的诸多具体形态或实体形态，是闽南文化具体形态的普遍范式，由此，它也构成闽南文化的普遍特质或深层结构。这里说闽南海洋文化是闽南文化的普遍范式并不具有绝对的意义，它是相对于闽南文化总体或基本形态而言，并不是说每一种闽南文化形态或形式都具有海洋文化范式，海洋文化成为闽南文化的普遍范式是一个历史文化的演进过程。而那种认为生成于海洋地理环境中的文化就是海洋文化的观点则显武断，有严重的地理环境决定论倾向。海洋环境当然会比大陆或内陆环境更容易催生海洋文化，但海洋文化的根本支撑是工作技术、工作关系和社会关系的进步与创新。闽南文化的最初并不是海洋文化，也不具有海洋文化范式，而是基于采集和狩猎的大陆文化，进而过渡到农耕文化，再从农耕文化进展到海洋文化。而在这个进程中，海洋文化始终存在，只是依附于各种文化形态，并使其具有一定的海洋性。

1. 闽南海洋文明文化范式的形成与独立

开漳建州之前的七闽文化和闽越融合文化主要处在新石器时代或含有青铜器的新石器时代，闽越融合时代以及闽越与唐朝之前的中原移民文化融合时代，虽然也有铁器但极少，总体上都未形成文明时代的技术、制度和教育以及精神意识形态等文化，总体上仍处于"刀耕火种"的游耕农业时代，是"蛮荒之地"，海洋文化范式虽然形成了，但还是蕴含在或依附于大陆文化中的一种依附性文化范式。[①] 开漳建州使得闽南有了以铁器为标志的技术、制度、观念、教育和思想意识形态的文明文化，同时也使闽南海洋文化进入文明文化时代。开漳圣王文化亦构成闽南海洋文明文化的逻辑起点和闽南海洋野蛮文化时代的逻辑终点，标志闽南海洋文明文化范式的形成，但这时的闽南海洋文化范式还只是闽南大陆文化的依附范式，没有独立性。在此之前的闽南海洋文化可视为闽南海洋文化的前史，包括闽南原始蒙昧阶段或旧石器时代的氏族海洋文化、闽南原始野蛮阶段或新石器时代的七闽部落和闽越部落联盟海洋文化以及闽越部落与唐朝之前的中原移民融合文化中的海洋文化。[②] 开漳圣王文化中铁器的工作技术以及法制、教育、思想意识形态的文明文化，为闽南文化向海洋文化进展、为闽南人开拓海洋生存空间，提供了根本的支撑和规制的保障以及精神文明的能量。开漳圣王文化中的海洋文化生态，一方面表现为用中原的新技术发展农耕和渔业以及造船等与海洋生存有关的手工业，使海洋生存与农耕生存进一步融合；另一方面表现为闽南人特别是陈元光及其部属的后裔不断向台湾和东南亚移民，拓展海洋生存空间，并进行海上贸易。可见，开漳圣王文化的海洋文化范式也是从大陆农耕文化开始的，这进一步证明了文化世界先大陆后海洋以及二者融合互动的进展逻辑。而自宋朝以来，随着妈祖信仰文化、海商文化、漳州月港文化的形成与兴盛，闽南海洋文化范式才作为各种不同的形式逐步从农耕文化中相对独立出来。这方面的历史一般都有明确的记载，研究成果也颇丰，几乎不存在什么争议，故这里先不做具体的阐述。这里主要表明的是，闽南海洋文化是闽南文化的一个普遍的范式。

但是，从闽南海洋文明文化依附范式的形成到独立范式的诞生，这中间还有一个重要的环节，就是王氏兄弟的开闽文化，它进一步发展、拓展

[①] 李晓元：《文化哲学视野中的闽南文化意义结构研究》，《闽台文化研究》2014年第3期。

[②] 李晓元：《文化哲学视野中的闽南文化意义结构研究》，《闽台文化研究》2014年第3期。

了开漳圣王文化的海洋文明文化质地和空间,并直接与宋代的海洋文化独立范式相连接,在闽南文化从大陆到海洋的空间趋向中占有重要位置。

唐朝末年,王审知三兄弟率领河洛地区"光州固始"籍18姓将领挥师南下,改变了当时福建战乱频发、盗匪横行、民不聊生的状况,开启了八闽大地的历史新篇章。入闽后,王闽政权奉行"保境安民"的政策,与中央政府和邻国交好,完善、推行封建政治制度,为闽地发展创造了稳定的政治环境。王审知曾说:"我宁为开门节度使,不作闭门天子。"① 他在后梁时使用后梁年号,每年由海路北上至登州、莱州登陆向后梁进贡,后唐时向后唐纳贡。在经济上采用中原先进的技术和经济制度,采取轻徭薄赋、与民休息的政策,激励百姓农耕劳作。王氏兄弟刚据有泉州时,奉行利于经济发展的政策。"审知起自陇田,以至富贵,每以节俭自处,选任良吏,省刑惜费,轻徭薄敛,与民休息,三十年间,一境晏然。"② 在文化上,王审知大力推行中原文化,重视发展教育和招徕人才,在福州"建四门学(高等学府),以教闽中之秀者"。在王审知的倡导下,当时州有州学,县有县学,乡僻村间设有私塾。由于这些开闽功德,王审知被称为"八闽人祖""开闽王"。

政治的稳定,特别是农耕技术和农业文明的发展,为海洋文明的进一步跃升奠定了基础。王审知为发展海上贸易、保护台澎,免除杂税,奖励海上通商;修建码头,辟建港口甘棠港;疏通百余里的闽江水道,制造出可载六七百人的大船,行驶台湾海峡两岸。"福州由此成为我国东南沿海的重要港口,也是当时中国最大的一个港口。海上航线北至新罗(今朝鲜),南至南海诸岛,以及印度和阿拉伯地区。福州城垣经闽王两度拓宽城池,奠定都市规模。至南宋时,福州已与大名(北京)、江宁(南京)、苏州、临安(杭州)并列为全盛之邦。泉州城市规模也一再扩大,吸引很多阿拉伯商人和伊斯兰教徒来此经商或定居。到宋、元时代,泉州成为与亚历山大港齐名的世界一流大港。活跃的海外贸易,为闽台经济文化繁

---

① 张梯、葛臣:《嘉靖固始县志》卷十七,上海古籍出版社,1963。
② 薛居正:《旧五代史》,中华书局,1976,第1792页。

荣和社会进步注入了巨大活力。"① 王审知的侄子王延彬治理泉州期间，大力发展两岸关系和对台贸易，被闽台人民尊称为"招宝侍郎"，至今海峡两岸的人民仍供奉他的神像。王审知部下林愿的女儿林默死后被奉为扶危济困、拯救民生的女神妈祖。可见，开闽文化不仅从总体上推动了福建文明文化的进一步发展，更进一步拓展了闽南海洋文明文化的空间，并直接衍生出宋代的港口文化和妈祖文化等海洋文化的独立范式。

但是，开闽文化的总体性质还是以农耕文化为主体的大陆文化，海洋文化仍是依附范式，存在于大陆文化之中。这从王审知重视农耕文明及其业绩中亦可见一斑："经济上，王审知重视和鼓励发展农耕生产。比如，劝农兴修水利，发展农业。亲自主持兴建或扩建了福清、长乐沿海大堤，泉州6里陂，9溪18坝，连江东湖，晋江40余华里灌渠，疏浚了受益幅员可达25平方公里的福州西湖等一大批骨干水利工程。同时围海造田，扩大耕地。在平原推广双季稻；在山区开垦茶园；因地制宜发展纺织、陶瓷、冶金、铸造等工业生产。"② 泉州海上贸易或海洋文化的发展也只是闽南文化的一个区域的发展，且在这个区域也不具有总体性质，它亦是以这个区域的农耕文明为基础，开闽文化、泉州海洋文化的发展并没有从根本上改变闽南文化的大陆文化性质。

闽南海洋文明文化始于开漳圣王文化，并被王氏兄弟的开闽文化进一步拓展。陈元光及其将士的后裔走向东南亚等地，使得闽南海洋文化有了世界意义的神韵，虽然是一些海岛上的世界意义，开闽文化的海上贸易文化亦使得闽南海洋文化有了实质性的进展。但开漳圣王文化和开闽文化的海洋文化还不是一个独立的范式，它还依附于闽南文化这个大陆文化总体，闽越文化也不是独立的海洋文化范式，海洋性也是依附在闽越文化的总体中。宋以后闽南海洋文化才成为相对独立的范式，并在闽南文化世界总体中占据越来越重要的地位，而妈祖文化、港口贸易文化、海商文化、海外移民文化等构成其相对独立范式的关联结构。近代厦门通商口岸的设

---

① 陈榕三：《"开疆闽王"王审知与中原密切关系研究》，《台湾研究·历史》2011年第1期。
② 陈榕三：《"开疆闽王"王审知与中原密切关系研究》，《台湾研究·历史》2011年第1期。

置、现代厦门经济特区与海西开发区及其海外和海内的各种合作、贸易、交往，都彰显着独立和依附并行的闽南海洋文化范式，特别是改革开放以来，闽南海洋文化范式的各种形式、形态更是层出不穷，并越来越具有海洋文化的世界意义内蕴。本书暂不过多涉猎闽南海洋文化的现代范式，因为这些方面对于我们来说是一个比较熟知的现实场域，我们都可以在亲历的境遇中感受到它的意义、价值和辉煌。但是现代的成就和辉煌来自现代，也来自历史，它不能代替历史，历史的闽南海洋文化依旧生机勃勃，并在现实中闪耀，其宝贵的资源、宽广的疆域都等待着我们去挖掘、开拓、传承、创新。我们也必须通过历史来理解现实，又通过现实去召唤历史，历史和现实本来就是一个融合体。从某种意义上讲，现代文化就是在造化历史文化。

海洋文化与大陆文化一直是一个互相照应、互相依存的过程。海洋贸易需要陆地生产商品，海洋的航行技术需要陆地发明创造，海洋的精神、信仰需要陆地提供文化。海洋文化一开始与陆地文化或农耕文化依附在一起是符合逻辑的，只是到了技术能力和交往关系有了足够的发展之后才成为相对独立的文化范式。人类一开始是不可能漂洋过海去开辟新世界，也没那个需要和动力。人类甚至一开始都是排斥海洋的，因为海洋充满陌生感，就连捕鱼也不像在陆地河流那么容易。闽南文化也是这样，闽南海洋文化与中原文化一直处在融合和对抗的双重生态中，这个矛盾既促进又阻挠和破坏了海洋文化的发展。用陆地文化思维统治海洋文化或用海洋文化的独特性对抗大陆文化都是不明智的，历史已为此提供了教训。如此，要认识海洋文化，理解海洋文化，尊重海洋文化，使其与大陆文化处在一个共存共荣的文化生存格局中，从闽南海洋文化在大陆文化的格局与框架中进展的历史过程看，一个重要的文化生存经验就是：要尊重海洋文化的浩瀚个性，也要确认大陆文化的深厚品质，不能用大陆文化同化海洋文化，也不能用海洋文化去对抗大陆文化。同化会导致对抗，对抗会导致两败俱伤。海洋文化与大陆文化要互构、互动、互相支撑，既合一又分立。

2. 先大陆后海洋的闽南文化运行逻辑

闽南海洋文化的历史进展预示了闽南海洋文化的意义的多重蕴涵。从以上考察的闽南海洋文化的历史生成过程可知,闽南海洋文化并不是闽南文化的历史原点,而是基于闽南大陆文化原点的后生文化范式,并伴随着大陆文化的进步而一步步从依附范式走向独立范式、从落后于中原大陆文化的范式走向大陆文化的前沿,并最终走向世界,抵达另一个世界的大陆文化。闽南海洋文化与闽南大陆文化以及中原大陆文化和世界大陆文化处在异质相争与姻缘相合的互动、互构过程中。

上述研究表明,闽南文化的原点或原初文化是以采集和狩猎为主的大陆文化,并在拾捡和食用贝类的意义上带有一点工作世界和生活世界的海洋性意味,这是由于海洋生存需要比大陆更高的生活和工作能力。如此,闽南早期人类特别是旧石器时代的原始人类即便居住、栖息在海边并面对资源丰富的大海,也只能望洋兴叹,主要靠采集植物、狩猎和捕捞江河里的鱼类维持生计。闽南原始氏族时期的生活就是这样一种生活,工作就是这样一种工作,而他们或许并不觉得贫乏,因为人的需要和生命冲动是由其生活能力特别是工作能力决定的,那个时候他们的需求、欲求都很简单,就是食物和性,满足了这两样,他们就会觉得无比幸福和快乐。再加上人类初生时的人口匮乏和大地的辽阔,陆地的资源足以养活他们,他们完全没有必要去挑战海洋或跨越海洋去开辟另一个新大陆。那时他们既没有开辟海洋文化的冲动、动力,也没有那方面的动能。能够支撑他们生活的工作技术是棍棒、石器、骨器,这些工具或武器可以使他们捕获陆地的野兽和食物,却不足以支持人们去同海里的风浪和生物抗争。正是这样一种悠闲、资源较为充足、没有太多欲望和冲动的日子,人类才能过几十万年甚至上百万年,早期人类进化缓慢的原因或许就在于此。闽南原始氏族的生活世界或文化世界,就这样几十万年甚至上百万年没有海洋文化性质,没有海洋文化范式,只有一点点采食海潮退去之后的贝类的海洋性,只有被海风吹拂了40万年的海腥味的肉身与灵魂,或许还会有一些用藤蔓将原木连在一起的"木船",而除了骸骨,这些易朽的肉身和木制品是很难留下存在的痕迹的,只有那些石器和贝类的遗骸还能向我们展示他们的大陆文化性质和海洋生活因子。整个中华文化、中原文化也是循着先大陆后海洋的历史和逻辑向前推进,整个人类文化的演进总体上也是先大陆后海洋的逻辑。从闽南文化作为中华文化、中原文化的一部分来看,它处在先大陆后海洋的文化大格局和框架中；从闽南文化自身来看，它亦演绎着先大陆后海洋的文化世界运行逻辑。

新石器时代的闽南文化亦不是海洋文化，但海洋文化已形成一个范式，依附在闽南大陆文化中。漳州和泉州的贝丘遗址预示着新石器时代的七闽部落的闽南文化的海洋性或海洋文化范式，但不能证明这个时期的闽南文化是海洋性质的文化，有海洋性不等于就是海洋文化。即便我们在没有证据证明闽南新石器时代的七闽部落的食物或生活是以海洋食物或生活为主的情况下，就认定或假设他们确实吃着这些海洋的食物、过着这种海洋生活，这就能证明他们的文化是海洋文化吗？显然不能！无论是假设还是真实都不能证明这一点，因为他们的这一点或这一些海洋性与大陆性实质上是同性的，即都是陆地上的文化活动，海边的文化活动是陆地文化活动的一部分。这种生活和工作与陆地上或大陆文化的采集植物、狩猎动物和江河里捕捞并没有实质性的区别，只不过后者是在内地的土地、江河和山岭生活和工作，前者是在海边或海水边生活和工作，前者是"采集"或"狩猎"贝类，后者是采集植物和狩猎动物，二者的共同之处是都没有离开陆地，都是陆地性质的生活、工作和文化活动。而海洋文化的特质或精神是走向海洋、走向世界，而不是留在陆地或海边，而这还仅仅是海洋文化和大陆文化在空间边界上的区别。总之，无论是以海洋食物为主还是以陆地食物为主，无论是假设还是真实，闽南新石器时代的氏族部落文化都不是海洋性质的文化，而是大陆性质的文化，是蕴含着海洋文化的大陆文化。而就其海洋性或海洋文化本身来讲，它是依附于大陆文化的海洋性或海洋文化，虽然在系统性、常态性、稳定性、总体性等方面已构成一个依附于大陆文化的海洋文化范式，超越了闽南旧石器时代氏族文化的比较随机的、零散的次生海洋文化状态，但本质上还不具有海洋文化的意义。它是随着大陆文化的不断进展，才成为一个独立范式与大陆文化互相构造的。

闽南海洋文化是由闽南海洋生存境遇而催生的，更是闽南历史文化的构造。宋代之前的闽南海洋文化处于孕育和成长过程中，还不具有海洋文化的世界性，特别是技术、制度、观念文化的总体性，只是作为一定意义的海洋性依附于闽南大陆文化。闽南海洋文化范式独立于宋朝，兴盛于明清，繁荣于现当代。闽南大陆文明文化和海洋文明文化的依附范式都形成于唐代的开漳圣王文化，经过了王氏兄弟开闽文化的大陆文化和海洋文化的双重拓展。闽南海洋文化范式独立于宋代的妈祖文化、港口文化和海商文化，这恰好反映了闽南文化乃至整个文化世界先行大陆文化再向海洋文化拓展、先行大陆内部交融再向世界交往延伸的文化运行逻辑。

上面考察了闽南文化先大陆后海洋的过程史，并阐释了它何时作为孕育依附形式、何时形成海洋文化依附范式以及何时形成海洋文化独立范式的问题。接下来再进一步做一个归结。

其一，闽南文化的最初或原点不是海洋文化而是大陆文化，其运行逻辑是先大陆后海洋。旧石器时代的闽南氏族文化在采食海产品的意义上有一点海洋性，但还不是海洋文化，其海洋性本身也不具有海洋文化范式的意义，而是作为依附的次生文化存在于闽南大陆文化总体。新石器时代的七闽部落文化的贝丘遗址表明，闽南文化海洋性进一步增强，并已形成一个海洋文化范式依附于闽南文化总体。闽越族或闽越国部落文化以及闽越部落与中原移民融合文化时期，闽南文化的海洋性进一步增强，但海洋文化依然是一个依附范式存在于闽越文化世界的总体。开漳圣王文化是闽南文明文化也是闽南海洋文明文化形成的标志，但闽南海洋文化范式依然是一个依附范式存在于开漳圣王文化或闽南文化的总体，但由于捕获了闽南文明文化的技术、制度和精神能量，闽南海洋文化从此步入快速发展的轨道，并成为闽南文化的前沿文化或主导文化。而王氏兄弟的开闽文化则构成闽南海洋文明文化的依附范式向独立范式过渡的中间环节。宋代以来，闽南海洋文化成为一个独立范式并与闽南大陆文化或闽南文化总体互动、互构。

其二，从闽南文化的历时性看，大陆文化是初级文化，海洋文化是更高一级的晋级文化，是在大陆文化背景中生长起来的前景文化；从闽南文化的共时性看，大陆文化和海洋文化处在同一层级和地平上，它们互为背景和前景。海洋文化往往需要比大陆文化更高的工作技术、更高的生存智慧、更坚定的信仰信念、更坚强的生命意志、更规范的制度和更严明的律制、更牢固更亲和的共同体关系以及更勇敢且更不安分的一颗心。如海里的捕鱼技术就高于江河湖泊的捕鱼技术，海上的行船交通技术就高于江河湖泊的行船和地上的行走交通技术，海上的战争技术就高于陆上的战争技术。

其三，从闽南文化历史总体看，大陆文化有先行优势，海洋文化有后发能量，而从某个历史阶段看，海洋文化也有先行优势，如中国的对外开放就是先沿海后内地。

其四，闽南海洋文化与大陆文化互相构造。闽南海洋文化是晋级文化，但海洋文化的技术、制度、信仰、智慧又往往是大陆文化创造的，如指南针、铁器、海战的火药、枪械、现代的信息技术。没有迁海、解海、禁海的律令，没有造船的那些铁制工具和农耕文明中积累的财力，没有大陆创造的瓷器、丝织品、农产品，就不会有漳州月港文化和海商文化。大陆文化与海洋文化自始至终就是一个互相依附和推动的文化互构体，而二者的原点或最初是谁，除了在远古的旧石器时代或新石器时代的贝类食物残留和贝丘的遗存中能找到一点蛛丝马迹外，从大陆文化与海洋文化在闽越部落融合的那时起，就很难分清谁是谁的源头，谁是谁的前缘与后世，谁是谁的归人与过客了。而信息技术和全球化的进展，则更是抚平了二者的裂痕，抹去了那些仅存的界限。现代海洋文化与大陆文化越来越趋向一个文化共同体，二者的区别只存在于一些十分有限的领域和范围。现代海洋文化都具有大陆文化的意义，大陆文化都具有海洋文化的蕴涵。大陆文化和海洋文化就是这样一个在历史和现实中流变、转换的此起彼伏的进程。连海洋人的那颗不安分的心也是大陆的有限和贫瘠的驱动，没有与中原相隔的高山峻岭，或许就不会有开辟海洋空间的生命冲动。

其五，闽南海洋文化的起点是大陆文化，终点也是大陆文化，海洋贸易、海商活动、船舶技术、海神信仰、海洋经济和外向型经济、海洋生产和外向型生产，等等，最终都是为了在大陆上或陆地的海岛上生活，并都要依靠大陆文化的支撑和养成，除了捕捞、航海、游泳，人类直到现在还不可能到海面上去生活。大陆是人类永恒的家园和创世的基地。

上述五个归结也是闽南文化先大陆后海洋运行逻辑的五个要义，这些逻辑和要义对我们的当代价值或给我们的当代启示有以下四点：一是，闽南文化先大陆后海洋的运行历史和逻辑表明，大陆文化是闽南海洋文化的前提、基础和养成环境，发展海洋文化不能离开大陆文化的技术、制度和精神能量，海洋文化不可能离开大陆文化的根基绝对独立、独行，海洋文化的兴盛与衰败、辉煌与沉寂，都与大陆文化息息相关，二者共存亡、共荣辱、共进退，而这种互动是闽南海洋文化与闽南大陆文化以及普遍世界大陆文化的双向互动过程。二是，海洋文化有不同于大陆文化的特质，是开拓海外生存空间的更加进取创新的文化，大陆文化要尊重海洋文化的个性、特性，不能用齐一化的思维要求和同化海洋文化；同样，大陆文化也有不同于海洋文化的特质和个性，海洋文化要尊重大陆文化的个性，不能用海洋文化的思维去看待大陆文化，二者要同质互动，异质并存。三是，从历史文化的运行过程看，海洋文化是大陆文化衍生出来的更高一级的晋级文化，它超越了大陆文化中大陆空间的限制，走向海洋，走向世界，开辟比大陆文化更广阔的文化生存空间，特别是在当代世界，海洋文化更具有文化世界的前沿性甚至主导性。如此，要大力弘扬和发展海洋文化，提升海洋文化的技术、制度、人才的层次以及海洋生活世界和工作世界的品位和质量。还要夯实大陆文化基础，没有大陆文化的基础、制度、技术和精神能量，海洋文化就会沦为无源之水，甚至沦为旧中国殖民化的通商口岸。四是，在历时性上，海洋文化有后发能量；在共时性上，海洋文化也有先行优势。如此，先大陆后海洋的文化世界运行逻辑在一定历史阶段还要转换成先海洋后大陆的文化运行方式，从而以海洋文化激活、带动、引领大陆文化的运行。

（四）闽南海洋文化的概念蕴涵与精神结构

先大陆后海洋的闽南文化运行逻辑主要展现的是闽南海洋文化的历史蕴涵，这些历史蕴涵已经预示了闽南海洋文化的总体与本质意义。那么，从总体和本质上看，什么是闽南海洋文化呢？这里，先从海洋文化的一般概念说起，其用意并不在于用一般概念推导出具体概念，而要达到一个互相印证的效果。闽南海洋文化概念的意义已经蕴含在其历史演进的过程和逻辑里，即使没有一般概念其意义亦可明晰，如此，海洋文化的一般概念在很大程度上依赖于闽南海洋文化的概念逻辑。先阐述一般海洋文化概念还有一个用意，就是试图弥补学界对海洋文化概念界定的缺陷。学界对闽南海洋文化的研究主要集中在闽南文化的海洋性以及其精神蕴涵等方面，缺乏对闽南海洋文化概念的科学界定，只有一般的海洋文化概念，并以此推导出闽南海洋文化的概念，这是对闽南海洋文化蕴涵认知产生缺陷的一个重要原因，也为先弄清海洋文化的一般概念提供了必要条件。

学界对海洋文化的基本界定为：海洋文化就是和海洋有关的文化；就是缘于海洋而生成的文化；就是人类对海洋本身的认识、利用和因海洋而创造出来的精神的、行为的、社会的和物质的文明生活内涵；海洋文化的本质就是人类与海洋的互动关系及其产物。有学者认为，"人类源于海洋而生成的精神的、行为的、社会的和物质的文明化生活内涵"分指"有关海洋的文化"的四个层面：一是心理和意识形态层面；二是言语与行为样式层面；三是人居群落与组织结构以及社会制度层面；四是物质经济生活模式，包括资源利用以及发明创造层面。[①] 这些心理、意识形态、语言与行为、组织、经济生活模式以及发明创造，实际上远远超出四个层面了。但无论是四个层面还是八个层面，从这些层面的规定性看，一点也看不出是在讲海洋文化的内涵或概念，好像什么文化都可以这样讲、这样界定，当然，该学者在具体阐释的时候讲的是海洋文化。但那些已经不是概念，作为海洋文化的概念就要在概念的界定上凸显海洋文化的规定性，而不是陈述一般文化的规定性或文化的一般规定性。有学者认为：就海洋文化的价值取向而言，它具有商业性和慕利性；就海洋文化的社会机制而言，它具有社会组织的行业性和政治形态的民主性，相应的也就具有法制性。又有学者认为：海洋文化的冒险性是海洋文化表现在心态文化层中不顾危险地进行某种活动的价值观念的特征；明清海禁时福建泉州人敢于冒险下海，20世纪80年代又率先与台湾进行贸易，是海洋文化具有冒险性的正例；而海洋文化的崇商性则是海洋文化中从物质到精神所表现出来的重商主义价值取向的特征。从这些关于商业性、慕利性、组织性、政治性、冒险性的海洋文化特质和精神的叠加式界说中，亦看不出是海洋文化的核心价值取向、本质规定和根本精神。还有学者认为，海洋文化具有文化的核心属性，海洋文化特征的梳理与归纳需要在文化社会学的框架下展开，海洋文化并不具有慕利性、商业性、民主性、法制性等特征，海洋文

---

① 金良：《海洋文化与社会》，中国海洋大学出版社，2003，第26页。

化的基本特征是社会性、涉海性、习得性、地域性、整合性和共享性。①这一观点除了"涉海性"能看出是在讲海洋文化特征外，其他都看不出是海洋文化特征，因为别的文化也具有诸如社会性、共享性之类的特征。总之，上述这些对海洋文化的概念界定尚显笼统、空泛，缺乏实质性的规定，更缺少历史底蕴和逻辑结构与核心意义，一个普遍的问题就是讲海洋文化的概念看不出是讲海洋文化。时下还有一种颇为流传的概念是"海洋文化就是与海洋有关的文化"，这等于什么都没说，或者等于说"海洋文化就是海洋文化"。

那么，到底什么是海洋文化呢？其一，海洋文化的核心要义就是以海洋为通道的具有世界意义的文化，这里的世界意义是指地理空间意义上的国际世界意义。海洋文化的这一要义恰好对应了海洋的空间存在本性，即海洋连接世界各国、各地，海洋性就是世界性，海洋文化的海洋性就是世界性，海洋文化的海洋意义就是世界意义。这一点恰好与大陆文化的空间性不同，大陆总是分割成一个个属地、国家、社会的空间，其边界往往是一个地域、区域、国家、民族的属地边界，这是大陆文化在空间生活、工作、存在边界上与海洋文化的明显分野。如果海洋文化也有国家、领地的边界，那恐怕就不是海洋文化了，就失了海洋文化的本意。区域海洋文化如闽南海洋文化虽然冠以区域的词语，但其核心要义恰好不是区域文化意义，而是其海洋性意义即世界意义。也就是说，闽南海洋文化、中国海洋文化、美国海洋文化、欧洲海洋文化，这些海洋文化的核心要义或本质不在于闽南、中国、美国和欧洲，而在于它们的普遍世界意义或国际世界意义，这是海洋文化与大陆文化的一个根本不同点。其二，海洋文化世界意义的总体是生活世界总体意义，是海洋生活世界总体的意义，是以海洋为通道的国际视野的生活世界总体意义，即海洋技术、制度、组织、精神、交往、行为的总体意义，是人与人、海洋自然和社会关系的总体意义，是海洋经济生活、政治生活、文化生活和社会生活的总体意义，而不仅仅是经济、政治、信仰等某个单面的生活向度。其三，海洋文化的本质是工作世界文化，是海洋工作世界文化，是国际视野的工作世界文化，是工作世

---

① 陈涛:《海洋文化及其特征的识别与考辨》,《社会学评论》2013年第5期。

界总体文化,而不单是商业、贸易、崇商重商等单面的工作活动,工作技术、工作关系对其具有根本的支撑意义,其核心价值是共创共享的工作世界共同体。其四,海洋文化是内生文化与外生文化的互构文化,而不单是某个区域或某个国家的文化,这亦是其世界意义所在。其五,海洋文化是一个充满矛盾的动态过程,并趋向以工作世界为支撑的海洋文化共同体境界。其六,前述文化世界先大陆后海洋的运行历史和逻辑表明,从旧石器到新石器时代的海洋文化以采集、采集—狩猎文化为主,不具有世界性。它正是因为不具有世界意义,所以不是本质意义上的海洋文化,只是海洋文化的孕育和成长过程,并依附于大陆文化。海洋文化是与大陆文化互动的,在一定历史阶段上才形成独立范式。接下来对上述海洋文化的概念蕴涵进行论证,但不是一对一的论证,论证的核心是其世界意义和工作世界本质。

马克思、恩格斯阐述了海洋文化的世界意义及其生活世界总体蕴涵和工作世界本质意义。恩格斯在1849年发表于《新莱茵报》的文章《民主的泛斯拉夫主义》中指出太平洋沿岸海洋生活的世界意义:"如果精力充沛的美国佬迅速地开发那里的金砂矿床,增加流通手段,在短时间内在太平洋沿岸最适宜的地方集中稠密的人口,开展广泛的贸易,建立许多大城市,开辟轮船交通,铺设从纽约到旧金山的铁路,第一次使太平洋真正接触现代文明,在历史上第三次为世界贸易开辟新的方向,那有什么不好呢?"[①] 众所周知,美国开发新大陆文化是典型的海洋文化形态,欧洲殖民者跨海过洋开发美洲新大陆,将现代文明从欧洲带到美洲,这是一种具有世界意义的工作、生活。18~19世纪的美国发展历程就是在太平洋海岸线上开发矿产、扩大贸易、建立城市、开通海洋航线,这种海洋文化是开矿、贸易、经济、铁路、航海、生活、工作的活动的总体,是海洋技术、资本主义殖民制度和意识形态文化的总体,是以海洋为通道开辟新的生活世界空间。而这种开辟、开拓活动就是典型的工作创造活动、工作创世行为,也是欧洲现代文明对美洲土著文化的同化和融合过程。这种海洋文化受商业利润的驱动,但并不只是商业贸易,而且是生活世界总体存

---

① 《马克思恩格斯全集》第6卷,人民出版社,1961,第326页。

在；也不只是技术、自然生态，而且是技术、自然、社会制度的总体造化，现代技术文明是其根本支撑。

马克思和恩格斯在1850年的《国际述评》一文中，对海洋文化的世界意义做了更加详细的阐述："在330年当中，所有欧洲与太平洋的贸易一直是以惊人的长期耐性绕道好望角或合恩角来进行的。所有打通巴拿马地峡的建议都由于进行贸易的国家的无谓的争吵而失败了。从发现加利福尼亚金矿到现在，仅过了18个月，而美国佬就已经着手建设铁路，修建大公路，开凿以墨西哥湾为起点的运河；从纽约到查理斯，从巴拿马到旧金山已经有轮船定期航行；太平洋的贸易已经集中在巴拿马。"① 欧洲早期的海洋贸易，由于造船技术和航海技术较低级，航海和贸易线路一直绕道好望角和合恩角，这就抑制了向海洋世界和新大陆的拓展。"在纬度30度上的漫长海岸是世界上最美丽最富饶的地区之一，以前它几乎是荒无人迹的地方，而现在它在我们眼前正变成一个富足的文明区域，聚集着一切种族和民族的代表：从美国佬到中国人，从黑人到印第安人和马来亚人，从克里奥洛和美司代佐到欧洲人。加利福尼亚的黄金源源流入美洲和亚洲的太平洋沿岸地区，甚至把最倔强的野蛮民族也拖进了世界贸易——文明世界。世界贸易第二次获得了新的方向。世界贸易中心在古代是泰尔，迦太基和亚历山大，在中世纪是热那亚和威尼斯，在现代，到目前为止是伦敦和利物浦，而现在的世界贸易中心将是纽约和旧金山，尼加拉瓜的圣胡安和利奥，查理斯和巴拿马。世界交通枢纽在中世纪是意大利，在现代是英国，而目前将是北美半岛南半部。"② 这个太平洋区域的生活世界和工作世界是由世界各国人民共同开辟的，是一个经典的海洋文化世界共同体，彰显了海洋文化的国际世界意义，而共同的工作创造、工作世界构成这个文化世界的基础。而这种海洋文化的基本通道就是海洋通道："太平洋两岸很快就会象现在从波士顿到新奥尔良的海岸地区那样人口密集、贸易方便、工业发达。这样，太平洋就会象大西洋在现代，地中海在古代和中世纪一样，起着伟大的世界交

---

① 《马克思恩格斯全集》第7卷，人民出版社，1959，第262页。
② 《马克思恩格斯全集》第7卷，人民出版社，1959，第263页。

通航线的作用。"① 海洋交通即海洋通道既是海洋文化的基本标志，也是海洋文化世界意义的基本标志。

与黑格尔把中国文化单向度地贬为封闭、保守、专制的大陆文化不同，马克思和恩格斯还关注到中国的海洋文化，认为中国的海洋文化是中国与世界的世界性文化融合，指出了中国海洋文化的世界意义："再过几年，在我们面前将会出现一条固定航线，从英国通往查理斯，从查理斯和旧金山通往悉尼、广州和新加坡。"② "虽然中国的社会主义跟欧洲的社会主义象中国哲学跟黑格尔哲学一样具有共同之点，但是，有一点仍然是令人欣慰的，即世界上最古老最巩固的帝国8年来在英国资产者的大批印花布的影响之下已经处于社会变革的前夕，而这次变革必将给这个国家的文明带来极其重要的结果。如果我们欧洲的反动分子不久的将来会逃奔亚洲，最后到达万里长城，到达最反动最保守的堡垒的大门，那末他们说不定就会看见这样的字样：中华共和国，自由，平等，博爱。"③ 当然，这里的"自由，平等，博爱"，是对资本主义殖民侵略的讥讽，实际上揭露了资本主义海洋文化的殖民主义性质，但它客观上会使中国进入与现代文明融合的开放的海洋文化时代，而这种进入亦是通过海洋通道实现的。这个过程和结果都被马克思恩格斯言中，从旧中国的"五口通商"到新中国的改革开放，中国已从封闭的大陆文化走向海洋、走向世界，并与世界人民一道，创造了中国与世界相融合的海洋文化的辉煌业绩。而海洋文化、文明取决于海洋工作技术。马克思恩格斯肯定了科技生产力或科技工作力的巨大作用，他们指出："自然力的征服，机器的采用，化学在工业和农业中的应用，轮船的行驶，铁路的通行，电报的使用，整个整个大陆的开垦，河川的通航，仿佛用法术从地下呼唤出来的大量人口，——过去哪一个世纪料想到在社会劳动里蕴藏有这样的生产力呢？"④ 这里，马克思指出了机器工作技术是海洋文化、海洋生活世界和工作世界的根本支撑。

---

① 《马克思恩格斯全集》第7卷，人民出版社，1959，第263页。
② 《马克思恩格斯全集》第7卷，人民出版社，1959，第263页。
③ 《马克思恩格斯全集》第7卷，人民出版社，1959，第265页。
④ 《马克思恩格斯选集》第1卷，人民出版社，1995，第277页。

从西方海洋文化形成的历史看，海洋文化的本质在于其世界意义。从旧石器时代到新石器时代再到中世纪，虽然海洋捕捞、海神祭祀以及海洋精神等海洋文化都有很大发展，但一直十分缓慢。中世纪末期，哥伦布大航海时代不但促进了海洋经济的发展，也促进了海洋生活和工作世界总体意义的进展。如玉米、马铃薯和番茄由美洲引进到欧洲，欧洲人则把花生带到了南亚和西非。海洋经济的发展导致人口向沿海地区集聚，使海洋文化更加呈现出生活世界的总体意义和工作世界基础，更加彰显出这种世界意义的国际性世界意义。我们说"海上丝路"是海洋文化，这恰好也在于它以海洋为通道的世界意义。当然，世界意义不只是海洋通道意义上的世界意义，陆上的"丝绸之路"也具有世界意义。如此，在世界意义的规定性上，大陆文化与海洋文化是相通的，即条块分割的大陆文化也可以在向世界开放、与世界交往的意义上实现其世界意义。中国的两条"丝绸之路"就是海洋文化与大陆文化这两种文化世界意义的展现。一条是肇始于西汉的陆上"丝绸之路"，从当时的首都西安出发，经河西走廊，沿楼兰古城，过阿拉山口，出中亚、西亚抵安息、大秦等地，这是"丝绸之路"最主要的一条通道。另一条是发端于唐代中后期的"海上丝绸之路"，这是中世纪中外交往的海上通道。"海上丝绸之路"的起点在中国的东南沿海，沿东海、南海经印度洋、阿拉伯海到非洲的东海岸或经红海、地中海到埃及等地；或从东南沿海直通日本和朝鲜。[①] 中国将丝绸和陶瓷奉献给世界，实现的亦是生活世界和工作世界总体的世界意义，即海洋生活世界和海洋工作世界的国际世界意义。

海洋交往无疑是海洋文化的重要方面，海洋交往主要也是世界交往。越南、缅甸、老挝、泰国、马来西亚、新加坡、柬埔寨、菲律宾、印度尼西亚等东南亚各国，与中国的往来始于秦汉时期。中国的汉字、儒学、书画、佛教，中国的学制、典章、建筑工艺、制瓷技术以及民风民俗等，都对这些国家产生了全面的影响。南亚的印度、斯里兰卡等国以及一些阿拉伯国家，在汉代就与中国进行丝绸和陶瓷贸易交往，这些

---

① 骆小平：《海洋科技与海洋生态：马克思主义"太平洋时代理论"的发展动力》，《浙江海洋学院学报》（人文科学版）2013年第4期。

国家的佛教、文学、艺术、天文、医药等沿着"海上丝绸之路"传入中国,尤其是佛教对中国产生了重要影响;与此同时,中国的造纸、养蚕缫丝、制瓷技术、民风民俗以及先进的手工技艺等也相继传播到世界各国。到了明代,郑和"七下西洋"被誉为"十五世纪世界最伟大的航海家和航海"①。由此可见,海洋文化就是通过海洋通道不断实现生活与工作世界的国际世界意义过程,就是世界性的交往过程,这一过程是技术、制度和精神文化的总体,其中海洋工作世界技术是其根本的支撑。

海洋是地球上最大的自然物,在漫长的历史进程中,人类发明了舟船和各种海洋技术工具,逐渐走近海洋。随着航海和造船技术的进步以及指南针在航海上的应用,欧洲探险家发现了新大陆、新航线。地理大发现后,世界进入海洋生活和海洋工作时代,海洋文化的世界意义日益彰显,走向海洋、走向世界就是海洋文化的本意和真意,这个世界的总体就是以海洋为通道的生活世界的总体,其本质是海洋工作世界。

那么,什么是闽南海洋文化?

闽南海洋文化的概念蕴涵主要是从闽南海洋文化的历史进展过程归结出来的,它与一般海洋文化的概念不是互相推导的关系,而是互相印证的关系。

其一,闽南海洋文化是中国海洋文化乃至世界海洋文化的一部分,既蕴含着闽南海洋文化的特殊意义,又承载着中国或世界海洋文化的一般意义。中国是海洋大国,海洋文化历史悠久,资源丰富。那种认为西方文明是海洋文明、蓝色文明,东方文明尤其是中国文明是大陆文明、黄土文明的观点,是不顾历史和现实的片面观点。考古学家发现的大量新石器时代的贝丘,以及古人类的渔业生活方式和航海活动,都表明中国海洋文化在远古的孕育和成长生态。在辽东半岛、环渤海湾、山东半岛、长江三角洲、福建和两广,还有长山岛、台湾岛、海南岛等以及这些大岛周边的诸多群岛上,自古就有中华民族的祖先生活,这些沿海和海岛地区都是中华

---

① 骆小平:《海洋科技与海洋生态:马克思主义"太平洋时代理论"的发展动力》,《浙江海洋学院学报》(人文科学版)2013年第4期。

民族海洋文化的发源地。中国文化、文明史之所以在世界文化、文明史上占据着重要地位，在很大程度上是与中国东部沿海的海洋文化互构的结果。闽南海洋文化是中国沿海海洋文化的重要构成因子，亦是中国海洋文化和整个中国文化的重要组成部分。闽南海洋文化与世界海洋文化密不可分，是世界海洋文化的一个组成部分，它具有世界海洋文化的一般属性，是世界海洋文化的区域化和具体化。闽南海洋文化既是中国海洋文化的有机组成部分，也是世界海洋文化的组成部分；既是中国文化的展开和具体化，也是世界海洋文化的展开和具体化。在世界海洋文化总体框架上，一方面，相对其他海洋文化形态，闽南海洋文化具有自己的特殊意义；另一方面，作为世界海洋文化和中国海洋文化的有机构成部分，又具有普遍世界海洋文化和普遍中国海洋文化的普遍意义或一般意义。如妈祖信仰文化、开漳圣王文化的海洋性就具有闽南海洋文化的特殊性，而爱国爱乡精神、冒险精神、包容精神、工作创造精神等精神文化则是闽南海洋文化与普遍世界海洋文化的共有意义。如此，研究、认知、理解、建构闽南海洋文化，要顾及其区域存在与世界空间的双重意义。

其二，同闽南文化一样，闽南海洋文化是内生与外生文化互构而成的文化，是闽南人和闽南地的区域文化，也是普遍世界或普遍人们的文化。从闽南海洋文化的历史演进看，整个过程都是闽南文化与其他区域文化和中原文化乃至世界文化的互动、互构过程，没有纯粹的完全的闽南海洋文化。如闽越海洋文化就是七闽部落文化与来自浙江的于越族融合互动的文化，开漳圣王文化的海洋文化范式亦是中原人与闽南人的共同造化。而宋朝以后的闽南海洋文化，除了大陆内部的互构关系，还融入了诸多世界文化的因子，如漳州月港文化的贸易文化和海商文化，泉州港文化的多元信仰文化，以及近代以来的通商口岸文化和现代的特区文化、开放文化等，都是闽南区域与其他区域和中国总体以及世界文化的共同造化与建构。

其三，闽南海洋文化的历史运行轨迹是先大陆后海洋，先依附后独立。闽南旧石器时代的原始氏族文化的性质是大陆文化，是闽南海洋文化的孕育期和依附形式，七闽文化和闽越文化以及开漳圣王文化是闽南海洋文化依附范式的形成阶段和依附形态，宋以后的妈祖海神信仰文化、港口文化和海商文化等是闽南海洋文化范式的独立形态。闽南海洋文化与闽南大陆文化和中原大陆文化互相构造、互相推动,并在一定的历史发展阶段跃升为闽南文化的前沿、主导和晋级范式。闽南海洋文化与大陆文化的互动是在互相冲突和矛盾的关系中进行和实现的。闽南海洋文化的动态运行模式是冲突—融合—冲突—融合……

其四,闽南海洋文化的核心内涵或本质是以海洋为介质和通道所实现的世界意义,而世界意义是国际世界视野中的世界意义,这种世界意义的总体是生活世界总体意义,是国际化的交往、贸易、生产、意识形态、技术以及自然生态的总体,是渔业、海洋开发利用、海产品生产和消费、海洋贸易和交往的总体,是海洋物质生活与精神生活的总体,是海岸、海岛以及国际世界的海洋生存总体,是历史海洋文化和现代海洋文化的总体。闽南海洋文化的本质和基础是国际化的海洋工作世界,而海洋生存能力特别是海洋工作技术与海洋生存关系及其互构关系是其本质结构,而海洋工作技术具有根本的支撑意义。海洋介质或海洋通道是闽南海洋文化世界意义不同于大陆文化世界意义的标志。

历史文化、历史事件、历史人物、载体都是闽南海洋文化的外显资源,思想观念或精神结构是其内在资源和精神内核。闽南海洋文化的思想观念或精神结构有以下几种特征。

包容与开放意识并行。有容乃大,千条江河归大海,这是海洋文化的海洋包容和开放意识的双重体现。要开放必须包容,否则就不能开放,甚至可以说开放就是包容;要包容必须开放,否则就无所包容,甚至可以说包容就是开放。相对于内陆文化,闽南海洋文化更具有包容与开放的意识。从七闽文化的七闽部落并存与交流开始,到闽越融合文化再到闽越与中原移民的不断融合文化,再到与海外文化的交流与融合,闽南海洋文化无论是作为依附范式还是作为独立范式,都呈现出这种包容与开放的显要意识。如泉州有48个少数民族,各民族和睦相处,并被誉为"世界宗教博物馆",道、儒、释、伊斯兰教、基督教、印度教和平共处,体现了泉州人包容的气度和开放的胸怀。自古以来,闽南人就呈现出"漂洋过海,过蕃谋生"的生态。厦门、漳州、泉州都是著名的侨乡。在闽南地区,古今中外的雅俗文化不仅得到理解和接纳,而且还被转化和创新。闽南海洋文化是闽南文化与中原文化、中国其他区域文化以及西方文化等多种文化的融合创生过程和结果。海洋文化世界更有利于人们吸收、模仿、学习外来物质文明和精神文明成果,产生强烈的开放与包容意识,也有利于闽南海洋文化在中外文化交流中得到发扬光大和有效的传播。

和谐与冲突精神并行。人和社会的本质关系是和谐关系,但和谐关系不是天上掉下来的,而是争取、奋斗和创造出来的。闽南海洋文化是一个内生文化与外生文化的不断融合过程,这种融合是一个总体趋向和谐、分段饱含冲突的过程。历史上闽越族的抗争精神、移民斗争精神、迁离祖居地的背井离乡精神、海外经商的铤而走险精神,都较为直接地显现和流露着冲突精神,它与中原文化中儒道文化过度强调和谐甚至贬黜冲突的文化倾向形成了明显的反差。这些冲突精神与历史文化融合过程中凸显的和谐精神,共同构成闽南海洋文化的精神能量,推动闽南海洋文化世界的进展。

崇商与重道精神共生。海洋文化境遇中的闽南人有敏锐的商业头脑和强烈的竞争意识。走向海洋、走向世界必须重视商品交换与贸易,这是海洋文化世界的经济纽带,否则,海洋文化就失去了经济支撑。海外贸易和经商都要遵循商业之道,而商业之道又有强盗之道和君子之道之分。西方殖民主义者入侵、劫掠他国是强盗之道;闽南海商文化总体上遵循的是和谐、和平、博爱之道。闽南海商奔走、遍布世界各地,却不像西方"海商"那样留下侵略的劣迹,他们对自己的故乡倍加爱护,取得成就后回馈桑梓成了他们普遍的做法,如被誉为"华侨旗帜、民族光辉"的陈嘉庚和许多闽南籍侨商倾家捐钱捐物回馈家乡就是典型的例子。扶持同乡也成为闽南海商的美德,闽南海商在海外格外注重相互帮扶,发达了的商人会把自己的同乡带出去,不仅教他们经商之道,还出资相助。

故乡与异乡精神并存。故乡精神就是爱国爱乡精神。爱国爱乡不是固守原地,不是画地为牢,更不是坐吃山空。爱国爱乡就要承担与奉献,就要开拓进取,超越有限土地的限制,走向海洋、走向世界,去开拓世界生存空间,就要有背井离乡的异乡精神,正如《泉南歌》所唱:"州南有海浩无穷,造舟通异域。"去异国他乡谋求发展,开创新的生命空间,这是一种勇敢的决绝,是一种冒险的行动,是一种爱亲人、爱乡邻、爱祖国的勇于担当的选择和举动，这种故乡与异乡并存的精神与中原文化的"月是故乡明""孝子不远游"的单向度的故土难离的过度的故乡情结形成较为明显的反差，是对那种过度的故乡情结的超越。从故乡到异乡，从异乡到故乡，从异乡到新的异乡，这就是闽南海洋文化的存在之乡和空间生存轨迹。

　　爱国爱乡与世界精神互构。故乡与异乡精神主要是闽南海洋文化的生命空间存在意义，而空间存在是一个总体的生活世界，其本质是工作世界。闽南海洋文化的核心蕴涵是存在总体的世界意义或世界境界，而不单是物质空间的捕获和穿行，也不只是牟利的商业行为或物化趋向。这就决定了闽南海洋文化的根本精神是存在总体的世界精神，即走向海洋、走向世界、融入世界、摄取生活世界总体意义的文化生存精神，亦即海洋生活世界总体精神。而这一切的意义、价值、存在都要靠工作创造，如此，闽南海洋文化的本质或根本精神是海洋工作世界精神，即以海洋为介质或通道追求国际化或全球化的生活世界总体意义的工作创造和工作生存精神。

第三章 文化世界观在哲学中的递进

通过考察文化世界范式的历史演进和空间进展，我们已经初步确立起一种文化观念：文化就是人化世界，就是主体造化的世界即主体化世界，其总体是生活世界，其本质和基础是工作世界。文化世界是一个历史与现实的实有存在，但是，不同的哲学对其有不同的解释，从而形成了不同的文化世界观。

本章主要从文化世界观在哲学中递进的视角，考察文化世界观演进的逻辑进程和工作世界趋向，即古代客体化文化世界观—近代主体化文化世界观—现代主客体统一化的文化世界观—现当代主体间性关系的文化世界观（从主体间性生活世界到主体间性工作世界，从异化工作世界批判到主体化工作世界建构）。马克思的文化世界观是现当代哲学文化世界观的科学形式，是哲学文化世界观演进逻辑的关键一环，对其系统的考察将在第四章进行。

一 文化世界观递进的工作世界趋向

文化世界观发端于古代的客体化文化世界观，进而跃升为近代的主体化文化世界观，进而跃升为现代的主客体统一化的文化世界观，进而趋向现当代的主体间性关系的文化世界观，最终趋向工作世界本质意义。

（一）古代哲学的客体化文化世界观

文化世界是一个主体化的世界，但是古代哲学世界观滞后于这种文化世界的现实，这是哲学意识形态有时滞后于现实世界存在的一个历史确证。古代哲学的客体化文化世界观就是把文化世界理解为客体而非主体造化的世界。唯物主义或自然主义哲学把文化世界理解为自然造化的客体，唯心主义或精神哲学把文化世界理解为精神客体造化的世界，其实质都是把文化世界归于客体世界，否定或遮蔽人化或主体化世界的意义。

世界观的初级形式是原始宗教或神话的世界观。如前所述，原始宗教的实质是对工作创造力的崇拜，经历了自然崇拜—拟人化的神灵崇拜—超自然的一神崇拜的过程。自然崇拜或图腾崇拜亦可视为原始神话，即最初的原始的神话和宗教是很难分开的，神话、宗教乃至哲学世界观都融合在一起，成为原始人的日常意识形态或精神生活。但是自然崇拜无论是作为神话世界观还是宗教世界观，其崇拜的实质都是人的工作创造力的崇拜，而在观念上异化为对自然界、自然物的崇拜，即把人化的力量或文化的力量完全理解为自然物的力量，把文化世界、人化世界完全理解为自然造化的世界，这就把文化世界以自然的形式客体化了，是自然客体化文化世界观。而当这种世界观从神话或宗教中分离出来成为独立的哲学世界观时，这种多元的自然客体就被归结为某个或某几个具有本体意义的自然元素。由此可以说，原始宗教的初级阶段即自然崇拜阶段，也是原始神话阶段，这个阶段的宗教世界观或神话世界观是用自然力、自然物来构造世界，可视为自然主义世界观或唯物主义世界观初级形式。它虽然是对创造力的崇拜，把人的工作创造力异化为自然力。而原始宗教的一神教阶段超越了自然崇拜，神灵具有了无自然规定性的精神实体的意义，成为善或道德实体。这个阶段的宗教世界观可视为古代精神哲学或唯心主义世界观的初级形式，它把文化世界看作超自然的精神实体的创造，其本质亦是对工作创造力的崇拜，却把人的工作创造力异化为客体化的精神实体，从而把文化世界理解为精神客体造化的世界，即精神客体化世界观。

1. 自然客体化文化世界观

哲学一开始就不关注工作世界和文化世界，而总是在工作世界和文化世界之外寻求创世的本体，或者至多可以说它只是在为现实、现世生活寻求本体的意义上关注工作世界和生活世界，而这种关注实际上是对人或文化世界意义的消解和遮蔽。古希腊自然哲学的元素论把人或文化世界理解为自然物质元素、始基，把文化归于自然存在物，把人与自然的关系看作人归依自然的过程，认为水、火、土、气、原子等自然元素或自然世界是文化世界的本体或最高、最根本的存在境界。这种自然客体化文化世界观与中国古代老庄哲学的"天人合一"世界观有相通之处。它的文化递进性在于崇尚自然，并用本体的意义规范、规定原始自然状态，这样就使人的自然世界或原始状态获得了逻各斯的本质规定和人化的道德关系，超越了原始神话世界观的具体自然的原逻辑以及原始宗教世界观虚幻的神灵本体。它的局限性则是用客体化世界消解了文化世界的主体性或主体化意义。

泰勒斯的文化世界观是以水为本体的自然客体化文化世界观。他把水看作人和世界万物的造化者，"水是最好的""水生万物，万物又复归为水"，这些思想是他水本论主要的较为直接的确证，这好像不是哲学思想而是诗句，古希腊哲学就是充满诗性的理论。我们理解古希腊哲学不能单靠抽象化的概念逻辑，必须唤醒与古代原逻辑相契合的诗性意识。中国当代诗人海子在其长诗《但是水、水》的后记中说："我们当然不会拜倒在一只哑哑的太阳下，也不会乞求于自己严密无情的智力。我们在地上找水，建设家园，流浪，拖儿带女。我是说，我们不屑于在永恒面前停留。实体是有的，仍是这活命的土地与水！我们寻求相互庇护的灵魂。我仍然要在温暖的尘世建自己就像建造一座房子。我是一个拖儿带女的东方人，手提水罐如诗稿，那么，永恒于我，又有什么价值。"海子将水、火、土等自然主义哲学崇尚的自然元素称为"巨大元素"，试图"循着巨大元素的召唤"去生活，并将这种生活视为"手提水罐如诗稿"的诗意化的生活，认为主体的意义在于追寻水这种自然本体的意义，而水的意义无所不在。"父亲也是被母亲灌溉和淹没过的""比生命更深更长的是水""大地如水，是包含的""女性的全面覆盖……就是水""女人生于桥下""我所看见的少女，河流的少女，请你把手伸向麦地之中……"海子的这些诗句都将水视为生命的本质状态和最高价值。大地如水，因为包含水；母亲如水，覆盖了父亲，父亲亦如水；女人如水，覆盖了男人，男人亦如水。由此，世界如水，因为包含水。但是水后来被遗忘，自然被精神遗忘，水被追求"物质""实体""经济效益"的经济人遗忘。在古希腊，哲学之"王"与诗歌之"后"相伴而生，哲学是诗化的哲学，诗歌是哲化的诗歌。借助诗歌的力量，我们才能深入哲学和世界的深处，深入"水"的深处，才能在一种原逻辑的方式上思索泰勒斯的"水"。同样，也只有借助哲学的力量，借助古希腊哲学的力量，借助元素论特别是泰勒斯的水本论，我们才能理解海子的诗歌，才能理解"水诗歌文化"，而这两种形态的文化最后都归于客体化的"水人文化"。泰勒斯的水本论也是人本论和文化世界观，即认为人和文化的本质是自然化的客体化的"水"。作为世界和人本的水是诗人和哲人共同崇尚的造化世界的"巨大元素"、共同追寻的世界之初和人的原本。

泰勒斯崇尚自然，认为水是最好、最有价值和创造力的，因此不屑于世俗的工作世界和工作创造活动。这从亚里士多德在《政治学》中记载的一个关于泰勒斯的工作活动的故事中可见一斑："人们指责他的贫困，认为这就说明了哲学是无用的。据这个故事说，他由于精通天象，所以还在冬天的时候就知道来年的橄榄要有一场大丰收；于是他以他所有的一点钱作为租用丘斯和米利都的全部橄榄榨油器的押金，由于当时没有人跟他争价，他的租价是很低的。到了收获的时节，突然间需要许多榨油器，他就恣意地抬高价钱，于是赚了一大笔钱；这样他就向世界证明了只要哲学家们愿意，就很容易发财致富，但是他们的雄心却是属于另外的一种。"[①]与人的文化世界特别是工作世界相比，泰勒斯更愿意追寻自然元素的意义，他把水视为文化世界的本体、本质和始基，视为文化世界的生成与创造者。而他租用榨油作坊赚取钱财的工作活动和工作智慧，亦可还原为水的造化过程，那就是作为工作的主体——人要靠水来养育，橄榄植物要靠水来养育，橄榄油亦是水的一种形态，工作文化是水造化出来的，工作创造力是水的创造力，买卖关系、交往关系、占有关系亦离不开水的造化。

在水生万物的世界观里，工作世界、生活世界或文化世界都是水这种自然客体的造化，都是水文化。泰勒斯的"雄心"在水上或在水里，而不在工作上，更不在钱财上，或者说他的雄心在对世界之水、自然之水的

---

① 转引自〔英〕罗素《西方哲学史》上卷，何兆武、李约瑟译，商务印书馆，1963，第60~61页。

"观看"上,而不在商务买卖和与人竞技的竞争上。这种观看,在他看来,正是最高层次的存在,优于其他任何一种生活、工作或文化。而这种观看就是观看世界的沉思活动,就是"理论",它与世无争,无害于他人,且戒除了商人的奸诈和竞争的残忍,并给人提供认知和理解世界的智慧,是造福世界的德行和真理。英国古典学家伯奈特指出了这种观看的世界观、价值观、道德观意义:"我们在这个世界上都是异乡人,身体就是灵魂的坟墓,然而我们决不可以自杀以求逃避;因为我们是上帝的所有物,上帝是我们的牧人,没有他的命令我们就没权利逃避。在现世生活里有三种人,正象到奥林匹克运动会上来的也有三种人一样。那些来作买卖的人都属于最低的一等,比他们高一等的是那些来竞赛的人。然而,最高的一种乃是那些只是来观看的人们。因此,一切中最伟大的净化便是无所为而为的科学,唯有献身于这种事业的人,亦即真正的哲学家,才真能使自己摆脱'生之巨轮'。"[①] 这里,"观看"是对存在之精神本质的探寻,也是对生活之自然本体的观照;是灵魂对商业、竞争等世俗文化的超越与狂欢;是灵魂从物欲的世俗的"异乡"向精神实体的故乡的回归,也是从社会文化的"异乡"向自然本体故乡的回归。泰勒斯不屑于做赚钱的生意,就是沉浸于对自然本体之水的观看,就是用水本论的自然客体化文化世界观遮蔽主体化的文化世界即世俗生活世界,将"水"这一自然客体的意义置于人化或社会化的文化世界意义之上。"水"的意义就是全面覆盖、淹没和浸透,泰勒斯用"水"这一自然客体的意义覆盖了文化世界的主体化意义特别是民众的工作世界意义。但是,这种自然客体对文化世界的覆盖和遮蔽,与那些精神客体对文化世界的"摆脱""超越"一样,所有这些关于世界本体的观看、理论、沉思、真理、德行乃至狂欢与沉迷,都是靠文化世界的工作世界养育的,正如罗素指出的:"君子可以定义为平等人的社会中的一分子,他们靠奴隶劳动而过活,或者至少也是依靠那些毫无疑问地位卑贱的劳动人民而过活。应该注意到在这个定义里也包括圣人与贤人,因为就这些圣贤的生活而论,他们也是耽于沉思的而

---

① 转引自〔英〕罗素《西方哲学史》上卷,何兆武、李约瑟译,商务印书馆,1963,第68~69页。

不是积极活动的。"① 作为观看者的君子和圣贤，都不可能不食人间烟火，更何况他们的沉思、真理源于人间烟火或文化世界的工作世界基础。

对泰勒斯和其他生活在现实大地上以水为命的现实的人来说，水比"理念""第一实体""绝对精神"以至抽象的"物质"和"精神实体"更具有生命和生活的价值和意义。泰勒斯的自然客体化文化世界观除了具有消解人的主体性、创造性等消极性外，还具有崇尚自然、敬畏自然的积极的自然精神和自然价值，而人离不开水和自然。从这个意义上讲，这种自然精神是人文精神，是一种较为初级的不太顾及人本身意义特别是人化自然、人化世界意义的人文精神。泰勒斯的水本论所具有的文化世界的意义的精髓，就是人与水、人与自然的和谐共存境界。水是自然之水，更是主体化的水即文化之水和文明之水。人类文明的起源大多在大河流域，如尼罗河流域的古埃及文明，两河流域的古巴比伦文明以及长江黄河流域的中华文明等。早期城市一般在水边建立，以解决灌溉、饮用和排污问题。没有水就没有生命，仅从这个意义上可以说水就是生命，就是人，就是文化。在文化的各个领域，水都有丰富的意义，或者表现为隐意，或者表现为显意。人与自然的和谐离不开人与水的和谐，人与水的和谐又是人与人的和谐。泰勒斯的水本论呼唤我们热爱水、热爱自然、热爱生命，也启示和激励我们用生命之水去养育万物，去净化被污染的肉体、灵魂和大地。

泰勒斯以水为本的客体化文化世界观，把人归于水、化为水。但这种客体化世界观对主体化的文化世界的消解，同时也构成对主体化文化世界的支持，即人或文化世界也要化水的自然属性为人的属性，也要在客体化世界观把人性化成水性的意义上把水性化成人性，即主体化世界也要循着水的自然属性行事或作为，如化水滴石穿的柔性为人的柔性，化水的因势利导的智性为人的智性，化水的润物无声的善性为人的厚德载物的善性。但是这些主体化的自然性或自然化的主体性都要在人化自然、人化世界特别是在人化社会中实现，都要在社会性的生活化、实践化或工作化中实现，离开这些主体化行动和过程，就没有主体的自然化或自然的主体化，即主体不能造化自然，自然也不能造化主体，自然性、水性就与人性处于

---

① 〔英〕罗素：《西方哲学史》上卷，何兆武、李约瑟译，商务印书馆，1963，第69页。

分裂的状态。由此，客体化世界观对主体化世界的支持，必须在人的主体化过程中才能实现，而主体化的过程也是主客体间性互为的过程，即主体要循着主客体的双重意义去理解、改变和造化客体。泰勒斯的水化世界境界是人被水客体化的世界，是客体化的水化世界，而文化世界哲学追寻的是水被人主体化的世界境界，是主体化的水化世界，即主体用水造化生活和工作世界，用水去破坏或建构生活和工作世界。

"我们在这个世界上都是异乡人"，泰勒斯不屑于人类栖居和筑造的工作世界，寻求并力图回归自然之水的故乡；而另一位自然的游子，尘世的"异乡客"赫拉克利特却视自己的故乡为火，视自己为"火人"，视人和文化世界是火造化的世界，一生都走在向自然之火的回归途中。据记载，他放弃了世俗生活的荣华富贵，隐居山林，体验林木的自然之火，并最终葬身于火。如前所述，人类恰好是从山林的自然之火中学会了人工取火，进入蒙昧中级阶段，学会了烧烤食物吃熟食，有了吃文化，有了人间烟火的人文化，而在此之前人还只是工作意义上的文化存在。而赫拉克利特却弃绝了人间烟火的文化世界，崇尚自然之火，并把这一自然之火的客体视为人间文化之火的本体或生成与创造者。他说："这个世界对于一切存在物都是同一的，它不是任何神或任何人所创造的；它过去、现在和未来永远是一团永恒的活火，在一定的分寸上燃烧，在一定的分寸上熄灭。""火的转化是：首先成为海，海的一半成为土，另一半成为旋风。"①"一切事物都换成火，火也换成一切事物，正象货物换成黄金，黄金换成货物一样。"② 人、世界、文化世界，一切都是火的生成与创造。泰勒斯以水为本体的客体化文化世界观，只留下了几句诗一样的哲学叙说，与之相比，赫拉克利特以火为本体的客体化文化世界观则更具有自然客体化世界观的丰富性、完整性和体系性。

在赫拉克利特看来，人的智慧或文化是火的创造，由此，他特别崇拜古希腊神话中的盗火英雄普罗米修斯。在古希腊神话里，人的智慧、文化

---

① 转引自〔英〕罗素《西方哲学史》上卷，何兆武、李约瑟译，商务印书馆，1963，第84页。
② 转引自〔英〕罗素《西方哲学史》上卷，何兆武、李约瑟译，商务印书馆，1963，第85页。

和光明亦都是火的照耀和创造，在没有火之前，人的智力还不如动物并过着裸体的不知羞耻的生活，这与摩尔根描述的人类蒙昧低级阶段的生态相吻合。普罗米修斯从天上盗火给了人间，人间才有了光明，人类才有了智慧，由此，在古希腊神话里，火是光明和智慧的文化符号。而实际上，智慧、光明、人间烟火的火文化都是人类自己的创造。赫拉克利特极力贬抑人和文化世界："人的行为没有智慧，上帝的行为则有智慧。……在上帝看来，人是幼稚的，就象在成年人看来儿童是幼稚的一样。……最智慧的人和上帝比起来，就象一只猴子，正如最美丽的猴子与人类比起来也会是丑陋的一样。"[①] 在他看来，人类就像未开化的没有智慧和文化的"猴子"一样，只有上帝才有智慧或文化，这上帝就是本体的火，人类的火、肉体与灵魂的火都是上帝之火的创造，人有了这上帝之火才有智慧，才有正义、勇敢和美德。在赫拉克利特眼里，人的文化世界完全是这上帝之火即自然之火的客体化过程和结果。"驴子宁愿要草料而不要黄金。"这句话也反映了赫拉克利特对人间财富、文化世界的鄙视。"草料"比"黄金"更容易燃烧，更接近火，更具有火的状态。

　　赫拉克利特贬黜人的文化世界源于他认为人没有智慧，而这种无知、无智状态并不是绝对的，因为灵魂就是智慧，无智的人是因为灵魂沉溺于感性的快乐从而丧失了智慧。他认为灵魂是火和水的混合物，火是高贵的而水是卑贱的。灵魂具有的火最多，真正的或智慧的灵魂是干燥的火。"干燥的灵魂是最智慧的最优秀的"；"对于灵魂来说，变湿乃是快乐"；"一个人喝醉了酒，被一个未成年的儿童所领导，步履蹒跚地不知道自己往哪里去，他的灵魂便是潮湿的"；"对于灵魂来说，变成水就是死亡"。[②] 最优秀的灵魂就是摆脱了潮湿的感性身体的最干燥的理性之火，灵魂高于肉体和感性，是与上帝之火合而为一的智慧存在。由此，他崇尚战争，因为战争就是战火，就是火场，能直接进入火的本体。他说："战争是万物之父，也是万物之王。它使一些人成为神，使一些人成为人，使一些人成

---

① 转引自〔英〕罗素《西方哲学史》上卷，何兆武、李约瑟译，商务印书馆，1963，第85页。
② 转引自〔英〕罗素《西方哲学史》上卷，何兆武、李约瑟译，商务印书馆，1963，第81~82页。

为奴隶，使一些人成为自由人。"又说："荷马说'但愿诸神和人把斗争消灭掉'，这种说法是错误的。他不知道这样就是在祈祷宇宙的毁灭了；因为若是听从了他的祈祷，那末万物便都会消灭了。"还说："应当知道战争对一切都是共同的，斗争就是正义，一切都是通过斗争而产生和消灭的。"① 在他看来，没有战争、斗争就没有火，就没有一切，战争之王就是火的本体之王，是灵与肉、血与火的激烈对抗，是火造化的冲突之美与和谐之美的双重境界。

火是灵魂，灵魂是智慧，智慧即文化。精神文化、物质文化、道德文化、政治文化都离不开智慧。在赫拉克利特看来，火是宇宙之火、神灵之火、灵魂之火、智慧之火、生命之火和道德之火，火与智慧、灵魂、逻各斯、神以及道德是同一的。火是万物的主宰，如神一样决定着万物的存在，"火在升腾中判决和处罚万物"。真正的智慧（逻各斯）就是认识万物的主宰，就是认识火。认识了火，就达到了对世界本体、本根、本质的认识；认识了火，就认识了逻各斯即规律，就抵达了智慧的境界。由此，他认为人的愚蠢与智慧就是火性的微弱与强烈。火性越强，人就越智慧；火性越弱，人就越愚蠢。他认为，人醒的时候通过知觉和宇宙逻各斯保持联系，睡着时只通过呼吸和逻各斯保持极微弱的联系，人此时的认识能力是最低的，因为睡眠是一个近似于死亡的状态，灵魂之火几近熄灭。愚蠢的人由于得不到宇宙之火，他们的灵魂之火也是很微弱的，而灵魂之火微弱，存在也就贫乏，对逻各斯的感觉也就微弱。他将那些愚蠢的人比喻为梦中之人，醒时有一个共同的世界，睡时却进入个别的世界，个别的世界指人按照自己的主观意见来生活，他告诫人们不要像睡梦中的人那样行事和说话。他把共同的世界看成真实的世界，是人的本真、本质的世界，这个世界就是火的世界，醒着的世界就是火的世界。

智慧之火、灵魂之火是德性之火，是最高的道德境界。"一个干燥的灵魂是最智慧的，也是最高贵的"，越是干燥的灵魂越接近于火，越接近于宇宙逻各斯，越接近德性；越具有火性就越具有神性，越具有神性就越

---

① 转引自〔英〕罗素《西方哲学史》上卷，何兆武、李约瑟译，商务印书馆，1963，第81页。

具有德性。赫拉克利特还认为,"战场上捐躯的灵魂比在瘟疫中病死的灵魂更纯洁",战场就是火场,战火中的人就是火人,火人就是最本质、纯洁、有道德和德行的人。病死的人在一种意识不清的类似睡眠的状态中逐渐熄灭了他们的火,而转化成水;而那些在战场上捐躯的人是在一种活跃的强烈的火的状态中突然结束他们的生命,他们的灵魂至死仍是强烈燃烧的火,他们甚至不需经过水的转化形态而直接归入以太的火中,即具有勇敢德行的人或为国家、民众捐躯的人是最炽热的火人,最炽热的火人是最具有道德的人。赫拉克利特将人性与火性融合在一起,用火性解构人性、神性,又用人性、神性解构火性。逻各斯代表着公义和善,是完美道德的化身,逻各斯就是神,"对于神来说,万物都是美、善和公正的,而人们却认为有些东西不公正,有些东西公正"。因此人要向神寻求智慧,必须按照神的智慧去生活,因为它是宇宙共同的真理,是最高的智慧和德性。赫拉克利特把火与神、逻各斯、道德、智慧同性化,这种"火神"思想是对其他神性思想的创新。当时的色诺芬尼批判了拟人化和自然化的神,反对把神人化和自然化,认为神是没有任何规定性的"一"。赫拉克利特的火神之火虽然也是自然物质,但那是不定型的没有具体规定性的逻各斯化的神,亦是作为本体的"一",即神这种精神实体也被自然火客体化了。在赫拉克利特看来,宇宙、神、逻各斯、火、灵魂、智慧、人、德性是一个对立而和谐的共同体世界,但这是一个被自然之火客体化的共同体,智慧、灵魂、生命乃至社会公平、正义和德性,都是被这自然火或神火、逻各斯之火客体化的对象和结果。

那么,在赫拉克利特客体化的文化世界观中,客体是怎样造化人的呢?赫拉克利特的文化世界观虽具有严重的客体化倾向,但比泰勒斯进步的地方在于不仅较为明确地描述了客体化的火化世界的意义、结构和存在状态,而且探究了客体的火是怎样造化人的,那就是遵循逻各斯规律,而最根本的逻各斯就是对立统一规律。他指出万物都根据这个逻各斯而产生,人必须依自然行事,听自然的话。这个逻各斯就是自然的本质和规律。赫拉克利特所说的逻各斯就是世界上一切事物运动变化所遵循的最普遍的规律,它同样运行于人类社会及人的思想活动中。"人类的一切法律都因那唯一的……法律而存在";逻各斯是人人共有的,是灵魂所固有的，它自行增长。由此，在赫拉克利特看来，人循着自然规律行事，受自然规律支配，人的存在、生活、思维或文化世界，就是自然规律客体化的过程。赫拉克利特用逻各斯主义改造了原始神话或原始宗教中的神灵安排和决定人的命运的观点，却把人完全客体化了，消解了人的实践性、社会性、创造性等主体化的文化本性，从而陷入了另一种命定论即逻各斯主义的自然客体命定论。那么，逻各斯又是怎样造化人的呢？逻各斯造化人的根本规律就是对立统一规律。他认为，人的生成与幻灭就是自然元素循着对立统一规律的聚合与离散过程，就是火的本体在一定分寸上燃烧又在一定分寸上熄灭的过程。由此，逻各斯造化人又是一个动态的流变过程。赫拉克利特把世界比作河流，并且断言"人不能两次踏进同一条河流"。这种运动和变化无论是作为自然的过程还是作为人的存在过程，都是客体的逻各斯特别是对立统一规律作用的结果，是自然本体即火的客体化的过程。人像河流一样流动、流变，人在干与湿、冷与热、正义与非正义的矛盾中生存、流变，这是人的现实文化世界，人要正视这种矛盾，学会这种流变，适应这个逻各斯统治的世界。这种客观命定论、这种客体化文化世界观，虽然缺少自主、自立特别是改变现实的主体化世界境界，但还是比那些神灵命定论具有更多的切合实际的实体和现实，更比那些否定运动特别是害怕社会变革、繁华流转与人生变幻的哲学和文化具有更多的人性自觉、生命信念和进取意义。总之，赫拉克利特以火为本体的客体化文化世界观，虽然把人和文化世界的生成过程完全客体化了，但这些客体化的意义，如人的矛盾与冲突关系、生成与幻灭过程、流变与动态的存在性等，都是人的存在的本意，只不过这些意义要在人的主体化过程中实现，要在人的生活化、工作化、实践化和社会化的主体化中实现。从这个意义上说，赫拉克利特的客体化文化世界观是以客体化世界观的形式在一定程度上表明了主体化的文化世界的意蕴。

2. 精神客体化文化世界观

"我们在这个世界上都是异乡人"，探寻故乡是人类的天性，因为故乡是人的生成与存在之根，在故乡，人们可以不断地或重获存在的本意或原初的生命能量。泰勒斯、赫拉克利特等的自然主义的自然客体化文化世界观，视水、火等自然元素为本体，力图向自然本体的故乡回归,与此同时,苏格拉底、柏拉图等的精神哲学的精神客体化文化世界观,则沿着精神实体的路向,向精神本体的故乡回归。

古代哲学以精神实体为本体的精神客体化世界观始于巴门尼德。巴门尼德认为,具体的世界万物都是不真实的,唯有"存在"本身才是真实的,存在不是产生出来的,所以也不会消亡,而思维与存在是同一的。巴门尼德第一次提出了"存在"的概念,并把存在归于思维,这似乎把客体主体化了。巴门尼德第一次使客体抽象成了一般性的主体,开始赋予客体以主体的意义。可以说,后来的一些精神哲学,如柏拉图的"理念",亚里士多德的"第一实体"、实在论的"概念",莱布尼茨的"单子"乃至黑格尔的"绝对精神",都同巴门尼德的"存在"一样,是由客体抽象成的主体。但是他们又都把这种一般的精神主体客体化为主体之外的精神客体,这就在精神客体化的意义上又把人和世界客体化了。而古代客体化世界观向主体化世界观转向的标志,应该是普罗泰戈拉提出了"人是万物的尺度"的命题。古希腊自然主义哲学主要致力于探寻宇宙人生的自然本体,主要关注的是客体化问题,与之相对,智者派的普罗泰戈拉提出了主体化思想:"人是万物的尺度,是存在的事物存在的尺度,也是不存在的事物不存在的尺度。"① 黑格尔指出,这是一句伟大的话,一个伟大的命题,因为"它表明主体是能动的,是规定者,产生内容"②。"人是万物的尺度"思想否定了神的存在,对被大多数哲学家所忽视的人的主体化意义给予肯定,第一次把人作为判断和衡量神、自然、权力和法律等一切存在的"尺度",把人提高到人的生活世界或文化世界的主宰的地位。这一思想深刻地影响着后世的哲学家和哲学的研究方向,但这一思想还只是一个抽象的原则,因为它没有对人做任何规定,没有任何规定的人实质处于"无主体"状态,但它毕竟为哲学的世界观开启了一个主体化的方向。苏格拉底哲学就是循着这个方向提出了"认识你自己"的命题,开始较为具体地指向主体,并构建了一个德性客体化世界观。

---

① 转引自〔英〕罗素《西方哲学史》上卷,何兆武、李约瑟译,商务印书馆,1963,第88页。
② 〔德〕黑格尔:《哲学史讲演录》第2卷,贺麟、王太庆译,商务印书馆,1960,第27~28页。

苏格拉底转向对主体化的生活世界即文化世界的思考，并对普罗泰戈拉"人是万物的尺度"的观点提出了异议，强调"认识你自己"。他认为未经思考的生活是没有价值的，会思考的人才有价值，生活才有意义，人只有以知识理性而不是感觉作为"尺度"去认识和衡量世界，才能对自然关系和社会关系的本质做出客观的判断。在他看来，并非人人都能成为万物的尺度，只有作为思维者的人才是万物的尺度。所谓会思维的人就是懂得"精神接生术"或辩证法的理性的人，这样的人能够从特殊上升到普遍、由相对性把握绝对性。这样，他就给了人一个精神性的理性规定，而这个理性的规定者是一个精神实体，那就是自己，就是善，就是神化的道德实体。由此，自己或这个理性主体最终就陷入了被神客体化的存在境地，而对他来说却是最高的认知境界和存在境界。苏格拉底更注重的是公正、正义、节制、勇敢等道德知识，而不是求诸外物的那些自然知识，"美德即知识"构成了他的德性知识论，而德性、知识都是关于神的德性和知识，由此，德性知识论即神性知识论。

而获得这种知识的一个重要途径就是"精神接生术"或叫"助产术"，即教育者通过对话的方式，不断提出问题，诱导启发受教育者自己领悟知识内容，而这些知识都是先天地存在于人的灵魂中的。由此，这种启发式教育只是在形式上给了受教育者自由和自主性，但从实质上看，这些诱导出来的知识是先天存在的神性化和德性化的客观知识体系，既不是教育者主体主动建构的，也不是受教育者主体自己发生和领悟的，只不过是以后天的教育方式诱导出既成的客观知识而已。这样，苏格拉底就从德性和知识的双重意义上把人和知识文化神性化了，把人和人的德性生活变成了精神客体化的人和生活，变成了"神人合一"的非现实的人和生活，把文化世界变成了被精神实体客体化的世界。总之，苏格拉底的文化世界观，形式上具有德性主体化世界观的意蕴，但本质上是还属于德性（神性）客体化世界观。

被苏格拉底精神客体化文化世界观所牵引，柏拉图更加轻视甚至歧视现实的人或人的生活世界，用理念论构筑了较为完整的精神客体化文化世界观。柏拉图崇尚理念世界，贬抑人的现实生活或文化世界。在柏拉图看来，现实世界的人都处在"囚徒困境"的生态中。他提出了一个有名的洞穴比喻：那些缺乏哲学知识的人可以比作关在洞穴里被锁链锁起来的面壁而生的囚犯，他们所看见的只有他们自己和他们背后的东西的影子，这些都是由火光投射到墙上来的，他们不可避免地把这些影子看成实在的，而对于造成这些影子的东西却毫无观念，最后有一个人逃出了洞穴来到光天化日之下，他第一次看到了实在的事物，才察觉到他此前一直是被影像所欺骗的，于是，他再回到洞穴把自己看到的真实的世界告诉同伴，指示给他们出来的道路，但是，那些看惯了墙壁上影子世界的同伴并不相信他的话，而认为洞穴里的影子世界才是真实的，并说他很愚蠢。① 在柏拉图看来，囚徒困境就是人和生活世界的现实生态，人生活于各种锁链和手铐的束缚和囚禁之中，没有自由和能动性，沉沦于虚幻的影子世界，没有主体性、创造性，即没有文化性和文化世界。而囚徒困境亦是理念世界的影子世界，是被理念客体化的世界。

苏格拉底认为未经理性审视的生活是没有意义的。罗素对此做了进一步的解释，他说："哲学家想要断绝灵魂与身体的联系，而其他的人则以为一个人如果'没有快乐的感觉，不能享受身体的快乐'，生活就不值得活了。"② "对生活的理性审视"是摆脱肉体的感性生活进入理念化的理性"沉潜"境界。罗素指出："苏格拉底说，当心灵沉潜于其自身之中而不为声色苦乐所挠扰的时候，当它摒绝肉体而向往着真有的时候；这时的思想才是最好的；'这样哲学家就鄙弃了肉体'。从这一点出发，苏格拉底就论到理念，或形式，或本质。绝对的正义、绝对的美与绝对的善都是有的，但它们是眼睛看不见的。……所有这一切都只能由理智的眼力才看得见。因此，当我们局限于肉体之内时，当灵魂被肉体的罪恶所感染时，我们求真理的愿望就不会得到满足。"③ "肉体是灵魂的坟墓。" "每种快乐和痛苦都是一个把灵魂钉住在身体上的钉子，直到最后灵魂也变得和身体一样，并且凡是身体肯定为真实的，它也都信以为真。"④ 灵魂进入肉体

---

① 〔英〕罗素：《西方哲学史》上卷，何兆武、李约瑟译，商务印书馆，1963，第194页。
② 〔英〕罗素：《西方哲学史》上卷，何兆武、李约瑟译，商务印书馆，1963，第207页。
③ 〔英〕罗素：《西方哲学史》上卷，何兆武、李约瑟译，商务印书馆，1963，第207~208页。
④ 〔英〕罗素：《西方哲学史》上卷，何兆武、李约瑟译，商务印书馆，1963，第209页。

就是堕落。柏拉图继承了苏格拉底灵魂与肉体对立的思想，继续制造肉体与灵魂的对抗，贬黜肉体的世俗生活，把人的文化世界摆置在真理、价值、美善等意义之外。在柏拉图看来，只有灵魂是不朽的，现实生活世界即肉体的感性生活世界是易逝的、虚幻的、腐败的和堕落的。正如罗素指出的："对于经验主义者说来，肉体乃是使我们能与外在的实在世界相接触的东西；但是对于柏拉图来说，它却具有双重的罪恶：它既是一种歪曲的媒介，使我们好象是通过一层镜子那样地看得模糊不清；同时它又是人欲的根源，扰得我们不能追求知识并看不到真理。"① 罗素还摘录柏拉图的观点来确证这一点："以下的引文可以说明这一点：单凭肉体需要食物这一点，它就成为我们无穷无尽的烦恼的根源了；并且它还容易生病，从而妨碍我们追求真有。它使我们充满了爱恋、肉欲、畏惧、各式各样的幻想，以及无穷无尽的愚蠢；事实上，正象人们所说的，它剥夺了我们的一切思想能力。战争、厮杀和党争都是从哪里来的呢？还不是从肉体和肉体的欲念那里来的么？战争是由于爱钱引起的，而所以必须要有钱就是为了肉体的缘故与供肉体的享用；由于有这些障碍，我们便不能有时间去从事哲学；而最后并且最坏的就是，纵使我们有暇让自己去从事某种思索，肉体却总是打断我们，给我们的探讨造成纷扰和混乱，并且使我们惊惶无措以致不能够看到真理。"② 在柏拉图看来，感性的生活世界是肉欲纷争的堕落世界，是非人的虚幻的世界，是非文化的世界，只有神化的理性、理念、德性即精神本体才是真理和实有的世界，现实生活世界只能是精神本体的摹本和影子。而抵达这个精神本体靠的是灵魂摆脱肉体生活的束缚和羁绊，就是净化灵魂，这种净化就是德和善，就是进入理念世界与神合而为一，而沉潜于理念世界的"沉思"是抵达这个境界的一条根本的通道，且只有哲学家才能步入这条与神相通的道路，过上理念世界的真理和德性生活。这个过程并不是一个精神创造的文化过程，而仅仅是对理念的"回忆"。现实生活即文化世界是理念的摹本、影子，而理念世界是神灵的创造或神灵的实体存在。柏拉图看到了现实生活或文化世界堕落、贪婪、腐朽的一面，却不想用理

---

① 〔英〕罗素：《西方哲学史》上卷，何兆武、李约瑟译，商务印书馆，1963，第209页。
② 〔英〕罗素：《西方哲学史》上卷，何兆武、李约瑟译，商务印书馆，1963，第209页。

念世界去改造它，而只想摆脱现实生活进入理念的天国即"理想国"的乌托邦世界之中。理念以摹本和影子的方式造化了现实文化世界，但又不想生活在其中，只想过自己的纯粹的精神本体的生活。

柏拉图的理念论把人归于理念客体，强调现实世界的虚幻性和理念世界的真实性、高级性，人应该追求理念世界境界，超越现实的世俗生活，即精神理念客体是人的唯一去处。这种理念客体化世界就是他的"理想国"境界。柏拉图一生都致力于从政治沉沦与混乱中拯救雅典人，建立一个美德、公平的和谐社会。他认为只有用理性的"哲学王"来治理国家才是最合适的。在他看来，统治者如果没有哲学的指导，就会变成暴民。柏拉图构筑了一个以"哲学王"治世的理想国境界即乌托邦化的精神实体境界：全社会以哲学家为王；统治阶级实行财产、亲属共产制；女子要在职务上、责任上与男子平等；消除赤贫与暴富等。柏拉图的"理想国"试图建立一个主体理想化的社会世界，而非自然客体化的世界，这个世界是循着理念客体建构的，由此，这个主体化或社会化的世界实质上是被理念客体主宰和统治的客体化世界。在这个国度里，统治者理所当然地享受着劳动者的劳动果实，理所当然地撒谎，理所当然地在等级制的尊荣中过着奢华的生活；而工匠、平民、奴隶天经地义地受苦受累，且只能世世代代地做好自己的工作，不许改变自己的职业、地位和命运，他们没有主体化的一点权利和尊严，还要绝对地戒除人的私心；孩子都是公共的孩子，妻子都是公共的妻子。这种歧视平民百姓和反人性的存在境界，使人的主体化特别是大众主体化世界丧失殆尽。但是，柏拉图的理想国对精神、理念等精神世界的崇尚和追寻，在主体意识的意义上，具有主体化存在的重要意义和价值，特别是对于一个物欲横流的物化世界或物化人来说，这种在精神客体化文化世界观的意义上展现的主体化世界或文化世界意义，更具有戒除物化的单面性意义。

知识是文化世界的标志性文化形式、形态。知识客体化观念是古代精神客体化文化世界观的重要确证。上述考察已经内含了这方面的内容，接下来再结合亚里士多德哲学进一步证明这一点。亚里士多德在《形而上学》一书中开宗明义地指出：求知是所有人的本性。对感觉的喜爱就是证明。人们甚至离开实用而喜爱感觉本身，喜爱视觉尤胜于其他。不仅在实际活动中，就在并不打算做什么的时候，正如人们所说，和其他相比，我们也更愿意观看。这是由于它最能使我们识别事物，并揭示各种各样的区别。① 亚里士多德将形而上的"观看"视为生活世界或文化世界的最高境界，而观看是一种理智或理性活动。在《尼各马科伦理学》中，他认为幸福内在于理性思辨，提出"完满幸福是一种思辨活动"②。他把求知看作人的本性，把从事理智活动特别是哲学思辨看作生活的最高幸福、价值和德性。他认为："幸福在于有德的活动，完美的幸福在于最好的活动，而最好的活动则是静观的。静观要比战争、政治，或任何其他的实际功业都更可贵，因为它使人可以悠闲，而悠闲对于幸福乃是最本质的东西。"③ 悠闲并不是游手好闲，而是从忙碌的功利性实践中解脱出来，进行理性沉思或思辨，并进入与神相通或对话的精神生活境界。他认为"实践的德性仅能带来次等的幸福；而最高的幸福则在于理性的运用里，因为理性（有甚于任何别的东西）就是人。人不能够完全是静观的，但就其是静观的而言，他是分享着神圣的生活的"④。他认为神的活动是最静观的，而哲学家的生活是最通神的，是最幸福、最美好的。他认为幸福的本质或源泉不在于占有财富，而在于心灵的教养和高尚的德行："人类并不借助于外在的财货才能获得或者保持德行，反而是外在的财富要借助于德行；幸福无论是存在于快乐，还是存在于德行，还是兼存于这两者，往往总是在那些在自己的心灵上有着最高度的教养却只有适度的身外财富的人们的身上才能够找得到，而不是在那些具有多得无用的身外财货却缺少高尚品质的人们的身上找到的。"⑤

静观是一种被神性客体化的知识生活或精神生活，是理性或智慧的生

---

① 〔古希腊〕亚里士多德：《亚里士多德全集》第7卷，中国人民大学出版社，1997，第27页。
② 〔古希腊〕亚里士多德：《亚里士多德全集》第7卷，中国人民大学出版社，1997，第230页。
③ 转引自〔英〕罗素《西方哲学史》上卷，何兆武、李约瑟译，商务印书馆，1963，第270页。
④ 转引自〔英〕罗素《西方哲学史》上卷，何兆武、李约瑟译，商务印书馆，1963，第270页。
⑤ 转引自〔英〕罗素《西方哲学史》上卷，何兆武、李约瑟译，商务印书馆，1963，第281页。

活,它高于感性、经验和技术。亚里士多德认为,在经验的基础上产生了科学和技术,而技术是指由经验的众多观念所生成的一个对同类事物的普遍判断,比经验更高一层:"技师之所以更加智慧,并不在于实际做事情,而是由于懂得道理,知道原因。"① 从感觉、记忆、经验到技术,他把前三项看成人和动物共有的,把技术看成人特有的,这确实看到了人与动物的一个本质区别,那就是人能制造工具,能通过技术改变环境,这一点不仅蕴含着人的主体化思想,更接近主体化的本质是劳动化、实践化和工作化的思想。但亚里士多德认为,主要是为了实用的技术还不是真正的智慧,在技术之后还有一个更高层次的智慧。智慧不是为了实用,而是为知识而知识,人区别于其他动物的最根本的标志就在于人有理性、有智慧。他把技术看成人的感性存在、感性本质,而把智慧看成人的理性存在、理性本质。亚里士多德认为,智慧有通晓一切,知道最困难的东西,能够最明确地阐明原因以及能把求知、爱智本身看作目的而不受结果限制等特点。在亚里士多德看来,获得智慧的途径就是研究哲学,而研究哲学不是为了实用,而是为了求知。

为求知而求知,爱哲学、爱智慧,亚里士多德的这一理念虽然忽略了知识的应用性,却有它的价值和意义。理性和哲学确实具有不能直接具体应用的特点。如果人们学习每一个知识都要问它的用途,这就把知识完全功利化了,把知识理性完全当成了手段。而精神和理性以及智慧、知识,它们本身就是人的存在,就是人的本质的一个层面。精神价值和物质价值,二者都是人的价值和意义。而实际上,他并没有否定知识的实用性,因为技术也是一种知识。他把技术知识和理性知识置于人的不同的主体化本质层面,并看到了二者的区别。亚里士多德强调理性知识或智慧,实际上是强调客观知识体系,而这种客观知识体系的核心是"形式的形式",即道德知识或神的知识,这种精神实体是质料和其他形式的最终生成者与创造者。他轻视技术知识,实际上就是轻视主体化的知识,特别是文化世界的工作世界基础。由此,从根本上讲,他的"知识人"理念或文化世

---

① 〔古希腊〕亚里士多德:《亚里士多德全集》第7卷,中国人民大学出版社,1997,第28页。

界观实际上是把人和文化世界客观知识化了,特别是道德化和神灵化了,这就消解了主体化的理解、经验和创造的意义,特别是消解了主体对知识的主体化创造和建构意义。

罗素引用德国著名的古希腊哲学史家爱德华·策勒尔的一段话表明了亚里士多德"形式"的意义。"'形式'之于他,正如'理念'之于柏拉图一样,其本身就是具有一种形而上的存在,它在规定着一切个别的事物。"① 亚里士多德一开始追逐形式与经验或物质质料的结合,并认为形式是事物的本质或本体,而最终将其独立出来,认为"形式的形式"即最高的形式可以独立于质料,是"第一实体"或"第一推动力",是终极创造者,是作为道德精神实体的上帝。在亚里士多德看来,形式和质料都是预先存在的,如一个人制造铜球这种文化产品,他的工作仅仅是把铜球预先就存在的形式和质料合在一起,这个铜球的质料和形式都不是工作创造的,而是由形式预先规定、设定的。② 这就是说,文化产品、文化世界不是由人的工作创造的,而是由形式这种客体精神创造出来的,这是典型的精神客体化文化世界观。他甚至认为以物质生产工作为生的人不应该被允许有公民权,他说:"一个公民不应该过一个匠人的或者商人的生活,因为这样一种生活是不光彩的,是与德行相违反的。"③ 这就消解、悖逆、剥离了文化世界的工作世界这一价值核心。

最后,承袭柏拉图的理念论和亚里士多德的第一实体论,基督教哲学把人性归于神性,强调人对上帝的服从,强调上帝在人的社会生活中的根本性和主宰地位,用上帝的意志来解释和评价人的行为和社会生活,否认人的现实生活的合理性,以神性代替人性,以神权代替人权。这就构成了基督教哲学的精神客体化文化世界观。它强调神创一切,强调人要服从上帝的意志,否则,就要受到上帝的惩罚。《圣经》中"伊甸园""原罪""失乐园"的故事是这一理念的典型表现。《圣经》是诗性文化,它的隐喻、夸张、叙述、口语范式等主要的文化符号都充满了诗性的意蕴。它不

---

① 〔英〕罗素:《西方哲学史》上卷,何兆武、李约瑟译,商务印书馆,1963,第249页。
② 〔英〕罗素:《西方哲学史》上卷,何兆武、李约瑟译,商务印书馆,1963,第249页。
③ 转引自〔英〕罗素《西方哲学史》上卷,何兆武、李约瑟译,商务印书馆,1963,第285页。

只是神文化,也是人文化;既是神性客体化文化世界,也包含着主体化文化世界意义,如"原罪""失乐园"的故事就具有人性对抗神性、人性消解神性的主体化文化世界意蕴。"伊甸园"的故事说,亚当和夏娃偷吃了智慧果,有了人性,违背了上帝的意志,用人性与上帝对抗,这就是"原罪"。可见,人类最初的罪就是人性的罪,爱欲是人性本质的体现,因此,它也就成了原罪的最初形式。"原罪"的实质就是人用人性与神性对抗,而这种对抗使人失去了和谐的世界,即"乐园"。在《圣经》里,"伊甸园""乐园"的深层意蕴就是"和谐世界",是人、自然、神的和谐共同体世界。但是,这个和谐世界是以上帝为本,是以人性的牺牲和消解为代价的,人一旦获得人性,就是与上帝对抗,就要受上帝的惩罚,就会失去他的"乐园"。于是,人被驱逐出伊甸园。人性是对神性的挑战和消解,所以,在上帝的眼里,人性化就是抛弃了上帝客体化的主体化,就是人的堕落。上帝绝对不允许人挑战自己主宰者的地位。上帝认为一切都是他创造的,也包括人的意志,一切都要服从自己,自己是目的、永恒的主体,他人、他(它)者是手段、客体。上帝的思维是一种"主客体间性"的思维,即把自己主体化,把他(它)者客体化。整个中世纪,人被作为精神客体消解在上帝这唯一的主体之中。

上帝与人的分裂是因为人用人性的爱、智慧和美消解了上帝的意志、对抗了神性。而人之所以为人,这种消解和对抗,这种对神性的超越,这种痛苦而美丽的"失乐园",既是命运又是自由。"失乐园"是人的一次自我和谐,它洋溢着冲突的美,它比"在乐园"更美。而这种美就在于人超越了作为上帝客体的生命状态,抵达了主体间互爱的"主体间性"世界境界。人类在"失乐园"中抵达了乐园,这是对"神性"的消解,对人性的张扬。

宗教不同于哲学,基督教不同于基督教哲学,特别是作为早期宗教的《圣经》文化,由于其最初是大众存在者或工作者的话语方式,蕴含着丰富的主体化思想,如挪亚方舟的生产工作救世就是典型的主体化的工作创世、工作救世思想。而以奥古斯丁为代表的基督教哲学遮蔽了基督教特别是《圣经》的主体化文化世界意义,把宗教和人的文化世界完全客体化了,认为人与世界的意义完全是上帝的创造,一切都要听从上帝的安排。他从《圣经》的创世说出发，进一步论证了"原罪"论。他认为，上帝造亚当时，亚当是正直无罪的，是有自由意志的。但是，后来亚当滥用了自己的自由意志，偷吃了智慧果而堕落了。亚当的犯罪是自愿的，这种自愿犯罪造成了犯罪的强烈倾向。人类祖先亚当的罪传给了他的后代，使每个人出生时都带有"原罪"。"原罪"成了人的无可更改的本性。犯罪总比行善容易，每个人达到一定年龄就会犯本罪，犯他必然要犯的罪。在"原罪"面前人人平等，因而，整个人类都需要救赎。由于人有"原罪"，所以人的社会也就是邪恶的社会，也就需要有各种制度来节制和消除人的罪过。这样，按上帝的旨意，社会制度就产生了，国家就建立了，而统治者则是上帝在地上的代表，君权是神授的，人民应该绝对服从，服从君主和天主是人类社会的共同准则。由此，人的生活世界或文化世界被指成上帝精神和统治者意志客体化的过程。总之，宗教哲学客体化文化世界观是以神性精神为本体的客体化文化世界观。

（二）近代哲学的主体化文化世界观

崇尚主体化的理性、科学、感性，与神性客体对抗以及征服、奴役自然客体，是近代哲学世界观的文化世界意义指向。近代哲学世界观把人或文化世界理解为理性、感觉和经验的产物，唯理论哲学用理性主体造化文化世界，是理性主体化文化世界观；经验论哲学用经验主体造化文化世界，是经验主体化文化世界观。二者的文化世界观都是意识主体化的文化世界观，而理性主体化文化世界观是意识主体化世界观的主要趋向。

1. 唯理论哲学的理性主体化文化世界观

近代理性主义哲学是从认识论上对人与世界的关系进行论述的。它强调认识主体与认识对象的二元对立，它把主体与客体、人与自然、心灵与世界分开，认为二者处于彼此外在的对立关系之中。这样就把一切纳入主客体分裂和对立的框架中，并用此来解释所有的现象。二元论的代表笛卡儿认为，物质和心灵分属两种实体，彼此互不相干。他提出"我思故我在"的著名命题，认为任何存在和知识只有经过理性的自我审视才是真实的，哲学应从对对象世界的关注转向人自身，转向人的认识活动。这样，他就把人的理性文化提升到文化世界的基础地位和最高价值层次。与笛卡儿相反，18世纪的法国唯物主义哲学则把客观外物及其必然规律看作终极存在，认为客观世界的规律是可以认识的，并主张用理智的自然科学方法认识这个世界背后的本质和规律；认为人是理性的存在，主张以人类理性去反对迷信和蒙昧。① 这两个方向的理性主义就构成了近代哲学的理性主体化文化世界观的两种形式，即精神理性主体化和技术理性主体化。

精神理性主体化文化世界观把人的文化世界看成人自我规定、自我创造的自由世界，不需要遵循事先制定的规则；认为人的价值、目的具有自足性，在对象世界之外独立地存在；世界只有接受人的规定、符合人的目的，才能被确证。精神理性主体化文化世界观张扬了人的主体性、创造性和个体性，突出了人化世界的精神主体维度，使人的生存获得了内在的动力，使得世界成为人的文化世界。如此，人的理性被提到本体的高度，作为理性的人获得了本体的地位，人取代了神，成为世界和存在的中心。但是，精神理性主体化文化世界观把人的自主性、目的性以及人的自由和价值看成可以离开对象世界的独立自存的东西，使人的主体性失去了现实的基础，从而割裂了文化世界的总体性。② 笛卡儿的"我思故我在"思想无疑是理性主体化文化世界观的典型确证。

笛卡儿从普遍怀疑的原则出发，认为一切可怀疑，但"我"不能怀疑"我"的怀疑，否则就无法怀疑，而怀疑是思，"我"思故"我"在，"我"的思想绝对可靠。"当我要把一切事物都想成是虚假的时候，这个进行思维的'我'必然非是某种东西不可；我认识到'我思故我在'这条真理十分牢靠、十分确实，怀疑论者的所有最狂妄的假定都无法把它推翻，于是我断定我能够毫不犹疑地承认它是我所探求的哲学中的第一原理。"③ 这就把人的存在或文化世界理性化、精神化了，在理性精神的意义上突出了主体化意义。但他制造了心物或身心二元对立的世界，即把文化世界和

---

① 何林、李晓元：《日常生活世界的意义结构——许茨〈社会实在问题〉初探》，知识产权出版社，2005，第2页。
② 何林、李晓元：《日常生活世界的意义结构——许茨〈社会实在问题〉初探》，知识产权出版社，2005，第2页。
③ 转引自〔英〕罗素《西方哲学史》下卷，何兆武、李约瑟译，商务印书馆，1963，第99页。

物质世界对立起来,最终又把文化世界归于精神实体上帝的创造。笛卡儿把人分为身体和灵魂两部分,提出了"人体是机器"的思想,认为人是由脸、手、胳膊,以及骨头和肉组合成的一架机器。这个被称为"身体"的东西是物质,是上帝做成的,"我"的本质就在于我是一个思维的东西,或者就在于我是一个实体,这个实体的全部本质或本性就是思维。笛卡儿把世界分为物理世界和精神世界,认为这两个世界互不相干、平行发展,而上帝是这两个世界的缔造者。笛卡儿的"我思故我在"思想张扬了主体和人性,张扬了人的理性,消解了神性和物质性,但他又把人的理性和人性归结为客观的精神实体,归结为上帝。笛卡儿首先用理性消解了神性,又用神性神化了理性。他的神性不同于神学的神性,是理性化的神性,是一种理性精神或精神理性。可以说笛卡儿在一定程度上用理性文化架空了上帝神灵文化。但是,笛卡儿的文化世界观,是不包括物质世界或物质实践的精神理性文化世界观,这个文化世界的主体、主宰就是精神理性。

技术理性和精神理性是在西方理性主义文化传统基础上形成和发展起来的,在发展过程中,两者的冲突始终存在。近代的技术理性哲学在 18 世纪的唯物主义哲学中得到了空前的张扬。拉美特利的《人是机器》一书是这一思想的集中展现。随着以机器技术为核心的近代产业技术的发展,生产、生活越来越机械化了,在拉美特利看来,人不过是比动物多几根发条和弹簧的机器。技术理性虽然创造了空前丰富的物质财富,增强了人类在自然面前的自信心,但也造成了物的世界对人的世界的侵占和人的精神家园的丧失;精神理性强调了人的自为性,强调了人对文化创造的主观能动性,但它又将精神变成自足的存在,使之失去了存在的根基。技术理性与精神理性的共同点是都弘扬了人的理性,都把人归于理性,把人或文化世界归于主体化的理性。技术理性世界观虽然强调客体性原则,但已经远远地超越了古代自然客体化世界观,它遵从自然规律不再是为了把人归于客体,而是为了征服客体,把客体归于人,归于技术理性。但是,技术理性为把人归于另一个客体即技术特别是技术物质客体埋下了伏笔,最终滑向现代的技术客体化世界或技术异化世界。

2. 经验论哲学的经验主体化文化世界观

经验论哲学的经验主体化文化世界观就是主张靠经验和科学造化文化世界。经验论哲学强调经验的可靠性、真实性，把人和世界都归于经验主体的存在。培根控制、奴役自然的思想和对经院哲学神性世界观的批判，是经验主体化文化世界观的典型表现。培根生活在英国革命的早期，为促进资本主义生产而提倡发展科学技术，而当时独占英国思想界的经院哲学阻碍了科学技术的发展。因此，他要建立一种反经院哲学的能促进科学发展的新哲学，为人类建构一个新的文化世界境界。在培根看来，经院哲学以维护神学为职，势必把研究自然看成亵渎"神圣事物"和"损害人心尊严的事"；哲学不应以上帝为对象，而应以自然为对象；哲学的任务是研究自然，研究自然的目的则是控制自然；哲学和自然科学应结成"合法的婚姻"。他提出"知识就是力量"的口号，为发展科学知识而大声疾呼。他热情地讴歌自然科学的成就，认为科学技术发明是任何政权、任何教派、任何杰出人物对人类事业的影响都不能比拟的；因为发明的利益可以惠及全人类而政治的利益则只限于特殊的地带。培根的发展科学和"知识就是力量"的思想是对主体化的科学世界或知识世界的崇尚，亦是对文化世界的崇尚。

培根认为，为促进科学知识发展需要清除人们思想中的一些错误观念和偏见，他把这些错误观念和偏见归为"四种假相"。第一种是"种族假相"，即人类总喜欢以自身为尺度，不按照事物的本来面目认识事物，结果歪曲了事物的真相。第二种是"洞穴假相"，这是指为个人所特有而非人类所共有的一种偏见。例如，每个人由于性格、职业等的不同，在观察事物时往往把自己的个性、偏爱渗入其中，歪曲了事物的真相。第三种是"市场假相"，即人们在交往中由于语言使用不当而造成的思想混乱和偏见。第四种是"剧场假相"，这是指由于盲目崇拜权威、迷信传统的哲学体系所造成的错误思想和偏见。培根批判"剧场假相"实际就是对经院哲学的批判。培根对"四种假相"的剖析，是对产生错误思想的认识根源的一种探索。"种族假相"指的是人的主观性，"洞穴假相"指的是片面性，"市场假相"指的是表面性，而"剧场假相"指的则是盲目性。从哲学的世界观意义看，培根的"四种假相"说就是用科学主体化世界观对抗和超越被各种"假相"蒙蔽和客体化的客体化世界观。但培根认为"假相"源于人的天性，这是脱离了人的社会性来说明"假相"产生的原因，因而不能全面地揭示出人之所以犯错误的文化世界根源。

怎样才能避免被"四种假相"客体化呢？那就要做一个主体化的人，用经验和科学清除这些"假相"，用经验认识事物的本质即"潜伏结构"。培根认为，世界是物质的，在自然界中真正存在的是无数个体事物，构成个体事物的基本成分是"简单性质"，而在"简单性质"背后则有"形式"，形式是事物内部的"潜伏结构""潜伏过程"，形式和简单性质的关系是本质和现象、原因和结果。培根重视感觉经验，但并不迷信感觉经验，他看到了感觉经验的局限性和主观性，认为感官有时只能给人以虚妄的报告。培根认为，把感觉经验与理性思维相结合是克服感官缺陷的重要途径之一，只有把两者结成"合法的婚姻"才能获得真正的科学知识，因而他既反对忽视理性的狭隘经验主义，也反对轻视经验的理性主义。他说，我们既不应该像蜘蛛，从自己肚里抽丝结网，也不可像蚂蚁，单只采集，而必须像蜜蜂一样，又采集又整理。① 在培根看来，科学知识不仅要以感觉为依据，还要把从感觉得来的材料加以分析、整理，上升到普遍原理，借以发现事物的本质和规律。这种合理的方法，就是培根所倡导的归纳法。但是，培根因反对经院哲学而过分重视归纳推理，轻视演绎推理。培根推崇"潜伏结构"就是崇尚和拓展了主体化世界的潜能存在意义和存在结构，他重视经验和理性的融合，就使主体化的文化世界获得了经验和理性的双重精神向度和文化力量。

洛克继承了培根的经验论原则，认为人的大脑是一块白板，经验和知识都是客体印在"白板"上的印记，这就在否定神性客体知识的意义上把经验知识进一步主体化了，当然，这种主体化又带有物质客体化的严重倾向。近代哲学中最为强调主体作用的哲学家是贝克莱，但他把主体完全主观化了，完全消解了客体。贝克莱继承了经验主义强调个人感觉的倾向，并将个体主观因素的作用强调到了极端。他认为：物是感觉的复合，存在就是被感知，人们唯一能确信的是各种感觉，至于物本身是不存

---

① 〔英〕罗素：《西方哲学史》下卷，何兆武、李约瑟译，商务印书馆，1963，第73页。

在的。

综上，近代哲学的文化世界观是一种精神主体化的文化世界观，它强调人靠理性或经验造化世界，使世界成为精神主体化的文化世界，这与古代哲学的精神客体化世界观和自然客体化世界观形成了巨大的反差。其基本精神是精神意识主体化，而精神意识主体化的主旋律是理性精神主体化，但是它的这种主体化存在和过程，仅仅是精神主体化的存在和过程，尚严重缺失实践主体化和主体间性的共同体化的认知。当然，这种意识主体化也夹杂着或存在着一些自然客体化和精神客体化的倾向，前者如培根、费尔巴哈等人的自然主义倾向，后者如笛卡儿的上帝观念、康德的"绝对命令"原则以及黑格尔的"绝对精神"主体。

（三）现当代哲学的从主客体统一到主体间性关系的文化世界观

古代哲学的客体化文化世界观消解了人的主体化世界即文化世界的意义，近代哲学的经验和理性主体化文化世界观抹杀了人的客体化世界的意义。现代哲学文化试图消解客体化哲学和主体化哲学二元对立的倾向，把客体化哲学和主体化哲学在意识主体化的基础上融合起来，但只是保留了客体的空壳，甚至承认作为没有任何意义的物质的先在性，把客体的意义全部看作意识主体给予的，并如此来实现客体与主体、客体化世界与主体化世界、客体化人与主体化人的统一，其实质是意识主体化哲学或意识主体化文化世界观。现代哲学的世界观试图在主客体统一中进一步显摆、推崇主体，而生活世界则是这种统一的根基。在生活世界，现代哲学用个体对抗普遍的群体，用自我对抗社会，把人和世界化于自我意识、自我存在。由于自我与社会的强烈的对抗性，现代哲学总体上是一种崇尚个体与他人、自我意识与社会意识对抗的异化世界观，而这种对抗又是以解蔽非理性精神主体的存在实现的，如此，崇尚非理性精神主体就构成现代哲学世界观的又一个特征和基本精神。他们对人与世界的关系做了非理性主体化的解构，对非理性这个一直被哲学遮蔽的主体化存在域的暴露，是对人的主体化意义或主体化世界的进一步开拓和展现，这对于重视非理性主体的文化意义有一定价值，但它把非理性主体绝对化，这就把主体化世界或文化世界单面化为非理性的存在，在很大程度上消解了主体化文化世界的丰富性和现实性。

叔本华和尼采的唯意志论哲学在意识的意义上建立了主客体统一的文化世界观，把文化世界归结为主体化的意志世界，并暴露和制造了人与人、社会和世界的文化对抗。叔本华提出"世界是我的表象"这一著名的主观唯心主义的命题。叔本华不同意唯我论，认为真正的唯我主义在精神病院里也绝对找不到。他提出这一命题的真正目的在于，说明周围的世界只是作为表象而存在于主客体关系之中。他认为，表象就其本质而言，已经包含了主客体之间的关系。没有客体，主体的表象是不可能的；没有主体的意识去表象，单纯的客体也谈不上表象。他认为整个世界，只不过是与主体发生关系的客体，只不过是表象而已。叔本华又从"世界是表象"的命题过渡到"世界是意志"的命题。叔本华认为世界是"我"的表象，表象就是意志或意志的表现，一切都由意志而生，随意志而去。他说："所有那些现象也废除了；世界所赖以构成的、在客观性所有各阶段上无终了无休止的那种不断的紧张和努力；在潜移渐变中彼此继起的多种多样的形式；意志的全部表现；而且最后，还有此表现的普遍形式——时间和空间，以及其最后的基本形式——主体与客体；一概废除了。没有意志：没有表象、没有世界。在我们前面的确只有虚无。"① 意志是"我"的意志也是客体世界的意志，意志是一种神秘的生活力，是一种盲目的不可遏止的冲动。意志是全部事物的本质与核心，它既存在于盲目的自然力之中，也表现在人的自觉的行为中。叔本华认为，科学与理性只能以表象世界为对象，不能认识意志世界本身，只有用直觉的方法即在直觉的静观中，主体达到丧失其自身，只作为纯粹的主体即意志而存在，从而达到主客体直接"合而为一"，达到对物自体即意志本身的认识。这样，叔本华的唯意志论哲学就呈现出主客体统一的意志世界观。当他说世界是"我"的表象的时候，主客体统一于意识主体的表象，世界就成为意识主体化的世界，即主体用意识表象造化主客体统一的世界；而当他说世界是意志、是客体的意志，主体在表象中沉入客体意志或世界意志的时候，是精神客体化世界观，是用客体化的意志和精神造化世界和主体。由此，他的世界

---

① 转引自〔英〕罗素《西方哲学史》下卷，何兆武、李约瑟译，商务印书馆，1963，第353页。

观具有意识主体化和意志客体化的双重特征,而这种双重性是一种对立的没有统一起来的矛盾的双重性,即他只是在意识的形式上表达了主客体统一的文化世界观。他的世界观一半是以主体意志为造化者的文化世界观,另一半是以世界意志为造化者的客体化的非文化世界观,但他的世界观总体上趋向文化世界观,这从"世界是我的表象"这一理论前提可以得到确证,也可以从他的生活意志概念得到明示,他把世界意志转化为人的生活意志,认为生活意志是生活世界即文化世界的造化者。

叔本华的主客体统一的意志世界观导致了他的悲观主义人生哲学。他认为人的本质是生活意志,而生活意志的本质特征是企求、欲望和行动的意向,所以生活意志的本身就是痛苦之根源。如果没有企求与欲望,也就没有意志;有意志必有企求与欲望,而有欲望则必然存在"欲求与达到"之间的矛盾,痛苦就是在这中间产生的。他认为痛苦不是从没有中产生的,而是首先从想有而又没有中产生的。如果仅仅是没有,而又根本不想有,那无所谓痛苦,但当人们想有而又没有时则一定是痛苦的。人的生活意志越强大,也就是说他的企求越大、欲望越强烈,痛苦也越深重。他指出,人的欲望是永远没有止境的,欲望的满足只是暂时的、相对的、有限的,一旦人的某一愿望得到满足,不满足的心理会暂时消除,但很快人又会产生新的欲望、新的企求、新的不满足、新的痛苦,这样连绵不断、永无止境。尽管死亡最后总要战胜我们,我们仍追求我们的无益的目的,他说:"就像我们把肥皂泡尽量吹得久、吹得大,固然我们完全知道它总归是要破裂的。"① 因为意志的本质就是无休止的企求,不断的求生的冲动。倘若没有欲望、没有企求,也就没有了生存意志。所谓幸福就是欲望的连续不断的满足,但幸福不是生命的目的。因为如果一切欲望都满足了(这显然是不可能的),那人会感到难以忍受的孤寂、空虚和厌倦,这实质上同样是痛苦的。所以,叔本华的结论是:只有痛苦才是世界唯一实在的东西,痛苦对生命来说是本质存在,所有的生命就是痛苦,每一部生命史也就是病苦史;人生不过是一场悲剧,只是在个别细节上才有一点喜剧

---

① 转引自〔英〕罗素《西方哲学史》下卷,何兆武、李约瑟译,商务印书馆,1963,第349页。

的意味；人生不过是一场大梦，自然就是不断地互相吞并，历史就是不断地互相屠杀，道德就是伪装起来的罪恶，人生根本没有什么幸福可言。由此，在叔本华看来，人的生活世界或文化世界就是一个被生活意志主宰着的从痛苦到幸福再到痛苦的循环往复的过程。这种唯意志论的生活世界观，在意志论或意识哲学以及唯我论的意义上是一种主体化的文化世界观。叔本华反对近代哲学主客体分离的二元对立的世界观，强调主客体的统一关系，但只是在形式上即在意识自身的意义上把主客体统一起来了。也正是因为这种形式上的意识自身的统一，并没有解决现实中的主体与客体的对立、主体化世界与客体化世界的对立，所以，他的主体世界充满了痛苦、矛盾和挣扎，他的主体与客体、人与人的关系充满了对抗和异化的倾向，不可能建构真正的主客体统一的文化世界观。

尼采继承了叔本华的意志主义，但他不认同叔本华世界意志、绝对禁欲主义、扼杀生存意志的悲观主义。他恰恰要使人的意志和欲望最大限度地发挥，使主体化存在从叔本华的晦暗世界中解放出来、明亮起来，从而建立个人主宰一切的"行动哲学"。他把主体、客体都归结为权力意志，认为主客体都统一于个人主观的权力意志，认为人的存在与本质、人的生活世界就是权力意志，而追求物的权力、追求财产和奴仆的权力是权力意志的基本结构。他认为不择手段谋取权力是正当的，用最残酷的手段去剥削和压迫群众是天经地义的。他把改革看成人的本能，尼采的"权力意志"与叔本华的"生活意志"不同，他认为"权力意志"是世界的基础和本体，只有"权力意志"才是可以确定的基本事实，才能给人以信心、希望和力量，给人以财富、地位和快乐。所以"权力意志"是一种"创造本能"，是万物的本原和动力，是世界的物自体。他认为，生命的基础是一种粗暴的利己主义本能，即掠夺的利己主义和防御的利己主义。这种利己的本能同利他主义绝对不相容，是生物进化的一条规律。尼采认为，弱肉强食、生存竞争是宇宙的普遍规律；任何有生命的机体都要发挥自己的力量，从而达到自我保存和自我发展的目的，这就是权力意志的表现。尼采认为世界是虚假的，真理仅仅是一种价值判断，由主观意志决定，由权力意志决定。"真理的标准就在于提高权力感。"这就是说，谁的权力越大，谁的真理也就越多。

从权力意志论出发，尼采建立了一种非道德主义社会伦理观，他声称要"对一切价值重新估价"。他从反传统的立场出发，否认那些善人的典型和普遍承认的观念或理论，他认为最大的恶属于最大的善。"超人"是它的权力意志的体现和化身，"超人"非同凡人，"超人"是"半神、半兽、半人，背上长着天使的翅膀"，"超人"是金发野兽，只有超人才能主宰世界。尼采站在少数统治者的立场上，主张对群众进行残酷的镇压和奴役。他认为，"超人"的本性就是奸淫掠夺、杀人放火、滥施暴政，而且将这一切视为儿戏。"超人"要胜利，如果没有残忍，那是不可思议的。"超人"使用的武器就是"撒谎""暴力""最无耻的自私自利"。正是从这种"超人"哲学和反动阶级立场出发，尼采主张暴力专政，赞赏军国主义，认为军国主义是复兴人类的手段。这一切为法西斯主义的兴起奠定了思想理论基础。尼采还十分轻视妇女："妇人的天性没落，如浅水上漂游的一层浮沫。""男人应当训练来战争，女人应当训练来供战士娱乐。其余一概是愚蠢。""你去女人那里吗？别忘了你的鞭子。"① 总之，尼采哲学把人归结为极端的个人主义的权力意志，完全把人置于与他人、社会和世界对抗的境地。他虽然在权力意志的基础上将主客体关系统一起来，使生活世界成为一个文化世界，但这种统一只是一种主观意志化的统一，严重缺乏现实生活世界基础。这种非理性甚至反理性的意志文化观虽具有一定的反传统和现实批判意义，但消解了文化世界的总体意义和主体的全面发展价值，是一种主观权力意志化的单面的精神主体化文化世界观。

现当代哲学的文化世界观呈现出明显的从生活世界观向工作世界观演进的生态和趋向，总体上是主体间性关系的生活世界观和工作世界观。现代哲学虽从叔本华开始就提出了"生活世界"概念，海德格尔等人也对之做了进一步的阐述，但总体上还是围绕主体与客体、存在与本质等话题展开的，还是用非理性的精神意识来完成主客体统一、存在与本质统一以及人与世界统一的任务。但是，离开生活世界总体和工作世界本质，这些

---

① 转引自〔英〕罗素《西方哲学史》下卷，何兆武、李约瑟译，商务印书馆，1963，第360页。

统一和总体就很明显地流于抽象和空泛。于是现当代哲学将主客体统一的世界纳入生活世界总体存在，并用生活世界和主体间性关系话题逐渐消解和淡化了主客体关系话题，主体间性生活世界就构成了当代哲学的世界观趋向，而现象学社会学家许茨又将生活世界建立在工作世界基础上，将主体间性生活世界观推进到主体间性工作世界观。这里需要说明两点：一是当代哲学的生活世界主题并不就是从当代开始的，如胡塞尔的现象学就是在现代哲学的意义上较早阐述了生活世界概念，且持有生活世界理论的哲学家很多都是跨现当代的哲学家；二是生活世界成为当代哲学的主题主要是从把主体客体关系话题消融于生活世界话题意义上规定的。由此，当代哲学的生活世界观亦是现代主客体关系哲学进展的一个逻辑阶段，即主体间性生活世界哲学。由此，当代主体间性生活世界哲学亦可称为现当代主体间性生活世界哲学。这里所谓"当代"的考察亦是现当代交叉式的考察，同样，这里所说的"现代"亦是现当代交叉的现代。

从生活世界观的意义上说，现当代哲学世界观是更直接的文化世界观。西方现当代哲学是在解构近代哲学基础之上产生的。如胡塞尔所言，"19世纪与20世纪之交，对科学的总估价出现了转变，我们就以此为出发点。这里涉及的不是各门科学的科学性，而是各门科学或一般的科学对人生的意义，而且追问生活或存在本身的意义，追问语言陈述或命题的意义。人文哲学即是对人生意义的思考"[①]。现当代哲学对意义问题的探讨也就是对人的生活的探讨，是对人生活于其中的价值世界、意义世界或生活世界的分析，是对生活世界问题的研究。它认为，在人的现实生活之外并不存在一个独立自存的，作为生活世界之本源的理念世界或科学世界，唯一存在的世界即人的现实生活世界，研究认识的标准、人的活动的价值和意义只能从这个生活世界出发。因此，它反对二元对立，主张人与世界的统一。如果说近代哲学是主客体关系的哲学，那么，现当代哲学则可称为主体间的哲学。主客体关系更多的是指人与自然的关系，主体间关系则是人与人之间的关系，它不仅是一种物的关系，而且存在着精神关系、情

---

① 〔德〕胡塞尔：《欧洲科学危机和先验现象学》，张庆熊等译，上海译文出版社，1988，第5页。

感关系。现当代哲学不是从认知关系的角度来确定他人的存在的,而是把人看作生活世界中的存在者,即从生活关系来看待主体间性和交往,进而说明他人的存在。同近代哲学的科学世界观相比,现当代哲学从"超人"的自在世界回到人的现实世界,把人生活于其中的世界作为唯一真实的世界,用人的生活说明人、解释世界,因而是一种生活世界观。①

可以说,20世纪有影响的学者都从各自的研究视角提出了关于生活世界的构想。胡塞尔力图从生活世界中寻找科学世界的基础;维特根斯坦试图借助于生活世界来解决语言乃至实在的意义来源问题;海德格尔通过对人的日常共在的剖析,揭示现代日常生活世界的全面而深刻的异化,主张用艺术与生活相融来拯救艺术世界;列斐伏尔则在把日常生活世界当作全面异化领域的同时,致力于建立对日常生活进行批判的哲学,并提出"诗性实践"的生活世界境界。虽然他们并非在同样的含义上界定日常生活世界,对日常生活世界的价值态度也不尽相同,但他们都在不同程度上将生活世界作为自己哲学主张的基本出发点,都从自己的研究领域转向或回归日常生活世界。可见,向生活世界的理性回归,确乎是现代哲学的共同趋向。在他们看来,生活世界是唯一真实的世界,而科学世界只不过是生活世界的理念"外衣",且源于生活世界;生活世界及其种种问题是哲学家必须面对的基本事实。生活世界不是由抽象物组成的冰冷的世界,而是人的世界,是人在其中生活、交往、工作、创造的文化世界。回归生活世界或文化世界就是要求把人们的全部注意力集中到自己身上,其本质是为了解决人自身的世界总体存在问题,是向人自身的回归。从总体上看,回归生活世界是现当代哲学的一个普遍趋向,现当代哲学关注的就是人类的生活世界。② 而这里所说的生活世界是包含了工作世界的生活世界,现当代哲学对生活世界的观照,更多的是指向工作世界这一生活世界或文化世界的价值核心。现当代哲学的生活世界观,在很大意义甚至在核心意义上已经触及和指向工作世界意义和问题,特别是西方马克思主义和各种异

---

① 何林、李晓元:《日常生活世界的意义结构——许茨〈社会实在问题〉初探》,知识产权出版社,2005,第5页。
② 何林、李晓元:《日常生活世界的意义结构——许茨〈社会实在问题〉初探》,知识产权出版社,2005,第14页。

化论，都具有强烈的工作世界批判向度和工作世界建构意蕴。日常生活世界理论在很大程度上是日常工作世界理论，日常生活批判在很大程度上是日常工作世界批判。而现象学社会学家许茨则循着生活世界的意义，在意识哲学的意向性基础上较为明晰地探究了工作世界基础与核心意义。

现代哲学把人归于精神，把主客体统一的文化世界归于精神化世界，超越了近代主客二元对立的文化世界观，但也消解了人的自然性、社会性，必然造成人与人、自然和社会的分裂与对抗，必然把人置于异化人的境地。现代主客体统一的文化世界观，总体上是对异化世界的批判理论，并在这种批判中在意识的基础上建构起各种形形色色意识主体化的文化世界观。而现当代主体间性关系的文化世界观则发生了从异化世界论或主客统一的文化世界观向主体间性关系的文化世界观的转向，这是哲学文化世界观的进一步延展和升华。但现当代哲学世界观的生活世界的转向，不是缺少世界观的总体性，就是没有从根本上摆脱意识总体性或个体总体性的单面性。

哲学文化世界观演进的整个历史逻辑就是：古代哲学的客体化文化世界观—近代哲学的主体化文化世界观—现代哲学的主客体统一的文化世界观—现当代哲学的主体间性关系的文化世界观。本节主要考察了三个环节，附带说明一下，马克思哲学以生活世界为总体、以工作世界为核心的文化世界观是现当代哲学主客体统一和主体间性关系文化世界观的科学形式。从这个意义上讲，哲学的文化世界观的工作世界转向从现代哲学就开始了，并被马克思哲学奠定了基础。受此影响，当代主体间性哲学或生活世界哲学的转向无不显露或隐含着工作世界转向，而现象学社会学家许茨则是当代哲学文化世界观从生活世界向工作世界转向的重要的显露者。整个哲学演进的历史是一部文化世界观演进的历史，整个文化世界观演进的历史是一部趋向主体化的生活世界特别是工作世界的历史。文化世界观在哲学中递进的工作世界趋向激励和启示我们，当代特别是当今哲学要研究文化世界的总体即生活世界，更要探究文化世界的基础和核心即工作世界。哲学不仅是世界观哲学，而且是文化世界观哲学，世界观趋向文化世界观，文化世界观趋向生活世界总体观特别是工作世界本质观。

二 西方马克思主义的工作世界指向

在现当代哲学的生活世界转向中,尤其值得一提的是西方马克思主义者列斐伏尔和马尔库塞等人的日常生活和社会批判理论,这些理论的主要指向就是工作世界。列斐伏尔认为,如果哲学远离基础性的日常生活世界,就会陷入自我矛盾和自我破坏之中。在列斐伏尔看来,日常生活是与每一个人息息相关的最直接的生存领域,主要是指个体的生存和再生产,具有个体相关性、平凡性、重复性等特点;是一个介于经济基础和上层建筑之间的层次,人正是在日常生活这个层次上"被发现"和"被创造"的;日常生活构成资本主义社会关系生产和再生产的基础,在其中包含着变革、颠覆和否定的潜能;日常生活平凡的日常小事蕴含、潜藏着整个社会关系。① 在当今资本主义社会,异化笼罩着包括日常生活在内的全部社会生活。日常生活的异化不仅构成了对个人的直接压抑,而且使个人丧失了具有革命性的主体性和创造性。他主张把社会解放与个人解放联结起来,而联结的桥梁是日常生活批判。他的日常生活批判就是要使每个人认识到自身的处境,摆脱压抑,恢复自我的主体性,从而以实际的行动变革整个社会关系。他认为,忽视日常生活的革命、忽视个人解放的历史性意义,是旧的革命模式的基本特点。

列斐伏尔的日常生活世界理论主要指向个体化的生产和再生产活动即日常工作世界,其对日常生活的批判与建构主要是对这种日常工作世界的批判与建构。他诉诸新的生活空间的生产和再造,认为如果不能生产一个合适空间,改变生活方式、改变社会都是空话,由此,必须"创造出新的空间"②,而这种新的生活空间的生产即他所说的"诗性实践",即用爱、激情、艺术等诗性精神来消解日常生活特别是工作世界的物化、客体化和异化。他视这种精神为乌托邦精神,他说:"今天比过去更明显的

---

① 何林、李晓元:《日常生活世界的意义结构——许茨〈社会实在问题〉初探》,知识产权出版社,2005,第 12~13 页。
② 刘怀玉:《现代性的平庸与神奇——列斐伏尔日常生活批判哲学的文本学解读》,中央编译出版社,2006,第 403 页。

是，没有乌托邦意识，就不会有思想。否则一个人就会满足于眼前所看到的东西。"① 乌托邦精神也要付诸实践："没有乌托邦——没有对可能性的探索，就没有思想；没有涉及实践，也就等于没有思想。"② 可见，列斐伏尔对日常生活的批判指向资本主义的空间生产，对日常生活的重构则指向创造新的生活空间，即都是指向工作世界的生产活动。但是，他认为日常生活的重构以及社会关系的改变主要靠个人行动和精神文化的解放，缺失对根本的社会关系或工作关系层面的诉求与批判，这就在根本的层次上带有不切实际的乌托邦色彩。

西方马克思主义的日常生活世界理论直接指向工作世界，而弗洛姆、马尔库塞等人的社会批判理论亦较为明晰地指向工作世界的批判与建构。弗洛姆指出，在当代资本主义社会，工人是异化最严重的阶级，他们完全丧失了人性和创造性，只是一个被动的零件，一个"机器原子"；资本家是金钱的化身，"资本家作为人，他是除了金钱以外别的什么都没有的人"；"经理的作用也是一种异化"③，他们是"既无爱也无恨完全无人格"④的机器零件，"是这一非人格机器的组成部分，而不是同雇员进行个人接触的人"⑤。可见，这些批判都是直接指向工作世界的异化生态。

马尔库塞认为，当代资本主义社会的政治统治主要通过社会生产的自动化，使每个人都屈服于技术分工，社会中的每个个体都像零件一样被结合到社会这部大机器中，任何人都无法摆脱这种"零件"的命运；通过各种广告媒体、社会催眠术等手段，制造"虚假的需求"，强迫人们接受，把"社会的需求和政治的需要必须变为个人的本能的需要"⑥，人们接受了这种"虚假的需要"就意味着"不自觉地和自觉地接受和屈从于制度的控制和操纵"⑦。可见，西方马克思主义对社会异化的批判，直接

---

① Saunders P., *Social Theory and The Urban Question*, London: Routledge, 2003, p.156.
② Smith, M. P. (Ed.), *Cities in Transformation: Class, Capital and the State*, Beverly Hills: Sage Publications, Inc. 1984, p.211.
③ 〔美〕弗洛姆:《健全的社会》，欧阳谦译，中国文联出版公司，1988，第125页。
④ 〔美〕弗洛姆:《健全的社会》，欧阳谦译，中国文联出版公司，1988，第128页。
⑤ 〔美〕弗洛姆:《健全的社会》，欧阳谦译，中国文联出版公司，1988，第111页。
⑥ 〔美〕赫伯特·马尔库塞:《工业社会与新左派》，任立译，商务印书馆，1982，第5页。
⑦ 〔美〕赫伯特·马尔库塞:《工业社会与新左派》，任立译，商务印书馆，1982，第4页。

指向工作世界的工作技术、工作文化和工作制度。"技术控制"是对工作者的直接控制，使他们按技术合理性和技术规范行事，丧失了自由创作和自觉活动能力和精神。"制造虚假的需求"则是一种资本化的工作世界制造的过度的消费文化，这种消费文化亦是一种对工作者制度化的控制和操纵，它激励和迫使工作者拼命赚钱，以跟上这种消费文化制造的消费时尚和潮流，使得工作完全成为消费的工具和手段，成为异化的工作活动。

后现代主义宣称"人死了"，对传统的主体论予以全方位的批判。在后现代主义的荒诞与沉沦的虚无主义中，马尔库塞则试图通过构建审美的和艺术的理想主义，再构建人的主体性意义，确立主体化的世界境界，并触及艺术精神主体化的工作世界境界。主体化的世界境界无论是作为理性化的理想，作为爱欲的冲动，还是作为乌托邦的幻想，都源于现实世界，都源于现实世界的冲突与对抗，最根本的是源于工作世界。如此，工作世界就构成了马尔库塞异化理论或社会批判理论的根本向度。

异化的本质是主体人的异化，人的异化的本质是工作世界的异化。正如马克思指出："如果我们更密切地注视（《手稿》）对异化劳动的描述，我们就惊人地发现：在这里描写的，不仅是一件经济的事情，而且是人的异化，生命的贬值，人和现实的歪曲和丧失。"[①] 马克思认为异化劳动表现为劳动与劳动产品相异化、劳动者与劳动本身相异化、劳动者与自己的本质相异化、人与人相异化等方面。异化就是人的异化，人的异化就是现实世界的异化，现实世界的异化根本上是工作世界的异化。马克思对异化劳动的解构就是对异化工作世界的解构，对资本主义异化生活世界和工作世界的分析就是以异化劳动或异化工作世界为基础的。马尔库塞揭示了现代文明社会中人类走向全面异化的过程，表明人的异化主要体现为人作为主体的完整性、创造性、批判性等功能的丧失，即人的主体性的丧失，而主体性的丧失源于工作世界主体性的丧失。由此，他猛烈批判工作世界的全面异化，拒绝并否定工作世界的一切，诉诸人的精神境界，以爱的欲望与行动来同异化工作世界对抗，来解放在工作世界中受压抑和摧残的主体。这种批判和建构在一定程度上是对生活世界或文化世界本质的批判和

---

① 徐崇温：《用马克思主义评析西方思潮》，重庆出版社，1990，第 51 页。

建构，但是，既然异化的工作世界压制人的欲望、自由和精神，那就要构建一个自由自主的主体化工作世界来解放人的精神，只用精神去解放精神显然带有浓厚的乌托邦梦想的浪漫。

马尔库塞认为，与资本主义前期相比，发达的工业文明的社会结构和权力中心都发生了巨大的变化。政治上，将直接的权力统治转向隐蔽的生产程序和技术组织机构的控制，极大地推动了科技进步，使得非生产性工人增加，工人在政治上放弃了暴力反抗立场，并顺从资本主义的统治。"资本主义生产能力的提高阻止了革命意识的发展，也就是说，需要和满足本身支持着屈从和统治。"[1] 即工作技术、工作结构、工作关系的变化消解了工人的革命和反抗意识，使得他们丧失了批判精神，取而代之的是服从和屈从，而这个结果源于权力中心转向了对生产程序和技术组织机构的控制，即资产阶级从政治权力统治转向工作世界的技术权力控制。在经济上，人的异化主要表现为人作为主体存在的创造性和能动性的丧失，人沦为科技的奴隶。"整个的人——肉体和灵魂——都变成了一部机器，或者只是一部机器的一部分，不是积极的，就是消极的，不是生产性的，就是接受性的，在他的工作时间里和业务时间里为这一制度效力。技术上的劳动分工使人本身只起着一部分操作功能，而这一部分功能则受着资本主义过程的协调器的协调。"[2] 人的本质走向全面异化，成为物化的机器人。马尔库塞对经济异化的分析和批判直接就是对工作世界异化的分析和批判，并把工作世界的异化归结为技术异化，即技术对工作者的统治和压制，使得他们只按技术合理性行动和思维，丧失了能动性和创造力，成为技术化的"单面的人"，并导致"单面的社会"逐渐形成。

马尔库塞认为，除了政治与经济领域，更严重的异化是人的文化角色的改变。文化是主体的灵魂，是价值的载体，然而社会政治、经济形态的巨变导致了文化的剧变。"物质文化专注于把金钱、实业、商业作为生存的价值，并伴以宗教和伦理的惩治；占统治地位的经济，以及作为家庭和企业首领的父亲的精神作用；并在于再生和灌注这些功利目标的极权制教

---

[1] 〔美〕赫伯特·马尔库塞:《理性与革命》，程志民译，重庆出版社，1993，第437页。
[2] 〔美〕赫伯特·马尔库塞:《反革命和造反》，任立译，商务印书馆，1982，第14页。

育。"① 即文化沦为经济的工具，成为物化的商品或消费品，丧失了否定性、批判性和创造力。技术合理性导致了政治一体化和文化全面被控制的现实，使得文化必须服从既定的秩序。"这种对双向度文化的清洗，不是通过对'文化价值'的否定和拒绝来进行的，而是通过把它们全盘并入既定秩序，在大众规模上再生和展现它们。"② 人作为文化主体角色的异化，使其丧失应有的主体创造意义。丧失了主体化力量的大众，没有反抗和拒绝精神，没有与现实对立的梦想和幻想，沦为完全僵化的物。马尔库塞对大众文化的批判，显然也是立足于工作世界文化，特别是对工作世界的物质文化、金钱文化、消费文化、商业文化的批判。

最后，主体的异化还体现在人的生存自然环境的异化上。马尔库塞认为，自然环境越来越成为控制人的有效因素：成了社会及其政权的一个伸长了的胳膊；商业化的、受污染的、军事化的自然不仅从生态的意义上，而且从生存的意义上缩小了人的生活世界，它妨碍着人对环境世界的爱欲式的占有和改变。③ 人类作为主体对自然进行残酷掠夺和控制，造成自然环境的异化，这必然遭到自然的反抗和报复，人对待自然的客体化的手段造成人与自然关系的对抗和异化，最终导致人类自身主体化世界的丧失。马尔库塞对自然异化的批判，也是指向工作世界人对自然的过度开发和利用、把自然当成人的奴仆和工具的人类中心主义状态。

马尔库塞不仅批判了人的异化的本质即工作世界的异化，而且探寻了对工作世界的艺术化的拯救与还原之路。他深刻批判了现代文明社会人的全面异化的现实，即工作世界的异化及由此带来的生活世界和社会世界的异化，即人的全面异化。他认为哲学要为人探求超越异化世界的自由世界境界。他认为这种世界境界就是爱欲自由和解放的世界，人一旦实现了这种解放，"自由的时间就能变成生活的内容，而工作则能变成人的能力的自由发挥，在这方面，本能的压抑性结构将被爆炸性地改变，工作中的本

---

① 〔美〕赫伯特·马尔库塞：《审美之维》，李小兵译，三联书店，1992，第123页。
② 〔美〕赫伯特·马尔库塞：《单向度的人——发达工业社会意识形态研究》，张峰、吕世平译，重庆出版社，1988，第49页。
③ 〔美〕赫伯特·马尔库塞：《现代美学析疑》，绿原译，文化艺术出版社，1987，第128页。

能的能量将自由地爆发出来，而且作为爱欲，将拼命把性欲关系普遍化和发展一种性欲文明"①。显然，他把工作世界的自由和解放看作爱欲自由和解放的结果，爱欲文明的价值在于工作能量的发挥和爆发，而工作世界的自由和创造也有助于爱欲文明的构建。爱欲的解放、主体性的拯救需要寻求一种非压抑的文明，即爱欲的文明。在他看来，"不仅在个体的层次上，而且在历史的层次上，艺术都是最显而易见的被压抑物的回归"②；"艺术就是反抗"③。他把艺术看作人的爱欲解放和自由存在的最高形式，而这种艺术就是与技术、自然和人相融合的艺术，就是将工作世界艺术化的艺术。所谓艺术还原即艺术对生活世界特别是工作世界的拯救行动，是用艺术的自由、批判、创造精神消除人、生活和工作世界的异化状态。

马尔库塞从异化理论的角度特别是工作世界批判的向度，为当代人类走出主体化困境提出了解决方案，是对主体化意义的关怀，也为当下主体化问题的探索提供了新的启示和借鉴。从理论意义上看，在精神文化、艺术文化、技术文化等方面，马尔库塞的工作世界批判理论是对马克思异化劳动理论或工作世界批判理论的时代化的发展和补充。①马尔库塞站在实现人的解放和自由的人本立场上，批判当代资本主义社会人的全面异化现象，把对工作世界的批判置于批判的核心，并提出以艺术来克服异化，实现爱欲的解放、主体化的拯救目的。可以说，这种对工作世界技术、关系、环境、资本中心和权力中心的批判，抓住了批判的价值核心，而其对艺术精神的建构，张扬了心灵生活和主体精神的价值，特别是张扬了艺术审美和艺术精神价值。②他对大众文化的批判实质是对工作世界精神文化的批判，这在一定程度上是对马克思异化劳动论或工作世界批判理论的一个时代化的发展和补充。他高扬精神文化特别是艺术文化，这对于当下消费文化的泛滥以及此种文化背景下人的文化主体化的沉沦与丧失，具有强烈的批判借鉴意义。③他主张艺术与科学技术的融合，指出在实现了基本

---

① 〔美〕赫伯特·马尔库塞：《现代美学析疑》，绿原译，文化艺术出版社，1987，第10页。
② 〔美〕赫伯特·马尔库塞：《爱欲与文明》，黄勇、薛民译，上海译文出版社，1987，第104页。
③ 〔美〕赫伯特·马尔库塞：《爱欲与文明》，黄勇、薛民译，上海译文出版社，1987，第105页。

需要和自由的主体化存在时空里，"科学的设计将自由地趋于超功利的目的，将自由地趋于超越统治的必要性和奢侈性的生活艺术"①，他认为科学和技术既要给予人类物质和精神的双重满足，也要在满足基础上让人获得全面自由发展，特别是提出艺术向自然、技术和人还原的"艺术还原论"，并以此来拯救工作世界和生活世界主体化的沉沦，实际上是尊崇、追寻和建构了艺术主体化工作世界境界。其艺术向技术、人性和自然回归的艺术还原思想，具有强烈的工作世界现实艺术内涵和意蕴，实际上是把艺术建立在主体化工作世界基础上。④他还强调主体的创造性本质和艺术的创造性本质以及艺术的感性特质，这也是关于主体化的工作世界本质和艺术的工作世界本质的真知灼见。⑤在马尔库塞看来，人的本质是爱欲本能和冲动，人的自由与解放就是爱欲的自由与解放，最终靠艺术实现自由与解放，靠沉入艺术的精神境界，这是主体性的拯救与实现的基本路径。异化的人、异化的社会、异化的生活和工作世界，都靠这种艺术主体化的精神境界去消解、否定和颠覆。由此，改变异化的工作世界是主观性的个体主体化的精神意识过程，即"心理革命"或精神"大拒绝"的过程："革命应该从'意识革命'、'本能革命'入手，建立'反文化'、形成'新意识'。就是说，'革命'应该在现存制度范围内从改变人本身、人的生活方式、文化着手"②。这虽具有精神境界的实有意义和现实世界的针对性以及对未来世界的前瞻性，但无疑带有浓厚的乌托邦色彩，这种纯粹的精神境界是一个脱离工作世界境界的虚幻的梦想世界境界。

马尔库塞异化理论的工作世界批判向度与马克思相比较，二者有以下关联和不同。①都是以工作世界为批判的价值核心，但批判的层次不同。前者主要是工作世界的文化关系，如技术、意识形态等方面，后者主要是工作世界物质关系特别是占有分配关系。②都把工作世界批判同社会批判结合起来，但批判的基础不同。前者主要批判社会意识形态、大众文化，后者主要批判物质生产关系、资本关系或资本主义社会关系总体。③都是把工作世界批判同人的生存状态的批判结合起来，但批判的指向不同。前

---

① 〔美〕赫伯特·马尔库塞：《单向度的人——发达工业社会意识形态研究》，张峰、吕世平译，重庆出版社，1988，第195页。
② 徐崇温：《法兰克福学派述评》，三联书店，1980，第165页。

者主要指向人的精神、心理等文化层面,后者主要指向人的总体存在和本质。④都把工作世界批判同人的解放结合起来,但解放的对象不同。前者主要是爱欲,后者主要是工作世界生产力、工作力与工作关系。⑤都把批判与建构结合起来,但建构的方式不同。前者主要诉诸心理革命、艺术还原等方式,后者诉诸物质力量、阶级力量以及社会关系特别是物质生产关系。

三 从生活世界到工作世界[①]
——许茨现象学的文化世界走向

任何异化都不是绝对的,异化的社会、生活、工作无论怎样异化和对抗,总是在一定层面存在着这样或那样的和谐或共同体关系。西方马克思主义关注的主要是生活和工作世界的异化问题,而现象学社会学家许茨则从主体间性关系即个人共同体关系的视角关注生活世界,并将生活世界理论建立在工作世界基础上。

许茨把现实(现象)世界视为一个文化世界,又把文化世界的总体视为生活世界,进而又把工作世界视为生活世界的核心。这一进展有其内在的思想运行逻辑,也有其外在的文本表征。其还原方法、意义理论、主体间性理论、意向性理论都建立在工作世界基础上,这就在意识哲学的意义上构成了一个走向工作世界的文化世界理论体系,这是肇始于胡塞尔的生活世界现象学的一种新进展,也是当代文化世界哲学的一个新走向。

许茨作为现象学哲学家特别是现象学社会学的创始人,其思想日益受到国内外学界的关注,国外每年都产出相当数量研究许茨的文章或论著,研究的领域主要包括许茨的现象学哲学基础、社会现象学、比较现象学以及应用现象学等,唯独缺少对许茨现象学的工作世界向度的独立性研究。这似乎有些不可思议,究其原因,或许是受许茨学生纳塔森的影响。纳塔森作为许茨的得意弟子,被委以出版《许茨文集》的重任,他曾在《社

---

① 本节为国家社会科学基金项目"马克思主义哲学中国化的文化世界向度研究"(12BZX011)、教育部人文社科基金项目"许茨生活世界现象学理论研究"(12YJA720008)的阶段性成果。原载于《齐鲁学刊》2013年第5期,选入本著作时文字上略有改动。

会实在问题》的序言里评论许茨的思想，认为许茨理论的主导线索是日常生活世界的意义结构，目标是建立世俗哲学，独特贡献是现象学哲学与社会实在概念的独特结合，而理解主体间性问题是理解社会实在的关键线索。这为我们把握许茨思想提供了帮助，但是，他没有提到工作世界这一重要思想，他在评论中几乎提到了许茨理论中除"工作世界"之外的所有重要概念。这或许是疏忽，或许是有意的回避，如许茨在1945年发表的《论多重实在》一文中明确指出，工作世界是最高社会实在并构成生活世界的核心，而纳塔森却说许茨认为日常生活是最高实在。疏忽和回避都不可确定，而有一点可以确定，即只有牢固持马克思实践哲学思想的人，才有可能从工作实践的价值意义上理解许茨的工作世界理论及其价值，才会对它有理论旨趣。如此，西方意识形态语境下的学者、研究者对许茨现象学的工作世界向度的回避似乎就有了较为确定的理由。此外，还有一个原因就是，许茨是一名银行职员、非主流的业余哲学家，虽然死后受到广泛关注，但受关注得较晚，非主流哲学家总是受到主流哲学家的冷遇，一些主流哲学家虽也研究他的思想，但真正研究的主要是一些学生，再加上长期以来形成的生活世界范式，也容易造成研究者的思维定式并抑制新范式的生成。

受国外研究视域和观点的影响，国内有学者对许茨的生活世界现象学理论及其对胡塞尔生活世界理论的继承与改造关系做了较为充分的研究①，但国内学界亦没有关于许茨现象学的工作世界向度的独立研究，这在很大程度上是受了国外先验研究结构的影响。通过对许茨思想历程及生活世界理论内核的进一步探究，发现许茨的主体间性理论、意义理论以及这些理论所使用的方法，都建立在工作世界基础上，其生活世界或文化世界理论呈现出从生活世界到工作世界的进展和走向。

（一）许茨现象学的工作世界旨趣的生成

许茨现象学的工作世界旨趣有其内在的思想进程逻辑和外在的文本表征。

受韦伯、柏格森、詹姆斯特别是胡塞尔等人思想的激发，许茨的现象

---

① 何林：《论许茨对胡塞尔生活世界理论的继承与改造》，《哲学研究》2010年第11期。

学理论呈现出一个从生活世界走向工作世界、从一般的社会行动或个人行动走向实体的工作行动或工作世界的进程。另外，许茨的工作世界理论也留有马克思实践哲学的深痕明迹，这一点将在文中其他部分加以论证。

许茨1918年入维也纳大学攻读法学、经济学和社会科学，在听了韦伯的学术讲座后，对社会科学产生了浓厚兴趣，开始关注韦伯的思想，毕业后成为一名银行职员，用业余时间研究哲学和社会学，感到韦伯的理论缺乏科学基础。韦伯认为社会学就是解释、理解社会行动意义的科学，而行动的意义是主观意识赋予的。许茨认为，韦伯的理论主要建立在主观性的纯粹意识构造基础上，没有解决主观如何赋予行动意义的问题，需要重新考察行动的意义来源或构成。可见，许茨最初的理论旨趣就定位在具有浓厚的工作行动意蕴的社会行动的意义问题上。在1945年的《论多重实在》一文中，许茨认为"社会行动包含沟通，任何一种沟通都必须建立在工作活动的基础上。……各种姿态、言语、文字书写等，都建立在各种身体运动基础上"①。"它（生活世界）从一开始就是一个主体间际的文化世界。它之所以是主体间际的，是因为我们作为其他人之中的一群人生活在其中，通过共同影响的工作与他们联结在一起，理解他们并且被他们所理解。"② 即社会行动只有实体化、现实化为工作行动才有实际意义。

韦伯虽然对社会行动的类型做了诸如"目的合理的行动""价值合理的行动""情感的或情绪的行动""传统的行动"的分类，但缺少工作行动的概念和认知，而工作行动是行动的根本、总体和实体。正因如此，1924~1927年，许茨试图以柏格森绵延理论为基础解决社会行动的意义问题，但没成功，于1928年放弃了。柏格森生命哲学的价值在于把生命理解为一个创造性行动的过程："我们仅仅探讨我们的意识赋予'存在'一词的精确含义是什么，我们认为，对于一个有意识的生命来说，存在在于变化，变化在于成熟，成熟在于不断地自我创造。"③ 这种思想对许茨在后期的思想中消除胡塞尔的先验意识，把意识活动看作一个工作意识的

---

① 〔美〕阿尔弗雷德·许茨：《社会实在问题》，霍桂桓译，华夏出版社，2001，第296页。
② 〔美〕阿尔弗雷德·许茨：《社会实在问题》，霍桂桓译，华夏出版社，2001，第36~37页。
③ 〔德〕柏格森：《创造进化论》，姜志辉译，商务印书馆，2004，第12~13页。

设计、活动、创造过程有一定的影响作用①，但柏格森把生命意义的源泉、生命行动的驱动力看作来自神秘的直觉意识的冲动，这与韦伯主观赋予行动意义一样武断和不切实际，无助于解决行动意义问题。

1928年后，许茨开始用胡塞尔的现象学改造韦伯的理论基础，1932年出版第一部著作《社会世界的意义结构：理解社会学导论》，此书受到胡塞尔的赞赏。胡塞尔的先验意识虽然先验，却是没有任何先验内容规定性的纯粹意识，几乎就是一块意识的白板，只有意向活动的能力和本性，且是一种"我们"化的主体间性的共同体意识，这至少在形式上消除了韦伯、柏格森等人的意识哲学的自我意识本体论和意识先验结构。胡塞尔把世界还原成一个可经验的现象世界或生活世界总体，并由先验意识结合生活现象的材料在主体间性的行动中构造生活世界的意义，认为社会世界、社会行动的意义来自生活世界的主体间性关系。许茨把社会世界、社会行动建在了胡塞尔的生活世界现象学基础上。但是，生活世界的意义又来自哪里？空心化的先验意识虽然不是一个精神实体，但依旧是先验的，先于生活世界也先于主体间性各种意义，至少最初仍然是一个在生活世界之外的构造者、旁观者。这个不自然的先验自我怎能与生活世界的自然而然的状态相融呢？

许茨1937年在美国定居后，继续思考生活世界的意义起源问题，并接触了詹姆斯的实用主义理论。实用主义有实在、效果、效用的经验主义和实证主义倾向，排斥了非经验的先验意识，也更增强了意识的工作意向性，因为只有通过工作行动或工作创造活动才能有实用和效果。如此，许茨认识到胡塞尔先验现象学的局限性。"首先，因为我相信在这一领域中，还有许多为职业现象学家所忽略的事情要做；其次，我越来越确信生活的起源不在先验的领域而只在自然的领域。"②"自然的领域"根据许茨的分析就是工作世界领域，如此，"许多为职业现象学家所忽略的事情"

---

① 本课题为"马克思主义哲学中国化的文化世界向度研究"的阶段性成果——何林教授（本课题第一参加人）2014年发表于《哲学动态》第2期的论文《许茨对柏格森意义理论的继承和发展》，系统阐述了柏格森对许茨的影响。

② Wagner. H. R., *Alfred Schutz: An lntellectual Bioigraphy*, Chicago and London: The University of Chicago Press, 1983, p. 99.

就是对工作世界的分析,这表明许茨已明确认识到生活世界及其意义起源于工作世界,而其他现象学家忽略了这个世界。1943 年,许茨指出胡塞尔的先验主体性的悖论:先验的"世界构造"预设了自我的主体间性存在,而根据其定义和方法,先验自我就其超级的孤独状态而言并不存在于主体间性之中。① 于是,许茨对胡塞尔现象学从先验自我中推导出主体间性以及行动和生活世界的意义理论进行改造②,他在 1945 年的《论多重实在》一文中提出了"工作世界"概念并描述了其意义,用工作世界描述代替了生活世界描述,确立了现象学的工作世界理论雏形。

还有其外在的文本表征。一般把许茨思想分两个时期,即欧陆时期和 1940 年后美国时期。前期以《社会世界的意义结构》一书为代表,主要是对社会世界主观意义的探讨,主要致力于内在经验的纯粹心理学现象学探讨,用胡塞尔改造韦伯。工作世界理论生成于第二个时期即思想成熟期。在他去世后出版的四卷本的《许茨文集》收录了他在美国时的 37 篇论文。《许茨文集》第一卷有着突出的地位,收录了他 1940~1959 年的主要论文,浓缩了许茨成熟时期思想的精华,由他的学生纳塔森编辑,即 1962 年出版的《社会实在问题》。从这些文章的时间排列顺序也可见其思想的递进逻辑,即从日常生活世界到工作世界再到最后的社会理论总体。该文集发表的论文集中在 1945 年。1945 年初的论文,主要内容是阐述现象学的最主要概念,把现象学做了一个梳理。许茨的工作世界理论主要集中在 1945 年 6 月发表的论文《论多重实在》中,它论及日常生活世界实在的各种层次,提出了"工作世界"概念并描述了其意义和在生活世界中的核心地位。如第一部分"日常生活世界的实在",通篇阐述的是工作世界意义结构问题,共分七节,第一节"日常生活的自然态度及其实用动机",就是以描述工作世界为起点;第六节"实在在日常工作中的各种层次"和第七节"作为最高实在的工作世界、原始焦虑、自然态度的悬置",则是以工作世界理论为结束,而其他

---

① Wagner. H. R. , *Alfred Schutz*: *An Intellectual Bioigraphy*, Chicago and London: The University of Chicago Press, 1983, p. 291.
② 许茨对胡塞尔生活世界现象学的改造关系,可详见本课题"马克思主义哲学中国化的文化世界向度研究"的前期成果——何林教授 2010 年发表于《哲学研究》第 11 期的论文《许茨对胡塞尔生活世界现象学的继承与改造》。

四节也都是以描述工作世界为主线。第一节"日常生活的自然态度及其实用动机"也只用了不到一页就开始引出"工作世界"概念，通篇很少提到"生活世界"概念，一直在用"工作世界"概念，如此，从论文形式看，他的生活世界理论实际是工作世界理论。这篇文章的其他部分是关于梦和理论静观的论说，这些论说也是建立在工作世界基础上的。

（二）"现象即本质"的方法与工作世界本质还原

从理论的内容结构看，许茨现象学的工作世界走向首先表现在用"现象即本质"的现象学还原法还原了生活世界的工作世界本质。在许茨看来，我们生活在其中的这个世界是一个常识世界，而"常识世界从一开始就是一个文化世界"①。"我们生活在其中的这个世界"即我们所谓的现实世界，是现象学的"现象世界"。许茨把"现象世界"看成一个"常识世界"或文化世界，又把文化世界看成一个生活世界，进而又还原了文化世界或生活世界的工作世界本质。对于现象学来说，"现象即本质"既是一种世界观又是一种研究方法。世界观是说世界的本质就是人的经验世界即"现象世界"，不存在预先设定或与人无关的本质、本体。现象学所说的"现象世界"就是人的现实世界。这虽否定了"物质世界的先在性"，但在"世界的本质是人的现实世界或实践世界"这一点上，与马克思的实践哲学有共通点。马克思认为现实、事物、感性、对象，如果离开主体人的实践活动就没有意义。② 许茨承袭了这一观点，指出："对于我们的自然态度来说，这个世界首先不是一种我们思想的客体，而是一个我们支配的领域。我们对他具有突出的实践方面的兴趣。这种兴趣是由满足我们生活的基本需要的必然性造成的。"③ "现象即本质"作为研究方法是悬置以往各种关于本质、本体的先验认识，以抵达"按事物的本来面目认识事物"的境界。如此，研究方法是现象学的悬置法、还原法或描述法。胡塞尔把现象或现实世界描述为或还原为一个由纯粹意识指向的生活世界，认为主体意识化的生活世界是现象、现实世界的基础，也是各种科学和文化的基础。而许茨则不满胡塞尔先验现象学的抽象生活世

---

① 〔美〕阿尔弗雷德·许茨：《社会实在问题》，霍桂桓译，华夏出版社，2001，第388页。
② 《马克思恩格斯选集》第1卷，人民出版社，1995，第54页。
③ 〔美〕阿尔弗雷德·许茨：《社会实在问题》，霍桂桓译，华夏出版社，2001，第306页。

界观，试图探究现象学也是整个现实世界的更为世俗的基础，这个基础就是工作世界。"世界首先是一个我们支配的领域"，首先是一个"实践兴趣的世界"，是说工作世界是基点和价值核心。"精明成熟这个概念合理而且实用地为解释我们的认知生活揭示了出发点"①，"精明成熟"是许茨指的"精明成熟的自我"，即"工作的自我"。"这种关于操纵领域优先的理论当然与我们这篇论文提出的论题集中到一起了，这个论题就是，这个由于我们的工作，由各种身体的运动，由我们可操纵的客体，可处理的事物和人构成的世界，构成了日常生活的特殊实在。"② 他悬置了胡塞尔先验的纯粹意识或先验自我，认为现象、现实、生活世界都是被工作世界连接起来或总体化的，认为工作世界是一个自然而然的世界，是最现实、最现象、最可经验的世界，是最高的实在和意义。

许茨现象即本质的方法是自然态度的悬置法。与胡塞尔通过"括弧法"抛弃"自然态度"的做法不同，许茨关注的是"自然态度"本身。胡塞尔把各种所谓的实体悬置起来即悬置人们的"自然态度"。"使属于自然态度本质的总设定失去作用，我们将该设定的一切存在性方面都置入括号：因此将整个自然世界置入括号中，自然界持续地'对我们存在'，'在身边'存在，而且它将作为被意识的现实永远存在着，即使我们愿意将其置入括号之中。"③ 许茨认为，对于自然态度我们应该采取与传统现象学不同的悬置。这种"自然态度的悬置"就是还原了被胡塞尔悬置的"自然态度"："也许可以冒险地提出下面的建议来看一看，即人在自然态度中也使用一种特殊的悬置，当然，这种悬置是与现象学家的悬置截然不同的。人并不把他对外部世界及其客体的信仰存而不论，而是与此相反，把他对它的存在的怀疑存而不论。他放进括号里的是这样一种怀疑，即这个世界及其客体可能与它显现给他的样子不同。我们建议把这种悬置叫做自然态度的悬置。"④ 在《论多重实在》一文中，作为方法论的自然态度

---

① 〔美〕阿尔弗雷德·许茨：《社会实在问题》，霍桂桓译，华夏出版社，2001，第290页。
② 〔美〕阿尔弗雷德·许茨：《社会实在问题》，霍桂桓译，华夏出版社，2001，第301~302页。
③ 〔德〕胡塞尔：《纯粹现象学通论》，李幼蒸译，商务印书馆，1992，第97页。
④ 〔美〕阿尔弗雷德·许茨：《社会实在问题》，霍桂桓译，华夏出版社，2001，第308页。

悬置法虽是放在后面阐述的，却是初始使用的方法，即他的还原过程一开始就使用了这种方法。而许茨之所以能持有这种自然态度，关键就是从抽象的或先验的生活世界走进工作世界，发现了工作世界是现实世界或生活世界的"出发点"和"最高实在"。日常生活和生命时空依靠工作世界组织、拓展和延续。"精明成熟的自我在它的工作中并且通过它的工作，把它的现在、过去和未来结合成一种特殊的时间维度；它通过它的工作活动实现作为一种整体性的自身；它通过工作活动与他人进行沟通；它通过工作活动把这个日常生活世界的不同空间视角组织起来。"① 生命的时空维度、存在的"完整性"和过程以及交往都靠工作世界拓展和组织并在其中实现。

按照现象即本质的方法，越是现象的就越是本质的，日常生活无疑是首先经验的最现象的东西，进入这个世界就会发现现代生活都被工作化了，工作世界又是现象的现象、现实的现实。现象学的这个过程就像婴儿首先进入的是日常生活世界而不是工作世界，随着生命的生长，他才开始就业，进入工作世界，尽管他一出生就直面护士、接生婆的医疗工作世界，但那不属于他，属于他的最强烈、最初级的现象是母亲温暖的怀抱。从这个意义上讲，现象学的最初是进入生活世界，后来才抵达工作世界，这既符合现象学哲学行进的逻辑，也符合生命生长的逻辑。总之，许茨通过"现象即本质"或"自然态度的悬置"方法，还原了现象世界或生活世界的工作世界本质、基点、出发点。

（三）意义理论与工作世界的总体性和主体间性意义

现象即本质的方法还原了现象世界的工作世界本质，那么工作世界及其本质又是什么，或者说工作世界的意义结构是什么，这是许茨现象学意义理论的主要内容，即他的意义理论建立在工作世界基础上，而工作世界主体间性意义是其意义理论的核心。

许茨首先从世界总体性上揭示了工作世界的总体性意义。许茨用工作世界而不用"工作"这个概念，就在于强调工作的世界性，而世界是一个总体，生活世界、文化世界、工作世界、社会世界、个人世界……世界

---

① 〔美〕阿尔弗雷德·许茨：《社会实在问题》，霍桂桓译，华夏出版社，2001，第289页。

的多重性意味着总体的多重性，强调世界性即强调总体性。许茨明确地描述了工作世界的总体性："作为一个整体，作为最高的实在，工作世界是对照着实在的其他许多次级宇宙（sub-universe）突出表现出来的。它是由自然事物构成的世界，包括我的身体在内，它是我的各种运动和各种身体操作的领域；它提供要求我们努力去克服的各种抵抗；它把各种任务摆在我们面前，允许我们把计划进行到底，使我能够通过尝试达到我的目的获得成功，或者遭到失败。我通过我的工作活动同外部世界连接起来，而且我改变它。……我和其他人一道分享这个世界及其客体；我和其他他人具有共同的目的和手段；我通过多种社会活动和社会关系与他们一道工作，检查他们并被他们检查。这种工作世界是这样一种实在，只有在这种实在中，沟通和双方动机的作用才能变得有效。"① 即工作世界是一个由自然、身体的运动与操作、工作任务、工作目标目的、工作成功与失败的效果以及工作同伴关系构成的总体，工作世界或工作行动总体化并改变外部世界，是现实世界或生活世界的基础和核心，且主体间的沟通交往关系即主体间性关系只有在工作世界总体性中才能实现。"我们建议把这种被个体当作实在核心来经验的工作世界的层次，称为处在他力所能及的范围之内的世界（the world within his reach）。"② 而"处在我力所能及的范围之内的世界"的整个系统只是一个"现在时态"，随着"我的工作运行"的改变而改变。

工作世界的意义产生或总体化生活世界的意义，那么工作世界总体的意义又是由什么总体化起来的？许茨进一步探讨了工作世界的结构或本质就是主体间性的伙伴关系，即主体间性关系生成于工作世界并构成工作世界的意义源。胡塞尔指出："作为一个个人活着就是生活在社会的框架之中，在其中我和我们都一同生活在一个共同体之中，这个共同体作为一个视界而为我们共同拥有。"③ 这个共同体是生活世界共同体，"它是一个持

---

① 〔美〕阿尔弗雷德·许茨：《社会实在问题》，霍桂桓译，华夏出版社，2001，第305~306页。
② 〔美〕阿尔弗雷德·许茨：《社会实在问题》，霍桂桓译，华夏出版社，2001，第302页。
③ 〔德〕胡塞尔：《欧洲科学的危机和先验现象学》，张庆熊译，上海译文出版社，1988，第3页。

久的有效性的基础,一个不言而喻的一劳永逸的源泉,我们无论是作为实践的人还是作为科学家,都会不加考虑地需要这个源泉"①。在胡塞尔看来,生活世界或主体间性的共同体是意义的源泉,而先验自我是一切意义的最终源泉。许茨把胡塞尔的意识化的主体间性共同体或生活共同体原则置于工作世界,揭示了工作世界的共同体本质或主体间性的伙伴关系。"我们生在其中的这个世界,从一开始就是一个主体间际的世界。这一方面意味着,这个世界不是我个人的世界,而是对于我们所有人来说共同的世界;另一方面意味着,在这个世界中存在我通过各种社会关系与之联系起来的同伴。我不仅影响那些无生命的东西,而且也影响我的同伴,在他们的诱导下进行活动,并且诱导他们进行反作用。"② 在许茨看来,主体间的现实关系——交往、沟通、相互理解和作用以及面对面的情境、互相关照的伙伴关系、共同经验等,不是存在于胡塞尔的纯粹意识或先验意识中,而是只有在工作世界之中才是可能的。"在这种面对面的关系中,每一个伙伴不仅通过生动的现在共享另一个伙伴,而且其中每一个伙伴及其自发生活的全部表现也都是另一个伙伴的环境的一种成份,他们都参与他们对外部世界的一整套共同经验,其中,每一方的工作活动都可以连接在这个世界上。而且最后,在这种面对面的关系中(而且也只有在这种关系中),这个伙伴才能通过生动的现在,把他的同伴的自我当作一个完好无缺的整体来观察。"③

主体间性关系产生于工作世界并建构工作世界的意义,是工作世界意义的源泉。"我想用'精明成熟'这个术语表示意识张力程度最高的平面,它是从充分注意生活及其各种要求的态度中产生的,只有进行活动的自我,特别是工作的自我,才是对生活完全感兴趣的自我,因而才是精明成熟的自我。它生活在它的活动之中,……这种注意完全是一种主动的注意。……工作的自我所具有的这种充分觉醒的状态勾勒出这个世界从实用角度看与我们相关的部分的轮廓,并且勾勒出这些决定我们的思想流的形

---

① 〔德〕胡塞尔:《生活世界现象学》,倪梁康等译,上海译文出版社,2002,第259页。
② 〔美〕阿尔弗雷德·许茨:《社会实在问题》,霍桂桓译,华夏出版社,2001,第295页。
③ 〔美〕阿尔弗雷德·许茨:《社会实在问题》,霍桂桓译,华夏出版社,2001,第298~299页。

式和内容的关联的轮廓：它们决定我们的思想流的形式，是因为……它们决定我们的思想流的内容。"① 工作世界是产生自我、主动、自由、思想意识、经验等意义的源泉和根据。"希望和畏惧以及与它们相关的满足与失望，都以这个工作世界为依据，而且只有在这个世界中才成为可能。"② 许茨还认为，梦、游戏、虚构或想象、童话、神话这些"有限意义域"的意义也都来自工作世界及其主体间性关系："都来源于我们的日常生活的最高实在所经历的一种特殊修正，因为我们的心灵在通过意识张力的逐渐减少离开这个工作世界及其各种任务的过程中，为了一种被想象为准真实的（quasi-real）幻想代替这个工作世界，取消了它的某些层次的实在特征"。③ 这些精神世界或幻想世界的意义来自作为最高实在的工作世界，又有相对独立性或自由，在这些精神领域"我们摆脱了支配我们关于这个日常生活世界的自然态度的实用动机，也摆脱了'客体间际'的（inter-objective）空间和主体间际的标准时间的束缚"④。许茨还认为，理论静观的意义来自工作世界及其主体间性关系："这种静观思维的全过程都是为了实践的意图和结果而进行的，正因为如此，他在这个工作世界中，而不是在一个有限意义域中，构成了理论静观的'飞地'（enclave）。"⑤ 一个人离开工作活动及其创造的财富和生活条件，既不能在深夜梦想，也不能进行科学静观，连精神病患者的精神意义也会因为没有生存条件的支撑而消失。

工作世界作为意义域，是众多有限意义域之一，作为意义源，是其中的核心。许茨把工作世界作为意义源，实际上承袭了马克思"社会生活以物质生产活动为基础"的思想，超越了柏格森、詹姆斯以及胡塞尔的精神、意识主体意义源。这似乎背离了现象学的意识意向性这一首要原则，其实不然，他是把胡塞尔的生活意识转换成了工作世界意识，认为意义源于工作主体的意识或意向性，许茨的意义源最终在胡塞尔意向性的意

---

① 〔美〕阿尔弗雷德·许茨：《社会实在问题》，霍桂桓译，华夏出版社，2001，第290页。
② 〔美〕阿尔弗雷德·许茨：《社会实在问题》，霍桂桓译，华夏出版社，2001，第307页。
③ 〔美〕阿尔弗雷德·许茨：《社会实在问题》，霍桂桓译，华夏出版社，2001，第314页。
④ 〔美〕阿尔弗雷德·许茨：《社会实在问题》，霍桂桓译，华夏出版社，2001，第314页。
⑤ 〔美〕阿尔弗雷德·许茨：《社会实在问题》，霍桂桓译，华夏出版社，2001，第326页。

义上返回工作意向主体自身。

(四) 意向性理论与工作行动的意识设计过程

工作世界主体间性关系构成工作世界的意义,工作世界的意义总体化生活世界的意义,那么工作世界及其主体间性关系的意义又来自哪里?许茨认为,工作意向性即工作行动设计是整个意义世界的源泉。胡塞尔的意向性是先验或纯粹的主体间性意识意向性,他把世界理解为由这种纯粹意识的基本的意向性形成的意义构成物。许茨的意向性理论没有停留在胡塞尔先验而纯粹的意识意向性活动的层次,他从工作行动意向性开始,把行动分为内化的自我意识设计行动和外化的公开活动,"为了把单纯思考的(隐蔽的)行进与那些需要身体运动的(公开的)行进区别开来,我们可以称后者为工作(working)"①。这就使意向性成为有现实或世俗感的工作意向性或工作意识活动,成为一个完整的过程总体。这里的自我不是一个以物质活动为本质的人,而是有意识张力即意识延伸力、设计力或现实建构力并在主体间性关系中存在的工作的精明成熟的自我。"精明成熟这个概念合理而且实用地为解释我们的认知生活揭示了出发点",工作的自我或行动的自我是出发点,既是认知的出发点,也是生活的出发点。

许茨的还原最后完成在意向性理论上,意义首先来自工作世界主体间性,最后来自意识意向性,即最后回到意识的指向性赋予对象意义问题上。如此,许茨与胡塞尔在意向性问题上是殊途同归的。但有一点不同,即胡塞尔的意识构造力是先验存在,而许茨的是后天绵延、行动的过程,是在设计行动修正中累积的能力,即意向性或意向性能力是一个后天行动作为的过程。但不是行动修正设计而是设计修正行动,即设计才是行动有没有意义的参照者,行动的过程方式都是意识设计的,行动的意义在于符合设计。而设计的不断修正和改变则是意识本身的张力或意向性本性和能力。意识就是这样一个自我驱动、自我行动、自我修正、自我实现效果的意向性过程,过程的每一个环节都是意向的活动,

---

① 〔美〕阿尔弗雷德·许茨:《社会实在问题》,霍桂桓译,华夏出版社,2001,第289页。

行动是意向的设计,效果是意向的外化,修正是行动不符合意向或原有的意向的自我改变和行进。当然这主要是一种逻辑的分析,在实际阐述和实际工作世界中,意向性始终存在,意义理论和主体间性理论,也就是他的意向活动理论。如前所述,行动理论是他整个研究的起点,始于对韦伯的兴趣,最后又落在工作行动上,工作行动最后落在工作行动设计即工作意向性上。"工作是存在于外部世界之中的行动,它建立在一个设计基础上,并且由通过身体运行造成经过设计的时态的意向描述其特征。对于构成日常生活世界的实在来说,工作形式是我们描述过的全部自发性形式中最重要的一种形式。"①

如此,许茨的意向性理论以工作意向性理论的方式最终解决了韦伯等人没有解决的"意识如何给予行动意义"的问题。其基本环节是:①把行动转化为工作行动,使得行动实体化、实在化,为描述行动意义做铺垫或提供经验材料;②意识设计行动;③以一定的知识储备为基础,不同知识储备有不同的设计,并导致不同结构;④设计要有动机,动机不断变化;⑤把设计外化为公开化的行动;⑥意识修正行动,发现行动偏离了设计就要修正,或者发现自己不能公开化、外化也要修正行动;⑦行动意义在于效果符合设计,而不是效果本身;⑧行动、设计都基于主体间性的伙伴关系;⑨意向性就是意识行动或工作设计、修正的全过程,它给工作行动意义,赋予工作世界意义,又给社会世界及生活世界意义,即意识行动总体化现实世界。韦伯、詹姆斯等现代意识哲学家大量阐述行动,试图通过亲近行动获得意识的现实感。许茨与其不同的是把行动转换成工作行动,这就更具有实在感和现实境遇;与其相同的是最后回到意识自身,这是意识哲学普遍的生存轨迹。"我们可以说,现象学家并不与客体本身发生什么关系,他所感兴趣的是它们的意义,因为它是由我们的心灵活动构造的。"② 他的"意义源"否定了客体的意义,最终回到了现象学的主观意向性上面。

综上,许茨现象学的文化世界走向呈现出从生活世界到工作世界的进

---

① 〔美〕阿尔弗雷德·许茨:《社会实在问题》,霍桂桓译,华夏出版社,2001,第289页。
② 〔美〕阿尔弗雷德·许茨:《社会实在问题》,霍桂桓译,华夏出版社,2001,第167页。

展,其工作世界理论还原了文化世界或生活世界的工作世界基础,探究了工作世界的总体性和主体间性结构与本质,阐明了工作世界是意义的源泉,最终确立了工作意向性是意义的最终源泉。它对我们具有一定的启示与借鉴意义:哲学不仅要关注生活世界,更要关注工作世界;不仅要关注工作世界,更要关注人性化或主体间性关系的工作共同体世界;要循着工作世界的意义结构,追寻工作世界的过程、总体和共同体的价值意义,而不能停滞于某个片段或痴迷于某种物化;工作世界是生活世界或文化世界的核心,以人为本要以建构主体化的工作世界为本。但是,"许茨的工作共同体只是异化社会内部个人之间关系的狭隘的共同体,建立在交往、沟通、理解的基础上,缺乏和谐生产关系的基础,不具有总体的社会批判和改造的性质"①。其共同体主体的狭隘性、意向性的主观性以及意义域的意识性,则需要予以马克思主义哲学的矫正和升华。

---

① 李晓元:《人学走进工作世界——主体化人学初探》,人民出版社,2012,第111页。

第四章　马克思的多重文化世界理论

马克思的文化世界理论集中代表和展现着文化世界观进展的工作世界趋向，马克思的哲学研究观指向多重文化世界，马克思的文化世界理论或哲学是以生活世界为总体、以工作世界为核心的多重文化世界理论或哲学。

从近代主体化到现代主客体统一再到现当代主体间性关系的文化世界观的递进，使主体、主体化逐渐占据了文化世界乃至整个世界的中心地位，越来越具有中心意义上的本体意义，这就在一定程度上导致了人类中心主义文化的盛行，同时使自身在或多或少的意义上陷入人类中心主义。其实，这些现当代文化世界观的症候并不在于诉诸主体的中心地位，而在于把主体、主客体统一关系以及主体间性关系最终都归结为主观性或主体间的意识关系，这就使主体丧失了主体的本意，丧失了主体与世界的共同体总体意义，这就从根本上消解了主体的意义特别是大众主体的意义，更消解了自然、逻各斯、道德命令、精神实体等客体的意义，使得主体被幻化成现实中少数的恣意行事和大胆妄为的资本和权贵主体。这样，这些现当代文化世界观就成为普遍有这些问题的症候群。文化世界哲学认为，人或主体是文化世界的中心，但不是唯一的创造者和决定者，文化世界哲学持有主体中心的观点，固守生活世界总体和工作世界本质意义，反对主体中心论，反对主体中心主义或人类中心主义。马克思的文化世界观不仅从客体方面更从主体方面理解和捕获文化世界的意义，是总体化的文化世界观，或者说是总体化意义上的主体化文化世界观，是生活世界总体观和实践本质观的统一,是生活世界总体观和工作世界本质观的统一。

马克思的文化世界理论,是由人类文化观、生活世界文化观、实践文化观、工作世界文化观构成的多重文化世界观的关联体系,它们互相映照,适用不同的语境。其中,人类文化观和生活世界文化观都是文化世界总体观,实践文化观是文化世界本质观;工作世界是实践的具体化、主体化、现实化和在生产活动层面的深化,工作世界文化观是实践文化的本质观,也是整个文化世界的本质观。这四重文化世界观构成马克思多重文化哲学或文化世界理论的四个基本范式,即人类文化哲学或人类文化理论、生活世界文化哲学或生活世界文化理论、实践文化哲学或实践文化理论、工作世界文化哲学或工作世界文化理论。马克思的文化世界观是多重文化世界观,马克思的文化哲学是多重文化世界哲学,马克思的文化理论是多重文化世界理论。由于本研究在文化世界观递进的历史逻辑上主要考察文化世界观递进的生活世界总体和工作世界本质趋向,因此,生活世界观和工作世界观就构成本研究的主要语境,所以,对马克思文化世界理论的考察亦主要指向其生活世界观和工作世界观,而这两个方面又恰好是一个文化世界总体观和本质观的逻辑体系。生活和工作,从生活到工作,这本身就是一个现实文化世界的逻辑体系和最为紧密的关联场域。

除了语境、关联逻辑和现实场域的原因,这里主要考察马克思文化世界理论的生活世界和工作世界理论,通过这种考察,对其人类文化哲学和实践文化哲学思想也多些了解,即马克思文化哲学的四重范式或理论是互相映照、互相内含的。另外,这里不对马克思人类文化哲学和实践文化哲学进行单列式的考察,因为学界对这方面已有较为成熟和丰富的研究成果,笔者在这方面也取得了包括论文和著作在内的一系列成果。[①]

马克思哲学以工作世界为基础的多重文化世界理论走向,首先源于马克思的哲学研究观或哲学研究方法,即哲学要走向多重现实世界,现实世

---

① 这方面的论著主要有 2015 年由知识产权出版社出版的《和谐人——一场人文化的变革》、2012 年由人民出版社出版的《人学走进工作世界——主体化人学初探》;论文代表作为 2006 年发表于《社会科学辑刊》的《共同体人论:马克思人的本质理论的新视域》。

界即现实生活世界,即文化世界。由此,对马克思文化世界理论的考察首先从马克思的哲学研究观开始,马克思的哲学研究观实际上就是马克思的文化世界研究观,就是马克思的多重文化世界研究观,并预示着马克思多重文化世界理论的意义指向。

一 马克思的哲学研究观
——哲学研究的多重文化世界指向

抽象或思辨地看,哲学观应是对哲学的看法、观点的总和,也包括关于研究什么、怎样研究和为什么研究的哲学研究观问题;而具体或描述地看,即从学界对哲学观的研究看,哲学观及其研究主要是围绕哲学是什么的问题展开的,这就在很大程度上遗漏了哲学研究观的问题,这就为对哲学研究观进行相对独立的研究提供了一个相辅相成的根据。如果说哲学观是对什么是哲学的元问题的研究,那么,哲学研究观则是对包括哲学观在内的哲学研究总体的反思,就更是一个比哲学观更元问题的元问题。

与对哲学研究观研究缺失的事实相应,学界虽对马克思的哲学观有诸多论说,但对其哲学研究观尚无独立的研究。而一些对马克思哲学观现实向度的研究,则局限于现实事件或现实问题的维度,缺少对其现实世界总体向度的关注。通过考察可知,马克思的哲学研究观形成了一个由哲学研究方法论、视域论和目的论构成的以现实世界总体研究为内蕴的完备的现实哲学研究观体系,它较为系统地回答了哲学怎样研究、研究什么以及为什么研究的问题,对哲学研究者的研究有很大的适用价值,特别是对当今中国学界的哲学研究有重要导向意义。当然,学界对哲学研究方法途径的研究一直在进行,这也形成了学界的哲学研究观。这里先不研究学界的哲学研究观,只探讨马克思的哲学研究观,并试图通过这种探讨,对学界的哲学研究观进行深入了解。

(一) 哲学研究观与哲学观的差异与统一

对马克思的哲学研究观有没有独立研究的必要,这要从哲学研究观和哲学观的差异与统一关系说起。二者的差异性为这种相对独立的研究提供了必要,二者的统一性则进一步支持这种研究。哲学研究观和哲学观都不是一个先验的定义，而是从哲学研究的事实中描述出来的。哲学研究观主要是关于哲学怎样研究、研究什么以及为什么研究的认知体系，主要解决哲学研究方法、对象视域和目的等问题；哲学观主要是关于哲学是什么的认知体系。二者的差异与统一关系主要有以下四个方面。

第一，哲学研究观与哲学观二者指向的对象、主体和诉诸的内容不同。首先，哲学观的语式表现为"哲学是什么什么的理论"，如"哲学是世界观的理论体系"，它最终指向的对象是主体的理论。哲学研究观的语式是"哲学研究什么什么"，如"哲学要研究现实世界""哲学要研究人的世界"，它最终指向的对象是客体的世界。如此，若忽略哲学研究观及其研究，就会用哲学观代替哲学研究观，就会造成哲学只研究哲学理论而不研究现实世界的过度"理论哲学"或思辨哲学研究倾向。其次，哲学研究观指向研究者，即哲学研究者研究什么、怎样研究和为什么研究；哲学观指向研究者、教育者、学习者和实践应用者多重主体，既包括对研究者来说哲学是什么，也包括对教育、学习、应用者来说哲学是什么，且后者是最终价值指向。如马克思的实践哲学观既意味着对研究者来说是实践哲学、要研究实践，又意味着对教育、学习应用者来说哲学是应用着、实践着的哲学。一些哲学正是没有注意到这一区别，把哲学观等同于哲学研究观，只看到哲学对研究者所是，不顾及哲学对教育、学习特别是实践应用者所是，结果离开现实实践或现实的人抽象谈论哲学是什么，使哲学观成为只是对研究者来说的哲学观，使哲学只成为少数人的哲学。这正如马克思指出的，哲学必须对人们现实的物质生产活动"给予足够的重视"，"思辨哲学"没有顾及这方面，所以不能为历史和人的活动提供"世俗基础"，从而也就不能成为实践着的哲学，只能是研究者小圈子里的哲学。[①]马克思正是顾及哲学对研究者和实践应用者的双重所是，才把哲学研究观和哲学观既区别开来又统一起来。另外，哲学观虽包含了哲学对研究者所是，但主要还是对总体的主体即大众主体所是，如此，把哲学观等同于哲学研究观，就会把哲学对其他人所是等同于对研究者所是，就会把其他主体等同于研究者主体，就会抹杀哲学学习者、教育者、应用者的主体化个

---

① 《马克思恩格斯选集》第 1 卷，人民出版社，1995，第 79 页。

性。同样，把哲学研究观等同于哲学观，就会把哲学对研究者所是等同于对其他人所是，就容易造成哲学研究者主体化特别是其创新个性的缺失。最后，二者指向的主体不同又注定了二者诉诸的哲学内容不同。哲学研究观指向研究者，故诉诸的是系统化、总体化的哲学内容，并以经典的学术化的论著甚至大部头著作为其文本形式；哲学观指向研究者和学习、教育、应用者，既对研究者诉诸系统化的哲学内容，又对实践应用者诉诸精要管用的哲学内容，并以通俗易懂的精练文本为其内容载体。"学马列要精，要管用的。长篇的东西是少数搞专业的人读的"[1]，这一论说指出了包括哲学在内的理论对研究者和实践应用者的不同内容所是、所在。应该说，顾及哲学理论内容对大众实践应用者所是，是马克思主义哲学研究观和哲学观的一贯风范。"马克思主义哲学大众化"是把对研究者所是的哲学内容转化为对大众实践者所是的内容，它进一步表明，哲学内容对研究者和实践应用者有所不同，哲学研究观和哲学观所诉诸的哲学内容亦有所不同。

第二，哲学研究观与哲学观二者的逻辑顺序不同，前者具有逻辑的先在性。从一些经典文本和现当代哲学研究过程看，二者处在同一研究过程，但逻辑上有先后。从马克思成熟著作《德意志意识形态》（以下简称《形态》）看，马克思首先表明的是哲学研究的描述方法，然后进入研究过程，在进一步表明哲学研究观的过程中使哲学是什么的哲学观问题逐渐明亮起来。先表明哲学研究观特别是研究方法论，在实际研究的过程中表明哲学观，这是近代主体哲学登场以来的一个较为普遍的哲学研究逻辑，培根的经验归纳法，笛卡儿的理性演绎法或普遍怀疑法，都是首先从研究方法论上为哲学是什么提供经验的描述基础或理性的演绎结构。现代马克思哲学的"按照事物的本来面目认识事物"的方法，罗素"欲了解哲学是什么的唯一方法便是从事哲学活动"的方法，现象学"面向事情本身"的还原方法，都表明了哲学研究方法在哲学研究过程中对哲学观的优先性，都否定了以先在的或先验的哲学观统领哲学研究的理念。如此，作为哲学变革或转向的新的哲学观的提出，实际上往往首先是以新的哲学研究

---

[1] 《邓小平文选》第3卷，人民出版社，1993，第382页。

观的面貌出现的,特别是以新的哲学研究方法论的姿态表现出来。这就在哲学家个体身上也应验了罗素"哲学即哲学史"的论断,即一开始研究并不十分清楚哲学是什么,所以避而不谈,随着研究的丰富和深入,哲学是什么的问题才渐渐明亮起来,这时哲学家才能认识到哲学是什么,如此,一个哲学家的哲学或哲学观本质上是这个哲学家的研究史。在研究之前就谈哲学是什么的哲学观问题,或者,在研究之前就试图寻找一个能统领自己哲学研究的哲学观,这必是一个先验的哲学观和哲学研究结构。哲学研究观逻辑上优先的原则,有助于戒除在哲学研究之前或之初就由一个先在的哲学观统领的研究结构。如此,关于哲学是什么的哲学观问题似乎越来越被哲学怎样研究的哲学研究观问题遮蔽了。当然,一些现当代哲学家只是在研究的先后逻辑上把哲学研究观和哲学观区别开了,而在实质上则没有区别,即他们的哲学观依旧是对研究者的哲学观,依旧缺少对实践应用者的哲学观维度,他们的哲学观即是研究观,研究观即是哲学观。但他们的这种形式上的区别亦为人们对哲学研究观和哲学观的独立性理解和独立性研究提供了帮助和支持。

第三,哲学研究观与哲学观二者研究的空间视域不同。如前所述,后者比前者具有更广阔的主体视域,但在哲学存在空间上,前者比后者具有更广阔的非主体视野。哲学观不仅包括对研究者的哲学的注意,还包括对非哲学研究者的哲学的关照,而哲学研究观主要指向哲学研究者的哲学研究过程和总体。哲学研究不等于哲学,有"哲学研究"的人不一定有哲学,没有"哲学研究"的人不一定没有哲学。如一些哲学工作者从事哲学研究一生,且有大量的哲学研究论文论著,但只是研究、解释他人的文本或研究总结他人的哲学(这种哲学研究具有解释和传承文化的重要价值),没有自己的哲学;而一些非哲学研究者不专门从事哲学研究,也没有专门哲学研究的论文或著作,却有自己独立的哲学思想,如邓小平的中国特色社会主义理论;马克思的《资本论》不是专门的哲学研究论著,却也被公认为是一部哲学著作。如此,哲学研究观不仅涉及哲学研究的内容是什么,还涉及哲学研究者主体以及哲学的载体如论文论著、期刊等文本形式;还要审视哲学研究者的研究是不是哲学研究,是从概念到概念、从理论到理论的理论哲学研究,还是研究现实世界结构和过程的现实哲学研究（通过下面的考察可知，马克思的哲学研究观就特别观照了这一点）；还要考察一些哲学研究活动，甚至还要研究哲学研究的运行机制和评价体系等方面。而哲学观一般不顾及哲学研究者主体、媒介、成果形式、机制等方面，而是直面哲学本身，即直面哲学是什么的问题。如此，可以说，哲学研究观虽比哲学观的主体域狭窄，但比哲学观具有更广阔的非主体视域和空间。而研究这些非主体视域和空间对于哲学发展有至关重要的作用，他们是哲学生长的环境、平台和各种动能所在。

第四，哲学研究观与哲学观互相影响、互相构造、互相渗透，具有统一性。哲学研究观影响和构造哲学观，哲学研究什么，哲学就是什么，哲学所研即哲学所是。"前一种考察方法从意识出发，把意识看作是有生命的个人。后一种符合现实生活的考察方法则从现实的、有生命的个人本身出发，把意识仅仅看作是他们的意识。"① 意识哲学的研究方法论导致意识哲学观，现实哲学的研究方法论导致现实哲学观。同样，哲学观也会反过来影响和构造哲学研究观，哲学所是即哲学所研。如马克思的哲学观认为，任何真正的哲学从来都不是世界之外的遐想，而总是"自己时代的精神上的精华"②。这样的哲学观导致马克思的哲学研究观，就是认为哲学的出发点或前提不是先验的，而是从对现实世界、现实生活的描述中产生。如此，马克思的哲学观和马克思的哲学研究观也就是一个互相驱动、互相构造的过程，在这个过程中，哲学研究观总是渗透着对哲学的看法，哲学观总是渗透着对哲学研究的认知，哲学研究观对哲学研究对象的规定，同时也是哲学观对哲学是什么的规定，反之亦然。可以说，学界对马克思主义哲学观的研究也渗透着对马克思的哲学研究观的认知，同样，本书对马克思的哲学研究观的认知，也渗透着对马克思哲学观的理解。如此，对马克思的哲学研究观和哲学观的两种研究，就是一个相辅相成的结构。

（二）马克思哲学研究观的生成动因

马克思哲学研究观的产生，有其外生动力和内在根据，这种动力和根

---

① 《马克思恩格斯选集》第 1 卷，人民出版社，1995，第 73 页。
② 《马克思恩格斯全集》第 1 卷，人民出版社，1995，第 220 页。

据也规定了其内涵和变革意义。就其外生动力来看,是针对"独立哲学"的哲学研究观和研究状况。这里,"独立哲学"一词取自马克思"对现实的描述会使独立的哲学失去生存环境"① 一语,其根本内涵就是脱离现实世界,从概念到概念、从理论到理论、从文本到文本的以理论哲学为价值轴心的哲学研究方式,如此,这里把"独立哲学"或"独立哲学研究方式"也称为"理论哲学"或"理论哲学研究方式",其主要有三种表现形式。其一,经院哲学研究方式。马克思在《关于费尔巴哈的提纲》里把离开实践将理论神秘化或讨论思维的真理性的研究称为经院哲学研究②,其基本特征就是只解释、注释、阐述经典和权威的理论和概念,是一种引经据典式的头头是道但又毫无现实内容和意义的烦琐空洞的哲学研究,其所探讨的问题,就如同中世纪经院哲学所研究的诸如"天堂里的玫瑰花有没有刺""一根针尖上能站多少天使"一样无意义。其二,思辨哲学研究方式。马克思在《形态》里把黑格尔的理性哲学和青年黑格尔派的自我意识哲学称为思辨哲学,认为它是经院哲学的理性化形式,是一种立足于理性演绎,从概念到概念或从概念推导出现实世界的哲学研究方式。"这些哲学家没有一个提出关于德国哲学和德国现实之间的关系问题",思辨哲学满口都是"震撼世界的词句",只进行反对"词句"的斗争,而"绝对不是反对现实的现存世界"③。其三,抽象现实哲学研究方式。马克思把费尔巴哈等人对人、实践和现实的研究称为抽象的现实哲学研究。他指出,"他还从来没有看到现实存在着的、活动的人,而是停留于抽象的'人'",除了饮食男女关系或友情关系,"他不知道'人与人之间'还有什么其他的'人的关系'"④。这种哲学研究的基本特征就是口头上讲哲学要研究人、现实和实践,要以人为本,而实际上却没有实实在在研究一个现实世界或实践、人本问题,或者至多研究一些饮食男女之类的日常生活琐事。这种哲学研究方式也是泛指整个旧唯物主义哲学,即这种哲学虽然在本体论上保持着自然界的优先性,但对人、社会和现实生活世界的理

---

① 《马克思恩格斯选集》第1卷,人民出版社,1995,第73页。
② 《马克思恩格斯选集》第1卷,人民出版社,1995,第59页。
③ 《马克思恩格斯选集》第1卷,人民出版社,1995,第66页。
④ 《马克思恩格斯选集》第1卷,人民出版社,1995,第78页。

解，都是一种不切实际的纯自然化的抽象，也是从概念和理论推导出人的现实生活和实践。另外，抽象现实哲学也包括空喊现实口号并用概念推演现实的思辨哲学。"我们在思辨中感到高兴的，就是重新获得了各种现实的果实，但这些果实已经是具有更高的神秘意义的果实，它们不是从物质的土地中，而是从我们脑子的以太中生长出来的，它们是'一般果实'的化身，是绝对主体的化身。"①

上述经院哲学、思辨哲学、抽象现实哲学都是"独立哲学"或"理论哲学"研究，这三种形式互相内含、交叉存在，它们的共同性就是经典注释、权威解释、理性思辨，用先在的概念和理论推导、主导或统领现实世界和哲学研究，是一种照着或接着原有的或既定的概念和理论讲的哲学。如老年黑格尔派照着或接着黑格尔的客观精神讲，青年黑格尔派照着或接着黑格尔的主观精神或自我意识讲。马克思深感这种照着讲或接着讲的"独立哲学"的概念范式的陈旧，话题的无聊、虚幻和迂腐，用现实世界的话题打断了他们"关于意思的空话连篇"的话题，用现实世界的概念范式弃绝了绝对精神、自我意识、实体等独立哲学的概念范式。只有解释、总结、研究概念和理论的理论哲学才照着讲或接着讲，而研究现实世界则不必，只要照着实际讲或接着实际讲就可以了。马克思以哲学家与思想家的勇气、果敢和实力，毅然决然地打断了独立哲学的话题，提出了以现实世界研究为首要原则的现实哲学研究观："在思辨终止的地方，在现实生活面前，正是描述人们实践活动和实际发展过程的真正的实证科学开始的地方。"② 每个时代哲学研究的前提"只能从对每个时代的个人的现实生活过程和活动的研究中产生"③；"对现实的描述会使独立的哲学失去生存环境"④。马克思的哲学研究观就是主张哲学以描述的方式研究现实的人、实践、生活世界即现实世界总体，是与独立哲学研究观相对峙的现实哲学研究观。它是对独立哲学研究观在研究方法、研究视域、研究目的等方面的一次深刻的哲学研究观的变革，并试图通过对现实世界的描述

---

① 《马克思恩格斯全集》第 1 卷，人民出版社，1957，第 74 页。
② 《马克思恩格斯选集》第 1 卷，人民出版社，1995，第 73 页。
③ 《马克思恩格斯选集》第 1 卷，人民出版社，1995，第 74 页。
④ 《马克思恩格斯选集》第 1 卷，人民出版社，1995，第 73 页。

和改变使独立哲学"失去生存环境"。

那么,马克思的哲学研究观为什么主张哲学要研究现实世界呢?显然,仅仅是独立哲学不研究现实世界这一外生动力还不足以构成马克思哲学研究观产生的依据,它还需要有内在的动力,即现实哲学本身的驱动力。马克思也表明了这种内在依据。首先,现实哲学研究是有效研究。这种有效性就体现在它能掌握大众,能抓住事物的根本,是彻底的理论。"理论只要说服人,就能掌握群众;而理论只要彻底,就能说服人。所谓彻底,就是抓住事物的根本。但是,人的根本就是人本身";而"理论一经掌握群众,也会变成物质力量"。① 现实哲学研究能使人认知现实世界和改变现实世界,实现哲学的现实世界化。其次,现实哲学研究是容易被大众理解和掌握的哲学研究。马克思认为德国哲学或"独立哲学"由于脱离现实而晦涩难懂,他在1842年写的《〈科隆日报〉第179号的社论》中指出,德国哲学"喜欢幽静孤寂、闭关自守并醉心于淡漠的自我直观","它不是通俗易懂的;它在自身内部进行的隐秘活动在普通人看来是一种超出常规的、不切实际的行为;就像一个巫师,煞有介事地念着咒语,谁也不懂得他在念叨什么"。② 现实哲学研究基于大众的生活、生产和工作世界,使大众有亲近感、存在的主体感、话语的熟悉感,从而比独立哲学研究的那些"高深莫测"的创造物、自我意识、实体、神灵更容易为人所理解。再次,现实哲学研究是科学研究,有实际应用价值。它不是从虚幻、想象出发,也不是从既成的哲学观或先在的哲学理念、结构出发,其前提、基础"只能从对每个时代的个人的现实生活过程和活动的研究中产生",因而认识和理解了世界的本来面目,用马克思的话说是"符合实际的描述"。最后,现实哲学研究是一个动态的可持续的不断创新发展的过程。马克思认为现实哲学研究的一般结论或总体描述,不是一成不变的"药方"和公式,"离开了现实的历史就没有任何价值"③,每个时代的现实哲学都要对每个时代的现实生活或现实世界进行符合实际的描述,这就使现实哲学研究成为一种开放的不断注入新意义的永葆生机和

---

① 《马克思恩格斯选集》第1卷,人民出版社,1995,第9页。
② 《马克思恩格斯选集》第1卷,人民出版社,1995,第219页。
③ 《马克思恩格斯选集》第1卷,人民出版社,1995,第74页。

活力的研究。

"任何真正的哲学都是自己时代的精神上的精华,因此,必然会出现这样的时代:那时哲学不仅在内部通过自己的内容,而且在外部通过自己的表现,同自己时代的现实世界接触并相互作用。"① 马克思哲学研究观的根本意义就是现实世界哲学研究观,这里简称"现实哲学研究观",其基本结构是现实世界描述方法论、现实世界研究视域论、现实世界研究目的论(民众目的论)的统一体。它集中呈现于1845年的《关于费尔巴哈的提纲》和1847年的哲学成熟作品《形态》中,它是在哲学研究过程和活动中流露和表明的,而不是一个先在的哲学研究观或研究结构。

(三) 现实世界描述方法论

马克思的哲学研究观首先是现实世界描述方法论。如前所述,马克思哲学研究观对其哲学观有先在性或逻辑上的优先性,而现实描述方法论对其哲学研究观有先在性,其内涵是从回到世界本身到总体描述再到深层结构描述的关联体系。

现实世界描述方法的本质是回到世界本身,按世界本来面目认识世界。这一方法的要义就是:搁置先在的或给定的哲学观和研究结构,打断"独立哲学"的话题,走进现实世界,叙说和建构现实世界。马克思不顾"独立哲学"的哲学观、哲学理念、哲学方法和哲学话题,只顾按世界的本来面目认识世界,即描述现实世界,让现实结构统领或主导哲学观和哲学结构,并通过走在现实世界的研究途中来表达自己的哲学研究观或哲学观。"不是从观念出发来解释实践,而是从物质实践出发来解释观念的形成"②;现实世界描述方法本质是"按照事物的真实面目及其产生情况来理解事物",这样,"任何深奥的哲学问题……都可以十分简单地归结为某种经验的事实"③。"不从观念出发"就是对已有哲学特别是当时盛行的"独立哲学"话题的打断,也可视为一种对已有哲学观念抛空似的"悬置"。马克思认为通过对现实世界或实践的描述,那些诸如"实体""自

---

① 《马克思恩格斯全集》第1卷,人民出版社,1995,第220页。
② 《马克思恩格斯选集》第1卷,人民出版社,1995,第92页。
③ 《马克思恩格斯选集》第1卷,人民出版社,1995,第76页。

我意识"等"高深莫测的创造物"问题,"就自行消失了"。① "打断"后即进入现实世界的新语境或新话题,新话题是由一些新的概念和命题构成的,都来自现实世界,如实践、生活过程、生产活动、生产力和生产关系等。这里,"把哲学搁置在一旁"并不是弃绝所有的哲学观或哲学理论,也不是否定已有哲学的导向作用,而是把它们保存在手头、手边,在描述现实世界的过程中,需要应用和借鉴的就拿过来应用和借鉴,需要批判否定的就拿过来批判否定。马克思对黑格尔、费尔巴哈乃至整个哲学文明的续接,就是在对现实世界的描述过程中用现实哲学概念和话题对其进行批判、改造、继承与创新,而不是用它们来审视、评判现实世界。而对于纯思辨的没有现实世界意蕴的"独立哲学"的概念和话题,马克思则予以坚决彻底的打断,决不"接着讲",更不"照着讲"。如此,现实世界主导即按世界本来面目认识世界是第一原则,先在哲学观的导向服从现实世界主导原则,现实世界是先在哲学观或哲学理论的评判者,而不是相反。如此,马克思的现实世界描述方法正确处理了现实世界主导和先在哲学理论导向的关系。

马克思的现实描述方法与黑格尔从观念出发的逻辑演绎方法不同,也与胡塞尔等人的现象学的描述法或悬置法根本不同。马克思认为黑格尔是以先验的绝对观念、自我意识为前提,靠理性自由运动推演出自然界、人类社会、生活世界等现实存在,由于现实世界是靠概念推演出来的,所以黑格尔不可能演绎出真实、具体、丰富的现实存在。胡塞尔的还原法悬置了各种实体,却返回到先验意识这一纯粹的精神实体。胡塞尔认为,生活世界"是一个持久的有效性的基础,一个不言而喻的一劳永逸的源泉,我们无论是作为实践的人还是作为科学家,都会不加考虑地需要这个源泉"②。把生活世界作为基础和源泉,这似乎是现实世界的描述方法,但在胡塞尔看来,这个现实世界是预先被给予的世界,"这个客观世界……从作为先验自我、作为只有借助先验现象学的悬搁才会呈现出来的自我的这个我中,获得它每次对我所具有的全部意义及其存在效果

---

① 《马克思恩格斯选集》第1卷,人民出版社,1995,第76~77页。
② 〔德〕胡塞尔:《生活世界现象学》,倪梁康等译,上海译文出版社,2002,第259页。

的"①。如此，这种所谓的现实描述或生活叙事，实质上或最终又回到对先验意识或意识结构的描述，这就使作为自由理性的精神实体从括号中又走出来，与悬置者的意向性意识合为一体，重获自由与解放，使得被打断的话题、被打断的自由理性又接续下来，继续讲着构造现实世界的神话或乌托邦梦想，而马克思则彻底地跳出哲学的圈子去研究现实世界。

那么，怎样才能回到世界本身呢？世界本身是一个总体，如此，描述的内容是对现实世界总体意义的描述，而不是对某个或某些具体现实问题的描述，而这种总体性又是多层次的。其一，它是对人类化现实世界总体的描述。马克思在《形态》中首先通过对物质生活的生产、新的需要的生产、人与人和自然关系的生产、生命的生产以及精神文化的生产五种生产活动的描述，描述了生产活动的总体性；又通过对生产力和生产关系、经济基础和上层建筑及其关系的描述，描述了社会历史活动的总体性；还从人的存在与本质、物质生活与精神生活的视觉描述了现实人的总体性。这种总体的描述是对本体论哲学的超越，后者只是从一个本体演绎、推导出总体的存在。其二，它是对每个时代现实人的现实世界总体性的描述，是一个动态发展的描述过程。马克思除了认为对总体性的描述"离开现实的历史就没有任何价值"，还特别指出了每个时代的现实哲学"只有在对每个时代的个人活动和生活过程的描述中产生"。这就使现实哲学研究成为一种开放的不断注入新意义的永葆生机和活力的研究。其三，总体性描述预示着对事件和问题的描述。在马克思看来，一切事件和问题都源于现实的物质生产活动这一根本，而这一根本又构成现实世界的总体，缺失对现实世界总体和结构的哲学研究，就会导致把历史看成"脱离现实生活和生产以及日常生活世界"的东西，是"处于世界之外和超乎世界之上的东西"，就会"只能在历史上看到政治历史事件"和"一般的理论斗争"，从而导致"虚幻"或"妄想"式的研究。② 马克思强调哲学研究是"完整地描述事物（因而也能够描述事物的这些不同方面之间的相互作用）"③；"只要描绘出这个能动的生活过程，历史就不再像那些本身还是

---

① 〔德〕胡塞尔：《笛卡尔式的沉思》，张廷国译，中国城市出版社，2002，第35页。
② 《马克思恩格斯选集》第1卷，人民出版社，1995，第93页。
③ 《马克思恩格斯选集》第1卷，人民出版社，1995，第92页。

抽象的经验论者所认为的那样，是一些僵死的事实的汇集，也不再像唯心主义者所认为的那样，是想象的主体的想象活动"①。哲学是对现实生活过程总体的研究，是在对现实世界总体研究中预示现实问题和事件并为之提供生活世界基础。孤立研究事件或用既成的概念解释事件，就会割断、遮蔽事件或问题的现实总体性结构。马克思哲学也不是从重大事件或理论问题开始，而恰好是从日常生活吃穿住行开始，描述现实世界总体意义结构。马克思强调哲学"世界化"和"改变世界"，即强调哲学的世界观和世界境界总体意义，他从未说哲学是解决具体现实问题的"问题哲学"或处理事件的"事件哲学"。

那么，怎样才能描述总体呢？总体不是表层现象的罗列和各个部分的机械叠加，总体是靠内在结构有机关联或总体起来的。如此，现实世界描述方法描述的层次是对现实世界结构本质深层的动态描述。现实世界或生活世界就是人与人、自然和社会的关系世界，这种关系恰好就是世界的结构。哲学世界观就是这种"世界关系观"或"世界结构观"，哲学研究就是描述这种世界关系或结构。马克思描述了人与人、自然和社会关系的基本结构，如生产力、生产关系、社会基本矛盾结构，这些结构都是现实世界意义的生成结构。"经验的观察在任何情况下都应当根据经验来揭示社会结构和政治结构同生产的联系，而不应当带有任何神秘和思辨的色彩。"② 马克思还认为生产结构或生产方式决定社会结构，结构描述方法就是从生产结构描述出整个社会结构。生产方式的动态性注定了现实世界的结构是动态结构，如此，现实描述方法是改变现实世界状况的动态描述。

（四）现实世界研究视域论

与"独立哲学"或思辨哲学空喊研究现实而自己从未研究过一个现实世界不同，马克思不仅指出了现实哲学研究方法和路径，而且自己就按照这个方法和路径走下去，实实在在地进入现实世界，并在研究过程中表明了哲学研究的现实世界对象视域是一个关联的存在总体和递进的过程，

---

① 《马克思恩格斯选集》第1卷，人民出版社，1995，第73页。
② 《马克思恩格斯选集》第1卷，人民出版社，1995，第71页。

且与上述描述方法描述的内容、层次在差异性上相互通融、依托和观照。

第一,哲学沉入的世界对象是多重现实世界总体。描述是对现实世界总体的描述,这一方法同时也规定或表明了哲学的研究对象是现实世界总体。"如果懂得在工业中向来就有那个很著名的'人和自然的统一'",并且懂得这个统一是一个"随着工业或快或慢的发展而不断改变"的过程,那么,像"实体""自我意识""唯一者"等"高深莫测的创造物"就消失了①,即实体、自然、意识都在实践基础上统一于现实世界这个总体,没有能创造一切的本体或统领一切的中心。马克思的世界总体论对哲学研究对象的总体规定,不仅超越了本体论或中心论对本体或中心研究对象的规定,也超越了"事件哲学"研究观对事件、问题研究对象的规定,如前所述,在马克思看来,现实哲学研究既不是孤立地研究现实问题或现实事件,也不是离开现实生活抽象地研究现实世界一般意义结构,而是融合时代境遇研究现实世界总体。作为哲学研究对象的现实世界总体具有多重世界总体性,从共时性看,如生活世界、工作世界、文化世界、生态世界等,从历时性看,不同时代不同社会境遇下有不同的现实世界总体。对这些总体对象的研究需要每个时代的哲学研究者去完成。

第二,哲学行进的出发点对象是现实的总体的人,即人的生活世界。现实世界是人的世界,"人就是人的世界,就是国家,社会"②,人的世界就是人的生活世界,确立了哲学研究的现实世界对象视域,必然导致以现实的人或生活世界为出发点的哲学研究观。"我们的出发点是从事实际活动的人,而且从他们的现实生活过程中还可以描绘出这一生活过程在意识形态上的反射和反响的发展。"③ 马克思认为自然界的优先地位须保持,但离开人或生活世界,"被抽象地孤立地理解的、被固定为与人分离的自然界,对人说来也是无"④。这就在研究对象上把现实世界的研究和人的研究融为一体,而融合统一的基础就是生活世界或实践。

第三,哲学探寻的核心对象是实践活动或工作世界。现实就是现

---

① 《马克思恩格斯选集》第1卷,人民出版社,1995,第76~77页。
② 《马克思恩格斯选集》第1卷,人民出版社,1995,第1页。
③ 《马克思恩格斯选集》第1卷,人民出版社,1995,第73页。
④ 《马克思恩格斯全集》第42卷,人民出版社,1979,第178页。

实世界，现实世界是人的生活世界，而"全部社会生活在本质上是实践的"①，哲学研究以现实的总体的人为出发点，必然会进一步深入这个现实总体的核心即实践活动。"这种活动、这种连续不断的感性劳动和创造、这种生产，正是整个现存的感性世界的基础"②，而实践的核心是生产实践。马克思通过五种生产活动描述生产活动的基本结构，并把现实世界描述成一个由生产活动构成的总体。现实哲学研究以实践哲学研究为核心，但又不等于实践哲学研究，这种差异性在于现实与实践存在的时空域不同。现实的范围大于实践，实践仅是践行思想理论、观念计划的行动，人的实际存在并不都是实践，如睡觉做梦、理论静观、潜意识活动、非理性举动等，都是实际或现实，但很难说是实践。现实哲学研究既包括对现实实践的研究，又包括对非实践的诸多现实存在域的研究。如此，马克思的现实哲学研究观具有比实践哲学研究观更为广阔的现实存在视域，这一点使它进一步获得了存在的合法性。而实践的具体化、现实化、实体化、主体化就是工作世界，如此，哲学研究以实践为核心还要主体化、实体化为以工作世界为核心。马克思的《资本论》既是从社会世界层面研究现实的生产实践活动，又是从主体层面描述现实的工作世界，这是马克思对其哲学研究观核心价值取向的践行。

第四，哲学抵达的终极对象即研究解决的根本问题是改变现实世界，为民众确立未来梦想世界境界。哲学研究现实世界并不是一味地持有现实世界，而是立足现实探寻潜能或未来世界走向，建构理想或梦想世界境界，并探寻实现梦想的道路。这是哲学研究对象视域的一个重要向度或终极关切。马克思认为，哲学不只解释世界，更重在改变世界。"实际上，而且对实践的唯物主义者即共产主义者来说，全部问题都在于使现存世界革命化，实际地反对并改变现存的事物。"③ 这里"全部问题都在于使现存世界革命化"是说哲学研究的全部问题的本质是改变世界。马克思在《形态》中通过对现实世界总体与结构的描述，最后得出研究的四点结论，都是围绕生产力和生产关系以及社会结构的改变、变

---

① 《马克思恩格斯选集》第1卷，人民出版社，1995，第56页。
② 《马克思恩格斯选集》第1卷，人民出版社，1995，第77页。
③ 《马克思恩格斯选集》第1卷，人民出版社，1995，第75页。

革或革命，并批判资本主义异化的对抗的虚假共同体，提出建立未来共同创造、占有和享受生产力总和的真实共同体的构想。马克思哲学就是在生活、生产、工作等多重视域为民众确立未来梦想世界境界，并探寻实现梦想的道路。这些世界境界的总体就是《形态》中建构的生活世界共同体，其核心是工作世界共同体，而社会主义和共产主义是马克思哲学的社会世界境界。

（五）现实世界研究目的论

哲学研究目的就是研究的价值指向和归宿，归根结底是为谁研究的问题。马克思哲学研究观的目的论同其研究方法论、对象视域论一样，总是特别顾及哲学对现实存在者或实践应用者的价值，这表明哲学研究的现实世界目的是为民立命、为民筑梦的服务担当和主体旨归。

哲学研究的总体目的是使哲学世界化或世界哲学化即改变世界。这一目的与上述哲学研究的全部问题或根本问题是一致的，哲学研究的根本问题也必然是哲学研究的根本目的。改变世界是对现实世界总体的改变，是对物质世界和精神文化世界的双重改变，即哲学的世界化和世界的哲学化过程。哲学不能只在观念意识中成为现实，只有成为现实世界的实践活动才能成为现实，这样哲学就实现了对独立的意识哲学的否定或"消灭"。研究者要通过描述现实世界使哲学成为现实世界哲学，哲学应用者或民众实践者要用现实世界哲学思维方式或精神力量去改变现实世界，抵达理想或梦想世界境界。

哲学研究的根本目的是为人民大众提供精神力量，确立生命存在的总体世界境界，实现人的自由、解放和全面发展。改变世界这一总体目的要靠人民大众实现，这就要给民众提供改变的精神力量和未来世界境界，以此驱动民众改变世界也改变自己的命运，且改变世界也是为了人民大众。马克思指出，思想本身根本不能实现什么东西，思想要得到实现，就要有使用实践力量的人。理论要掌握群众，要抓住人这个根本，为民众立言、立命，为民筑造生活、工作世界境界或梦想。马克思批判那些经营绝对精神的哲学研究者，当黑格尔哲学瓦解的时候，他们靠抱着黑格尔绝对精神的残片保持自己的哲学地位、维持自己的利益。他指出哲学研究的目的是让哲学成为"无产阶级的头脑"，成为人民大众解放自己获得自由的精神力量。① 这种民众本位的哲学研究目的论与国家本位、政府本位、个人本位以及抽象的理性自由本位的哲学研究目的论相对峙。

哲学研究科学文化的目的是进行文化批判，为科学文化奠定实践或工作世界基础。哲学要现实化和改变世界，必须批判与现实世界和人民大众相对峙的"独立哲学"，并使其"失去生存环境"。"为了正确地评价这种甚至在可敬的德国市民心中唤起怡然自得的民族感情的哲学叫卖，为了清楚地表明这整个青年黑格尔派运动的渺小卑微、地域局限性，特别是为了揭示这些英雄们的真正业绩和关于这些业绩的幻想之间的令人啼笑皆非的显著差异，就必须站在德国以外的立场上来考察一下这些喧嚣吵嚷。"② 马克思认为德国哲学家们从来不注意人的物质生产活动即工作世界，"所以他们从来没有为历史提供世俗基础，因而也从来没有过一个历史学家"③。如此，通过哲学研究把历史科学以及道德、法律、政治、艺术等意识形态都建立在生活世界、生产活动或工作世界基础上，甚至宗教研究也"从当时的现实生活关系中引出它的天国形式"，这是"唯一的唯物主义方法，因而也是唯一科学的方法"④。

总之，现实世界是人的总体存在，而人的主体是人民大众。如此，现实世界描述方法论、现实世界对象视域论、现实世界目的论必归于人民大众本位论，现实世界哲学研究必归于对民众主体的研究，研究他们的生活世界、工作世界和文化世界，而研究大众必归于对现实世界的研究。哲学研究就是为民众立言、立业、立命，为民众筑梦并探寻实现梦想的道路。哲学不能只为研究经典作家的思想理论而存在，也不能像黑格尔哲学那样沦为国家和政府的论证工具，更不能像一些"独立哲学"那样只为维护研究者个人的学术地位、圈子、功利而存在。马克思不愿意做那种只给少数研究者看的"圈子里的哲学"，他从未去融入而只想跳出"哲学的圈子"，集毕生之所能研究民众的现实生活和工作世界。他特别注重在民间特别是工人阶级中传播自己的思想。"我们决不想把新的科学成就写成厚

---

① 《马克思恩格斯选集》第1卷，人民出版社，1995，第16页。
② 《马克思恩格斯选集》第1卷，人民出版社，1995，第63页。
③ 《马克思恩格斯选集》第1卷，人民出版社，1995，第79页。
④ 《马克思恩格斯全集》第23卷，人民出版社，1972，第410页脚注。

厚的书，只向'学术'界吐露。正相反，我们两人（马克思和恩格斯——笔者注）已经深入到政治运动中；我们已经在知识分子中间，特别在德国西部的知识分子中间获得一些人的拥护，并且同有组织的无产阶级建立了广泛联系。"[①] 马克思哲学研究观的这种现实目的论或民众目的论，也呼应了费尔巴哈所说的"真正的哲学不是创作书而是创作人"[②]。哲学研究民众就必须融入民众并在民间和大众中传播，而哲学在民众中传播即大众化就必须研究大众，特别是研究大众的生活和工作世界，否则无论怎样传播和推介都会被民众弃绝，都不能大众化。

（六）马克思哲学研究观的现代价值

综上所述，哲学研究观与哲学观的对立统一关系为对马克思哲学研究观的研究提供了合法性。脱离现实世界的"独立哲学"的抽象与虚妄以及大众主体对现实世界哲学的渴求构成马克思哲学研究观的生成动力和源泉。马克思哲学研究观就是现实世界哲学研究观，它是一个由现实世界描述方法论、现实世界研究对象视域论和现实世界目的论（民众目的论）构成的关联意义结构，是一个完备的哲学研究观的科学体系。在马克思看来，哲学研究不是以哲学观为统领，而是以现实世界为主导；不是沉溺于经典、名家和自我，而是沉入现实世界；不是指向某些现实问题或事件，而是探寻多重现实世界的总体意义结构；不是以国家、政府和个人为本位，而是以改变世界即为民众确立存在总体的世界境界为本位或终极目的。马克思的哲学研究观具有划时代的变革意义以及重要的现当代价值。

马克思哲学研究观包含了哲学观变革，又比哲学观变革具有更深广的价值意义域。其一，从总体上看，这一变革的主题就是用现实世界哲学研究观代替了脱离现实世界和人民大众的"独立哲学"研究观，其核心内容就是把现实世界研究同对人、对民众主体的研究融合起来，把服务现实世界同改变世界即立足现实的梦想世界结合起来，走进生活世界、工作世界、社会世界、文化世界等多重现实与梦想世界的总体，其核心价值指向

---

① 《马克思恩格斯选集》第 4 卷，人民出版社，1995，第 197 页。
② 〔德〕费尔巴哈：《费尔巴哈哲学著作选集》上卷，荣震华等译，商务印书馆，1984，第 250 页。

是实践化、现实化和主体化的工作世界,其终极目的就是为民立言、立世、立命、立业、筑梦,从而实现了对思辨哲学、理性哲学、意识哲学、自然哲学以及抽象现实哲学等哲学研究观的超越。其二,在哲学基本问题上,这一变革的中心就是用现实世界总体研究即生活世界总体研究论,扬弃了本体论和中心论,实现了对主客二分的唯物主义与唯心主义本体论研究观的超越。"从前的一切唯物主义——包括费尔巴哈的唯物主义——的主要缺点是:对对象、现实、感性,只是从客体的或者直观的形式去理解,而不是把它们当作人的感性活动,当作实践去理解,不是从主体方面去理解。因此,结果竟是这样,和唯物主义相反,唯心主义却发展了能动的方面,但只是抽象地发展了,因为唯心主义当然是不知道现实的、感性的活动本身的。费尔巴哈想要研究跟思想客体确实不同的感性客体,但是他没有把人的活动本身理解为对象性的[gegenständliche]活动。"① 唯物主义离开主体研究客体并把主体归于客体,是客体本体论研究观;唯心主义只研究主体并把客体归于主体,是主体本体论研究观;二者都缺失现实世界总体观特别是实践总体观。费尔巴哈空喊研究人的现实生活和实践,但把生活和实践归结为饮食男女等人的自然属性,依旧是自然客体本体论。马克思哲学研究观坚持物质、自然的先在性即物质本体,但又不囿于物质本体,它诉诸、直面、持有和科学回答物质和意识关系这一哲学基本问题,又将其消融于生活、实践这一总体存在的研究之中,并在多重现实世界总体意义、改变世界、生活世界动态结构、工作世界核心等方面,开拓、开启了更为广阔的哲学研究对象和问题视域。其三,在哲学研究的问题视域上,这一变革突出表现为提出了哲学研究的"全部问题说"或"根本问题说",把持有现实世界与改变现实世界、把世界观与世界境界统一起来。长期以来,学界囿于物质和意识关系问题这一"哲学基本问题说",而忽略了"改变世界"这一"全部问题说"或"根本问题说",可以说这是两个不同的哲学研究对象的问题视域。如果说前者主要是解决世界的本质问题,那么后者的实质则是为人、为民众确立改变世界的价值世界追寻目标或梦想世界境界,即前者是哲学的世界观问题,是"世界

---

① 《马克思恩格斯选集》第 1 卷,人民出版社,1995,第 58 页。

是什么"的问题,后者是哲学的世界境界问题,是"世界应该是什么"的问题。哲学应该在探寻世界是什么的问题基础上即在世界观的基础上,为人们确立一个世界境界即价值世界样式,这也是哲学研究的终极归宿,否则就沦为只解释世界的没有世界境界、没有梦想精神和改变力量的"解释哲学"。马克思哲学研究观不仅持有"哲学基本问题"的问题视域,更指向"改变世界"即为民众确立存在总体的世界境界这一哲学根本问题,这是对哲学研究问题视域的重要拓展。

马克思哲学研究观在哲学研究方法、对象视域、价值旨归等方面的创新变革,深刻、广泛地影响了现当代哲学研究。现象学"回到事情本身"的还原法,当代哲学的生活世界、文化世界、社会世界、生态世界等现实世界总体论走向,以卢卡奇为代表的西方马克思主义的实践总体论和总体性方法,这些哲学研究生态,无不折射出马克思哲学研究观的思想光焰,无不烙有它影响的深痕明迹。这里特别提及海德格尔的存在主义哲学研究观,它更直截了当地表明"阐明世界的总体意义是哲学的中心任务"[1],并认为在世界中存在就是立足现实世界追寻存在总体的世界境界。海德格尔把"在世界之中存在"理解为"超越"(Transzendenz):"我们把此在本身所进行超越的何所往称为世界,现在并且把超越规定为'在世界之中存在'。世界乃是超越的统一结构,作为超越所包含的东西,世界概念被叫作一个先验的概念。"[2] 在海德格尔看来,超越不是摆脱此在世界超然独立,而是"在世界之中存在",即立足现实追寻一个超越性的、先验的整体结构即世界境界。这里,"世界作为一个先验概念"是强调存在作为一种"何所往"的世界境界,它既立足于现实世界即"在世界中存在",又是超越现实世界的引领人们前往的精神梦想世界。这里的先验性指的是,世界境界作为一个超越概念对未来世界的先在性、梦想性,是存在的一种超前性、趋向性或预见性,是潜能的或潜在的现实世界,而不是纯粹的先验意识,因为它以"在世界中存在"为前提和境遇。这就使"何所

---

[1] Martin Heidegger, *The Fundamental Concepts of Metaphysics*, Bloomington: Indiana University Press, 1995, p. 209.
[2] 〔德〕海德格尔:《海德格尔选集》(上),孙周兴等译,上海三联书店,1996,第 170~171 页。

往"的世界境界获得了此在的现实世界和潜能的未来现实世界的双重世界总体性意蕴,不同于胡塞尔与世界分裂的"先验自我"的纯粹世界意识。正如约瑟夫·科克尔曼斯所说:"海德格尔不能追随胡塞尔的更为重要的原因在于,胡塞尔的先验还原思想及意义理论最终都建立在先验主体性基础上,这个先验主体性的最初没有世界。这就解释了为什么海德格尔力图把人的存在设想为在世界中存在。"① 可以说,在一般世界观和世界境界的意义上,海德格尔超越现实世界的"何所往"的世界境界与马克思"改变世界"的世界境界如出一辙。

而从国内来看,以马克思哲学研究观审视,毛泽东、邓小平等人的马克思主义哲学中国化经典理论都是践行马克思现实世界哲学研究观的典范,但当下国内学界对马克思主义哲学研究观的理解还有失偏颇。

其一,在研究方法上,片面强调已有哲学观的指导作用,忽略了现实世界主导哲学研究的第一原则,流行一种单向度的先在哲学观统领哲学研究的方法和研究结构。一种代表性的观点认为,每一次重大转型都是首先从对哲学自身的反思开始的,提出一种新的哲学观、一种哲学"应该"如何如何的观念,尔后才会有一番改动、变革乃至繁荣。② 这势必导致用先验哲学观解释和评判现实世界和以理论为价值轴心的理论哲学研究生态,它严重遮蔽了现实世界主导的研究方法和现实世界哲学研究结构。而对于理论联系实际方法中"实际"的理解,或者过于抽象化,或者过于具体化,缺乏多重现实世界总体意义向度,从而未能生成现实世界描述方法论。哲学研究的实际不同于哲学应用的实际,也不同于其他具体学科理论的实际,那就是哲学应用主要是研究现实世界的总体实际,而具体学科理论主要指向具体现实问题的实际。

其二,在研究对象视域上,或者抽象地强调哲学是研究整个世界和人类社会的普遍本质和规律,陷入抽象本质规律研究;或者把现实世界归为实践又把实践归为生产实践,陷入狭隘的实践本质研究。马克思哲学研究观强调研究现实世界总体,当然包含了这些普遍和本质研究,可它还指向

---

① 〔美〕约瑟夫·科克尔曼斯:《海德格尔的〈存在与时间〉》,陈小文等译,商务印书馆,1997,第38页。
② 马俊峰:《当代中国哲学的转向与转型》,《中国人民大学学报》2005年第1期。

日常的或民众化的生活世界、工作世界、文化世界、生态世界以及精神、梦想世界等多重现实世界总体意义结构。毋庸置疑，实践是哲学研究的核心层次，但不是研究的全部，现实世界研究比实践研究具有更开阔的世界存在视野。除了这些过于抽象和狭隘的哲学研究视域观，还存在着把哲学研究过于具体问题化和事件化的倾向，这种"问题哲学"或"事件哲学"的研究思维消解了现实世界总体哲学研究。"只有在这种把社会生活中的孤立事物作为历史发展的环节并把它们归结为一个总体的情况下，对事实的认识才能成为对现实的认识。"① 哲学是要研究问题的，是要有问题意识的，哲学研究的对象就是哲学研究的问题，但哲学研究的问题是现实世界总体性问题，是有世界总体观和世界境界意蕴的问题，而不是舶自后现代的"鸡零狗碎"的问题或事件，也不是功利主义问题或具体的经济政治效益问题（这些至多是具体学科研究的问题）。当然，不能否定研究具体问题的哲学应用研究，但不能把哲学研究归为哲学应用研究。

其三，在研究目的上，研究导向过多强调甚至只讲哲学研究为政府、国家和经济社会发展服务，忽略为大众主体服务，这一点在各级别的社会科学基金申报指南的要求中体现得尤为明显。而理论上虽也讲哲学为人民大众服务，但不讲研究人民大众，不讲研究民众的现实生活世界和工作世界。哲学不研究大众、不研究大众的现实世界，就不能真正为大众服务。哲学研究谁、尊崇谁，谁就关怀哲学；哲学替谁说话，为谁立世、立命，谁就爱戴哲学；哲学研究多少大众的现实世界、筑造多少大众的梦想境界，就有多少为大众的服务和担当。马克思哲学研究观生成于异化和对抗的社会境遇，它代表民众的利益强调哲学研究的大众本位，似乎缺少一点哲学研究服务国家、政府的观照，但这无可厚非。国内学界安生于国家、政府与民众根本利益一致的情境中，强调哲学研究为国家、政府服务或提供决策支持，这也无可厚非，但切不可因此而遗忘了大众本位，不可遗忘了哲学研究还要满足大众需要或大众急需，且服务国

---

① 〔匈〕卢卡奇：《历史与阶级意识》，杜章智、任立、燕宏远译，商务印书馆，1999，第56页。

家、政府的研究离开大众本位和大众实践也会成为无效研究,这一点正是哲学大众化语境的生成要旨和境遇所在。哲学大众化并不只在于向大众通俗地宣传或传播已有的哲学理论,其本质在于研究大众的现实世界,为大众立言、立世、立命、立业、筑梦。

上述哲学研究观的误区导致了当下国内学界哲学研究生态的失衡,主要表现为轻视现实世界主导的研究方法而流行先在哲学观或哲学理论统领的研究方法,理论哲学研究范式盛行而现实世界哲学研究不足,哲学研究的现实问题情结过度而现实世界总体旨趣缺失,政府本位、经济本位、个人本位的错位与大众本位的失落等。这种生态从表层看是量的失衡,从深层看是价值轴心的失衡,即研究的价值轴心偏离现实世界。如此,马克思哲学研究观从总体上引导我们:哲学研究要以现实世界为价值轴心,走进生活世界、工作世界、文化世界、社会世界、生态世界等多重现实世界总体,为民众集聚精神能量,为民立言、立世、立命、立业、筑梦,即为民众确立生命存在的生活世界总体意义,建构存在总体的世界境界特别是梦想世界境界。马克思哲学研究观从具体上启示我们要进行哲学研究的价值轴心的转型,即哲学研究要从哲学观统领的研究方法和结构向现实世界主导的研究方法和结构转型,从概念化、文本化的理论哲学研究范式向现世界哲学研究范式转型,从过度现实问题研究情结向现实世界总体旨趣转型,从经济本位、个人本位的哲学研究向民众本位的哲学研究转型。① 而实现这些转型,一方面需要广大哲学研究者自身的自觉、自醒、自励甚至冒险;另一方面需要国家、政府和研究单位从研究机制上——如论文论著发表与出版、哲学社会科学优秀成果评奖、课题申报立项等方面,给予现实世界哲学研究特别的鼓励、支助与尊崇,使其从被理论哲学研究范式遮蔽、被现实问题情结消解、被经济和个人本位边缘化的悲催状态中解脱出来。这必是一个研究者、实践应用者与研究管理者等多方主体的自觉选择与主动承担的共同作为的过程。

---

① 李晓元:《哲学研究转型论》,《社会科学辑刊》2013年第4期。

二 马克思的生活世界总体观[①]
——多重文化世界理论的逻辑起点

马克思首先把现实世界视为人的主体化世界即文化世界,又把文化世界视为生活世界的总体,从而确立了文化世界的生活世界总体意蕴。由此,马克思的新世界观首先是主体化世界观即文化世界观,亦是生活世界总体观。学界对马克思的生活世界观虽有诸多论说,虽有文化世界视域,但尚未触及生活世界总体性的意义结构内核以及生活世界境界特别是工作世界境界价值旨归。马克思哲学的最终价值旨归不是探寻世界是什么的世界观,而是基于世界观指向世界应该是什么的世界境界,指向改变世界的世界境界,即主体化生活世界或生活世界共同体境界。

马克思的生活世界观的价值旨归是生活世界境界观,即以工作世界共同体为核心价值的生活世界共同体观。它将本体论消融于生活世界总体论,终结了主客二元分离的思维方式,深度影响了现代哲学的生活世界转向;它将哲学的世界观意蕴拓展到世界境界层次,使哲学不仅是解释世界的世界观哲学,更是改变世界的世界境界哲学。它对于现代人戒除物化、异化等单面生态以及权力中心和资本至上逻辑,追寻存在总体的生活世界境界具有现实的导向意义。

(一) 马克思文化世界理论的双重逻辑起点

马克思的文化世界理论或哲学是人类文化哲学、生活世界文化哲学、实践文化哲学和工作世界文化哲学四位一体的关联体系,其中任何一种范式都指涉着其他范式。那么马克思文化世界理论或文化哲学的逻辑起点应该是什么呢?历史描述地看,文化就是主体化世界,就是人化世界,文化世界首先指涉的就是人,而人就是人类,由此,文化哲学的逻辑起点无疑是人或人类,就是人类文化哲学,而人或人类就是生活世界的历史过程。由此,人或生活世界都是处在总体层面的文化世界,而且是同一的文化世

[①] 本节为国家社会科学基金项目"马克思主义哲学中国化的文化世界向度研究"(12BZX011)。原载于《齐鲁学刊》2015年第3期,选入本著作时文字上略有改动。

界，人和生活世界同时处在文化哲学的逻辑起点上。历史从哪里开始逻辑就从哪里开始，马克思的文化哲学正是遵循了这样一个认知逻辑。《1844年经济学哲学手稿》《关于费尔巴哈的提纲》（以下简称《提纲》）《形态》等马克思哲学生成的标志性文献，都是以人和生活世界为研究的起点。人类文化哲学就是关于人的存在与本质的理论，而人的存在就是人的生活世界，如此，人类文化哲学就是把人类当作文化世界的总体即生活世界的总体来研究的理论体系。马克思的人类文化哲学和生活世界文化哲学都显现了二者的这种共生相。但是，无论是人类文化哲学还是生活世界文化哲学，都是由一般性的理论和历史性的理论构成的总体。马克思的人类文化哲学是由关于人的存在与本质的一般人类理论和关于人的历史的历史理论构成的总体，且这种一般理论与历史理论亦是一个相融的总体，只能逻辑地加以区分。这就触及了马克思的文化人类学问题，即马克思的人类文化哲学与其文化人类学是什么关系，这种关系就是人类文化哲学的一般理论与历史理论的关系，马克思的文化人类学是其人类文化哲学在人类历史领域的具体化和延伸，是其人类文化哲学的有机构成部分即人的历史过程研究部分，从总体的人类文化哲学到历史的文化人类学过程，就构成了人类文化哲学的运行逻辑，马克思的人类文化哲学也恰好呼应了这一逻辑。上述马克思早期经典文献主要是对人类文化哲学的总体探究，特别是对人的存在与本质的一般理论探究，而马克思晚年的《人类学笔记》[①]，特别是《关于路易斯·亨·摩尔根〈古代社会〉一书摘要》（以下简称《摘要》），其主要是关于文化人类学的历史理论研究。

早在 1844 年《巴黎手稿》中，马克思就批判主张绝对平均主义甚至共妻制的粗陋共产主义是"对整个文化和文明的世界的抽象否定，向贫穷的、没有需求的人——他不仅没有超越私有财产的水平，甚至从来没有

[①] 马克思晚年（1879~1882 年）曾对摩尔根、柯瓦列夫斯基、梅恩、拉伯拉克、菲尔等人类学家、民族学家的著作写下详细的读书笔记，我国学界通常称之为"人类学笔记"。人类学笔记中有关于人类社会发展史的内容，涉及原始社会的制度，比如其中的私有制、婚姻制度等。劳伦斯·克拉德等西方学者认为，笔记代表着马克思毕生所从事的"人类学研究"的思想制高点，是马克思的巅峰之作，笔记的创作标志着马克思的首要理论兴趣从经济学转向了人类学。国内学者普遍认为，它是马克思文化人类学或历史哲学思想的集中表达，但未来得及进一步阐释。

达到私有财产的水平——的非自然的单纯倒退"①。这里较为明确地提出了"文化世界"和"文明世界"的概念,而这个世界就是生活世界。马克思在《摘要》中沿用了摩尔根的"文化时期"和"文化生活"概念,他指出:"财产的对象,在每一个'顺序相承的文化时期'自然都随着生活资料所依赖的生存技术的增进而增加起来";"每一个文化时期都比前一时期有着显著的进步";"由此可见,财产的增长是与标志着人类进步的各个文化时期的各种发明和发现的增多以及社会制度的改善有着密切关系的"。② 各个文化时期的文化就是技术、制度、观念等生活世界总体文化,而摩尔根的"文化时期"就是人类的文化生活过程的不同分期。显然,马克思与摩尔根一样,将文化理解为人类的整个活动即生活世界,并将生产劳动特别是工作世界的技术发明和创造以及各种制度关系视为文化世界进步的根本。

上面阐述表明了马克思文化世界理论的双重逻辑起点即人类文化哲学和生活世界文化哲学,以及人类文化哲学的总体意义与历史意蕴特别是它与文化人类学的关系,表明了马克思的人类文化哲学是循着先总体后历史的运行逻辑。那么同样,马克思的生活世界哲学亦是循着先总体后历史的逻辑行进的。接下来主要从总体的意义上考察马克思的生活世界理论,而其生活世界的历史理论同其文化人类学一样,本书在第一章关于文化世界范式的历史演进的探究中已有诸多阐述和解构,这种阐述也蕴含着其人类文化哲学的一般意义。

(二) 马克思的新世界观首先是生活世界总体观

新世界观有强烈的世界意识和世界关怀,马克思认为,在消灭了异化和对抗的未来生活世界,作为新世界观的哲学,不同于其他旧世界观的哲学体系,它正在"变成面对世界的一般哲学,变成当代世界的哲学。各种外部表现证明,哲学正获得这样的意义,哲学正变成文化的活的灵魂,哲学正在世界化,而世界正在哲学化"③。哲学必须具有世界的总体性,即必须是世界观,否则就不是哲学。"哲学是文化的活的灵魂"即哲学是

---

① 《马克思恩格斯全集》第42卷,人民出版社,1979,第118页。
② 《马克思恩格斯全集》第45卷,人民出版社,1985,第378页。
③ 《马克思恩格斯全集》第1卷,人民出版社,1995,第220页。

文化世界的活的灵魂,而这个文化世界就是生活世界。海德格尔指出:"阐明世界概念乃是哲学的中心任务。"① 如此,哲学首要问题不在于是不是世界观的问题,而在于是什么样的世界观,旧哲学(指古代和近代哲学)世界观把世界还原成本体或中心,是本体论或中心论的世界观,新世界观把世界恢复成生活世界的原样,是非本体论的生活世界总体观。这一点从马克思新世界观的出发点和"全部问题"理论中可以得到确证。

新世界观把现实世界视为人化世界即生活世界,并以此作为自己的出发点和逻辑前提,显摆新世界观首先是生活世界总体观。马克思在被恩格斯奉为新世界观天才萌芽的第一个纲领性文件《提纲》中指出:"从前的一切唯物主义(包括费尔巴哈的唯物主义)的主要缺点是:对对象、现实、感性,只是从客体的或者直观的形式去理解,而不是把它们当作感性的人的活动,当作实践去理解,不是从主体方面去理解。"② "对对象、现实、事物、感性世界的理解"是对现实、现实世界的理解问题,《提纲》第一段话开明宗义地讲世界观问题,并十分清晰地表达了马克思哲学新世界观与旧唯物主义和唯心主义世界观对现实世界的根本分歧。旧哲学世界观是本体论思维,唯物主义世界观把现实世界理解成客体本体的世界,将主体、生活世界消解在客体世界中;唯心主义世界观把现实世界理解成精神本体的主体世界,将客体、生活世界消解在精神世界中。新世界观首先是从"人的活动"方面去理解,即把现实世界当成主体化生活世界去理解,人的生命活动的世界就是主体化生活世界,"人就是人的实际生活过程"。"没有从主体方面去理解"是指没有把现实世界当作主体化生活世界去理解,关于这一点,马克思在后来批判费尔巴哈的抽象人本主义世界观时,又有十分清晰的表述:"就形式讲,他是实在论的,他把人作为出发点;但是,关于这个人生活的世界却根本没有讲到,因而这个人始终是在宗教哲学中出现的那种抽象的人。"③ 费尔巴哈以人为本的世界观、现实观脱离生活世界,是抽象人本主义,马克思这里明确提出的"生活世

---

① Martin Heidegger, *The Fundamental Concepts of Metaphysics*, Bloomington: Indiana University Press, 1995, p. 209.
② 《马克思恩格斯选集》第1卷,人民出版社,1995,第54页。
③ 《马克思恩格斯选集》第4卷,人民出版社,1995,第236页。

界"概念和对费尔巴哈的批判与《提纲》中"人的活动世界"概念和对费尔巴哈的批判是一致的。新世界观首先是生活世界观,其次才是从实践方面去理解的实践观,"当作实践去理解",即进一步把现实生活世界的本质理解为实践或实践生活,这与《形态》认为新世界观的出发点是"从事实际活动的人""人的现实生活过程"[1],进而深入实践本质是一致的。生活世界总体观是对现实世界做总体生活世界的理解,实践观是对现实世界做实践生活本质的理解,从总体生活世界到实践生活世界是新世界观对现实世界做生活世界理解的深化和递进的过程,这个深化过程既符合历史又合乎逻辑。实践是与认识、精神、意识活动相对而生的范畴,实践特别是物质生产实践是生活世界的最为深刻的根基,但不具有生活世界的完整性、全面性、丰富性和普遍性,不具有生活世界那样的总体性。生活世界不仅具有实践的规定性,而且包容了情感、思想、想象、梦想、幻想甚至潜意识等所有精神生活世界。如果把生活世界等同于实践活动,那么许多精神生活、心理活动以及梦想世界境界就被从生活世界中开除了。特别是在思想匮乏、精神失落、物欲横流或物质生活水平提高的当今社会,更应该追寻生活境界的精神向度、精神价值和精神文化归属,更应该有生活世界的总体性思维,更不能把生活就归结为本质的实践活动。"我思故我在",人是物质动物也是思想动物,是实践活动者也是精神生活者。学界在解读《提纲》第一段话时往往忽略了"人的活动"一语,一下就跳到"没有当作实践去理解"这句话,进而把后面的"主体"一词也只是理解成实践主体,而不是马克思理解的包含了实践的生活主体。这是因为对作为生活世界总体性的主体或主体的生活世界总体性缺乏理解和把握,也正因如此,这段话总是被解构成马克思的实践观或实践本体论的经典表述,而遗漏了马克思新世界观对现实世界所做的生活世界总体性的理解和归结,这就遗漏了马克思新世界观的出发点和逻辑起点是生活世界总体性,从而也遗漏了马克思实践观的逻辑前提是生活世界总体观。这种遗漏可谓历史性的疏忽或失误,因为迄今为止,关于《提纲》开篇这段话,学界还只是集中于实践观或实践本体论的解读,而对其进行主体化生活世

---

[1] 《马克思恩格斯选集》第1卷,人民出版社,1995,第72页。

界总体观的解读尚未存在或凸显。也正是如此，这段话的生活世界总体观内蕴也就不得而知了。这段话能作为《提纲》的开篇不是偶然的，实际上，它是马克思新世界观也是整个马克思哲学的开篇，哲学首先是世界观，马克思哲学首先是生活世界总体观，其次才是生活世界的展开——实践本质论、主体论、社会历史观等。《提纲》的全部内容实际上就是循着这个逻辑展开的。总之，这段话具有强烈的世界观自觉，这种世界观自觉又具有强烈的生活世界总体观自觉，也正是这种世界观的强烈自觉，恩格斯才奉《提纲》为包含新世界观天才萌芽的第一个纲领性文件。它从马克思新世界观的出发点和逻辑起点上，明晰了马克思哲学的生活世界总体观内蕴。

（三）马克思生活世界总体观的价值旨归是生活世界境界观

哲学仅仅是世界观还远远不够，还要有世界境界。哲学是世界观，更是世界境界。马克思生活世界总体观的价值旨归是生活世界境界观。世界观指向世界是什么的问题，世界境界指向人的价值世界样式，即追寻什么样的世界。马克思新世界观在明确了自己的出发点和逻辑前提是生活世界总体的同时，把哲学的"全部问题"归结为改变世界的总体性问题，又把这一总体性问题归结为生活世界总体性的建构问题，即追求什么样生活世界境界问题，将本体论和中心论消解于生活世界总体论。"哲学家们只是用不同的方式解释世界，问题在于改变世界。"① 对于新世界观来说，"全部问题都在于使现存世界革命化，实际地反对并改变现存的事物"②。旧哲学世界观的问题是只"解释世界"，这个被解释的世界就不具有改变世界的生活、实践的意义，人的生活被摆置在世界之外或被淹没和消解在世界之中，这个世界就是不完整的世界，只是一个从客体方面被解释或理解的世界或者是从主体精神层面被虚构、歪曲或抽象化的世界，是一个非生活世界的世界，不具有世界的总体性。由此造成旧世界观不是世界总体论思维，更不是生活世界总体论思维，而是重视本体决定或中心控制的本体论或中心论思维。新世界观强调"改变世界"，改变本身是人的生活和

---

① 《马克思恩格斯选集》第 1 卷，人民出版社，1995，第 57 页。
② 《马克思恩格斯选集》第 1 卷，人民出版社，1995，第 75 页。

工作，是创造生活的意义，或者是把世界的意义融入生活，把生活的意义给予世界；世界被纳入生活之中和被赋予生活的意义，生活从世界中凸显出来，使世界成为生活世界。人只有在改造对象的活动中"才真正地证明自己是类存在物。这种生产是人的能动的类生活"①。改变世界就是主体生活、工作或实践的世界，改变着的世界就是生活世界，它融入主体、客体、人、自然、社会的全部存在，是一个主体造化的总体世界，即主体化生活世界总体。新世界观的全部问题都是"改变世界""使现存世界革命化"，这样就把哲学世界观的全部问题归结为世界总体性问题，归结为生活世界的总体性问题，归结为主体化生活世界的建构问题。哲学基本问题是世界的本体问题，是世界是什么的世界观问题，哲学"全部问题"是世界的总体性问题，即以什么为总体的问题，是世界应该是什么或人追寻什么样的世界的世界境界问题。马克思新世界观提出哲学世界观的"全部问题"或总体问题，是对哲学世界观问题的一个重大发展。新世界观不仅要解决哲学基本问题，还要解决世界总体性问题，不仅要解决世界是什么的世界观问题，还要基于世界观解决世界应该是什么的世界境界问题，而且从新世界观的出发点和逻辑前提是现实生活世界这一点看，"基本问题"和"总体性问题"即世界观与世界境界问题是哲学世界观的一体化问题，即总体性问题解决不好，不能立足于生活世界总体性，就不能解决好哲学基本问题。在马克思看来，"一切深奥的哲学问题"，诸如"实体与自我意识"（物质与意识）的关系问题、"人与自然的关系"问题以及"高深莫测的创造物"即本体问题，只有在生活世界、实践活动特别是现实"工业和商业"世界中才能得到说明，才能被理解并获得和解和意义。② 只有在生活世界总体中才能消除主体与客体、物质与意识、人与世界二元对立的思维和存在，并抵达主体化生活世界境界。

哲学的全部问题或世界观的价值旨归是改变世界的世界境界问题，这一点可从海德格尔哲学的世界境界观中得到佐证。如前所述，海德格尔把阐明世界概念作为哲学的中心任务，他认为人在世界中存在就是立足现实

---

① 《马克思恩格斯选集》第1卷，人民出版社，1995，第47页。
② 《马克思恩格斯选集》第1卷，人民出版社，1995，第76页。

世界追寻存在总体的世界境界。

（四）生活世界总体性的意义结构

马克思在《提纲》里确立了新世界观的生活世界出发点即生活世界总体性这一"全部问题"之后，又在《形态》等著作中解构了生活世界的总体性意义结构，强调总体对"本体""中心"和部分的优越性以及个体的意义构成总体的意义。新世界观把世界观归结为生活世界观，又进一步把生活世界观归结为生活世界总体观，揭示了生活世界总体性的意义结构，即主体化生活世界的意义结构。

第一，世界意义的总体性，即生活世界的世界性。如前所述，马克思提出了"文化世界"的概念，并沿用了摩尔根的"文化时期"概念，这表明马克思把文化理解为总体的世界即主体化的生活世界。生活世界是包含了人、自然、社会等世界一切存在要素、关系和意义的总体，包容了物质生活与精神生活、社会生活与个人生活、实践生活与认识生活、感性生活与理性生活的总体，是工作世界、日常生活和国家生活的总体。其中实践、工作世界处在本质层次。马克思新世界观揭示了人、人的存在、历史、自然、意识的生活世界意义。"人就是人的世界"[①]，"人就是人的实际生活过程"，"个人怎样表现自己的生活，他们自己就是怎样"；人的本质是现实生活世界中的"一切社会关系的总和"；历史是人的劳动创造的，而"人们为了能够'创造历史'，必须能够生活"[②]；自然界是"人的无机的身体"，是"工业和社会状况的产物"，是人的生活的物质条件，"所谓人的肉体生活和精神生活同自然界相联系，不外是说自然界同自身相联系"。[③] 意识的意义源于生活世界，"意识在任何时候都只能是被意识到了的存在，而人们的存在就是他们的现实生活过程"[④]。生活世界是包含了世界各个要素的生命活动的总体世界，而不是世界的一部分或一个要素。马克思在物质世界先于人类和意识存在的意义上持有物质的先在性和优先性，但又认为它离开人的生活世界就没有意义。马克思新世界观的最

---

① 《马克思恩格斯选集》第1卷，人民出版社，1995，第1页。
② 《马克思恩格斯选集》第1卷，人民出版社，1995，第79页。
③ 《马克思恩格斯选集》第1卷，人民出版社，1995，第45页。
④ 《马克思恩格斯选集》第1卷，人民出版社，1995，第72页。

大现实意蕴或最强烈的现实性向度和归属,就是消解了各种高深莫测的哲学问题的现实生活世界。

第二,生成意义的总体性。马克思承认物质的"先在性",坚持物质的本体性,但不是本体决定论;主张物质生活和实践的根基性、核心性或决定性,但不是中心决定论;认为本体、中心只有在生活世界总体中才有意义,认为总体的意义高于本体、中心和局部的意义,并具有本体、中心和单个个体不可比拟的优越性。本体论强调本体的生成与创造意义,中心论强调中心的决定与控制意义,而总体论则强调总体的优越性和生成意义,这个总体就是主体化生活世界,其本质是人与人、自然和社会的共同体关系。"只有在共同体中,个人才能获得全面发展其才能的手段,也就是说,只有在共同体中才可能有个人自由。"① 同时强调总体与本体、中心和个体的共生性,认为生活世界是生产力、生产关系、经济基础、上层建筑等基本矛盾运动的过程,或者是"个人的历史过程"。个体不是绝对地服从、追随和受制于总体,面对靠资本逻辑和利润价值生成的充满异化和对抗的社会"虚假共同体",个体甚至处在边缘的穷困的卑微的无产者个体可以改造或消灭这个共同体总体,建立新的生活共同体,即未来社会的"真实共同体"。这个生活共同体不再与个体相分离,即共同体总体的意义就是个体的意义。总体的优越性和生成意义就是个体的优越性和生成意义。在这个过程中,消亡、失落的是一些本体、中心和个体,而生活世界的总体性却成为一个不死的幽灵,潜入未来共同体的生活世界。或许正是如此,德里达在《马克思的幽灵》一书中说,没有马克思,没有马克思的遗产,我们就没有未来。而马克思留给我们最大的遗产就是生活世界总体观,留给我们的最灿烂的未来就是生活世界共同体境界。

第三,个体意义的总体性。新世界观坚持生成意义的总体性,强调总体意义生成性和优越性,同时也包含了个体意义的生成性和优越性。个体意义的总体性是指,个体是多元、多维个体意义的总和,而不只是作为某个本体、中心的决定者或唯一,而本体论或决定论的个体只是某个本体或中心,其他个体的意义都被消解于这种单面的个体。共同体总体如果不再

---

① 《马克思恩格斯选集》第 1 卷,人民出版社,1995,第 119 页。

是个体的本质，个体就可联合起来批判改造或消灭它，建立新的共同体总体。在由无产者建立的"真实共同体"中，"各个个人都是作为个人参加的。它是各个个人的这样一种联合（自然是以当时发达的生产力为前提的），这种联合把个人的自由发展和运动的条件置于他们的控制之下"①，"社会结构和国家总是从一定的个人的生活过程中产生的"②。"符合现实生活的考察法"就是"从现实的、有生命的个人本身出发"，即社会、生活世界的总体意义实际上是由个体的生活产生的。在主体化的共同体生活世界，人"以一种全面的方式，就是说，作为一个总体的人，占有自己的全面的本质"③。由此，新世界观实际上是用总体性方法和意义剥夺了某个本体或中心个体的绝对至上的生成与统治意义，又把总体的意义还给了多元个体。由此，新世界观的总体意义的优越性和生成性，实际上是对某个本体、中心和单个个体的优越性和生成性，是多元个体对一元个体、个体总体对单个个体的优越性和生成性，总体意义就是个体意义的总体性。由此，后现代主义的去总体化、去中心化、去本质化、去主体化等对生活世界的现代文化体系的批判，并不适用于马克思的生活世界总体性理论，而且马克思在后现代主义产生之前就表达了异化的"虚假共同体"处于无主体、无本质的碎片状态的想法，还特别描绘了这个生活世界中的去总体化、去中心化的现实运动，并建构了未来生活世界共同体的个体化、个性化、差异化的总体化生活理想，即主体化生活世界境界。

第四，结构意义的总体性，即生活世界结构的意义是结构总体生成的。马克思在《〈政治经济学批判〉序言》中把对生活世界结构的认识视为自己研究工作的总结果："人们在自己生活的社会生产中发生一定的、必然的、不以他们的意志为转移的关系，即同他们的物质生产力的一定发展阶段相适合的生产关系。这些生产关系的总和构成社会的经济结构，即有法律的和政治的上层建筑竖立其上并有一定的社会意识形式与之相适应的现实基础。物质生活的生产方式制约着整个社会生活、政治生活和精神生活的过程。不是人们的意识决定人们的存在，相反，是人们的社会存在

---

① 《马克思恩格斯选集》第1卷，人民出版社，1995，第121页。
② 《马克思恩格斯选集》第1卷，人民出版社，1995，第71页。
③ 《马克思恩格斯全集》第3卷，人民出版社，2002，第303页。

决定人们的意识。社会的物质生产力发展到一定阶段,便同它们一直在其中运动的现存生产关系或财产关系(这只是生产关系的法律用语)发生矛盾。于是这些关系便由生产力的发展形式变成生产力的桎梏。那时社会革命的时代就到来了。随着经济基础的变更,全部庞大的上层建筑也或慢或快地发生变革。"① 马克思所确立的生活世界的社会结构,这一结构的意义包括过程动态意义、矛盾动力意义、生产的物质意义、政治法律与意识形态的上层建筑意义等,是结构总体或结构要素的共生过程,而非某个本体或中心的单面决定。生产力虽是最终决定者,但生产关系、经济基础、上层建筑也都是生活世界意义的生成者,既生成自身的意义,又产生它者和总体的意义。生产力的劳动者主体与劳动资料和劳动对象、生产关系的所有制基础与交往关系和分配关系、上层建筑的政治核心与各种意识形态,都在互动互为中生成与幻灭。把生活世界看作一个动态的结构总体,阿尔都塞就是在这个意义上理解马克思哲学的总体性概念的:"黑格尔主义的总体性认为,有一个主要的本质存在于复杂的外表背后……因此,这是一个有中心的结构。然而,马克思主义的总体性在这方面从不与构成它的因素相分离,因为每一个因素都是其他因素存在的条件;因此它没有中心……它是一个无中心结构。"② 西方马克思主义把总体性方法视为马克思主义的基本方法,并把马克思主义归结为社会总体性或实践总体性理论,看到了结构意义的总体性,看到了马克思无中心主义的结构总体性,这不失为真知灼见。但它把马克思主义说成无中心的结构,这就消解了生产力、物质生产这个中心。马克思主义不是任何形式的中心主义,却诉诸一定形式的结构、本质、核心、基础等人和社会的深层存在。

第五,本质意义的总体性。马克思一生都在关注和研究人的工作世界,《资本论》就是对资本主义工作世界的解剖。他严厉批判了资本主义异化、物化、单面化的工作世界,提出并建构了工作世界共同体的境界。在马克思看来,人就是人的生活世界,生活世界是生活世界的总体意义,生活世界的本质和基础是共同创造、平等占有、公平享受的生产共同体,

---

① 《马克思恩格斯选集》第 2 卷,人民出版社,1995,第 32 页。
② L. Althusser, *For Marx*, Harmondsworth: Penguin, 1969, pp. 253 – 254.

而生产共同体的实体化、具体化、主体化即工作世界共同体。自由、快乐、幸福、公平、正义以及人的创造性的意义都源于这种生活共同体特别是工作共同体并在其中实现。工作共同体是以人为根本的人与人、自然和社会的共同造化关系,所以,这一本质意义亦是人、自然、社会的总体生成,是总体的意义,而非某个本体、中心或个体的意义。这就超越了本体论和中心论把本质理解为某个本体或中心意义的单面本质。

(五) 马克思生活世界总体观的现代价值

马克思新世界观的生活世界总体观具有重大的理论价值。其一,马克思的生活世界总体观否定和扬弃了本体论和中心论哲学。马克思把现实世界视为人的生活世界的总体,预示了生活世界总体性即生活世界的世界意义、生成意义、个体意义、结构意义、本质意义的总体性。马克思的生活世界观是生活世界总体观,是关于生活世界总体性意义结构的理论体系。这种生活世界总体观作为一种新世界观,其世界观的革命意义在于用生活世界总体性思维方法,消解、超越了哲学世界观历史上的本体论和中心论二元分立的世界观思维惯性,并深刻地影响了现当代哲学世界观的生活世界转向。其二,马克思哲学不仅是世界观,而且是世界境界,马克思哲学是最讲究改变世界的世界境界哲学。马克思的生活世界总体观的价值旨归在于改变世界,它把改变世界并为民众确立存在总体的生活世界境界作为哲学的最高最根本的世界境界,这就把哲学的蕴涵从"只解释世界是什么"的解释哲学的世界观哲学拓展到基于世界观探究人的世界境界的世界境界哲学的层次。其三,马克思生活世界总体观的哲学品质是现实世界哲学。可以说,马克思最关怀人的生活世界即主体化的生活世界,特别是深入了生活世界的工作世界核心,深入了平民阶级的生活世界和工作世界之中,为民众确立了共创、共享的生活共同体特别是工作共同体的世界境界。这就引导当今哲学研究要面向现实世界,要从文本主导的哲学研究范式转向现实世界主导的哲学研究范式,研究人民大众的生活世界和工作世界,并为民众确立生命存在的总体世界境界,即为民立言、立世、立命、立业、筑梦。其四,当今中国,各种生活方式、价值取向和生活理想相互交融,特别是面对一些生活世界的沉沦、困境、迷茫和失落状态以及工作世界的冲突倾向,马克思生活世界总体观的生活共同体境界,特别是工作共同体核心价值取向,对当今中国的生活化,特别是中国梦的生活世界境界的研究有启示性和引导性。

马克思新世界观的生活世界总体观具有重大的现实意义,对现代人的生活具有总体和本质的导向意义。其一,马克思的生活世界总体观引导当代人追寻生活世界的总体性意义,并戒除资本化、物化、异化等单面生态以及权力中心和资本至上的逻辑。其二,马克思的生活世界境界观给人提供了一个存在总体的目标和梦想世界,即主体化生活世界境界,为人们确立了生活世界共同体特别是工作世界共同体的核心价值取向,激励人们改变世界,变革社会,创造平等、公正的生活和工作世界。"哲学的境界就是哲学的世界境界,就是哲学的现实世界总体境界。"① 马克思的生活世界总体观对现存生活世界的批判、否定精神和对未来生活世界共同体的造化精神是其基本精神。生活世界总体观是主体化生活世界观,马克思对异化的生活世界的批判,对生活世界共同体的建构,是对非主体化的生活世界的批判与对主体化的自由平等的和谐生活共同体境界的建构。其三,梦想及其实现靠工作创造,工作创造的本质是工作世界共同体的实践。马克思的生活世界总体观在异化生活世界境遇下建构起的生活世界共同体境界即生活世界的梦想世界境界,为中国梦对生活世界境界追寻和践行提供了世界观与方法论导向,即中国梦不仅是经济、政治、文化、社会世界的梦想与践行,更是总体的生活世界特别是工作世界的梦想与践行,而自由全面发展的主体化生活世界,特别是工作世界共同体是其最高最根本的世界境界和核心价值取向。

三 马克思的工作世界本质观
——多重文化世界理论的价值核心

马克思的工作世界观是文化世界观在哲学中递进的工作世界趋向的集中代表和展现,是马克思哲学研究观多重文化世界指向的根本向度,是马克思生活世界观的进一步深化。文化世界是多重文化世界,因此,面向不

---

① 李晓元:《哲学研究转型论》,《社会科学辑刊》2012 年第 4 期。

同的文化世界就会有不同的话语体系和话语方式，马克思的多重文化世界理论和哲学为生活世界、实践、人类等多重文化哲学研究提供了合法性，即文化哲学研究不可能只是一种范式或一种理论。多重文化世界的本质是实践世界，而实践有生活实践和工作实践，实践的本质是工作实践即工作世界，工作世界是实践的主体化、实体化、具体化、现实化。实践文化哲学和工作世界文化哲学虽然都处在马克思多重文化世界理论或哲学的核心层次，实践观和工作世界观同处在马克思哲学多重世界观的核心层次，而对前者的研究已经较为成熟，后者还是一个新的领域，更具有直接的现实生活性、日常性、实体性、大众主体性和存在本根性，更能与当代哲学的工作世界话语趋向相呼应。所以，这里特别考察马克思的工作世界文化哲学或工作世界观。马克思的工作世界本质观包含三个向度的本质观：一是工作世界是生活世界的本质；二是工作世界的本质是工作共同体；三是工作共同体是人的本质，是人民大众的本质所在。马克思哲学的工作世界观始于对异化工作世界和思辨哲学的批判，止于工作共同体境界的建构，是马克思主义哲学人民性的根本体现，而工作共同体是马克思工作世界观的价值核心，是人民大众的本质所在，是人民大众立世、立命的根基。马克思的工作世界观对当代哲学的工作世界话语趋向产生了深远的影响，对以人民为中心的马克思主义哲学在当代的创新发展具有重要的指向意义。

可以说，当今世界的一切危机、冲突和对抗问题，都在一定程度上源于工作世界的利益、资源、分配、占有关系以及创造力问题。学界对马克思哲学的研究，已有丰富的实践话语体系、生活世界话语体系，尚缺失工作世界话语体系，以至于在社会经济、政治和文化生活中既没有工作世界这一概念范式，也没有对工作世界境界的向往，而工作世界是生产实践的主体化、具体化、实体化和现实化，是实践和生活世界的根基，是人民群众的生存之本和根本利益所在。马克思毕生都在关注人民大众的工作世界，并把工作世界置于生活世界的核心，认为人民大众的全面发展、自由、公平、正义等价值伦理都生成和实现于工作世界共同体。

（一）马克思工作世界观生成的历史逻辑与文本确证

马克思的工作世界观即马克思哲学对工作世界意义、结构和价值的总的看法和根本观点。从生成的历史逻辑看，它直接源于马克思生活、工作和研究中的资本主义工作世界的矛盾境遇以及思辨哲学的抽象和贫乏状态。

资本主义生产关系的产生激发了人民大众的工作能动性与自由创造性。资本用自由的方式配置工作资源,将分散的个人工作力整合为巨大的力量,使各种工作资源在一定程度上得到优化配置,而自由竞争的市场压力使资本家对剩余价值和资本扩张的欲望更加膨胀,将尽可能多的剩余劳动不断投入扩大再生产中,使再生产规模不断扩大与升级,使社会生产力水平不断提高。"资产阶级在它的不到一百年的阶级统治中所创造的生产力,比过去一切世代创造的全部生产力还要多,还要大……过去哪一个世纪料想到在社会劳动里蕴藏有这样的生产力呢?"① 然而与此同时,资本主义生产关系对大众工作者又起着奴役和压制的作用,并造成工作或劳动的异化状态,使工作者的工作劳动成为别人的工作劳动,生产商品是为别人生产,工作者成为资本家发财致富的手段和工具,他们像机器一样被资本控制和驱使,对工作丧失了积极性。"总体工人从而资本在社会生产力上的富有,是以工人在个人生产力上的贫乏为条件的"②;"工场手工业把工人变成畸形物,它压抑工人的多种多样的生产志趣和生产才能"③。资本的力量使工人不仅在经济上陷入被剥削的地位,而且在劳动过程中也受到压制与摧残。执行着资本职能的资本家本身也被资本的力量支配,成为"人格化的资本"④。自然资源和环境的资本化则导致人与自然关系的冲突和对抗,利润、剩余价值、环境、资源、占有、分配、工人、资本家以及社会生产力的发达和大众工作者的贫穷与工作力的贫乏,就是这些工作世界的对抗性矛盾促使马克思将自己的哲学转向工作世界,探究这些矛盾的生态、根源与解决的方式。

思辨哲学对工作世界旨趣的缺失,是激发马克思哲学走向工作世界的直接理论动因。近代工业革命亦是工具、工作方式、工作意识、工作价值观念的革命,给西方社会创造了巨大的生活意义,使西方人的生活方式日

---

① 《马克思恩格斯选集》第1卷,人民出版社,1995,第277页。
② 《马克思恩格斯全集》第44卷,人民出版社,2001,第418页。
③ 《马克思恩格斯选集》第3卷,人民出版社,1995,第642页。
④ 《马克思恩格斯全集》第44卷,人民出版社,2001,第359页。

新月异，同时也开拓了工作世界广阔的空间。而近代哲学的理性本体却遮蔽了这个世界，自从笛卡儿用普遍怀疑悬置了中世纪的神灵本体和以往的自然本体并还原了理性本体，理性本体特别是科学理性本体就一直统治着西方人的精神世界，而这种统治在德国古典哲学中达到顶峰。黑格尔哲学把普鲁士国家制度、法律和政治奉为最高理性和绝对实在，青年黑格尔派则沉溺于自我意识世界；康德哲学指向形而上的纯粹理性和形而下的实践理性，并试图通过对它们的批判重建一个理性的自为世界，即"理性为自然立法"的世界；而"费尔巴哈想要研究跟思想客体确实不同的感性客体，但是……他不了解'革命的'、'实践批判的'活动的意义"①。这些哲学都没有顾及生产活动这一生活世界的本根，更没有工作世界的旨趣。笛卡儿把"我思故我在"的理性精神奉为哲学第一原理，而不顾"我工作故我在"，也没有把它奉为第一原理；黑格尔推崇"哲学是时代精神的精华"，实际是推崇哲学是绝对精神的精华，只用"绝对精神来代替人和自然之间的现实的联系"；费尔巴哈观照到"饮食男女"的日常生活实践，却不顾物质生产的工作世界实践；青年黑格尔派栖息于自我意识的形而上的"哲学境界"，亦不知哲学境界的根本是工作世界境界，自我意识、共同意识都以工作世界意识为支撑。就是这些远离工作世界的思辨哲学和抽象人性论，促使马克思哲学跳出"哲学的圈子"并要"消灭哲学"，走向人民大众的工作世界。正如马克思所说："我们决不想把新的科学成就写成厚厚的书，只向'学术'界吐露。正相反，我们两人（马克思和恩格斯——笔者注）已经深入到政治运动中；我们已经在知识分子中间，特别在德国西部的知识分子中间获得一些人的拥护，并且同有组织的无产阶级建立了广泛联系。"② 走向知识分子和无产阶级的世界，就是走向人民大众工作者的工作世界。

马克思哲学的工作世界观有其历史逻辑，也确证于丰富的理论文本。马克思哲学工作世界观的生成或走向，亦是工作世界转向。这一转向实现的第一个环节是找到这一转向的逻辑起点，即把以黑格尔法哲学为代表的

---

① 《马克思恩格斯选集》第 1 卷，人民出版社，1995，第 58 页。
② 《马克思恩格斯选集》第 1 卷，人民出版社，1995，第 197 页。

理性哲学根植于物质生活过程，其理论标志是 1843 年的《〈黑格尔法哲学批判〉导言》。马克思通过对黑格尔法哲学的批判研究得出一个结论："我的研究得出这样一个结果：法的关系正像国家的形式一样，既不能从它们本身来理解，也不能从所谓人类精神的一般发展来理解，相反，它们根源于物质的生活关系，这种物质的生活关系的总和，黑格尔按照 18 世纪的英国人和法国人的先例，概括为'市民社会'，而对市民社会的解剖应该到政治经济学中去寻求。"① 这里，作为起点的"物质生活关系"即生活世界，虽然超越了抽象思辨的意识哲学，但还只是现实世界的一个初级或总体层次。生活关系是以什么为基础，生活世界的意义又来自哪里，循着这些问题继续探究下去，就是深入工作世界的过程。

马克思哲学工作世界观转向实现的第二个环节是成就这一转向的中介，即把生活世界本质归结为实践，这是形成转向的一般方法论环节，其理论标志是 1845 年写就的《提纲》，"社会生活在本质上是实践的"，"哲学家们只是用不同的方式解释世界，而问题在于改变世界"。② 这一思想使生活世界进入实践的本质层次，但是这里的实践还只是一种抽象规定，只具有一般的实践方法论意义。一方面它指引哲学进一步探究现实的实践世界、实践关系，另一方面它自身又不具有任何现实关系特别是工作世界本质的规定性，即这种实践观还不是马克思哲学世界观的深层结构。

马克思哲学工作世界观转向实现的第三个环节是抵达这一转向的归宿，即把生活世界和实践根植于生产活动的工作世界，其理论标志主要是《1844 年经济学哲学手稿》（以下简称《手稿》）、1847 年的《形态》、1848 年的《共产党宣言》（以下简称《宣言》）以及 1849 年的《雇佣劳动与资本》等著述。其中，《手稿》透视了资本主义工作世界异化的对抗生态；《形态》揭示了生产活动即工作世界在社会生活中的根基地位，并阐明了工作共同体这一工作世界的价值核心；《宣言》更为明确地展现了工人阶级解放的道路以及未来工作世界的"自由人联合体"框架；《雇佣劳动与资本》则从哲学和经济学的双重视角探讨了工人、工资、工作日、

---

① 《马克思恩格斯选集》第 1 卷，人民出版社，1995，第 32 页。
② 《马克思恩格斯选集》第 1 卷，人民出版社，1995，第 61 页。

机器、生产、交往等工作世界的基本范畴，并使"工作"成为关键词。马克思1844年转向研究政治经济学的实质不是转向研究政治经济学学科，而是转向研究工人、工资、工作日、资本、生产方式、生产条件等现实工作世界，从而摆脱了对世界、人、生活、理想、实践、生存等进行一般性研究的抽象哲学。在马克思哲学的重要转向中，生活世界转向是起点、出发点，实践转向是中介，工作世界转向是归宿。那么，这里说工作世界转向的初次实现发生在1844年的《手稿》中，这个时间与1845年的《提纲》中的实践转向并不矛盾，实践转向在1843年的《〈黑格尔法哲学批判〉导言》中就有了，1845年又做了一个总结。或者说，1843年马克思哲学就开始了实践转向，1845年才写成凸显实践观的书面的《提纲》，才完成实践转向，以作为进一步进行工作世界转向的方法论，即一方面，1845年马克思的思想已经离开了生活世界出发点，处在实践的实质性转向过程中，另一方面实践转向1843年就发生了，在1845年的《提纲》中随着生活世界转向的行进又进行了书面的系统的表达和深化。这也恰恰说明马克思哲学的生活世界、实践转向与工作世界转向是相融互动的。而《资本论》是马克思哲学工作世界转向实现的经典文本，它最科学、深入地研究了资本主义工作世界。从哲学角度看，它是一部科学而丰富的工作世界观和工作世界哲学著作，而这一实质性的哲学意义即工作世界哲学意义尚未引起学界的充分关注和重视。

（二）马克思工作世界观的范式呈现

如第一章开头所述，范式不必非得被大家公认才能成为范式，更不必非得被学界公认才能成为范式。作为自在的范式，认与不认，它都客观地摆在那里；作为自为范式，信与不信，它都主观地摆在那里。只要它能构成范式，只要它配做范式。范式首先是自在的范式或潜在的范式，自在的或潜在的范式终将成为显露的、展现的、共在的范式。工作世界范式虽然还没有在哲学中统领哲学，但其作为一个自在的历史范式，从有了人和生活的那天起就统领人和生活了，其作为一个自在的哲学范式，从马克思主义哲学诞生的那天起就作为潜在的范式存在于马克思主义哲学中了。马克思没有明确提出工作世界的概念范式，更没有给工作世界下定义，但它关于工作的表述特别是关于生产、实践、社会基本矛盾等理论的阐述，内涵丰富的工作世界范式，且在很多方面也有清晰的呈现。马克思哲学的一种风格就是不纠缠概念，通过意义的追问和探求使概念自己明亮起来。通过《手稿》《形态》《宣言》《雇佣劳动与资本》对工作世界状态、本质、基础的探索，工作世界范式基本达到了自明境界。

其一，关于工作范式。马克思在与"劳动""生产"等概念同等程度和意义上使用"工作"一词，认为它们互相通约、互相规定。"由于他们工作的劳动部门不同，他们每一个人因做了一定的工作（譬如，织成一尺麻布或排好一个印张的字）而从各自的雇主那里得到的货币数量也不同。尽管他们得到的货币数量不同，但是有一点是一致的：就是工资是资本家为了偿付劳动的一定时间或完成一定的工作而支出的一笔货币。"[①] 这里，"劳动部门"即"工作部门"，"工作时间"即"劳动时间"，"劳动"即"工作"，"工作"即"劳动"。在这个意义上，《雇佣劳动与资本》一文大量使用"工作"这一概念。再如，"劳动越是不能给人以乐趣，越是令人生厌，竞争也就越激烈，工资也就越减少。工人想维持自己的工资总额，就得多劳动：多工作几小时或者在一小时内提供更多的产品……结果就是：他工作得越多，他所得的工资就越少，而且原因很简单，因为他工作得越多，他就越是同他的工友们竞争"[②]。又如，马克思指出，一些经济学家认为，因采用机器而成为多余的工人可以在新的劳动部门里找到工作，是不符合事实的谎言。[③] "就假定那些直接被机器从工作岗位排挤出去的工人以及原来期待着这一工作的那一部分青年工人都能找到新工作。是否可以相信新工作的报酬会和已失去的工作的报酬同样高呢？要是这样，那就是违反了一切经济规律。我们说过，现代产业经常是用更简单的和更低级的工作来代替复杂和较高级的工作的。""那么，被机器从一个产业部门排挤出去的一大批工人如果不甘愿领取更低更坏的报酬，又怎能在别的部门找到栖身之所呢？"[④] 马克思这种对民众工作世界的关怀，今天读起来仍有一种亲切感和震撼力。以往我们把马克思这些

---

① 《马克思恩格斯选集》第 1 卷，人民出版社，1995，第 333 页。
② 《马克思恩格斯选集》第 1 卷，人民出版社，1995，第 360 页。
③ 《马克思恩格斯选集》第 1 卷，人民出版社，1995，第 361 页。
④ 《马克思恩格斯选集》第 1 卷，人民出版社，1995，第 361 页。

珍贵的思想只是当作政治经济学问题,其实内涵丰富的哲学意蕴,是真正的生活世界观、生存论、实践论哲学。工作是生活、存在、实践的根基,是生产实践的现实化、具体化和主体化。另外,工作也包括精神生产方面的工作,"人们是自己的观念、思想等等的生产者"①,"物质劳动和精神劳动的最大一次分工"②,这些提法表明马克思把精神意识形态的工作纳入了工作体系当中,认为它与物质资料的生产工作同样创造价值。亦可将工作分为物质生产工作、精神生产工作和权力生产工作三大层次,而物质生产工作无疑居于基础和核心地位。由此可见,工作比生产、劳动具有更广阔的存在意义。

其二,关于工作世界范式。马克思在对生产、劳动的阐述中使工作范式达到了自明境界,而工作范式的自明又使工作世界范式明亮起来。"阐明世界的总体意义是哲学的中心任务"③,马克思哲学具有鲜明的世界观品格,而世界观品格重视对世界总体意义的探究,马克思哲学的工作范式亦具有鲜明的工作世界总体意蕴。从马克思对"工作""生产""劳动"等概念和问题的表述看,工作是一个世界,是一个容纳了工作者、工作环境、生产关系、自然关系、技术手段以及工资利润、分配、交往的世界,即工作就是工作世界,工作世界就是工作世界的总体性,就是在产业的生产活动中形成的以大众工作者为主体的自然关系、技术关系和工作关系的总体。而在产业活动中形成的人与自然的生产力关系和人与人的生产关系,马克思称之为社会生产活动的双重关系:一方面是自然关系,另一方面是社会关系。马克思还认为,这两种关系的统一就是生产方式,其中生产力起决定作用。④ 生产力与生产关系及其相互关系是社会化的生产结构,而社会生产力的具体化、实体化、现实化和主体化就是工作力,社会生产关系的具体化、现实化、实体化和主体化就是工作关系,社会生产活动的现实化、具体化、实体化和主体化就是工作活动或工作世界,工作力

---

① 《马克思恩格斯选集》第1卷,人民出版社,1995,第72页。
② 《马克思恩格斯选集》第1卷,人民出版社,1995,第104页。
③ Martin Heidegger, *The Fundamental Concepts of Metaphysics*, Bloomington: Indiana University Press, 1995, p. 209.
④ 《马克思恩格斯选集》第1卷,人民出版社,1995,第80页。

与工作关系及其相互关系构成主体化的工作世界结构,工作世界结构是社会生产方式结构的主体化、具体化、实体化、现实化。"只有在这种把社会生活中的孤立事物作为历史发展的环节并把它们归结为一个总体的情况下,对事实的认识才能成为对现实的认识。"① 现实世界不是孤立的现实要素或事件的堆积,而是一个结构性的关联总体,社会生活的生产力与生产关系结构注定了社会生活的总体性,工作世界的工作力与工作关系结构注定了工作世界的总体性。亦可将工作世界分为物质生产工作世界、精神生产工作世界和权力生产工作世界三大层次,物质生产工作世界无疑具有根本意义。

其三,工作世界是马克思哲学工作世界观的总体概念范式,工作世界的其他概念范式亦隐含在马克思的唯物史观和政治经济学等概念和思想中。马克思的"异化劳动"概念即"异化工作世界"概念,马克思的社会生产力、生产关系、生产活动以及生产方式等概念范式,同时包含着主体化的工作力、工作关系、工作活动以及工作方式等概念范式。前者都是总体的社会生活范式,后者都是主体化的工作世界范式。如马克思所说的"个人生产力",就是与社会生产力相对而生的个人工作力,由此类推,亦可引申出与社会生产关系、生产活动、生产方式相对而生的工作关系、工作活动、工作方式等概念范式。由此,亦可从马克思的"社会共同体"概念引申出"工作世界共同体"概念。此外,马克思劳动价值论中的商品二因素、劳动二重性、劳动力的价值和使用价值、工资、利润、剩余价值等范畴,亦可视为工作世界的具体概念范式。但是,劳动及其相关范畴主要是经济学概念,工作世界及其相关范畴主要是哲学概念,由此,工作或工作世界与劳动又不仅仅是同义的概念,前者具有更广阔的总体的哲学世界观意义,后者更具有专业化的经济学意义,这两种意义往往又互相内含、互相解释并有所差异。如经济学上的劳动价值就与哲学上的工作价值有很大区别,一些劳动没有经济学上的劳动价值,却有哲学上的工作价值;或者说许多工作,没有经济学的劳动价值,却有哲学的人本学价值。

---

① 〔匈〕卢卡奇:《历史与阶级意识》,杜章智、任立、燕宏远译,商务印书馆,1999,第56页。

马克思的共同体思想则内含着深刻的工作共同体范式和思想。

(三) 工作共同体：马克思工作世界观的价值核心

工作共同体是马克思哲学工作世界走向的最终目的地，是马克思哲学最根本的世界境界和价值旨归。在马克思哲学看来，生活世界的本质是工作世界，工作世界的本质是工作世界共同体，工作共同体的本质就是共创共享的人民大众的共同体，就是人民大众的本质所在。

现象学社会学家许茨认为："精明成熟的自我在它的工作中并且通过它的工作，把它的现在、过去和未来结合成一种特殊的时间维度；它通过它的工作活动实现作为一种整体性的自身；它通过工作活动与他人进行沟通；它通过工作活动把这个日常生活世界的不同空间视角组织起来。"① 生命的时空维度、存在的"完整性"和过程以及日常生活世界都靠工作世界拓展和组织并在其中实现，即工作世界是生活世界的本质、基础和意义的源泉。许茨的这一观点不过是马克思哲学关于"物质生产活动是生活世界基础"观点的翻版，但也佐证了马克思的生产活动概念必然引申出工作活动或工作世界这一概念范式。马克思指出："社会结构和国家总是从一定的个人的生活过程中产生的。"② "社会结构"即社会化的经济、政治、文化结构，其核心是社会生产结构，"从个人生活过程中产生"即社会结构主要从主体化的工作世界中产生。但是，马克思在把工作世界看成生活世界的本质和基础的同时，还认为并不是所有的工作世界都能支撑生活世界，都能成为生活世界的本质，异化的工作世界使人丧失生活的意义甚至丧失生活能力，工作世界的本质是工作共同体，工作世界共同体才能构成生活世界的本质或基础。

马克思的工作共同体思想源于资本主义对抗性的异化工作世界："工人的生命活动对于他不过是使他能够生存的一种手段而已。他是为生活而工作的。他甚至不认为劳动是自己生活的一部分；相反，对于他来说，劳动就是牺牲自己的生活。劳动是已由他出卖给别人的一种商品。"③ 异化劳动即异化的工作世界使生活世界丧失了生活的意义和生命的价值，不但

---

① 〔美〕阿尔弗雷德·许茨：《社会实在问题》，霍桂桓译，华夏出版社，2001，第289页。
② 《马克思恩格斯选集》第1卷，人民出版社，1995，第71页。
③ 《马克思恩格斯选集》第1卷，人民出版社，1995，第336页。

不能为工人立命，反而摧残工人的生命。马克思在《形态》中指出，在资本主义虚假的共同体中，社会生产力与大众工作者个人工作力相对立，这就要消除劳动或工作的异化，建立联合、合作的工作共同体，工作共同体是社会生活、国家生活、日常生活等整个生活世界的基础和意义的源泉。马克思强调："自主活动才同物质生活一致起来，而这又是同各个人向完全的个人的发展以及一切自发性的消除相适应的。同样，劳动向自主活动的转化，同过去受制约的交往向个人本身的交往的转化，也是相互适应的。"① "自主活动"就是"真实共同体"的活动，就是人自身的全面发展和人与人之间的交往关系的全面变革。正是在这个意义上，马克思强调："共产主义革命则针对活动迄今具有的性质，消灭劳动。"② 构建共产主义就是消灭异化劳动，构建共同创造、平等占有、公平分配的工作共同体。"在真正的共同体的条件下，各个人在自己的联合中并通过这种联合获得自己的自由"；"只有完全失去了整个自主活动的现代无产者，才能够实现自己的充分的、不再受限制的自主活动，这种自主活动就是对生产力总和的占有以及由此而来的才能总和的发挥"。③ 自主活动的共同体就是"共同占有生产力总和"并能发挥工作才能的工作共同体，是工人或广大人民群众的共同体。马克思把社会共同体、国家共同体、生活共同体都建立在了工作共同体的基础上。马克思的共同体理论固然有社会共同体、国家共同体、政治共同体以及生产和生活共同体等多重意义指涉，但不管是什么共同体，其基础和本质都是广大人民群众生产劳动的共同体即工作世界共同体。工作世界的本质是共同体关系，而"共同占有生产力总和"是共同体关系的根本体现和主要标志。异化的社会也有各种经济、政治、文化的共同体，但不具有"共同占有生产力总和"这一共同体的根本特征。在马克思看来，人的自由、平等、社会关系本质以及感性、理性、爱、生理、心理等活动，整个生活世界的意义，从根本上说都生成于现实的工作共同体，工作共同体是生活世界的基础、意义的源泉和价值核心。

工作共同体是生活世界的基础和意义的源泉，是工作世界的本质所在，

---

① 《马克思恩格斯选集》第 1 卷，人民出版社，1995，第 130 页。
② 《马克思恩格斯选集》第 1 卷，人民出版社，1995，第 90 页。
③ 《马克思恩格斯选集》第 1 卷，人民出版社，1995，第 129 页。

同时也是人的本质和最高存在境界。人的最现实、丰富、深刻、真实的本质在于工作世界并实现于工作世界。"个人怎样表现自己的生活,他们自己就是怎样。因此,他们是什么样的,这同他们的生产是一致的——既和他们生产什么一致,又和他们怎样生产一致。"① 人的本质就是生产、劳动,就是工作世界,就是工作人。离开工作世界,人就失去了存在的支撑,人的一切本质、特性、价值、境界和梦想就会沦为抽象的概念。人的本质是工作世界,但不是所有的工作世界都能构成人的本质,异化的对抗的工作世界会使人丧失本质并失去存在的意义。"只有在共同体中,个人才能获得全面发展其才能的手段,也就是说,只有在共同体中才可能有个人自由。"② 工作世界共同体才是人的本真,人的工作共同体本质是人的社会关系本质、实践本质和全面发展本质的现实化、实体化和主体化。

人的工作共同体本质即人民大众的创造本质。建设性后现代主义者格里芬指出:"从根本上说,我们是创造性存在物。"③ 英国大众文化研究的代表人物霍加特认为:"真正文化的本质、独特性、品质,在于再创造赋有丰富经验的整体的生活,包括:个体生活、社会生活、对象世界的生活、精神生活、真情实感的生活。文化创造出来的是彼此相互结合、相互渗透的事物,因为,这些事物存在于我们现实的生活之中。"④ 文化的本质是创造生活世界的总体意义,人作为文化存在,本质上亦是文化创造,这与人类文化哲学家卡西尔的观点如出一辙,即人就是创造文化的活动,但卡西尔还认为,工作是文化的核心,"人的突出特征,人与众不同的标志,既不是他的形而上学本性也不是他的物理本性,而是人的劳作(work)。正是这种劳作,正是这种人类互动的体系,规定和划定了'人性'的圆周,语言、神话、宗教、艺术、科学、历史,都是这个圆的组成部分和各个扇面"⑤。文化的创造本质就是工作的创造本质。马克思同

---

① 《马克思恩格斯选集》第1卷,人民出版社,1995,第67页。
② 《马克思恩格斯选集》第1卷,人民出版社,1995,第119页。
③ 〔美〕大卫·雷·格里芬:《后现代精神》,王成兵译,中央编译出版社,1998,第223页。
④ Hoggart, "Speaking to Each Other," About Literature, Vol. 2, London: Penguin Book, 1973, p. 11.
⑤ 〔德〕恩斯特·卡西尔:《人论》,甘阳译,上海译文出版社,2003,第107页。

样认为，人的本质是创造，创造的本质是工作创造："通过实践创造对象世界，改造无机界，人证明自己是有意识的类存在物。"① "劳动，即工人的生产活动，亦即创造力量。"② 人的本质是文化创造或生活创造，创造的本质是工作创造，而工作创造的本质即工作共同体的创造。马克思诉诸的工作共同体本质上是人民大众的共同体。"而在控制了自己的生存条件和社会全体成员的生存条件的革命无产者的共同体中……各个个人都是作为个人参加的。它是各个个人的这样一种联合（自然是以当时发达的生产力为前提的），这种联合把个人的自由发展和运动的条件置于他们的控制之下。"③ 马克思哲学的工作世界观立足于工人和广大人民根本的生存、生活利益，批判了异化工作世界，建构了共创共享的工作世界共同体境界，由此，马克思为人们确立的工作共同体本质，实质是指向工人和广大民众的本质和存在根基，是为人民立业、立命、立世、立言、立心。有了工作共同体，人民大众才能真正安居、安心、乐业。

综上所述，马克思的工作世界观是实实在在为人民立业的理论，是以人民为中心、为本位的理论，是从根本上为人民立命、立世、立言、立心的哲学。为人民立业，是马克思主义哲学人民性的根本体现和核心内涵。人不能立业，就不能立命、立世、立心，哲学不能为人民立业，就不能为人民立命、立世、立心，离开立业谈立命、立世、立心就会在很大程度上失却立世和立命的本蕴，甚至沦为无存在和生命根基的抽象论说。而立业主要靠工作立业，主要是构建工作世界境界。马克思的工作世界观从对异化工作世界的批判开始，走向工作世界共同体境界，是马克思多重世界观理论的价值核心，为生活世界理论和人本学奠定了工作世界基础。它集中表征着生活世界观递进的工作世界趋向，对于当代哲学世界观走向工作世界产生了深远而广泛的影响；对于人类戒除物化、工具化、资本化和权力中心化以及追寻工作世界共同体具有重要的指引价值；特别是为哲学研究走向现实生活世界并确立工作世界核心范式开辟了道路，并激励人民大众的工作实践趋向工作世界共同体境界。

---

① 《马克思恩格斯选集》第1卷，人民出版社，1995，第46页。
② 《马克思恩格斯选集》第1卷，人民出版社，1995，第347页。
③ 《马克思恩格斯选集》第1卷，人民出版社，1995，第121页。

第五章　文化世界的意义结构

本章融合文化世界的历史演进与空间进展过程，呼应文化世界观递进的生活世界特别是工作世界趋向，立足现实文化世界，以马克思的从总体到本质到结构的现实世界描述方法和多重文化世界理论为导向，探究文化世界的一般意义结构。

"意义是我们所谓的'文化'的一切内容的共同要素"[①]，即意义是文化世界的普遍规定性。这种普遍规定性本研究将之归结为文化世界的总体意义、本质意义、结构意义、价值伦理审美意义以及冲突意义和建构意义。这些意义构成文化世界意义的关联体系，这个关联体系即文化世界的意义结构。由此，这里"文化世界的意义结构"并不是指文化世界的意义和结构，也与"文化世界的结构"是两个不同的概念，后者是前者的一个深层次意义。本章阐述文化世界总体意义、本质意义、结构意义、价值伦理审美意义，而冲突意义和建构意义留在第六章探讨。

一　文化世界的生活世界总体意蕴

逻辑和历史是统一的。文化或文化世界意义的探究或界定，不是一个概念思辨的问题，而是要以历史和现实为根据，并融合哲学世界观或文化世界观对文化世界意义的理解和界定，对之进行历史和现实的描述以及世

---

① 〔德〕恩斯特·卡西尔：《人文科学的逻辑》，官之尹译，上海译文出版社，2004，第70页。

界观递进逻辑的分析。由此，这里先承接和简要回顾前述关于文化世界观演进的历史逻辑话题，从哲学世界观或文化世界观对文化世界意义的理解和界定说起。而本节对文化世界意义的探究，还只是指涉文化世界的总体意义，并不指向文化世界概念的全部内涵。关于文化世界的本质、结构、价值伦理审美等意义，是本章整个一章才能相对阐明的问题。附带说明一下，当今学界一些关于文化或文化世界的概念界说，在很大程度上还缺少历史过程和文化世界观递进逻辑根据，所以，这里先存而不论。

如前所述，古代哲学的文化世界观主要是一种客体本体论的客体化文化世界观，它把文化世界看成客体本体的生成与创造。这种客体本体或者是以主体之外的自然物质的样式存在，或者是以主体之外的神性精神实体面目展现。自然本体论者循着自然元素的召唤，因本体而生，随本体而去。泰勒斯将人的生活世界乃至整个世界还原为永生的水，并因仰望天空时坠入本体的水而感到本体存在的幸运；赫拉克利特把世界、人、文化统统解构为一团熊熊的火焰并归隐山林之火的存在故乡；中国"五行说"把世界精练化为金木水火土五种元素，老子追寻自然之道行于大野，庄子尊意化之法化为蝴蝶、鲲鹏和鱼，游历于五行之故乡。而精神本体论者柏拉图则循着神灵的启示或灵魂的牵引把世界圣化为天国的理念。"未经理性审视的生活是不值得过的生活"，柏拉图挚爱着理性、理念生活，钟情于精神恋人的本体。富与贫、爱与憎、笑与悲、权与势、生与死、物质与肉体、辉煌与颓败……现实生活世界的一切，在"元素论"那里，或融入水流，或焚为火花，或化为泥土。如果说这些现实生活在"元素论"那里还能与元素碰撞或融合出一些自然的美，而在柏拉图的"理念论"那里，则沦为理念的影子或摹本，成为虚幻的假象。但这种本体论或客体化的文化世界观并不是一无是处，千百年来，这些客体本体论者或追寻客体化世界境界的存在者，或者因为崇尚自然而被人们所传诵，或者因为追寻精神的"理想国"而被人们所推崇。但是，他们由于对本体的迷恋而失却了主体化的生活世界，他们都极力想把自己生活其中的这个不一样的世界还原为一个同样的本体。过着平民生活，热爱教育、德性并体验过战争的生与死的苏格拉底显然比其他哲学家拥有更多的生活，懂得更多的人性造化。"认识你自己"的主体化思维，使他在逻辑上成为一个从古代本体论文化世界观向近代主体论文化世界观、从古代客体化存在境界转向近代主体化存在境界的转向者。而古代本体论者那么热爱自己之外的事物本体,这种过度的"无主体"精神就成了近代哲学主体化文化世界观的生成契机。

近代哲学的文化世界观作为资产阶级价值利益诉求和对中古神性中心论的反叛,主要是一种以人为中心的主体中心论的文化世界观,同时交织着物质本体论和精神本体论的不同样式。只把近代哲学世界观归结为同古代哲学世界观同类的本体论思维,似乎没有把握近代哲学世界观的基本精神和对古代哲学世界观的超越性。比如培根就是一个实体本体论者,但他对主体意义和价值的关注,对主体依靠科学技术改造、控制甚至奴役自然本体或实体的自豪和崇尚,远远胜于对煤矿、铁矿、金矿这些自然本体的怜惜与关爱,或者说他爱这些本体是为了爱主体,是为了把本体变成主体可以任意用鞭子驱使的奴仆。在培根的实体本体论里,本体那种在古代哲学世界观里既是本体又是中心的优越性已不复存在了,本体只剩下本体的"始基"意义,它将它原有的中心意义让位给主体了。从这个意义上讲,近代制造本体论与中心论的对立、客体与主体或物质与精神的对立,实际上是从培根开始的,笛卡儿只是以更为直接和明确的方式表达了这种主客二元分立的思维方式。而笛卡儿的上帝本体、康德的"绝对命令"本体以及黑格尔的"绝对精神"本体,也都丧失了古代本体生成万物、支配万物的丰富意义和优越性,这些本体几乎只成为哲学世界观的一种逻辑形式或逻辑前提,只是对于一个思想者不得不保持它的逻辑上的优先性。它们的生成与创造本性,它们在世界的中心地位,统统让位给了诸如笛卡儿的"我思故我在"的"我思"主体、康德"理性为自然立法"的"理性"主体以及黑格尔的"神或绝对精神在大地上行进"的国家理性主体。而只有少数哲学世界观本体论还遵循着古代本体论的较为完整的意义,如贝克莱"存在就是被感知"的感觉、费希特"自我设定非我"的自我意识,就既是本体又是中心。但这种自我意识本体论是以绝对地否定客体或客观存在为前提的,因此,这种自我意识只能成为自我的意识,亦即自我意识作为本体只是自己的本体,这种不能生成客体、客观的本体也就不具有本体的意义了,但它还不失为一个中心,即整个的意识世界以自我为中心。尽管抽象地看，意识以意识为中心，还是一种没有边缘陪衬的中心，但具体地看，自我意识作为世界意识的中心就成了有边缘陪衬的中心，这种中心论甚至影响了整个资本主义自我中心论的现代文化体系。还有，费尔巴哈哲学的世界观是经典的物质本体论，他却不愿意称自己的哲学世界观为唯物主义，而更愿意用人本主义这个归属，这是他不愿意做一个本体论者而更愿意做一个主体论者、做一个主体中心论者的确证，费尔巴哈同培根一样，循着物质本体论的方向，也把主体"中心"从本体中分离出来了；而笛卡儿、康德、黑格尔等人，则从精神本体论出发，把主体中心从本体中分离开了。由此可见，本体意义或本体论思维在近代就遭遇到被怀疑、消解、悬置的命运。可以说现当代哲学世界观较为彻底地消解和悬置了本体论的文化思维，这至少在一定程度上应该归功于近代主体中心论用主体中心意义对本体意义的遮蔽。

近代哲学文化世界观的主体中心论思维，突出了主体、人的中心地位，同古代本体论把人消解到物质、神灵、理念、精神等本体中去的思维相比，不失为一种哲学或文化世界观的进步，但是，这种主体中心论也导致了中心与边缘二元对立的思维方式和现存世界的对抗，使生活世界总体性出现多重分裂，如阶级与阶级，人与自然和社会的激烈对抗和过度争斗。同时，人是现实生活世界的人，由于这些感性、理性、经验以及道德国家主体的精神性和单面性，主体中心论的主体也因为不具有生活世界的总体性而成为抽象的主体。如果说本体论的主要缺陷是把主体归结为本体消解生活世界的意义，那么中心论的主要缺陷则是把现实生活的主体归结为抽象的或精神性主体，并把这个主体视为生活世界的中心，从而也消解了生活世界的现实性意义和总体性意义。这样从主体中心论走向生活世界总体论就成为哲学世界观的历史和逻辑的必然。黑格尔极力用绝对精神的粘贴剂和辩证法把自然、社会和历史粘贴成一个世界的总体，并试图用这个总体论去消融本体论和中心论的缺陷。但这个总体不具有主体化生活世界的现实性、总体性，不过是一种抽象化和理想化的形式而已，最后成为齐一化的没有历史性的国家主体的总体，这就是黑格尔自由理性的最后回归，最后回归到国家理性这个主体同时也是本体中心。所以黑格尔哲学的世界观具有本体论、中心论和总体论三种思维倾向。从这个意义上看，后现代的去本质（本体）化、去主体化、去中心化、去总体化全部适用于对付黑格尔哲学。

细究起来，哲学世界观与哲学文化世界观的确有所不同，但这种不同主要是历史的和描述的不同，而非现实的抽象的先验的不同。古代哲学世界观主要是一种内含了文化世界观的总体世界观，即宇宙观，卡西尔对这一点深有自觉，他说："在最初的对宇宙的神话解释中，我们总是发现一个原始的人类学和一个原始的宇宙论比肩而立：世界的起源问题与人类的起源问题难分难解地交织在一起。宗教并没有消除掉这种最早的神话学的解释，相反，它保存了神话学的宇宙学和人类学而给它们以新的形态和新的深度。"①"同样的原则也适用于哲学思想的一般进程。希腊哲学在其最初各阶段上看上去只关心物理宇宙。"② 古代神话、宗教、哲学的世界观都是总体的宇宙世界观，而这种宇宙世界观总是交织着对人或文化世界的探求。卡西尔以赫拉克利特为例，认为赫拉克利特确信"不先研究人的秘密而想洞察自然的秘密那是根本不可能的"③。卡西尔认为，"这种新的思想倾向虽然在某种意义上说是内在于早期希腊哲学之中的，但直到苏格拉底时代才臻于成熟"④。近代哲学将总体的世界分裂为心物二元世界，亦分裂为文化世界和非文化的自在世界两个世界，由此导致其世界观的双重意义并趋向文化世界观。现代哲学主客体统一的世界观弥合了这两个世界的裂痕，实际上是把整个世界都视为文化世界，从这个意义上讲，现代哲学世界观就是文化世界观，现代哲学就是文化哲学，现代哲学才是文化哲学。这种世界观与文化世界观的差异，既表明哲学与文化哲学的确有所不同，也表征了文化哲学存在的合法性。由此，现代哲学世界观和现代哲学的文化世界观才具有同一的意义。由此，就不可说所有的哲学都是文化哲学，或者说"所有的哲学都是文化哲学"至少不是一个历史描述的话题和真理。

古代哲学是内含了文化世界观的宇宙世界观，近代哲学将宇宙世界一

---

① 〔德〕恩斯特·卡西尔：《人论》，甘阳译，上海译文出版社，2003，第6页。
② 〔德〕恩斯特·卡西尔：《人论》，甘阳译，上海译文出版社，2003，第7页。
③ 〔德〕恩斯特·卡西尔：《人论》，甘阳译，上海译文出版社，2003，第7页。
④ 〔德〕恩斯特·卡西尔：《人论》，甘阳译，上海译文出版社，2003，第8页。

分为二并趋向文化世界观，现代哲学抵达了文化世界观。现代哲学的世界观或文化世界观，作为主客体统一的表象世界观或意识层面上的主客体统一世界观，扬弃了近代哲学的主客分离甚至对立的二元分裂思维方式，其实质是用主客统一的总体论文化世界观消解和代替主客分离的本体论或中心论文化世界观，但这种消解和代替主要是在经验或理性、自我意识或国家意识、理性精神与非理性精神等精神意识的层面上实现的，也就是说，这种主客统一的总体论或主客体统一世界观，这些"表象世界""意志世界""权力意志""潜意识""生命冲动""存在"的世界，还都由于远离人的现实生活世界而显得缺乏世界存在的总体性，并因此而陷入主观、抽象、孤寂、沉沦甚至荒谬的境地。由此，当代哲学的世界观都竭力赋予这种主客统一的总体以现实生活世界特别是日常生活世界的总体意义。到此为止，主客体分裂的本体论和中心论思维的世界观，才至少在意识哲学的形式上被淹没在生活世界总体观之中了，由此，主客体统一的意识化世界总体也由于找到了生活世界这个现实的总体而被消解在生活世界的概念和话题中了，而逻辑实证主义的"拒斥形而上学"、现象学的"悬置法"无疑是消解主客体分离的本体论和主客体抽象统一的总体论的经典方法。它们通过对现实世界、生活世界的描述，发现了生活世界的总体意义、主体间性结构和意向性存在本质。由此，当代哲学的文化世界观又发生了从现代主客体统一的较为抽象的意识主体化世界观向主体间性生活世界观的转向，这个转向的实质是从主客体统一的抽象总体向现实生活世界总体的转向。现代哲学主客体统一的世界观是用文化世界总体论代替古代和近代的本体论和中心论，当代哲学世界观的转向则是用一种新的更为现实和亲在的总体论消解和代替现代哲学意识主体化世界观的抽象以及先验主客体统一的总体论。当然，这些当代生活世界总体观由于建立在意识哲学基础上，依然带有浓厚的非世俗性和乌托邦色彩，但它毕竟在意识哲学的层面抵达了生活世界的总体意义、结构，特别是主体间性关系本质，这对于对抗、反抗和消解现代哲学文化的自我中心价值体系具有划时代的意义。而现象学社会学家许茨则从生活世界总体性出发，进一步描述和探究了作为生活世界基础和核心的工作世界总体性、主体间性结构和意向性本质，这就使现实世界的总体性或总体世界的现实性更加明亮和敞开，使主体化世界更加显现出工作世界的亲善、力量和实有的存在性。而许茨是受了马克思哲学的影响才使他的现象学有了主体化或主体间性关系的工作世界的实有性灵光。

马克思哲学研究观所指向的生活世界、实践世界、工作世界，都是人创造和改变的世界，都是人化世界或人化自然，都是主体化的生活、实践和工作世界，都是文化世界。由此，马克思的现实世界哲学研究观就是文化世界研究观，或者说，马克思的哲学研究观已经预示、自明了现实世界就是文化世界，世界观就是文化世界观，现实世界哲学就是文化世界哲学。马克思哲学的文化世界观扬弃了本体论和中心论的文化世界观，也扬弃了黑格尔的理性观念总体性方法，建构了以工作世界为价值核心的生活世界总体观和总体境界。它坚持物质本体但不是物质本体论，主张主体中心但不是主体中心论。有些西方马克思主义者（如卢卡奇）把马克思哲学归结为一种总体论，确实是一种真知灼见，但对其实践总体论或历史总体论的归结还不具有生活世界特别是工作世界实有的总体性，这便在一定程度上遮蔽了马克思文化世界总体观的光辉和意义。

综上所述，古代哲学世界观是内含了文化世界观的宇宙世界观，它把文化世界或生活世界视为自然物质客体或神灵精神客体造化的客体化世界，将文化世界消解在无主体意蕴的茫茫宇宙世界观中；近代哲学世界观将宇宙世界一分为二并趋向文化世界观或生活世界观，它将文化世界或生活世界视为独立于客体世界的精神主体世界，是理性精神和感性精神双重精神化的主体化文化世界观；现当代哲学世界观将总体的世界视为文化世界或生活世界，是主客体统一或主体间性关系的主体化文化世界观，在意识意向性的意义上实现了哲学世界观与文化世界观的同一。马克思哲学世界观指向多重文化世界，是多重文化世界哲学理论，它视文化世界的总体为生活世界，又将文化世界或生活世界的本质归结为实践和工作世界。这些世界观或文化世界观对文化世界意义的理解和界说，都为我们对文化世界意义的理解和界说提供了启示、支持和进一步深化拓展的契机，而马克思的文化世界观无疑对我们更具有导向的意义。

现当代哲学都普遍认为，文化即世界，世界即文化；文化即文化世界，文化或文化世界的总体即生活世界。那么，文化世界的总体意义又是什么？这似乎还是一个悬而未决的问题，或隐含在哲学世界观或文化世界观中的需要进一步明晰和确认的问题。文化世界的总体意义是以人民为中心的文化世界意义。文化或文化世界不是一个思辨的概念，而是一个融合历史、立足现实并以哲学的文化世界观特别是马克思的多重文化世界理论为导向而描述出来的概念。从文化世界的历史演进过程看，文化就是文化世界，文化世界就是人类世界的历史过程，就是生活世界的历史过程，人类文化从蒙昧到野蛮再到文明时期，从大陆文化到海洋文化，从乡村文化到城市文化的进程，都是生活世界总体意义的演进过程。由此，文化世界就是人化世界或主体化世界，就是主体化的生活世界总体。人类世界和生活世界都是文化世界的逻辑起点，人类文化哲学和生活世界文化哲学都是文化世界哲学的逻辑起点。由此，探讨文化世界的总体意义还要从人类文化哲学和生活世界文化哲学说起。

文化即文化世界，文化世界是人类世界或生活世界的总体。卡西尔的人类文化哲学认为，文化就是人，就是人的自我创造、解放与生成过程。"作为一个整体的人类文化，可以被称之为人不断自我解放的历程。语言、艺术、宗教、科学是这一历程中的不同阶段。在所有这些阶段中，人都发现并且证实了一种新的力量——建设一个人自己的世界、一个'理想'世界的力量。"[1] 文化是一个整体的世界，即文化世界，这个世界是以人为主体的主体造化的世界即人类世界。但他把人和文化的意义都归结为符号，认为符号化的思维与符号化的行为是人类生活的基本特征："人类知识按其本性而言就是符号化的知识。正是这种特性把人类知识的力量及其界限同时表现了出来……一个符号并不是作为物理世界一部分的那种现实存在，而是具有一个'意义'。"[2] 卡西尔认为，人的生活就是经验符号意义的重复与重建过程。由此，诗歌艺术亦是这种经验符号的记忆、重复与重建过程，是诗人或创作者用这种经验符号裁决自己生活的形式。作为一种符号文化，"诗歌乃是一种人可以通过它对自己和自己的生活作出裁决的形式之一"[3]。作为符号典型的基本概念，"不再被视为某种给定物

---

[1] 〔德〕恩斯特·卡西尔：《人论》，甘阳译，上海译文出版社，2003，第357页。
[2] 〔德〕恩斯特·卡西尔：《人论》，甘阳译，上海译文出版社，2003，第88~89页。
[3] 〔德〕恩斯特·卡西尔：《人论》，甘阳译，上海译文出版社，2003，第82页。

的被动影像,而被看作是理智自身所创造的符号"①。符号是一种"独立的人类精神能量",它使现象"获得了一种确定的意义",获得了"特殊的观念化的内容"。② 在卡西尔看来,现实生活世界的意义是各种意识符号赋予和创造的。由此,他最终把人定义为"符号动物"。卡西尔把现实存在和知识符号对立起来了,认为符号不具有现实存在的规定性,相反,现实存在的意义与人的生活的意义来自符号的意义。他"把符号世界置于现实性之上,强调符号世界的第一性"③。这就过度夸大了语言、概念、知识、艺术等符号的文化意义,从而消解了实践、工作、生活世界的现实意义和创造能量,消解了人或文化的总体意义。无论是经验符号还是理性符号,无论是知识符号还是诗歌、绘画等艺术符号,其意义都来自生活世界,而不是相反,生活世界才是文化符号的终极裁判者或评判者。

文化世界是人类世界,人类世界即主体创造的生活世界,"人就是人的实际生活过程"。如前所述,摩尔根和马克思都把人类世界的历史视为文化生活的过程,都把文化世界视为主体化的生活世界。许茨的生活世界现象学理论认为文化世界就是主体间性关系的文化世界:"我们从一开始就把我们生活于其中的这个世界,既当作一个自然世界来经验、也当作一个文化世界来经验,不是把它当作个人的世界来经验、而是把它当作一个主体间际的世界来经验,也就是说,把它当作一个对我们所有人来说共同的世界来经验,它或者实际上是给定的,或者是每一个人都可以接近的。"④ 许茨把现象或现实世界视为生活世界,把生活世界视为文化世界,用生活世界规定文化世界,又用文化世界规定生活世界。这进一步表明,人、文化、人化、主体化都是一个总体的世界,即文化世界或生活世界。但是,如同卡西尔将文化世界归结为符号意识一样,许茨则将文化世界归结为主体间的共同意识。这同样消解了文化世界的生活世界总体意义。

---

① 〔德〕恩斯特·卡西尔:《语言与神话》,于晓等译,三联书店,1988,第205页。
② 〔德〕恩斯特·卡西尔:《语言与神话》,于晓等译,三联书店,1988,第209页。
③ 〔匈〕H.维坦依:《文化学与价值学导论》,徐志宏译,中国人民大学出版社,1992,第27页。
④ 〔美〕阿尔弗雷德·许茨:《社会实在问题》,霍桂桓译,华夏出版社,2001,第91页。

那么，文化世界总体意义的基本蕴涵是什么呢？

文化世界的总体意义首先是世界意义的总体性，即文化世界是世界的总体，而不是世界的一部分，这个世界的总体就是人类世界或生活世界的总体。历史地看，从蒙昧到野蛮再到文明，文化世界就是人与人、自然和社会共同造化人类世界或生活世界的过程，即主体化过程；现实地看，文化世界就是人直接面对和亲历的生活世界，这个世界有自然的大地天空、江河湖泊、动物植物，也有人造的乡村城市、技术物质、人工自然以及社会关系、制度和精神意识。由此，文化世界是人与人、自然和社会关系的总体，这一总体内含了主体与客体、主体与主体、人与自然、物质与精神等一切存在要素，是文化世界最具普遍意义的世界意义。我们仰望天空，天空就有了被人仰望和向往的生活意义；我们触摸大地，大地就有了被人触摸和热爱的存在意义；我们静观宇宙，宇宙就有了被人静观和沉思的文化意义。生活世界不是现实世界的一部分，而是现实世界的总体，世界观的总体性就是生活世界的总体性。没有人生活，地球、星体、宇宙依然客观存在，但不具有生活世界的总体性意义。

如前所述，马克思的人类文化哲学或文化人类学把文化视为人化世界，同时又把人化世界视为生活世界的历史过程。马克思的生活世界文化哲学或生活世界总体观则把生活世界看作一个世界的总体。马克思强调对现实世界不仅要从客体的方面去理解，而且还要从主体的方面去理解。他批评费尔巴哈离开主体特别是人类实践来理解客体世界，认为感性世界即人化世界是"工业和社会状况的产物"；"只要这样按照事物的真实面目及其产生情况来理解事物"，任何深奥的哲学问题，如人与自然的统一与对立问题，实体、自我意识的创造物问题，都可归结为简单的经验事实，即"在工业中向来就有那个很著名的'人和自然的统一'"[①]。主体与客体、人与自然以及各种本体、实体都统一于人类实践活动，而实践世界是人化的文化世界。感性世界即生活世界的确立，"作为完成了的自然主义＝人道主义，而作为完成了的人道主义＝自然主义，它是人和自然界之间、人和人之间的矛盾的真正解决，是存在和本质、对象化和自我确证、

[①] 《马克思恩格斯选集》第1卷，人民出版社，1995，第76页。

自由和必然、个体和类之间的斗争的真正解决"①。这里，马克思既确证了文化世界的世界总体性，又突出了文化世界的主体化意义。马克思虽然承认在人之外的自然界的先在性和优先地位，但认为自然界离开人类世界就没有意义，而现实的自然界都被主体化或实践化了，成了人化自然界即文化世界。

如前所述，把世界视为人的存在总体的世界，视为主体化生活世界总体的世界，是现当代哲学世界观的总体趋向。胡塞尔在其后期著作《欧洲科学的危机与先验现象学》中对科学化的世界观进行了批判。他指出，在现代的客观主义研究实践中，作为生活世界的世界已经被遗忘了，与之相伴的结果是他们对主体的遗忘。胡塞尔反复强调，科学不应该把人的问题排除在外，哲学的课题应该是生活世界，哲学应该自觉地回归并研究生活世界，为人类重建人与世界相统一的、有价值意义和目的的世界。胡塞尔的生活世界是一个人们自在地生活于其中的世界，是人以自主的地位、自主的意识和自主的选择，同其他具有同样自主性的人们交往的世界。因此，它展开的是人与人的主体间关系，而不是像科学世界中那样的人与征服对象之间的主体与客体关系。当然，胡塞尔仍然是在精神现象的意义上解释生活世界的概念，但他要求把生活世界当作人与人日常交往、共处的互为主体的总体化世界。

海德格尔对世界的文化意义即主体化生活世界意义亦深有自觉。他把世界的总体理解为以"此在"方式存在的主体化世界即生活世界。海德格尔认为，西方传统的形而上学由于从既成的、给定的东西即"在者"出发来探讨"在"的意义，结果都未能真正理解"在"是什么。因此，他主张从"此在"即人的存在入手来揭示存在的意义。他认为，哲学探究的是存在，而存在总是存在者的存在，只有人才会提出存在问题，也只有人才领会存在，因此他称人的存在为"此在"。他认为，"此在"的本质在于生存，它是去存在，是能在，是超越，即对"在者"的超越。"此在"是在世界中展开其生存的。"在世中"是"此在"的基本日常存在状

---

① 马克思：《1844年经济学哲学手稿》（中行本），中央编译局译，人民出版社，2000，第81页。

态，是"此在"的日常生活。即存在就是人的生活世界，人和世界的关系不是像水在杯子里或衣服在衣柜里那样，而是"融身"在世界之中，"依寓"于世界之中，繁忙在世界之中，生活于世界之中，生活世界是人与自然的统一。① 由此，"世界观也意味着、甚至首先意味着生活观"②。正是在对"此在"的日常存在状态的分析中，海德格尔展示了他对主客二分的科学世界观的超越和向日常生活世界的贴近。海德格尔指出，世界与人或此在有独特的联系，只有人才有世界，世界就是此在与存在者整体的关系。由于人和世界均非现成物，人是生活于世界之中的，因此，人在世界之中首先不是主客二分的二元对立关系，而是彼此交融、不可分割的生活关系。

如果说胡塞尔和海德格尔在文化世界的世界意义上指出了一般生活世界的世界意义，那么西方马克思主义者卢卡奇则更直接地把文化世界或生活世界的世界意义视为社会生活的总体意义，并试图通过这种总体的革命来实现人的解放。他说："因此，对马克思主义来说，归根结底就没有什么独立的法学、政治经济学、历史科学等等，而只有一门唯一的、统一的——历史的和辩证法的——关于社会（作为总体）发展的科学。"③ 他不仅把马克思主义归结为总体性科学，而且把它归结为总体性方法，认为马克思主义是辩证方法，而辩证法的核心是总体范畴。"无产阶级科学的彻底革命性不仅仅在于它以革命的内容同资产阶级社会相对立，而且首先在于方法本身的革命本质。总体范畴的统治地位，是科学中的革命原则的支柱。"④ 卢卡奇认为资本主义背离了总体性，把人与人的全部关系都变成了物与物的关系，物化遍及社会生活的各个领域。无产阶级要用这种总体性观念和方法反对物化，使自己由客体变为主体，由孤立个体变为总体。而观点和方法的核心就是社会关系总体论，社会关系总体论的核心就是生产关系总体论。他说："马克思的名言'每一个社会中的生产关系都

---

① 〔德〕海德格尔：《存在与时间》，陈嘉映等译，三联书店，1987，第66~69页。
② 〔德〕海德格尔：《林中路》（修订本），孙周兴译，上海译文出版社，2004，第95页。
③ 〔匈〕卢卡奇：《历史与阶级意识》，杜章智、任立、燕宏远译，商务印书馆，1999，第80页。
④ 〔匈〕卢卡奇：《历史与阶级意识》，杜章智、任立、燕宏远译，商务印书馆，1999，第79页。

形成一个统一的整体'，是历史地了解社会关系的方法论的出发点和钥匙。"① 但卢卡奇在很大程度上曲解和误读了马克思的社会生活总体论，认为马克思主义总体性范畴就是强调总体之于部分的完全至高无上的地位，他把个体、具体、局部只看作受制于总体的一个要素，消解了个体本身作为一个总体的意义。马克思不仅抛弃了黑格尔的精神总体的神秘成分，而且否定了黑格尔的国家总体观，把国家总体建立在生活世界总体基础上，又把生活世界总体建立在生产总体、实践总体和工作世界总体基础上，特别是把总体的意义还给了多维、多元个体即大众主体，强调大众主体总体性及对总体的生成意义和优先意义。

与卢卡奇偏向社会生活的总体意义而忽视个体意义的观念相呼应，怀特认为文化是一个系统的总体，"人作为一个生物有机体，作为一个种类，存在于人-文化系统之内"②。文化是包含过去、现在及将来的巨大连续体，文化世界不是以人为中心，在人与文化的系统中，个人是整个庞大的社会文化系统中渺小的一部分，文化过程必须完全撇开人的因素。③ 怀特强调了文化世界的总体性，并否定了人类中心主义和个人中心主义，但也背弃了文化的本意即主体化意义。怀特自己也确证了这样一个矛盾，他说："'对人类的专门研究'结果反而不是'人'而是'文化'。在对文化作最真实最科学的充分解释过程中，好像'人'不见了。"④ 实际上，怀特看到了文化世界总体意义对个人、个体意义的生成作用，但与卢卡奇等人一样，他也没有把这种总体的意义还给各个个体，即文化世界的总体对各个个体的生成意义是各个个体的交互作用和自我生成过程。人和文化是相互生成、相互构造的，这种相互构造的实质是主体与主体、个人与个人、个人与社会、人与自然的共同构造，而这恰好是人化、主体化即文化

---

① 〔匈〕卢卡奇：《历史与阶级意识》，杜章智、任立、燕宏远译，商务印书馆，1999，第59页。
② 〔美〕怀特：《文化科学——人和文明的研究》，曹锦清等译，浙江人民出版社，1988，第336页。
③ 〔美〕怀特：《文化科学——人和文明的研究》，曹锦清等译，浙江人民出版社，1988，第324页。
④ 〔美〕怀特：《文化科学——人和文明的研究》，曹锦清等译，浙江人民出版社，1988，第135页。

世界的真谛所在，即文化世界是人与人、自然和社会的共同体关系，是这种共同体的造化过程。怀特似乎没有看到这一点，于是片面强调人和文化的对立，认为"不是人在支配文化，而是文化在制约着人"[①]。

融合历史和现实，基于哲学文化世界观对文化世界的理解，我们可将文化世界的世界意义的总体性归结为三个主要内涵。①从主客体关系和主体与主体关系看，文化世界是人与人、自然和社会关系的总体，这是文化世界的最普遍的世界意义。而在这个总体中，人与人、自然的共同体关系是本质关系，而共同体关系的本质是以人民大众为中心的共创共享文化的关系。②从文化世界总体意义生成的过程看，文化世界是工作世界、日常生活和国家生活的总体，这是文化世界最具历史和现实的实体内容的总体，也是生活世界的三个基本范式和实有场域，也是人与人、自然和社会关系总体的现实化、具体化和主体化，而以人民大众为主体的工作世界是日常生活、国家生活的基础和核心。③文化世界的总体意义是在实践和工作世界的基础上，即实践和工作世界总体化文化世界，而工作世界是生产实践的主体化、实体化、现实化，与实践都处于文化世界的核心。

上述世界意义即人类世界或生活世界意义的总体意义，逻辑上构成文化世界总体意义的优先意义或先在意义，而世界意义的总体性总是具体的个体意义的总体性，由此，个体意义的总体性就逻辑地成为文化世界总体意义的第二个规定性。生活世界是一个总体，总是一个具体的或个体的总体，没有具体或个体就没有总体。

在文化世界的总体意义问题上，现象学家胡塞尔偏向主体间性关系的个体总体意义，存在主义者海德格尔偏向个体主体的此在意义，他们在一定程度上都缺少社会生活世界总体的宏观视野。而卢卡奇和怀特则偏向社会生活或社会文化的宏观总体意义，甚至不顾个体总体意义。卢卡奇强调社会生活的总体意义，并主张通过总体性革命消除资本主义的物化、异化等单面生活或文化存在，并指出了具体、个体的总体意义，然而他却把个体的意义归结为总体意义。卢卡奇特别强调总体的具体性，把总体范畴规

[①] 〔美〕怀特:《文化科学——人和文明的研究》，曹锦清等译，浙江人民出版社，1988，第323页。

定为具体的总体范畴。他认为总体范畴就是要对人类的社会生活进行整体性的全面理解,即在全部的社会历史运动的基础上来把握人的具体意义。他认为,总体的具体性还表现在,孤立的事实必须在总体中才能得到理解,如果我们要把握某一个别的历史事件或某一特定阶段的历史过程,就必须把它看作具体的总体的一个方面或一个环节。比如,生产、分配、交换和消费都是人的关系的具体体现,它们都可以归结到人的关系的总体中。"只有在这种把社会生活中的孤立事物作为历史发展的环节并把它们归结为一个总体的情况下,对事实的认识才能成为对现实的认识。"① 卢卡奇强调的具体的总体,主要是把具体、个体归结为总体,他强调总体即"整体对各个部分的全面的、决定性的统治地位"②;"总体的观点,把所有局部现象都看作是整体——被理解为思想和历史的统一的辩证过程"③。这就过度强调了总体对个体的构造意义,忽视了个体对总体的生成与基础意义。总体是各个个体的交互作用构成的关联体系,具体、个体都具有生活世界的总体意义并构成生活世界的总体意义,或处在与生活世界的总体的互构之中。列斐伏尔看到了卢卡奇对总体意义理解的缺陷,强调个体化的日常生活的总体意义,认为日常生活的一件小事也涵盖着整个生活世界的意义。由此,他主张通过个体化的"诗性实践"即个人精神文化革命来超越日常生活的物化与异化,实现人的自由、解放。列斐伏尔这种回避社会层面的总体变革,仅通过个体化的精神文化革命去捕获文化世界的总体意义的主张,带有明显的乌托邦色彩。但他确实以片面的方式从个体意义的总体性上揭示了文化世界的个体意义的总体性。

现象学、存在主义以及西方马克思主义对文化世界总体意义的理解,在世界意义总体性和个体意义总体性问题上,都出现了一定的偏差。马克思指出:"社会结构和国家总是从一定的个人的生活过程中产生的。"④ 文

---

① 〔匈〕卢卡奇:《历史与阶级意识》,杜章智、任立、燕宏远译,商务印书馆,1999,第58页。
② 〔匈〕卢卡奇:《历史与阶级意识》,杜章智、任立、燕宏远译,商务印书馆,1999,第79页。
③ 〔匈〕卢卡奇:《历史与阶级意识》,杜章智、任立、燕宏远译,商务印书馆,1999,第80页。
④ 《马克思恩格斯选集》第1卷,人民出版社,1995,第71页。

化世界的个体意义构成总体意义并与之互构。恩格斯指出："历史是这样创造的：最终的结果总是从许多单个的意志的相互冲突中产生出来的，而其中每一个意志，又是由于许多特殊的生活条件，才成为它所成为的那样。这样就有无数互相交错的力量，有无数个力的平行四边形，由此就产生出一个合力，即历史结果，而这个结果又可以看作一个作为整体的、不自觉地和不自主地起着作用的力量的产物。因为任何一个人的愿望都会受到任何另一个人的妨碍，而最后出现的结果就是谁都没有希望过的事物。所以到目前为止的历史总是像一种自然过程一样地进行，而且实质上也是服从于同一运动规律的。但是，各个人的意志——其中的每一个都希望得到他的体质和外部的、归根到底是经济的情况（或是他个人的，或是一般社会性的）使他向往的东西——虽然都达不到自己的愿望，而是融合为一个总的平均数，一个总的合力，然而从这一事实中决不应作出结论说，这些意志等于零。相反地，每个意志都对合力有所贡献，因而是包括在这个合力里面的。"① 马克思的生活世界总体观和恩格斯的历史合力思想，都科学地预示了文化世界的总体意义特别是个体意义的总体性，即人民群众的总体性，亦即文化的人民性，但他们主要是预示了个体意义总体性的一般原则，即以人民大众为中心的一般原则。由此，进一步明晰文化世界的个体意义总体性及其与世界意义总体性的关联，就非常必要了。

文化世界的总体性是个体意义的总体性，个体意义的总体性本质是人民群众的总体性，总体意义的生成性和优越性内含了个体意义的生成性和优越性。个体意义的总体性至少以下四个含义：①它是多元、多维个体意义的总和，即人民群众意义的总和，而不只是作为某个本体、中心的决定者或唯一。从这个意义上讲，文化世界的总体性，实际上是用多元、多维个体即人民群众主体剥夺了某个本体或中心个体的绝对至上的生成与统治意义，又把总体的意义还给了多元个体即人民主体。"社会结构和国家总是从一定的个人的生活的过程中产生的"，人民群众多元个体的生活世界意义构成总体的生活世界意义并与之互构。②它是个体关系意义的总体。"人是社会关系的总和"，这些社会关系构成个体关系意义的总体。

---

① 《马克思恩格斯选集》第4卷，人民出版社，1995，第697页。

在《政治经济学批判》(1857~1858年草稿)中,马克思更明确地指出,"社会不是由个人构成,而是表示这些个人彼此发生的那些联系和关系的总和"①。即个体总体是个体的自然关系、社会关系、主体间性关系的总体,而不是孤立、抽象个体的叠加,这些社会关系的总和即人民大众社会关系的总和。因此,马克思关于人的社会关系本质理论实质是人民群众本质理论。个体关系是无数群众个体的总体,并构成社会总体,即这些个体关系一方面是社会化的,另一方面又是个体化的。"凡是有某种关系存在的地方,这种关系都是为我而存在的。"② ③它是指每个个体都是一个世界总体或生活世界的总体,都造化和拥有自己的生活世界。人民群众每个人都是一个总体的人,都是一个生活世界总体的人。"一叶一世界,一花一世界",每个个体都具有普遍世界的生活意义,同时具有自己特殊的个性化的生活意义,即"世界上没有两片相同的叶子"。"人是最名副其实的政治动物,不仅是一种合群的动物,而且是只有在社会中才能独立的动物。孤立的一个人在社会之外进行生产——这是罕见的事,在已经内在地具有社会力量的文明人偶然落到荒野时,可能会发生这种事情——就象许多个人不在一起生活和彼此交谈而竟有语言发展一样,是不可思议的。"③个体意义的个性恰好是在与普遍世界意义的相融共生中实现的。如中国梦即中华民族伟大复兴的梦想具有普遍的世界意义,而这一梦想是由广大民众各个个体的个性化的生活梦想构成和筑造的,个人梦的总体意义总体化中国梦的总体意义,总体化民族梦、国家梦的总体意义并与之互构,离开广大民众的个人梦,中国梦就成为空梦、虚梦。④个体意义的总体性中的个体,不单指人的个体,也包括各种不同的文化形式的个体即文化世界的个别形式,如小说通过塑造个别人物反映社会生活的总体意义,古希腊神话通过塑造不同的神灵折射史前文化世界的总体意义,万里长城文化映照着秦王朝的社会生活世界意义,一些出土文物蕴含着一定历史时期的生活、生产和工作世界总体意义。再如,宗教的意义亦是生活世界总体的意义,而不单是虚幻的神灵崇拜。正如马克思指出的:"只有当实际日常生

---

① 《马克思恩格斯全集》第46卷(上),人民出版社,1979,第220页。
② 《马克思恩格斯全集》第23卷,人民出版社,1972,第81页。
③ 《马克思恩格斯全集》第46卷(上),人民出版社,1979,第21页。

活的关系，在人们面前表现为人与人之间和人与自然之间极明白而合理的关系的时候，现实世界的宗教反映才会消失。只有当社会生活过程即物质生产过程的形态，作为自由结合的人的产物，处于人的有意识有计划的控制之下的时候，它才会把自己的神秘的纱幕揭掉。但是，这需要有一定的社会物质基础或一系列物质生存条件，而这些条件本身又是长期的、痛苦的历史发展的自然产物。"[①] 由此，对每一种文化个体或具体的文化形式，都要进行生活世界总体意义的分析。同样，对任何一种文化个体或文化形式的理解和建构，也要进行生活世界总体意义的理解和建构，否则，文化就会成为脱离生活世界的无意义的胡编乱造。由此，哲学、道德、宗教、技术、艺术等文化具体形态都要建立在文化世界总体即生活世界总体基础上，都要反映以人民为中心的文化世界总体意义，而不只是经济发展的工具，也不只是服务政治的手段，更不只是个人的自我表现。

世界意义和个体意义的总体性具有直接的关联性，那么这些意义是怎样生成的，这就是生成意义的总体性问题，生成意义的总体性构成文化世界总体意义的第三个规定性。生成意义的总体性即文化世界或生活世界意义生成的共同体性，主体与客体、本体与实体、个体与总体、中心与边缘共同构成意义生成的共同体源泉。本体、中心只有在生活世界总体中才有意义，总体的意义高于单个本体和中心的意义，并具有单个本体和中心不可比拟的优越性，而总体的优越性和生成意义就是全体个体特别是人民群众主体的优越性和生成意义。个体不是绝对服从、追随和受制于总体的。如面对靠资本逻辑和利润价值生成的充满异化和对抗的社会"虚假共同体"，个体特别是处在边缘的、穷困的、卑微的无产者个体，可以改造或消灭这个社会生活总体，建立新的"真实的生活共同体"。再如中国梦的生活世界境界要以共同创造、公平分配、平等占有的生活世界共同体为核心价值取向，要极力解决现实中存在的贫富差距过大、分配不公、占有不平等的问题。中国梦的实现要靠人民大众的共同努力，中国梦的意义来自人民群众的创造。

文化世界总体意义的第四个蕴涵是结构意义的总体性。结构意义的总

[①] 《马克思恩格斯全集》第23卷，人民出版社，1972，第96页。

体性即文化世界或生活世界结构的意义是多重结构总体的生成,每一种结构本身的意义也是结构诸要素共同作用的结果。文化世界结构意义的总体性是社会生活结构意义的总体性和日常生活、工作世界、主体存在结构意义总体性的统一。从社会基本矛盾结构看,生产力虽是最终决定者,但生产关系、经济基础、上层建筑也都是这一结构意义的生成者。日常生活结构的意义则是生活能力与生活关系、物质生活与精神生活各要素、各层次互构的结果。而工作能力、工作关系的互动、互构,则生成工作世界乃至整个生活世界的意义。从主体结构看,富人与穷人、权贵与平民、白领黑领蓝领、工农商学兵等各个阶层,都是主体结构和主体意义的造化者。这些意义的生成者与造化者既生成自身的意义,又产生他者和总体的意义,它们都在互动互为中生成动态的生活世界的结构意义和总体意义。而在这些结构中,以人民群众为主体的生产结构或工作世界结构,无疑对文化世界意义的生成起着决定性作用。

文化世界总体意义的第五个蕴涵是本质意义的总体性。文化世界的总体是生活世界,生活世界的本质是实践,实践的本质是生产实践,实践和生产都是一个总体的世界。主体与客体、主体与主体、物质与精神共同构成实践本质的意义,生产力和生产关系共同构成生产本质的意义。实践、生产活动的主体是人民群众,而实践和生产的实体化、主体化、具体化和现实化是工作实践即工作世界。工作世界的本质是共同创造、平等占有、公平享受的工作世界共同体,工作世界共同体是以人民群众为根本的人与人、自然和社会的共同造化关系。自由、快乐、幸福、公平、正义以及人的创造性意义都源于工作共同体并在其中实现。由此,这一本质意义是以人民群众为主体、主导的人、自然、社会的总体生成,是总体的意义。文化世界或生活世界的实践本质、生产本质、工作世界本质的意义都是各种关联关系构成的总体意义,都不是某个本体、中心或个体的单面意义。

文化世界总体意义的第六个蕴涵是时空意义的总体性,即时间和空间都是一个意义的总体。时间不是纯粹物质的持续性和顺序性,而是文化世界或生活世界的持续和绵延过程,是文化时间或时间文化;空间亦不是纯粹物质的广延性和伸张性,而是文化世界或生活世界的广延和伸张,是文化空间或空间文化。从时间文化看,文化世界是历史文化与现实文化以及未来文化世界的总体。时间意义的总体性表明，任何现代文化都是一定意义上的历史、现实文化和未来文化，任何历史文化都是一定意义上的现代文化、历史，现在和过去都不是绝对单一的时间形式，而是在空间上并存，在时间上继起。正如马克思所指出的："人们自己创造自己的历史，但是他们并不是随心所欲地创造，并不是在他们自己选定的条件下创造，而是在直接碰到的、既定的、从过去承继下来的条件下创造。一切已死的先辈们的传统，像梦魇一样纠缠着活人的头脑。"① 哈贝马斯指出了现实生活实践总是指向理想化的未来生活世界："日常交往实践本身就是建立在理想化前提上的……理想化从先验领域下降到生活世界当中。"② 但他倒置了理想与现实的关系，认为现实以理想为前提，而实质上是理想以现实为根据。如此，认知和建构现实文化必须融合历史、瞩目未来，同样，认知和弘扬历史文化，必须立足现实并指向未来。从空间文化看，文化世界是乡村文化与城市文化、大陆文化与海洋文化的总体，并循着从乡村到城市，先大陆后海洋的逻辑运行。空间意义的总体性表明，任何文化都在一定的地理空间中存在和运行，都具有一定的物质形式，而这种空间不只是物质文化的容器，更是社会关系的载体。由此，乡村、城市、大陆、海洋等空间文化建设不只是物质空间的拓展和亮丽，更是社会关系空间的优化与跃升。正如哈贝马斯指出的："生活世界的社会整合……在社会空间之维中……它按照合法调节的个人内部关系，进行行动的合作化，并且按照日常实践充分的方式巩固群体的同一性"；"社会世界成员的社会化……在历史时间之维中……它为后代巩固了行动能力的获得，并导致个人生活历史和集体生活形式的相互协调"。③ 社会生活整合与建构的空间之维，主要是构建合作的共同体社会关系；时间之维主要是构建历史、当代与后代的可持续的生活共同体关系。而人民群众始终是文化世界共同体的创造者，是时间文化或历史文化的创造者，亦是空间文化

---

① 《马克思恩格斯选集》第 1 卷，人民出版社，1995，第 585 页。
② 〔德〕哈贝马斯：《后形而上学思想》，曹卫东、付德根等译，译林出版社，2001，第 75~76 页。
③ J. Habermas, *The Theory of Communication Action*, Vol. 2, Stafford: Polity Press, 1989, p. 141.

的创造者。

上述世界意义的总体性、个体意义的总体性以及生成意义、结构意义、本质意义、时空意义的总体性构成文化世界总体意义的关联结构，从而构成文化世界或某种文化形态、形式的意义的基本坐标，亦可作为检验一个文化世界或一种文化形式的基本标准，亦是人们追求文化、创造文化以及建构文化世界的基本价值取向。我们通常所说的文化要贴近生活，实质是文化要贴近生活世界的总体意义。我们通常所说的某种文化形式缺少生活，其实是缺少生活世界的总体意义，包括世界意义的总体性、个体意义的总体性以及生成、结构、本质、时空意义的总体性。文化即生活，文化世界即生活世界。任何一种文化形式本身都是生活——物质的与精神的，个人的与社会的，日常生活的与工作世界的，问题不在于它是不是生活，而在于它是什么样的生活，在于它是否具有生活世界的总体意义或文化世界的意义结构。离开这些文化世界的总体意义，文化或文化世界就会沦为物化、资本化、工具化、个人化、权力中心化的单面存在或异化生态。而文化世界的总体意义是大众主体的意义，文化世界的总体存在本质上就是以人民为中心的文化生态，文化世界的总体性就是文化的人民性，或者说，文化的人民性就在于或取决于文化世界的总体意义。

二 文化世界的工作世界本质规定

文化世界是一个总体，是一个总体的世界存在，文化世界的总体意义是文化世界存在的总体规定性，而总体的存在是有本质的并被本质规定，本质的意义生成存在总体的意义。文化世界的本质是什么？这个问题亦不是一个抽象思辨的问题，而是一个历史和现实描述的观念，亦是一个文化世界观递进的理论趋向和生活世界总体意义的生成逻辑问题。通过这种历史与现实的描述以及理论趋向和逻辑分析，可得出这样的结论：文化世界的本质是工作世界，工作世界的本质是工作世界总体意义，工作世界总体的本质是工作世界共同体，工作共同体的本质是创造。由此，文化世界的终级本质是创造，创造的本质是工作创造，工作创造的本质是工作共同体的创造。由此，创造、工作创造、工作共同体的创造就构成了文化世界的三位一体本质。下文循着这些观念的递进思路进行阐述。

历史和描述地看,文化世界的本质是工作世界。前述关于文化世界的历史演进过程表明,文化世界的最初或发端是工作世界,蒙昧低级阶段的人或文化只是使用工具意义上的工作人或工作文化,吃穿住行主要还是动物似的,还不具有人化即文化的意义,随着工作世界特别是工具文化的进步,到蒙昧中级阶段吃穿住行性行为等日常生活才一步一步有了文化的意义,又是随着工作世界的进展,到文明阶段才有了国家生活或政治社会生活文化。由此可以说,工作世界是文化世界历史演进的基础并创造了日常生活以及国家生活文化的意义,工作世界的水平、性质规定日常生活和国家生活文化的水平和性质。文化世界从乡村到城市、从大陆到海洋的空间进展基础亦是工作世界,居住空间的本质和基础亦是工作世界。从文化世界的现实生态看,一个普遍得无所不在的事实,就是人依靠工作生存,或者说,人们靠实践生存要现实化地表现为依靠工作生存。谁都知道,离开现实的工作活动,人既不能生存也不能生活更无法实践下去。工作生存论是每个人现实地持有并永不离弃的生存论。无劳动能力或丧失劳动能力的人,其工作生存论就是要靠他人的工作或自己以往工作的贡献生存下去;下岗工人的工作生存论就是要通过再就业和创业来养家糊口、维持生计和尊严;在校大学生的工作生存论就是努力学习、掌握技能、提高素质,以便将来找个好工作成家立业并立足社会;小孩的工作生存论就是从懂事时就知道要靠父母的工作给自己提供营养、食物和生存条件。[①] 人依靠工作生存,没有工作创造,就没有生活资料、生活价值和生存意义,人和生活都是工作创造出来的。人依靠工作生存,这是现实人生存也是文化生存论的第一原则或原理。

从文化世界观递进的理论趋向看,文化世界的本质是工作世界。如前所述,文化世界观递进的历史与逻辑趋向是:古代客体化文化世界观—近代主体化文化世界观—现代主客体统一的文化世界观—现当代主体间性关系的文化世界观(从主体间性生活世界到主体间性工作世界,从异化工

[①] 李晓元:《工作生存论——哲学生存论的文化视界》,《学习论坛》2011年第11期。

作世界批判到主体化工作世界建构）。这一趋向表明，文化世界观运行到现当代，开始指向工作世界的本质意义。马克思较早地将人或生活世界即文化世界建立在工作世界基础上，表明了工作世界的本质意义。"任何一个民族，如果停止劳动，不用说一年，就是几个星期，也要灭亡，这是每一个小孩都知道的。"① 在马克思看来，人依靠工作（劳动）生存、生活，这是连"小孩都知道"的生存论。他把实践、生产、劳动以及社会关系或生产关系作为人的生存基础、根本或生存意义的源泉，就是把人的工作活动看作人的生活依靠。工作就是主体化、实体化的生产活动，工作活动是社会实践、生产、劳动的实体存在和主体化形式，工作生存论是实践生存论的核心层次，是实践生存论的日常化、主体化和实体化。卡西尔的人类文化哲学直接指出了人或文化世界的工作世界本质："人的突出特征，人与众不同的标志，既不是他的形而上学本性也不是他的物理本性，而是人的劳作（work）。正是这种劳作，正是这种人类互动的体系，规定和划定了'人性'的圆周，语言、神话、宗教、艺术、科学、历史，都是这个圆的组成部分和各个扇面。"② 西方马克思主义的日常生活和社会批判理论主要指向工作世界，特别是从工作世界的技术、制度和工作关系探寻了生活异化或社会异化的根源，这表明它把工作世界置于生活世界或文化世界的本质层面。现象学社会学家许茨把现实或现象世界视为文化世界，把文化世界视为生活世界，认为工作世界是生活世界意义的源泉、核心和最高的社会实在；个体通过自己的工作活动与外部世界连接起来，实现自己在世界中总体的生活意义；工作世界赋予日常生活最切实的实在感，只有在工作世界的实在中，个体之间才能有效地相互作用、观察、沟通、理解、支持、感受，从而形成主体间性的"伙伴关系"。许茨将主体间性的工作世界视为生活世界的本质和基础，但他最终又将工作世界还原为工作意识的意向性过程。

文化世界的本质是工作世界，是历史与现实描述的观念以及文化世界观递进的理论趋向观念，还是一个生活世界总体意义生成的逻辑观念或推

---

① 《马克思恩格斯选集》第 4 卷，人民出版社，1995，第 580 页。
② 〔德〕恩斯特·卡西尔：《人论》，甘阳译，上海译文出版社，2003，第 107 页。

断，即工作世界总体化文化世界，文化世界或生活世界作为一个关联总体，是靠工作世界关联起来或总体起来的，由此，工作世界构成文化世界的本质意义。

马克思认为社会生活是被生产总体起来的总体。"生产的总体"①，就是说生产本身是一个由生产、分配、交换等环节构成的总体，这个总体又将社会生活连接起来构成社会生活的总体，即生产总体化生活世界。同样，生产关系亦构成一个生产关系自身的总体和社会生活关系的总体，即生产关系总体化社会关系。"以一定的方式进行生产活动的一定的个人，发生一定的社会关系和政治关系。"② 个人在工作生产中形成的工作关系是包括政治关系在内的社会关系的总体，这些工作生产关系又构成总体的社会关系。"各个人借以进行生产的社会关系，即社会生产关系，是随着物质生产资料、生产力的变化和发展而变化和改变的。生产关系总和起来就构成所谓社会关系，构成所谓社会。"③ 社会生产的具体化、现实化、主体化、实体化是工作世界。马克思指出："因此，说到生产，总是指在一定社会发展阶段上的生产——社会个人的生产。因而，好象只要一说到生产，我们或者就要把历史发展过程在它的各个阶段上一一加以研究，或者一开始就要声明，我们指的是某个一定的历史时代，例如，是现代资产阶级生产——这种生产事实上是我们研究的本题。"④ 社会生产总是一定时代的生产，一定时代的生产总是具体化为个人的生产，个人生产即主体化的工作世界，也就是说，社会化的生产活动总是要表现为具体的主体化的工作活动才具有现实性和实体性，否则就是抽象的生产。如此，个人生产即大众主体化的工作世界构成社会生产的基础和本质。马克思说自己研究的主题就是时代化的资本主义生产，而资本主义生产的具体化、大众化和主体化就是表现"个人生产"的资本主义的工作世界生态，这恰好是马克思《资本论》研究的主题。社会生产的具体化、实体化、主体化是工作世界，社会生产关系的具体化、主体化、实体化就

---

① 《马克思恩格斯全集》第46卷（上），人民出版社，1979，第23页。
② 《马克思恩格斯选集》第1卷，人民出版社，1995，第71页。
③ 《马克思恩格斯选集》第1卷，人民出版社，1995，第345页。
④ 《马克思恩格斯全集》第46卷（上），人民出版社，1979，第22页。

是工作关系。马克思的《资本论》也恰好是将资本主义生产关系这一研究主题置于具体化、主体化的工作关系之中来研究,如工人和资本家之间的雇佣劳动关系特别是占有和分配关系等方面。生产或生产关系总体化生活世界即工作世界或工作关系总体化生活世界。工作世界还将意识形态文化关联成一个总体。"宗教、家庭、国家、法、道德、科学、艺术等等,都不过是生产的一些特殊的方式,并且受生产的普遍规律的支配。……正象社会本身生产作为人的人一样,人也生产社会。"①"人也生产社会"即通过工作生产活动生产出社会生活世界的总体。总之,工作生产或工作世界总体化生活世界,将物质生活资料的生产(包括"再生产整个自然界")、人的生产(家庭)、精神生产(宗教、法、道德、科学、艺术)和社会关系的生产(社会、国家)总体起来,构成社会生活世界的总体。

工作世界总体化为生活世界或文化世界,许茨直截了当地表达了这一观念。文化世界作为一个主体间际的世界总体,是被工作世界连接起来的,时间文化和空间文化的总体意义也是被工作世界连接起来的。"精明成熟的自我在它的工作中并且通过它的工作,把它的现在、过去和未来结合成一种特殊的时间维度;它通过它的工作活动实现作为一种整体性的自身;它通过工作活动与他人进行沟通;它通过工作活动把这个日常生活世界的不同空间视角组织起来。"② 许茨明确地描述了工作世界总体化文化世界或生活世界的全部意义:"作为一个整体,作为最高的实在,工作世界是对照着实在的其他许多次级宇宙(sub-universe)突出表现出来的。它是由自然事物构成的世界,包括我的身体在内,它是我的各种运动和各种身体操作的领域;它提供要求我们努力去克服的各种抵抗;它把各种任务摆在我们面前,允许我们把计划进行到底,使我能够通过尝试达到我的目的获得成功、或者遭到失败。我通过我的工作活动同外部世界连接起来,而且我改变它。……我和其他人一道分享这个世界及其客体;我和其他他人具有共同的目的和手段;我通过多种社会活动和社会关系与他们一

---

① 《马克思恩格斯全集》第42卷,人民出版社,1979,第121页。
② 〔美〕阿尔弗雷德·许茨:《社会实在问题》,霍桂桓译,华夏出版社,2001,第289页。

道工作，检查他们并被他们检查。这种工作世界是这样一种实在，只有在这种实在中，沟通和双方动机的作用才能变得有效。"① 即工作世界是一个由自然、身体的运动与操作、工作任务、工作目标、工作成功与失败的效果以及工作同伴关系构成的总体，总体化人与人、自然和社会的关系，总体化主体与客体的关系，从而构成生活世界总体的基础、本质和核心意义。工作世界总体化文化世界或生活世界，实际上是以占有、分配关系为基础的人民群众的总体化过程，因为工作世界是以人民群众为主体的实践活动。

工作世界总体化文化世界，构成文化世界的本质、基础和意义的源泉。那么工作世界的本质又是什么，前面关于工作世界总体化文化世界的阐述实际上已经预示了这个问题的答案，即工作的本质是工作世界，工作世界的本质是工作世界总体意义。从逻辑演绎上看，工作是什么，有人可能会说是赚钱、维持生计，也有人说是生计和尊严，还有人说就是劳动、干活等。但再进一步看，工作还有很多意义和内涵，比如要处理人际关系、制定工作目标任务，还要有方法，要有使用工具的技术，要有自然环境和人文环境以及劳动资料或工作资源，等等。由此可知，工作是一个工作的世界，管理学、社会学、职业生涯设计以及人们日常对工作的定义，都是非世界总体意义上的不完整的职业化或要素化的界定。由此推论，工作或工作的本质是工作世界。那么工作世界又是什么呢？之所以把工作界定为工作世界，是因为"世界"这个词内含了工作的全部要素和意义，是一个总体的世界。由此可知，工作世界或工作世界的本质是工作世界总体性。工作世界的总体性即工作世界的总体意义，下文循着文化世界的总体意义思路，阐述工作世界总体意义。

其一，世界意义的总体性，即工作世界的总体性。①工作世界是生活世界的总体。生活世界本质是工作世界，生活世界总体本质上是工作世界总体。描述地看，生活世界是总体的世界，而生活世界一切被工作世界化了。物质生活和精神生活的产品都是工作世界的创造物；各种社会关系主

---

① 〔美〕阿尔弗雷德·许茨：《社会实在问题》，霍桂桓译，华夏出版社，2001，第305～306页。

要是工作世界占有、分配和交往关系以及由此而生的各种生活关系；各种实践活动主要是工作世界活动以及由此而生的各种生活实践活动。生活世界的物质、精神、行为以及各种关系，都是工作世界的不同存在形式，社会生活的整个现象界和本质界都被工作世界总体化了。总之，文化世界或生活世界是主体化的世界，主体化就是主体的造化，就是工作造化的世界。从这个意义上讲，文化世界就是工作世界，工作世界的总体就是整个的文化世界或生活世界。②工作世界是人与人、自然、社会关系的总体。马克思指出了工作生产的全面性即整个自然界的生产："动物的生产是片面的（einseitig），而人的生产是全面的（universell）；动物只是在直接的肉体需要的支配下生产，而人甚至不受肉体需要的支配也进行生产，并且只有不受这种需要的支配时才进行真正的生产；动物只生产自身，而人再生产整个自然界；动物的产品直接同它的肉体相联系，而人则自由地对待自己的产品。"① 自然界的生产同时又是社会的生产。"人们在生产中不仅仅影响自然界，而且也互相影响。他们只有以一定的方式共同活动和互相交换其活动，才能进行生产。为了进行生产，人们相互之间便发生一定的联系和关系；只有在这些社会联系和社会关系的范围内，才会有他们对自然界的影响，才会有生产。"② 工作世界是人与人、自然和社会关系的总体，是人的自然关系和社会关系的双重关系生产，是人和物的双重存在的生产。③工作世界是内含了世界各个要素的生命活动的总体世界，而不是世界的一部分或一个要素。工作世界是包容了主体与客体，主体与主体，自然存在与社会存在，物质生产与精神生产，感性活动、理性活动以及非理性活动的总体；是异质性与同质性、差异性与齐一性、逻辑性与逆逻辑性、中心性与边缘性的总体；是不同产业、行业、职业、地域、群体工作世界的总体。

其二，个体意义的总体性，即每个个体的工作世界都是一个世界的总体。作为世界总体的工作世界具有这种世界性，每个社会、单位和个人的工作世界以及具体的工作世界形态也具有这种世界性，也是一个工作世界

---

① 《马克思恩格斯全集》第 42 卷，人民出版社，1979，第 96~97 页。
② 《马克思恩格斯选集》第 1 卷，人民出版社，1995，第 344 页。

的总体,每个个体的工作活动都构成一个工作世界,都具有主客体、人与自然和社会以及感性和理性相融的世界感、世界性。工作世界是多元、多维个体工作世界意义的总和,每个个体的工作世界本质上都是总体存在,而不是单面的异化、物化存在。"社会结构和国家总是从一定的个人的生活的过程中产生的",社会工作世界的总体意义由个人工作世界总体构成或产生,是个人工作世界总体意义的总和,个人工作世界总体构成单位和社会工作世界总体。当代社会,个人工作世界构成社会工作世界主要是通过单位工作世界实现的,单位工作世界是个人工作世界与社会工作世界的结合域,人的社会工作世界本质和社会的个人工作世界本质都直接相融合实现于单位工作世界。

其三,层次意义的总体性,即从社会、单位和个人三个层次的工作世界看,每个层次的工作世界都是一个总体。从社会、单位和个人的不同层次看,工作世界有宏观的社会工作世界、中观的单位工作世界和微观的个人工作世界,这三重工作世界都具有世界的总体性,是不同层次主体的总体。社会工作世界就是整个社会世界意义上的工作世界,也可分为不同的层次,如中国社会、美国社会、日本社会的工作世界等。单位工作世界主要是具体的工作机构或工作组织,如机关和企事业单位,它们都有强烈的工作世界感,一提"单位"人们就会想到"那是一个工作、干活的地方"。各个单位工作世界又是由不同的工作部门或单元的工作世界构成的,如人事处、财务处、教务处、大学的各个二级学院及其下设的部门单元。个人工作世界既是大众工作者每个人的工作世界,又可分为不同阶级、阶层、身份的个人工作世界。这三个层次的工作世界构成一个世界视域的关联总体,又分别是相对独立的工作世界总体,如个人工作世界也是一个世界总体,它既融合了社会工作世界和单位工作世界的总体意义,又自我构成一个总体的世界,即个人工作世界是内含了主客体存在、物质与精神存在等世界要素的总体,"一叶一世界",每一片叶子都是包含大地与天空、雨露阳光的世界总体。

社会工作世界首先或直接由单位工作世界构成,单位工作世界首先或直接由个人工作世界构成,个人工作世界具有工作世界的根本意义和最高实在地位以及最终价值归属向度。个人工作世界不仅是指某个人或某些人的工作世界,而且是指各个个人的工作世界即广大人民群众主体的工作世界。这样,个人工作世界就取得了民众工作世界的内涵,并实现了与马克思主义的历史观、群众史观(历史是个人合力)、群众路线的契合,不再是也不可能是被一些哲学声讨的"自私""个人中心""唯我论"的"个人主义"价值追求或世界向度;民众也获得了个人工作世界的实有规定性,并被这个工作世界有机连接在一起,成为各个个人的存在,不再是也不可能是被一些视人民群众为草芥的哲学申斥的"乌合之众"或"虚无存在"。个人工作世界构成社会、单位工作世界,社会、单位工作世界是个人工作世界存在和关系的总和。"单位共同体是个人与社会的结合域,是人的个人本质与社会本质的结合域。"[①] "人是社会关系的总和",个人工作世界的社会关系本质、社会工作世界本质直接实现于单位工作世界共同体,个人工作世界又是个人与社会、单位工作世界相融合而生成的个性化的个体工作世界,既不单是个人,也不单是社会总体,它既是个人,又是总体,是个人总体性或总体化的工作世界。总之,总体的工作世界与个体的工作世界,社会、单位、个人工作世界,它们互相规定、互相生成、互相碰撞与和谐,构成总体的工作世界,也构成片段的个体或个人的工作世界,而个人工作世界本质是人民群众的工作世界,是人民性的根本意义所在。

其四,生成意义的总体性,即工作世界的意义是由工作世界总体生成的,而不单是某个本体或中心。工作世界本质意义即工作世界共同体意义处在工作世界总体意义的核心层次,是工作世界意义生成的源泉。工作世界的本质意义源于其结构意义,工作世界的结构是工作力和工作关系的互构关系,它是社会化的生产力与生产关系结构的主体化、实体化和现实化,是工作世界意义的最终源泉。

文化世界的本质是工作世界,工作世界的本质是工作世界总体性。工作世界的总体意义是人民性的根本意义、根本生态。由此,个人、单位和社会构建工作世界就是构建工作世界总体性或工作共同体,追求工作世界

[①] 李晓元:《"共同体人论":马克思人的本质理论的新视域》,《社会科学辑刊》2006年第4期。

意义就是追求工作世界的总体意义，而不单是利润、价值和物质成果，其中，提高工作力、优化工作关系是工作世界的根本追求。要重视社会生产力的发展，更要重视人民群众个人工作能力特别是工作创造力的发挥和发展；要重视社会生产关系的变革，更要重视个人和单位工作关系和工作制度的变革、改进和建构；要重视社会上层建筑和意识形态的变革，更要重视个人工作意识和精神文化的建设，重视个人工作世界的思维方式、价值取向、工作态度和工作理念的创新与发展。

工作世界总体意义表明，工作世界是各种存在主体和要素的关联体系，工作世界总体化生活世界。那么，工作世界自身又是怎样关联起来即总体起来的呢？工作世界总体性的本质又是什么？逻辑地看，工作世界之所以是一个总体，这个总体并不是所有岗位、工作职业、工作环节和要素的堆砌和相加，而是一个由各种相互作用的关联要素和环节构成的总体，如果没有关联和相互作用，就不能成为工作世界总体，工作世界的组织性、关联性比其他世界更为强烈，而且使其他世界成为与工作世界相关联的世界，即工作世界不仅总体化自己，而且总体化整个世界，自然山川都是工作世界的关联成分，工作世界总体是一个和谐关联的世界，工作世界总体性的本质是和谐的主体化的工作世界共同体。描述地看，工作世界的本质是工作世界总体性，但并不是所有的工作世界都具有总体性，以资本为中心的异化的对抗的工作世界就是分裂的丧失了总体性的工作世界，工人的工作只是赚钱的方法、手段而不是生活世界的本质。"自由工人自己出卖自己，并且是零碎地出卖。"① "当他坐在饭桌旁，站在酒店柜台前，睡在床上的时候，生活才算开始。在他看来，12小时劳动的意义并不在于织布、纺纱、钻孔等等，而在于这是挣钱的方法，挣钱使他能吃饭、喝酒、睡觉。"② 因此，建立主体化的和谐工作世界共同体，作为"完整的人"要全面占有自己的本质。由此可见，工作世界总体性的本质是工作世界共同体，工作共同体使工作世界具有总体的意义，工作共同体总体化工作世界，使工作世界成为一个和谐的具有"总体的人"意义的世界。

---

① 《马克思恩格斯选集》第1卷，人民出版社，1995，第337页。
② 《马克思恩格斯选集》第1卷，人民出版社，1995，第336页。

理论地看，马克思的工作世界观较早地揭示了工作世界的共同体本质。马克思认为原始工作世界是共同体世界："财产最初（在它的亚细亚的、斯拉夫的、古代的、日耳曼的形式中）意味着，劳动的（进行生产的）主体（或再生产自身的主体）把自己的生产或再生产的条件看作是自己的东西这样一种关系。……个人把劳动条件看作是自己的财产（这不是劳动即生产的结果，而是其前提），是以个人作为某一部落体或共同体的成员的一定的存在为前提的。"① 原始工作世界就是共同占有和享受工作成果的工作世界共同体，进入阶级社会，这种共同体发生了分裂，成为"虚假的共同体"。马克思认为资本主义破坏了工作世界总体性，使工人失去了工作世界总体性意义并沦为资本的工具。"他是为生活而工作的。他甚至不认为劳动是自己生活的一部分；相反，对于他来说，劳动就是牺牲自己的生活。"② 资本主义生产发达，但工人的工作成为别人的东西，与自己的生活对立，社会生产的总体性掩盖了个人工作世界的孤立性，生产的发达性掩盖了个人工作世界的片面性和贫穷，这种社会生产与个人工作世界的对立即社会化大生产与个人工作世界的对立。所以要把生产总体性还给个人，要把社会生产力总体意义还给个人生产力即工作力，把社会生产关系总体意义还给个人工作关系，把社会产品和财富还给大众工作者共同占有。即建立共创共享的工作世界共同体。"在真正的共同体的条件下，各个人在自己的联合中并通过这种联合获得自己的自由。"③ 而这种自由自主活动就是"对生产力总和的占有以及由此而来的才能总和的发挥"④。共同体就是主体与主体共同创造、占有和享受物质财富和精神财富的社会关系的总体，它具有多种具体形式，国家共同体或社会共同体是较大的共同体。共同体本质上是生产劳动即工作共同体，因为共同体是靠工作生产建立的，否则便没有共同体。政治、经济、文化、国家、社会共同体都建立在生产共同体或工作共同体基础上。

工作共同体的本质是人民群众的共创共享关系。平等占有和公平分

---

① 《马克思恩格斯全集》第 30 卷，人民出版社，1995，第 488~489 页。
② 《马克思恩格斯选集》第 1 卷，人民出版社，1995，第 336 页。
③ 《马克思恩格斯选集》第 1 卷，人民出版社，1995，第 119 页。
④ 《马克思恩格斯选集》第 1 卷，人民出版社，1995，第 129 页。

配、和谐技术关系、消解现实冲突以及自由工作和生活,这些工作共同体的意义都离不开工作创造,都是工作创造出来的意义,即工作或工作共同体的本质就是创造。生活世界或文化世界是工作实践创造出来的。"正是在改造对象世界中,人才真正地证明自己是类存在物。这种生产是人的能动的类生活。通过这种生产,自然界才表现为他的作品和他的现实。因此,劳动的对象是人的类生活的对象化:人不仅象在意识中那样理智地复现自己,而且能动地、现实地复现自己,从而在他所创造的世界中直观自身。"① 人在他所创造的文化世界或生活世界中展现或直观自己,而且这种创造是人类的共同创造,是"类生活"。"工业的历史和工业的已经产生的对象性的存在,是一本打开了的关于人的本质力量的书"②,工业的历史即以机器技术为标志的工作世界的历史,极大地张扬了人的工作创造本质,而这个工业化的生活世界是广大民众工作者的共同创造即共同体的创造。马克思还认为,真正的财富并不是金钱、资本和物质,而是创造力,"真正的财富就是所有个人的发达的生产力"③,"个人发达的生产力"即工作创造力。劳动"即工人的生产活动,亦即创造力量",但在资本主义社会,"正是把这种贵重的再生产力量让给了资本。因此,工人自己失去了这种力量"。④ 在马克思看来,失去了共同体就失去了创造力量,共同体本身就是创造力量,"作为第一个伟大的生产力出现的是共同体本身"⑤,马克思这句话更直截了当地表明了工作共同体的本质是"伟大的生产力"即工作创造力。由此,要建立未来社会的工作共同体,实现对"生产力总和的占有和才能总和的发挥",即大众工作者要自由占有、支配和发挥自己的创造力,这样才能成为"总体的人"或"全面的人"。人的本质是创造,而创造的本质是工作共同体的审美创造,就是要体现出物的价值和人的价值的双重统一。与自然万物、社会的和谐是人区别于其他动物的本性。按美的规律创造就是和谐共同体的共同创造,就是工作共同

---

① 《马克思恩格斯全集》第42卷,人民出版社,1979,第97页。
② 《马克思恩格斯全集》第42卷,人民出版社,1979,第127页。
③ 《马克思恩格斯全集》第46卷(下),人民出版社,1980,第222页。
④ 《马克思恩格斯选集》第1卷,人民出版社,1995,第347页。
⑤ 《马克思恩格斯全集》第30卷,人民出版社,1995,第488页。

体的审美创造本性。

"建设性后现代主义"在崇尚创造力的意义上亦表达了人、工作、生活或文化的创造性本质。格里芬认为人的本质是创造性存在物,创造性能量是每个人都具有的,人的工作活动就是创造活动,这种创造性工作又离不开人与人互相需要、互相贡献的工作关系,即接受他人贡献的"接受性需要"和为他人创造的"创造性贡献"的关系,工作并不只是为了金钱,而且是追求和实现创造性本质,若忽视人们工作的创造性能量、价值和本质,就会使一些掌握政治经济大权的人制定出不现实的政策。他告诫决策者们:"工人不仅仅是'工人',他们首先是人,因而他们需要从工作中获得某种满足感,需要创造性地行事;需要感觉到他们对某些事情作出了有价值的贡献;需要参与公司的决策程序。"① 福柯则认为,人们写作、生活、恋爱、乐趣等生存意义,都存在于创造性的工作过程,生活本身就是工作创造出来的活生生的艺术品。但是,与许茨现象学的工作生存思想一样,建设性后现代的创造性工作生存理念最后又复归为意识生存论,如霍兰德把格里芬的"创造性能量"归结为"精神能量",认为精神能量的首要性是第一原则,所有社会能量都以精神性为基础和根源。②

工作共同体的本质就是创造,创造的本质是工作创造,工作创造的本质是共同体创造。共同创造注定了共同占有和享受的共同体关系,也注定了有共同创造而没有共同占有和享受的共同体是"虚假的共同体"。由此,创造、工作创造、工作共同体创造就构成工作世界的三位一体本质,亦构成文化世界的三位一体本质,即文化的本质是创造,创造的本质是工作创造,工作创造的本质是工作共同体创造。而这三位一体本质归结为一体,即人民群众共创共享的共同体关系。这是工作世界乃至整个生活世界或文化世界的最根本意义所在,亦是人民性的根本意义或根本生态所在。

---

① 〔美〕大卫·雷·格里芬:《后现代精神》,王成兵译,中央编译出版社,1998,第223页。
② 〔美〕大卫·雷·格里芬:《后现代精神》,王成兵译,中央编译出版社,1998,第73页。

文化的本质是创造，创造即以人民群众为主体的人与人、自然和社会共同造化生活世界意义的工作活动或生命活动，创造物或作品的意义都指向生活世界特别是工作世界，都是发明者、发现者、创制者、享受者、应用者的共同造化，都是作者与读者、听众的共同创作。而创造物或作品本身都是意义的承载者即意义的载体或居所，都是创造的形式。如此，创造本质上不是创造一个物或作品，而是创造它所蕴含、承载、指向的生活世界特别是工作世界的意义，而这些意义是人与人、自然和社会的共同造化，是生活共同体、生命共同体的共同造化，而共同体本质是以人民群众为主体的工作共同体，由此，又得出这一结论：文化的本质是创造，创造的本质是工作创造，工作创造的本质是人民群众共创共享的共同体关系。人民群众的自由、平等、创新、创造、富有、快乐、幸福、审美以及全面发展价值都生成和实现于这个共创共享的工作世界共同体。

　　文化世界的总体是生活世界，核心是工作世界。文化世界的工作世界本质是人民性亦即文化人民性的根本意义或根本生态。切不可一提中国文化实际就误以为是传统文化、精神文化或意识形态文化，中国文化实际的总体是人民大众的生活世界文化，基础和核心是人民大众的工作世界文化，根本是人民大众的工作创造力文化。文化的精髓、精华、实质、基础和核心，都在于人民群众的生活世界特别是工作世界，精神文化或意识形态文化不过是生活世界或工作世界文化实际的反映、折射、回声以及能动的超越和导向，都不是文化实际的核心。我们通常所说的哲学是文化的精髓，实际上只局限于精神文化视域，"哲学是时代精神的精华"就是说哲学是时代"精神"文化的精华，而不是时代的文化世界的精华，哲学文化精华不过是对生活世界特别是工作世界文化精华的反映、抽象或意识化的建构。在文化世界总体性意义上，任何时代的文化精华都不可能是哲学或其他什么意识形态，而只能是人民大众的生活、工作创造或社会变革实践。比如中国古代文化的精华就不可能只是道家、儒家的思想文化，而是中华民族实践创造的辉煌的历史。由此，文化建构、文化生存的核心或我们的安身立命之本，都是人民大众的实践特别是工作世界文化，而我们的哲学研究和文化研究离工作世界、离人民群众的实践还很远……

三 文化世界的多重结构

文化世界的本质是工作世界，工作创造或工作共同体是工作世界乃至整个文化世界或生活世界意义的源泉。工作创造或工作世界共同体的意义又是怎样生成的，这就是工作世界的结构问题，亦是文化世界的结构问题。结构是存在的内在规定性和深层意义，是把存在关联起来的内在矛盾关系，它本身既是意义又生成意义，是存在意义的动力源。文化世界的结构不是单一的，而是多重结构的总体，可以说，有多少种文化形式、形态和意义就有多少种文化世界的结构，而这些结构又互相关联并分为不同的层次。文化世界哲学主要不是探寻具体文化形式或形态的结构，而是透视具有普遍意义的文化世界结构，正如卡西尔指出的："哲学不能满足于分析人类文化的诸个别形式，它寻求的是一个包括所有个别形式的普遍的综合的概观。"① 文化世界哲学不可能穷尽文化世界的每一片叶子，但可以在对其一般意义的捕获上抵达每一片叶子。具有普遍意义的文化世界结构亦是一个多重结构的总体，具体说就是生活世界总体结构、社会化的社会基本矛盾结构、主体化的工作世界结构以及精神结构的总体，其中社会基本矛盾结构和工作世界结构都处在文化世界的本质结构的层面，而前者早已是一个众所周知的共识化的结构，所以这里重点透视工作世界结构。

文化世界的多重结构是我们认知、理解、体验和建设文化世界的多重分析结构和建设结构。文化世界的意义虽然都依托总体意义并源于本质意义，但并不都直接与之相关联，都有其自身结构的相对独立意义。由此，文化世界意义的分析不能局限于、停滞于某种单一的结构，哪怕是总体结构或本质结构。文化世界多重意义的存在生态需要文化世界的多重分析结构。比如一位教师在去上课的路上遇见一位学生跟自己打招呼"老师好！"会感到喜悦和欣慰。这喜悦和欣慰的意义来自哪里？用生产力与生产关系、经济基础与上层建筑构成的社会基本矛盾结构很难

---

① 〔德〕恩斯特·卡西尔：《人论》，甘阳译，上海译文出版社，2003，第110页。

解释这种意义,这种意义就是源于日常生活的主体间性结构,或者具体地说来自师生之间的主体间性关系,这种意义是师生的共同造化,即一方面靠学生的文明礼貌素质,另一方面靠教师对"老师好!"这句问候的文化感受力和体验力——如果是一位麻木不仁的教师也不会感受和体验到那种喜悦和欣慰。一句日常的问候,一个微笑,都能创造生活的意义,这是主体间性关系的共同创造,它不直接关联社会基本矛盾,甚至也不直接关联工作世界,当然,从根本上说,这种意义并没有离开这两个结构的根基,即打招呼、微笑、相遇都是发生在一定的工作世界和社会世界——如去工作的途中或行走在人化自然的校园里。但这个社会和工作世界只是相遇和微笑意义的发生场域,它们本身并不生成意义,意义是师生主体间的相遇和微笑生成的,并使得这个社会和工作世界显得更有感性和造化意义。这个例子表明,文化世界或生活世界意义的生成结构是多重的,并不都直接根源于或来自本质结构如生产方式结构或社会基本矛盾结构。文化世界的意义不可能什么都用生产方式来解释,或许正是在这个意义上,罗素的观点有一定的合理性,他说:"据马克思的意见,人类历史上任何时代的政治、宗教、哲学和艺术,都是那个时代的生产方式的结果,退一步讲也是分配方式的结果。我想他不会主张,对文化的一切细节全可以这样讲,而是主张只对于文化的大体轮廓可以这样讲。"[①] "甚至按这个意义讲,一套哲学也不单是由经济性的原因决定的,而且是由其他社会原因决定的。"[②] 总之,单一的本质结构或生产方式结构不足以解释和分析文化世界的全部意义,文化世界需要多重分析结构,即除了生产方式或社会基本矛盾分析结构,还需要有总体分析结构、工作分析结构、精神分析结构和群体分析结构等。文化世界哲学力图为人们探寻这些多重分析结构。

文化世界的结构就是文化世界的矛盾关系,而这些关系都是人的关系。文化世界的总体结构是生活世界总体结构,它是人与人、自然和社会的关系即文化关系与文化能力的关系结构。这是一个最具有普遍适用性的

[①] 〔英〕罗素:《西方哲学史》上卷,何兆武、李约瑟译,商务印书馆,1963,第388页。
[②] 〔英〕罗素:《西方哲学史》上卷,何兆武、李约瑟译,商务印书馆,1963,第391页。

结构。文化就是主体化，就是主体化世界，主体化世界就是主体造化自然、社会和主体的关系，就是人与人、社会和自然的互构关系，就是文化能力与文化关系或生活能力与生活关系的互构关系。文化的本质不只在于文化本身，更在于它所体现和指向的人与人、自然和社会的关系，即文化是一个人与人、自然和社会关系的世界，即文化就是文化世界，就是文化世界的总体性，就是文化关系的总体性。总体的文化世界是这样，具体的文化形态也是这样。如玉文化是玉石、雕刻技术工艺、工作创造、工作关系以及佩戴玉等生活审美关系的总体，而不只是玉石客体。万历墓葬的玉石料不是上乘的，就体现了那时的经济政治文化关系，乾隆年间的玉上乘则体现了那时的社会生活和社会关系生态。再如醋文化，不仅是醋本身，而且是生产醋的历史、工艺及人的生活和工作生态。再如石头，如果是一块自然界的石头就不是文化，如果作为建筑的石料或静观的客体就是文化，因为有了石头和人的关系。文化关系即生活世界关系，主要包括以下三个方面。

其一，主体造化自然的关系，即主体造化自然为主体的生活存在。①化自然为精神的快乐、幸福、富有、智慧，化自然为主体的精神生活。每个人都面对同样的天空、大地、海洋、河流以及花草树木和动物，这是每个人的自然存在境遇，这是向每个人都敞开的资源，而有人熟视无睹，也有人能造化为自己的存在意义。如果不会主体化就会白白失却很多这种存在的资源和意义。从精神造化的意义上讲，这是一块对每个人都相对平等持有的存在的领地和家园。由此，我们要在喧嚣和繁忙的世事中经常去河边注视流水，穿越竹林并倾听翠鸟的鸣叫；经常去曲径通幽的公园散步，汲取花草树木的灵气与芬芳；经常仰望天空的白云和星宿，感受天空的高远和星空的浩瀚，并使得这些高远和浩瀚进入生命和灵魂。在这些自然的怀抱里，还有许许多多的体验、回忆、感悟，还会得到许许多多的自然的美善和智慧。这些主体化存在甚至是每个人都需要开拓或进一步开拓的存在的地方。它对每个人来说，都是一个无限的意义域。②化自然为主体的行为、物质、财富存在。化自然为精神的富有和存在即化自然为生命、生活和工作的富有和存在。因为幸福、快乐、美善和智慧都表现为一定的行为方式或融入一定的选择和行动。如果说化自然为精神主体的精神生活主要还是一种意化,那么这种实践造化自然主要就是一种物化与意化的并行主体化生活。主体造化自然的关系是主客体间性的共同造化关系,即主体要循着主体和自然客体的双重意义理解、体验和建构自然,这是主体化的物化,不同于客体化的物化。后者是消极被动的物化,是把主体的意义消解在客体意义之中,且这种客体不为主体所有并与主体对抗。主体化的物化即对象化,这是人的存在和本质的物质确证,是能动的主体化,是把客体的意义造化为主体的意义并为主体所拥有、占有和享受。"正是在改造对象世界中,人才真正地证明自己是类存在物。这种生产是人的能动的类生活。通过这种生产,自然界才表现为他的作品和他的现实。因此,劳动的对象是人的类生活的对象化:人不仅象在意识中那样理智地复现自己,而且能动地、现实地复现自己,从而在他所创造的世界中直观自身。"①

其二,主体造化社会的关系,即主体造化社会为主体的生活存在。社会即社会生活,社会生活即社会关系的总体,其基本结构是生产、分配、交换等物质关系和政治、道德、法律以及精神文化关系,也可表述为技术关系、制度关系和精神文化关系。社会生活和社会关系都是人的生活和关系,都是人的构造、建造和创造,是主体的自我生成与创造。主体造化社会的内涵主要有三个方面。①主体造化社会的对象是社会的物质关系和精神文化关系、经济关系和政治关系、技术关系和制度关系的总体。②主体造化社会和主体造化自然是同一过程,主体化社会是主体化世界的本质存在。只有在社会中才有人与自然的关系。③主体造化社会以主体造化主体自身和单位为基础。相对的单位共同体构成绝对的社会总体共同体,个人的社会本质和社会的个人本质都直接呈现于相对的单位共同体。由此,个人主体化构成单位主体化,单位主体化构成总体的社会主体化。由此,社会主体化始于单位主体化,单位主体化始于个人主体化。个人主体化构成单位主体化的基础,个人和单位主体化构成社会主体化的基础并与之互构。个人、单位、社会主体化是一个互构的结构,社会对主体的构造和主体对社会的构造都是主体对主体自己的构造。一旦社会不再作为主体的社

---

① 《马克思恩格斯全集》第42卷,人民出版社,1979,第97页。

会构造主体，这个社会就是一个与主体分裂的非主体化的异化的社会或"虚假的共同体"；同样，一旦主体不再作为社会的主体构造社会，这个主体就是一个与社会对抗的非社会化的异化的主体或孤立的抽象的个人。由此，每一个人都可通过造化单位共同体而造化社会共同体，这就使主体化社会通过主体化单位获得实现的通道或路径，即每一个主体都可通过改变或造化单位而获得一份改变和造化社会的生活存在和价值意义，而个体主体造化单位又是从造化自己开始的，而造化自己又是一种主体间性的主体化关系。

其三，主体造化主体的关系，即主体造化其他主体为主体间性的存在，这种造化是主体间性的共同造化。这种主体间性的主体化关系，马克思称之为互为自由的共同体关系；许茨称之为"伙伴关系"；《圣经》称之为"你想让别人怎样爱你，你就要怎样爱别人"；儒家称之为"己欲立而立人，己欲达而达人"；官人与商人称之为"互惠、互利、共赢"的关系；其实质就是互为主体的平等、互助、互动、互为的关系。这种主体间性的主体化关系，这种平等的关系需要一个平等的前提，那就是主体与主体之间在平等的经济、政治、物质利益关系前提下，否则，这种主体间性关系就会大打折扣甚至沦为主客体性关系，如私营企业的雇工在与私营企业主、老板谈判时和利益分配时就不可能有这种平等的主体间性的主体化关系。但是在日常生活和工作中，主体之间的关系并不都指涉这些不平等的前提，而是大量指向平等背景下的合作与交往关系。由此，做一个主体化人，即要认知哪些是自己的主体化世界境遇，哪些是自己的非主体化世界前提，以便在主体化世界中建造自己的主体间性关系，在非主体化世界中尽量避免被客体化或力所能及地去适应或改变这种客体化世界。

文化关系是人与自然和人的共同造化关系，是主体客体间性关系和主体间性关系的总体。文化关系或生活关系都基于文化能力。概言之，文化能力即主体化能力，即主体造化生活世界的能力，是主体造化自然、主体、社会能力的总和。再具体言之，文化能力是意化世界能力与物化世界能力、生活化能力与工作化能力的总体；是物质生活能力与精神生活能力、自然生活能力与社会生活能力、日常生活能力与国家生活能力的总体；是体验、理解、建构、创造生活世界能力的总体。主体化能力是主体造化自然、社会和主体为主体化存在的根本支撑和动力源泉。不同主体的主体化能力是不同的，如哲学家庄子意化自然的能力很强，而实践造化自然的能力很弱；一个普通农民意化自然的能力可能很弱，但造化或改变自然的能力强于庄子。主体化能力不同造成主体化生活世界的不同，一个人主体化能力越强，其主体化生活视域越开阔、越丰富、越深厚；反之，就越狭窄、越贫乏、越浅薄。如一个缺乏交往能力的人，其主体化交往生活即交往关系就非常有限，一个不懂种植技术的人在造化自然方面就远远不如一个种植专家和能手。最根本的文化能力是文化创造力，文化创造力是文化原创力、文化产业化能力、文化社会化能力以及文化传播能力的关联体系，这是文化创造力的结构。主体化能力构造主体化关系，同时，它也是在主体化关系中形成的，受主体化关系的养成和推动。如在各种条件和背景相同的情况下，一个处在平台较高、人际关系和谐的共同体中的人，其主体化能力即文化能力就相对高于处在一个落后的互相倾轧的单位的人。主体化关系或主体化生活关系，即主体对自然、社会和主体的造化关系，是自然关系和人性关系、个人关系与社会关系的总体。这些造化关系亦是生活世界的基本结构，或者说生活世界就是这些关系的总体化或实体存在。最根本的文化关系是文化共同体关系，它是生产者与消费者或享用者，创作者与读者、学习者、应用者、研究者的共创共享关系的共同体，这是文化关系的结构。文化能力决定文化关系并与之互构，文化世界的意义是文化主体在文化关系中创造出来的，文化能力越高，文化关系就越优化，文化世界的意义就越丰富、宽广和绵延；文化关系越进步、平等和亲善，就越能激励、激发文化能力特别是文化创造力。这就是文化能力与文化关系的互构关系结构。文化世界的总体结构内含了所有的生活能力和生活关系，是文化世界的最广义、最普遍的结构，这一结构的意义就在于生活世界的总体意义，而不单是生产结构或意识结构、自然结构或社会结构。文化能力与文化关系的互动关系结构表现在或存在于主体化生活世界的多重结构中。它生成和构建主体化存在总体的意义，也被这个总体的意义生成和构建。而文化世界的总体意义和结构，又都被其工作世界本质的意义生成与构建。文化世界总体结构的本质是共创共享的文化共同体关系，而文化共同体的本质是文化创造，文化创造的本质是工作创造，工作创造的本质亦是工作共同体的创造。由此，文化世界的总体结构意义分析必归于文化世界本质结构特别是工作世界结构意义分析。

工作创造意义，生活也创造意义。一个婴儿给家庭带来欢乐和希望的意义，这是主体间性关系造化的意义；一个漫步河边或山野中的游客可以感受到自然的意义和美丽，这是主客体间性关系造化的意义。这些意义都源于人与人、自然和社会的共同体关系结构，即生活世界共同体关系结构，而生活共同体的意义又源于生产共同体或工作共同体的意义。婴儿的意义源于父母的工作世界，父母的工作世界又离不开社会的生产方式结构；游客的意义源于自己或他人的工作世界，自己和他人的工作世界都离不开社会生产方式结构，游客要工作、赚钱才能休闲和游走，而他所游走的河边或山野亦是被一定的工作世界或生产方式造化的世界。而这些主客体间性关系和主体间性关系的意义又都基于一定的文化能力。文化世界的总体结构是最具普遍性、日常性以及大众性的结构，它既是日常生活世界结构，也是工作世界和国家生活世界的结构，也正是因为这种普遍适用性使它无法分析本质的意义，才将这种总体的或一般的结构深化为本质的结构。本质结构亦是关系结构，但比总体的或一般的关系结构更深刻、更具有内在的规定性。如生产力和生产关系结构就具有了更为具体和深刻的人与人和自然关系的规定性。文化世界的本质结构包括社会化的社会基本矛盾，特别是生产方式结构和主体化的工作世界结构。前者是唯物史观对社会历史或生活世界分析的基本结构，这里不再赘述。后者是前者的主体化、具体化、实体化和现实化，是接下来要重点阐述的内容。

工作世界是个人工作世界的总体、总和，内含了世界多元要素、关系、价值向度和意义形态。这种世界性总体之所以能构成一个和谐关联的主体化体系，就在于其内在结构的关联性与和谐性。工作世界的本质结构是与生产力和生产关系、经济基础和上层建筑这一社会基本矛盾相融的工作力和工作关系的和谐矛盾互动关系。根本对抗的基本矛盾结构形成异化的工作世界，和谐的基本矛盾结构生成人性化的主体化工作世界，正是这种工作力和工作关系的和谐与冲突的关系结构把工作世界总体成一个关联体系，并成为工作世界的本质结构。结构的意义是自身要素总体的意义，并在生成工作世界总体意义的同时也被总体生成。工作技能与工作关系处在结构本质的关键部位和中心层次。

文化世界的本质是工作世界,文化世界的工作世界结构是文化世界的本质结构,是文化世界意义的策源地。马克思的社会结构理论阐明了社会结构是生产力与生产关系、经济基础与上层建筑的对立统一关系结构。马克思哲学重点关注和揭示的是社会世界总体的结构,没有系统阐明主体化的工作世界结构,但其社会结构理论为揭示主体化工作世界结构预示了方向。国内学界对马克思哲学的研究一直停留于其社会结构的论说,没有继续深到主体化的工作世界结构,更没有提出这一概念和问题。这在一定程度上导致了主体化存在结构的缺失甚至一些分裂现象,这个分裂包括其自身的分裂以及与社会结构的分裂。接下来循着马克思哲学社会结构的路向,立足于人和文化世界的现实存在结构,阐明工作世界的基本结构。

工作世界的基本结构是大众工作者主体的工作能力(简称"工作力")与工作关系及其矛盾关系结构,包括客体化工作世界结构和主体化工作世界结构。客体化或异化工作世界结构即工作能力与工作关系的对抗关系结构。主体化工作世界结构即工作能力与工作关系及其和谐互动关系的结构,即按照人的工作能力和贡献大小共创、共享工作资源和成果,是主体自由自觉的工作行为和过程。

工作能力是与社会生产力相融的个人生产力,是工作者个人体力和智力与工作对象、工作资料相结合的能力,主要表现为生产、制造、创造物质文化和精神文化产品的能力,建构工作关系的能力以及处理日常工作事务、解决工作问题、完成工作目标任务的能力,工作创造力是最根本的工作能力。工作能力与生产力既对立又统一。生产力通常指社会生产力,是社会化概念,工作能力或工作力是个体主体能力,是主体化或个体化概念,是社会生产力的实体化、现实化和主体化。这一区别通过社会生产力发展与个人生产力或工作能力不一致甚至对抗关系可以得到确证。马克思明确预示了社会生产力与个人生产力即工作力的对抗关系。他认为资本主义社会"总体工人从而资本在社会生产力上的富有,是以工人在个人生产力上的贫乏为条件的"[①],"工场手工业把工人变成畸形物,它压抑工人

---

① 《马克思恩格斯全集》第44卷,人民出版社,2001,第418页。

的多种多样的生产志趣和生产才能"①，资本主义社会生产力的发展却造成了个人生产力即工作力的贫乏和畸形。虽然我国国内生产总值已经跃居世界第二位，但个人的生产力没有得到充分发展。工作能力既有别于社会生产力，又与社会生产力相统一，大众工作者主体的个人生产力即工作能力构成社会生产力并与之互动发展，社会生产力是大众主体工作能力的总体、总和。长期以来，学界只有生产力概念，没有主体化的工作能力概念，在实践上导致偏重于社会生产力的发展，忽略了主体化或个体化的工作能力的提升，如 GDP 主义就是只重视社会生产力的发展，不顾个人或主体的工作创造力发展的典型表现，导致资源型经济的盛行，阻碍了创造型经济的发展。

　　工作关系是与社会生产关系相融的个人生产关系，是工作者对工作资料、工作成果的占有和分配关系以及工作活动中的交往关系和精神文化关系，共同创造、公平占有和享受工作成果的共同体关系是最根本、最优化的工作关系。工作关系与生产关系既对立又统一。生产关系主要是社会化概念，工作关系则是主体化概念，是社会生产关系的实体化、现实化和主体化。生产关系实际上是社会生产关系和个人生产关系的总体，从这个意义上说，生产关系就是工作关系，二者是同一个概念，但在实际使用生产关系的语境中，生产关系概念往往排除个人生产关系的意义，仅指社会化的占有、分配、交往关系，如通常所说的公有制生产关系、私有制生产关系，这并没有内含主体化的生产关系或工作关系的丰富性和差异性，且社会生产关系与个人生产关系或工作关系有时是对立的。这又表明，生产关系与工作关系并不是同一概念，也正是如此，长期以来，我们只重视社会生产关系的建构，忽略了主体化或个体化的工作关系的优化与建构。由此，这里还是在社会化的生产关系意义上使用"生产关系"概念，在主体化或个体化的生产关系意义上使用"工作关系"概念。工作关系不同于生产关系，但又与之互动发展，大众主体的工作关系构成社会生产关系并与之互构，社会生产关系是个人工作关系的总和。工作是社会生产劳动的具体化、实体化和主体化，工作关系是社会生产关系的具体化、实体化

---

① 《马克思恩格斯选集》第 3 卷，人民出版社，1995，第 642 页。

和主体化，工作能力是社会生产力的具体化、实体化和主体化。

工作世界的本质结构是工作力与工作关系的内在关联与和谐互构的体系。①工作能力决定工作关系。工作素质、水平、能力越高，就越会得到他人的尊重、信任和爱戴，就越有可能建构更广泛、深厚和持久的工作交往关系，并能从总体上获得更多的工作成果和荣誉。"艺高人胆大"，有"技艺"才能有积极进取的态度、信念和激情，从而建立更广泛更深厚的工作关系。有技艺就有创造力，技艺是工作生存的根本方式，脱离创造性和技艺能力的抽象德性态度不会有工作生存效应。②工作关系决定工作精神文化并催生工作能力。好的工作精神文化不仅要以工作能力为根本，还要以共同体关系为生长的土壤和支撑。有了适宜的工作关系，工作者才能有责任心、热情等德性态度。工作关系是靠工作能力建设起来的，工作能力是在工作关系中养成的。公平占有、分配的和谐工作关系会调动工作者的积极性，催生其创造力，有利于其才能的发挥。

工作世界的本质结构所生成的根本方法论就是，社会、单位和个人都要不断累积和提升工作力特别是工作创造力，不断优化工作关系，使其适应工作力的增长、发挥。一方面要重视社会生产力的发展，另一方面更要重视大众工作者的工作力的培育和发展，并使社会生产力和主体化的工作力融合增长、互动并进，极力避免"社会生产力发展而个人生产力贫乏"的客体化工作世界倾向。一方面要重视社会生产关系的优化和变革，另一方面更要重视大众工作者主体的工作关系的优化和改善，并使二者融合互动发展，极力避免社会生产关系先进、和谐而个人工作关系落后、对抗的情况。

工作世界的根本动力结构是工作力结构。工作力结构是工作技术技能、工作力需求与创造力、工作资源、工作材料、工作行为、工作成果或成绩以及工作荣誉等要素构成的关联体系。这里，主要指向工作力结构的工作技术或技能、创造力和需求三个要素。工作力的技术或技能、创造力、需求都是第一工作力或工作动力。

工作世界的根基是生产技术或产业技术与主体相融的个人工作技能技艺。摩尔根在《古代社会》中称之为"生存技术"，马克思在《人类学笔记》中也沿用了这一提法。学界对产业技术和生产技术已有诸多界说，但尚缺少"工作技术"概念界说。工作技术既不同于生产技术或产业技术又与之关联。工作技术是与产业技术或生产技术相融的主体化的技术、技能和技艺的总体,所有的技术只有融合、生化为主体化或社会化的技术特别是工作技术才能实现其创造力和文化价值。这正如芒福德所说的:"不管技术是如何完全取决于科学的一些客观的程序,技术本身不像整个宇宙一样,形成一个独立的体系。它只是人类文化中的一个元素,它起的作用的好坏,取决于社会集团对其利用的好坏。"[①] 生产技术或产业技术都是工作技术创造出来的,而现实中技术物质的蔓延和巨大的机械张力,使主体化的工作技术似乎显得有些微不足道,这完全是一种错觉和异化的技术思维方式或发展方式,它严重忽略了工作技术对生产技术或产业技术的生成意义与规制价值。

但是,当代技术观和技术实践正在趋向诸多新的技术理念。如有学者认为,"产业技术是社会化技术""产业技术是制度化技术""产业技术是具有文化属性的技术"。[②] "社会技术""文化技术""制度技术""生态技术""人性技术""生活技术"……这些技术概念和理念表明,当代人不再满足于把技术仅仅理解为工具、机器、技能、知识、生产手段的传统工具技术观,而是把技术置于技术与人、自然和社会的同体关系这一本质层面,即技术的主体化、生活化特别是工作化本质层面。"某一地区、某一国家的产业中引入的产业技术形式,只有适合了该国家和地区的技术风土,才能成为与社会相融的技术。"[③] "技术风土"就是一定的生活世界特别是工作世界的文化风土,与社会相融的技术就是技术的生活世界化和工作世界化,其本质是工作技术化,即与工作世界主体的技能技艺相融成为工作技术。这样,产业技术或生产技术才能发挥其应有的效能和效用,才能实现其文化世界意义。

关于产业技术概念及其与生产技术的关联性,有些学者指出:产业技

---

① 〔美〕刘易斯·芒福德:《技术与文明》,陈允明等译,中国建筑工业出版社,1983,第9页。
② 丁云龙:《产业技术范式的演化分析》,东北大学博士学位论文,2001年。
③ 〔日〕森谷正规:《日美欧技术开发之战》,吴永顺、陶建明译,科学技术文献出版社,1984,第15页。

术是最基本、最重要的现实技术系统,是由基础技术和支撑技术构成的技术体系①;是生产特定产品、提供特定服务的生产技术链②;是泛指直接服务于经济活动的技术形态,表现为产品技术形态和生产工艺技术形态③。可见,产业技术主要指"基础技术体系""生产技术链条""产品技术和工艺技术"及其功能等方面,但是产业技术离开工作技术即工作者的技艺技能就会成为僵死的技术物质或技术程式。"技术的本质不只在于技术自身,更在于技术与人、自然和社会的关系。"④"脱离了它的人类背景,技术就不可能得到完整意义上的理解。人类社会并不是一个装着文化上中性的人造物的包裹。那些设计、接受和维持技术的人的价值与世界观、聪明与愚蠢、倾向与自得利益必将体现在技术身上。"⑤ 马克思揭示了工艺技术与人、自然和社会的统一关系:"工艺学揭示出人对自然的活动方式,人的物质生活的生产过程,从而揭示出社会关系以及由此产生的精神观念的起源。"⑥ 产业技术、生产技术与人、社会和自然的融合就成为主体化的生活世界技术,与工作世界相融就成为主体化的工作技术,而在产业技术、生产技术与工作技术的互构体系中,工作技术始终处在主导的方面,因为工作技术是现实化的主体化技术,精神观念、价值观念、社会性与自然规定,都直接存在于、生成于和展现于主体化的工作技术,而不是物化、工艺化、程式化的产业技术或生产技术。产业技术、生产技术都是工作技术创造、使用和更新的,同时也构成工作技术的物质技术和设备条件,制约着工作技术的生成与发展。

芒福德在《技术与文明》一书的结尾处将历史比作一部乐章,将各种技术比作人发明创造的不同的乐器,将人比作乐队的指挥、演奏者、作曲家、观众。他认为由于乐器的不断增加,现代社会的乐曲或乐章失去了

---

① 陈昌曙:《技术哲学引论》,科学出版社,1999,第105页。
② 远德玉:《产业技术界说》,《东北大学学报》(社会科学版)2000年第1期。
③ 王伯鲁:《现代产业技术发展方向初探》,《自然辩证法研究》1999年第10期。
④ 姜军、李晓元:《产业技术与城市化——技术与人、自然、社会》,辽宁人民出版社,2003,第1页。
⑤ 〔德〕彼德·科斯洛夫斯基:《后现代文化:技术发展的社会文化后果》,毛怡红译,中央编译出版社,1999,第2页。
⑥ 〔德〕马克思:《资本论》,中央编译局译,中国社会科学出版社,1983,第374页。

和谐,需要谱写新的乐曲,组合新的乐队,这个过程虽然艰难,但他坚信:"无论现代科学和技术还有多少潜力没有发挥出来,至少它教会了人类一课:没有什么事情是不能的。"① 在芒福德看来,社会历史就是一部人的工作技术的发明、创造、使用及其相互激荡的历史,就是人用技术乐器演奏的并需要不断更换曲调和指挥的乐章,这些发明、谱曲、演奏、指挥的技艺技能就是工作技术的技艺技能,工作技术就是这些技艺技能的总体,工作者就是包括观众在内的技术乐队的总体。而乐器只是一种由一定产业生产的技术物质,类似于产业技术,它必须与人的技能技艺相融才能发出技术的乐声。由此,也可以说,工作技术是技术观念、技术物质、技术操作技艺或方式的总体,而技术乐章即工作世界和生活世界的和谐关系,则是技术发明者、创造者、应用者、享受者共同体的共同造化。

工作技术是工作力动力结构的主体化动力,是最为直接、现实和根本的工作力动力。产业技术与主体相融构成工作力的技能或技艺。相对其他工作资料和工作关系来讲,工作技能是工作世界的根本工作力。"家有良田百亩,不如薄技在身",说的就是这个道理。工作技能是工作者主体与社会化的产业技术、工作环境、工作关系相融的结果,也是个人日积月累的结果。拥有一技之长是立足社会、单位和筑造个人工作世界的根本。但这种技能不单是机器操作的技能,可以说任何一种工作都有技能的支撑,都有技术和技能。即使是被视为最抽象的哲学,其工作者也有哲学思维,逻辑推理和解构、建构意识世界的技能,哲学专业技术职称就是对哲学工作者技能等级的一种证明。说明这一点,是为了说明工作技能不单存在于应用学科或机器操作领域,那种把应用型人才培养仅仅看作机器操作型人才培养的认识是极其片面的。而即使是机器操作应用型人才也离不开社会科学和人文科学的技能,因为应用型人才不仅要操作机器,还要处理各种工作关系、选择工作目标,即筑造一个工作世界,单靠机器技能是不行的,工作世界是一个内含了技能、各种社会关系和人际关系、价值观、精神文化的总体性世界。比如,解决同事之间的冲突或利益关系,靠计算机

---

① Mumford L., *Technics and Civilization*, Chicago: University of Chicago Press, 2010, pp. 434-435.

技能和养殖、种植技术是无济于事的。应用型人才也不能靠机器操作技能解决恋爱或失恋的问题。

工作者主体除了要注重技能的累积和学习，还要注重技能与使用技能的环境或"技术风土"的相融，这也是主体化工作世界的技术和谐关系问题。比如，一个在美国或日本学到高级医疗技术的中国留学生，回到中国的一些落后地区就会因为缺少先进医疗设备等技术环境而很难使用自己的技能，其实际医疗技能就很可能不如一个普通的当地医生。现在一些大学生在学校学的专业和技能没有用武之地，就是这个问题，这不能只怪大学教育，大学不是技校，不是实践工厂，大学生技能与现实工作世界的冲突是双向的，也有现实工作世界技术环境缺失和落后的问题，解决这个问题需要双向改变，而不单单是让大学去适应落后的甚至无技术的工作世界。所以，作为一个真正有技能的工作者，必须学会如何使自己的技能与工作环境相融合，一方面学会适应，另一方面学会改变，这种融合的技能才是真正的技能。

前面阐述了工作技术是第一工作力，而工作技术是工作者创造或造化出来的，由此，工作创造力亦是第一工作力和工作动力。

马克思认为，未来社会"真正的财富是所有个人的发达的生产力"①，个人的发达的生产力就是主体化的工作创造力。芒福德亦对人的创造力推崇备至："因为归根到底创造是人的最为重要的活动，人类存在的重要的理由，也是人类在这个星球上短短历程中最具备永恒性的活动。一切健康的经济活动的核心任务就是制造一种环境，使得创造成为一切活动的重要特征。……如果我们不能让创造社会化，不能使生产服务于教育，那么，一个机械化的生产体系无论其效率多高，都会沦为奴性的、拜占庭式的僵化模式，唯一的调剂只有饮食和廉价的娱乐。"② 他最推崇的创造力就是主体化的工作技术的创造力，而非僵化的技术物质或机械生产体系。

主体创造力是第一工作力和工作动力。各种创造力都离不开专业化能力，专业化能力是第一创造力。现在各行各业都在一定程度上缺少专业精

---

① 《马克思恩格斯全集》第 46 卷（下），人民出版社，1980，第 222 页。
② 〔美〕刘易斯·芒福德：《技术与文明》，陈允明等译，中国建筑工业出版社，1983，第 363 页。

神、轻视专业能力，从而造成技艺技能的停滞和落后现象，流行平面化的工作和生产。而现在的工作世界越来越专业化，需要专业技能和精神，非专业化的工作世界和人很难生存，一些艺人吸毒嫖娼和堕落就是这个问题，他们靠卖青春和炒作维持演艺生涯，一旦青春逝去或失势，就很难适应演艺生活，不得不在各种毒素中寻求刺激或幻化往昔的荣光；而有精湛演技并不断创新的艺人，则青春永驻、实力不减，这是专业实力使然。仅凭热情、德性态度工作，或仅凭一般经验、常识也不能适应现在的工作世界，不可能成为高端人才，特别是信息网络时代，平面化的大众的东西到处都有。例如，没有专业能力的人很难写出专业化的诗歌，而且大众对诗歌的要求越来越高了，所以一些人的诗无论怎么炒作都成不了流行诗，因为其大多是具体工作的平面化写作，缺少文化世界的大格局存在，而这个大格局的文化世界需要有一定的哲学、文学、艺术甚至神话、宗教文化的专业化学习研究背景。如海子的诗歌之所以成为著名诗歌，同海子的专业教育所养成的专业能力是分不开的。同样，一些大学教师不搞研究就不可能讲好课，因为平面化的知识到处都有，必须有专业化研究教学才有创造力。同样，一些政府人士没有专业技能就不能很好地行使权力，这也是一些官员一说话就漏洞百出的原因。文化特别是文艺是靠技艺支撑的，而技艺是靠专业能力支撑的。技艺和专业能力当然也都内含了一定的价值伦理审美观念。由此，专业能力是一个人的价值观和专业素养与专业创造力的总体。

　　工作技能与专业能力有区别，前者往往是个人技能，后者是科学的理性的大领域的总体化技能，有专业能力才能有真正的工作技能和创造力，也就是说，专业技能是最高的工作技能，它不同于经验技能。现在的发明创造靠的是专业能力而不是经验技能，因为工作专业化水平提高，需要专业化的发明创造，这是系统性的大领域的发明创造，而不是传统的单一领域或经验的发明创造。现在的科研是联合公关、联合研究，单打独斗无法有专业化的发明创造。熊彼特讲创新者不是发明者而是企业家，因为企业家的能力是大领域的能力，能把各种生产要素组合起来，而光靠发明本身无法实现创新。所以，我们认为，发明是发明者、组织者、应用者的共同创造；诗歌艺术是作者、读者、欣赏者的共同创造；或者说诗人的创造并不是创造自己而是创造读者，发明者的发明不是发明自己而是发明应用者。所以发明、创造、创新都是大领域、大格局的，而不单是本领域的或本经验领域的，专业能力就是大领域、大格局的能力，而不仅仅是本单位、本部门、本领域的能力。专业能力是涵盖本专业所有领域的能力，这就是大领域能力。比如，要搞创新就要研究本行业国内外所有相关领域至少是关键领域，因为全球化、市场经济、网络化把所有行业都放在一个暴露的平面上，发明创造不再是发明创造自己，而是发明创造一个普遍的世界。所以，专业能力是根本的工作能力、工作技能和工作创造力。专业化是工作世界的实体，专业能力就是工作能力或工作创造力的实体，工作世界越来越专业化，越来越需要专业能力、专业精神、专业价值取向和专业德性与专业审美原则。专业水平就是一个人对自己所从事的整个领域的熟悉、理解、掌握和创新水平，所以虽然称作专业能力，其实是一种总体能力，是专业总体整体的能力，而非自我、单位、部门、行业的经验能力，专业能力和专业人才要长期积累。要根据这种工作世界专业化和专业能力发展趋势，改变和优化工作关系，激励专业能力发展。

工作技术、工作创造力都离不开工作力需求，工作力需求是第一需求，亦是第一工作力和工作动力。

工作力需求是对工作创造、工作资源、工作环境、工作成绩成果等需求的总体，而不只是对物质、金钱或岗位的需求。这种工作世界总体性的需求是工作力的"旺盛需求"。认识到这一点，可破解"需求不足"的难题。"需求不足"的问题就是把需求仅仅当作工作力或主体的物质需求甚至只是消费需求。需求是工作力的一个内在的本质规定。马斯洛认为：需要是人的本性，人的基本需要有五种，即生理需要、安全需要、社交需要、尊重需要、自我实现需要。它们由低到高排列成一定的层次，管理激励的本质就是激励人的需要。马斯洛重视人的需要本性值得肯定，但他把人的工作需要排除在人的基本需要之外，这是对人的工作需要的漠视。离开工作需要特别是工作力发展的需要，人的需要本性就无法实现，一个失业者或靠他人救济、靠社会福利生活的人，怎么会得到别人的尊重呢？又怎么会实现自我呢？"他们的需要即他们的本性"[①]，马克思讲的"需要"

[①] 《马克思恩格斯全集》第3卷，人民出版社，1960，第514页。

和"本性"都是实有的生产劳动需要，即人的工作世界总体需要，并把生产力或工作力发展的需要作为整个社会世界的根本动力和支撑，并强调一切社会关系都要以此"需要"为根本和价值取向。这种生产力或工作力需要的本质就是对主体化的工作世界的需要，就是对主体化的工作目标、工作关系、工作结构框架以及精神文化的需要，最根本的就是对工作力发展的需要。也就是说，工作力自身需要的不断更新，新需要和旧需要、先进需要和落后需要、传统需要和现代需要的矛盾冲突，是工作力的内在的根本动力。人们对落后产能的产品和高价房产需求意愿的下降，对新生产品、公共产品、生态产品和适度价格房产的需求意愿的上升，必然会推动产业结构的调整，社会保障体系的加快运行以及各种制度关系、体制关系的变革。社会、单位和个人都要适应这种主体工作力的需要。投资、GDP指标、工作世界的目标和体系框架也都要适应这种工作力的需要，而不是去适应那些炒作资本、恶性资本、落后产能、污染技术以及劣质产品和一些利益集团的需要。为此，以人为本就要以具有和谐结构的主体化的工作世界为本，而最终要以广大民众工作者的工作力的发展需求为本，要关注这部分"需求"的内容、方式和趋向，这部分需求一直是旺盛的，从来不存在"需求不足"的问题。如果把需求等同于消费需求，把消费需求等同于购买力需求，把购买力需求等同于购买高价房产和落后产能、产品以及一些劣质公共产品的需求，那需求确实是不足的，且是非常不足的。由此，投资、刺激需求要以民众的工作力需求为本。

  工作力的需求有消费、生产、生活、教育需求，更有工作创造需求，而消费需求又有购买力需求和非购买力需求（买不起但又实际需要，或能买得起也需要但就是不买），千万不能一谈需求就是消费需求，一刺激需求就是刺激购买力需求。政府、单位还要重视为个人工作世界或大众工作世界提供不需要购买力的工作环境、工作体系框架以及公共服务产品。片面重视刺激消费需求特别是购买力需求，是背弃工作世界总体性的单向度的资本逻辑、利润价值取向和霸权话语，这种思维和价值取向，必须用工作世界总体性思维和结构框架意识给予变革和大力矫正。主体工作力需求是第一需求、第一生产力和工作力，是旺盛需求。正是这一种需求旺盛造成了另一种需求不足，即对落后产能、高房价的需求不足或无需求，这就是当下需求问题的实质和秘密所在。

有需求即工作力的总体发展需求才有动力、活力、创造力以及技艺技能；有工作技术才能创造、创新和改变，才能实现需求和创造力价值；有创造力才能生成和发展技术技艺技能，才能不断满足需求并生产新的需求。工作技术、工作创造力、工作力发展需求构成工作力的三个根本要素，构成三位一体的第一工作力，也是构成工作世界主体关系的三个根本要素。这就要求社会和单位重视工作力资源的培育、开发，重视人才，把人力资源、人才资源真正当成工作世界的支撑和最高价值。对于个人工作者来说，则要不断累积自己的能力，特别是提高自己的创造力、技能，要把自己的人力资源当成自己的工作世界支撑和最高价值。一些个人工作者总是抱怨自己不被重视，其实与其抱怨别人不重视自己，不如抱怨自己资源和才华不足。要受重视就要做出让人感到值得重视的事，就要说出让人觉得值得重视的话。有些求职者投了无数简历，去了好多应聘现场，还是不能如愿。就个人来说，还是才能不行。真正的人才是诸葛亮，待在家里就有人"三顾茅庐"，在未做事之前就把《隆中对》说了出来，让人觉得值得重视。虽然还有人藐视他，但经过几次战斗，做了几件人人都觉得值得重视的事，他才真正地被重视了。可见，即使是诸葛亮这样的人才，受到重视也经历了一个过程，一个不断展示自己的过程。由此，作为个人工作者不仅要不断累积自己的资源和才华即工作力，还要能展示出来。怎样展示呢？一些个人工作者总是抱怨没有机会，其实机会到处都有。最常见的机会就是工作中的各种问题，谁善于思考、发现和解决问题，谁就把握了机会，就展现了自己。而只要留心观察、善于思考、勤奋做事，就总是能找到和把握住机会。特别是当下的工作世界现状，更是普遍存在着问题和机会，所以个人工作者确立这种问题和机会的思维非常重要。机会总是给有准备的人，而技能、创造力和发展需求就是最好的准备。

工作力结构是工作世界的根本结构，它与工作关系结构共同处在工作世界结构的根本或基础层次。工作关系结构即工作资源和财富的占有、分配关系以及工作交往关系和精神文化关系。工作关系的本质结构是共创共享的工作共同体关系。

工作世界的基础结构是与生产关系融合的工作关系结构。生产关系是工作世界的社会化基础，工作关系是工作世界的主体化基础，是工作世界更直接的基础。工作关系的总和构成生产关系并与之互构、互动。工作世界是个体总体化世界，其本质是主体化的工作世界共同体。占有关系和分配关系都是工作交往的根本形式，交往通过占有和分配来实现，占有和分配是交往的根本内容。工作关系的基础作用内含了交往关系的基础作用。自主、开放、世界化的交往以及平等占有、公平分配的工作共同体关系是工作关系的本质、本蕴。工作共同体关系包含着冲突，同样，对抗的工作关系也有和谐的倾向。可以把工作共同体关系是否占主导地位作为判定主体化工作世界和非主体化工作世界或客体化工作世界的标准。异化社会无论怎样对抗、离散，它总是存在着一些联合的工作共同体，如家族工作共同体、合作的生产组织共同体。处在对抗和异化状态中的人，同处在非对抗和和谐状态中的人一样，需要和追求工作共同体关系。可持续发展时代和构建和谐社会的理念与实践正在不断地唤醒人的共同体本性，对工作共同体关系的追求正在成为当代人特别是和谐社会视野中的人普遍的价值取向、生命理想、发展目标和存在境界。

上述文化世界的总体结构以及作为其本质的社会化的生产方式结构和主体化的工作世界结构都离不开文化世界的精神能量，都渗透和交织着文化世界的精神结构，或者说，文化世界的精神结构既具有总体结构的意蕴，又具有本质结构的内涵，它普遍地存在于文化世界的各个层面并具有自己相对的独立性，与文化世界的多重结构互动、互构。

文化世界的精神文化亦是一种巨大的文化生成与创造力量，它与工作实践、工作创造同处在文化世界的本质层面上。马克思指出："人作为对象性的、感性的存在物，是一个受动的存在物；因为它感到自己是受动的，所以是一个有激情的存在物。激情、热情是人强烈追求自己的对象的本质力量。"[1] 黑格尔则认为热情是人的创造本质的原动力："假如主角方面没有利害关系，什么事情都不能成功；假如把这种对利害关系的关心称为热情——这指全部个性忽略了其他一切已有的或者可能的关心和追求，

---

[1]《马克思恩格斯全集》第42卷，人民出版社，1979，第169页。

而把它的整个意志倾注于一个对象，集中它的一切欲望和力量于这个对象，——我们简直可以断然声称，假如没有热情，世界上一切伟大的事业都不会成功。"① 精神文化是一种无形的文化，它或者表现为系统化的意识形态，或者具体化为日常精神生活，或蕴含于实际生活过程，或者潜藏于各种文化物质之中。人的物质生活同时也是精神生活，人的物质生产同时也是精神生产。"思想、观念、意识的生产最初是直接与人们的物质活动，与人们的物质交往，与现实生活的语言交织在一起的。人们的想象、思维精神交往在这里还是人们物质行动的直接产物。表现在某一民族的政治、法律、道德宗教、形而上学等的语言中的精神生产也是这样。人们是自己的观念、思想等等的生产者。"② 精神文化是文化世界的一个普遍的文化存在，精神文化的结构亦是一个具有普遍文化世界意义的结构。

文化世界的精神结构即文化世界的精神生活的内在关联体系，主要地或直接地表现为哲学、宗教、道德、政治、法律、艺术等社会意识形态结构，以及情感、风俗习惯、理念、观念、计划、目标、梦想、意志、潜意识、直觉等日常生活和工作世界的精神生活结构。马克思把意识形态生活和日常精神生活都视为生活世界和生产活动的基本形式之一。英格尔斯更注重日常精神生活的意义，他认为现代化取决于日常生活和工作世界中的现代化的精神生活，取决于生活和工作的观念、思想、心理和人格的现代化，而不单是技术、制度文化或意识形态文化。他说："痛切的教训使一些人开始体会和领悟到，那些完善的现代制度以及伴随而来的指导大纲，管理守则，本身是一些空的躯壳。如果一个国家的人民缺乏一种能赋予这些制度以真实生命力的广泛的现代心理基础，如果执行和运用着这些现代制度的人，自身还没有从心理、思想、态度和行为方式上都经历一个向现代化的转变，失败和畸形发展的悲剧结局是不可避免的。再完美的现代制度和管理方式，再先进的技术工艺，也会在一群传统人的手中变成废纸一堆。"③ 他进一步强调："当今任何一个国家，如果它的国民不经历这样一

---

① 〔德〕黑格尔：《历史哲学》，王造时译，三联书店，1956，第62页。
② 《马克思恩格斯选集》第1卷，人民出版社，1995，第72页。
③ 〔美〕阿历克斯·英格尔斯：《人的现代化——心理·思想·态度·行为》，殷陆君译，四川人民出版社，1985，第4页。

种心理上和人格上向现代性的转变,仅仅依赖外国的援助、先进技术和民主制度的引进,都不能成功地使其从一个落后的国家跨入自身拥有持续发展能力的现代化国家的行列。"① 即真正的现代化是日常精神生活和生产的现代化,精神结构的现代化是文化世界的核心。但英格尔斯过于强调精神结构对物质结构、生产结构或技术结构的核心作用,其观点有精神结构决定论的嫌疑。在文化世界哲学看来,精神结构与物质生产结构互构互动,同时处在文化世界的本质层面,我们不可能先有一个现代化的精神结构,再去搞现代化的物质技术结构,物质技术结构亦可以养成精神结构。

文化世界的社会意识形态结构、日常精神生活结构以及工作世界精神结构,它们亦有着共同的精神结构,这里立足前述文化世界演进的历史和文化世界观递进的趋向对其进行一个简要的透视。①文化世界的总体精神是生活世界总体精神,即创造、追寻生活世界总体意义的精神。从原始蒙昧初期的工作世界文化到日常生活文化再到国家生活文化的文化世界进展,以及从大陆文化到海洋文化、从乡村文化到城市文化的空间文化生态,都表明文化世界是一个总体的关联体系,不会停滞于某种文化形式或某个文化层次。这种追寻文化世界或生活世界总体意义的精神亦是现实文化世界的精神,物化、资本化、权力中心化、消费社会化等问题,使得当代人面临着文化世界总体意义的种种分裂倾向,由此,寻求、建构和创造文化世界的总体意义就更有现实场域和精神动力。而文化世界观从客体化文化世界观到主体化文化世界观再到主客体统一的文化世界观和主体间性关系的生活世界总体观,这个观念运行的逻辑就是指向文化世界或生活世界总体意义的逻辑。②文化世界的根本精神是工作创造精神或工作共同体精神。如前所述,文化的本质是创造,创造的本质是工作创造,工作创造的本质是工作共同体的创造。追寻文化世界总体意义的精神亦是追寻文化共同体意义的精神,而文化共同体的实质和核心是工作共同体。工作创造生活和文化,工作共同体创造生活共同体和文化共同体。文化世界的历史演进和空间拓展过程,每一种文化形态、形式的生成,每一个文化阶段的

---

① 〔美〕阿历克斯·英格尔斯:《人的现代化——心理·思想·态度·行为》,殷陆君译,四川人民出版社,1985,第7页。

发生与兴盛，每一个文化产品、作品的辉煌与荣耀，无不是工作创造特别是大众工作共同体创造的结果。工作创造世界、拯救世界，工作世界特别是工作力与工作关系的共同体结构，是文化世界意义的源泉。工作创造精神就是工作创世、救世精神。文化世界观在哲学中递进的逻辑亦指向这种精神，只不过古代文化世界观采取了自然客体和精神客体创世的形式，近代文化世界观推崇理性创造力和拯救力，现当代文化世界观指向生活世界总体的创造力，并把工作世界、工作创造置于这种创造行动的核心。连宗教的诺亚方舟都是载着生产的种子和工具航行于灭世的洪水，是生产工作救世。③文化世界的核心精神是德性伦理精神。文化世界的总体和本质都是人与人、自然和社会的关系，都是主体间性关系和主客体间性关系的总体，都是社会关系和自然关系的总体。有人的地方就有关系，有关系的地方就有道德伦理。公平、正义、美善、爱国、爱乡、抗争、和谐，这些道德精神潜行于、张扬于文化世界的历史、现实和思想观念，激励着人们的生活、工作都循着德性伦理行进。德性伦理精神渗透于文化世界的总体和本质存在，构成文化世界巨大的精神能量，即德性伦理精神的总体是生活世界总体精神，本质和核心是工作创造精神。创造是最大的德、善和美，没有创造力的人不能成为本质的人，没有创造力的民族和社会不能成为本质的民族和社会，没有创造力的神灵不能成为本质的神灵。德性伦理精神不是抽象的爱、美和善，必须基于工作创造精神或共同体创造精神才具有美善的光辉。同样，它也规定着工作创造的伦理关系。④文化世界总体精神、工作创造本质精神、德性伦理核心精神，都在一定的时空中运行和展现。由此，传统、现代、未来文化的融合精神，文化世界生生不息的变革与创新精神，就构成文化世界的流变精神，即文化世界的时间绵延精神。而大陆文化精神、海洋文化精神、乡村文化精神、城市文化精神，则构成文化世界的空间拓展精神。时间和空间不只是物质和物质关系的持续、绵延与伸展，更是精神和精神关系的持续和展延。

生活世界总体精神、工作世界本质精神、德性伦理精神、时间绵延与空间拓展精神，这四重精神构成文化世界的基本精神结构，构成一个文化世界的精神关联体系。这是一个最具普遍文化世界意义的精神结构，这是文化精神的一致性和同源性，正如摩尔根指出的："最后，我们可以指出以下几点：人类的经验所遵循的途径大体上是一致的；在类似的情况下，人类的需要基本上是相同的；由于人类所有种族的大脑无不相同，因而心理法则的作用也是一致的。"① 当然，这些同源同性的文化精神在不同的生活世界和工作世界中又表现为不同的特殊的精神结构。

人们对不同文化精神的研究、挖掘，也是指向这样一个普遍的精神结构。无论是普遍世界文化还是区域文化都具有这样一个普遍结构。以闽南文化研究为例，移民文化、海洋文化、大陆文化、妈祖文化、关帝文化、土楼文化、闽台文化、艺术文化、宗教文化、哲学文化等，这些研究所指向的精神内蕴，几乎都是以德性精神为核心的精神结构，这种精神结构表现在各种不同的文化形式之中。而笔者还探究到它们的总体精神结构和本质精神结构，并将之在工作创造精神的基础上连接成一个关联体系（可见本书关于闽南文化的阐述部分）。这表明，不同的文化形态或意识形态不仅有着不同的精神意义结构即不同的功能，而且有着共同的文化结构，这是它们共同的功能。由此可说，一个文化世界、一种文化形态或形式的特质、特征或特殊功能，并不在于其普遍的精神结构，而在于其具体的物质、作品、符号、人物、事迹等载体形式，无论语言、风俗、价值观、符号形式多么不同，它们都具有共同的生活世界意义和工作世界本质，都具有共同的精神结构，那就是以生活世界意义为总体、以工作创造或工作共同体精神为根本、以德性伦理精神为核心、以时间流变和空间拓展精神为形式的精神关联体系。

卡西尔认为："这种结构的文化观必须先于单纯的历史观。历史学本身如果没有一个普遍的结构框架，就会在无限大量的无条理的事实面前不知所措，因为只有借助于这种普遍的结构框架，它才能对这些事实进行分类、整理和组织。"② 尽管卡西尔认为"工作"是文化世界的中心，但他没有探究普遍的或本质的工作世界结构，而是把这种普遍的结构归结为哲学、宗教、神话、艺术等意识形态精神结构。那么这种普遍的精神结构的框架是什么呢？他说："语言、艺术、神话、宗教决不是互不相干的任意

---

① 〔美〕路易斯·亨利·摩尔根：《古代社会》（上），杨东莼、马雍、马巨译，商务印书馆，1977，第8页。
② 〔德〕恩斯特·卡西尔：《人论》，甘阳译，上海译文出版社，2003，第108~109页。

创造，它们是被一个共同的纽带结合在一起的。但是这个纽带……是一种功能的纽带。"① 卡西尔把普遍的精神结构理解为不同意识形态的"基本功能"。"在描述语言、神话、宗教、艺术、科学的结构时，我们总是感到经常需要心理学的专门术语：我们谈论着宗教的'感情'、艺术或神话的'想象'，以及逻辑或理性的'思维'。"② 即宗教执行的是感情或德性功能，艺术或神话执行想象的功能，逻辑和理性执行思维的功能。那么哲学呢？卡西尔说："作为一个整体的人类文化，可以被称之为人不断自我解放的历程。语言、艺术、宗教、科学是这一历程中的不同阶段。"③ 哲学的功能就是探索这个世界的统一性，而这种统一性并不是一个"公分母"，而是多样与差异的统一性，哲学执行世界大格局的理性精神功能。我们认为，这种功能化的普遍的精神结构确实是意识形态文化的一种普遍的精神结构，但卡西尔实际上只是透视了哲学、宗教、艺术等不同意识形态形式的普遍结构，如哲学都是理性精神，宗教都是道德精神，那么，这些不同的意识形态乃至日常精神生活和整个生活世界的精神生活的共同的或普遍的精神结构是什么呢？就是以工作创造精神为根本的文化世界总体精神结构，每一种文化形式都是一个总体的精神结构，都不执行单一的精神功能。如宗教的精神意义不只是德性或感情精神，哲学也不只是理性或逻辑精神，艺术也不只是想象精神，它们都是生活世界总体精神和工作世界本质精神的总体。卡西尔本想揭示这种普遍性或共同性，而结果却是只叙说了不同意识形态的不同功能，并把这种不同的功能视为文化世界冲突的根源，即文化世界的冲突源于各种意识形态符号的功能的冲突。我们认为，这些不同的功能仅仅靠互补而不靠共同的总体意义和本质意义就不能成为连接人们精神生活的共同的"纽带"，文化纽带的本质是生活共同体特别是工作共同体关系和精神。哲学、宗教、神话、语言、艺术、历史、科学这些意识形态或存在形式都有着共同的生活世界和工作世界意义及其精神结构，只是承载这些意义和精神的文化符号或载体形式不同，其他文化形式或形态也是如此。而无论是普遍的精神结构还是特殊的精神结构，

---

① 〔德〕恩斯特·卡西尔：《人论》，甘阳译，上海译文出版社，2003，第107页。
② 〔德〕恩斯特·卡西尔：《人论》，甘阳译，上海译文出版社，2003，第107页。
③ 〔德〕恩斯特·卡西尔：《人论》，甘阳译，上海译文出版社，2003，第357页。

其意义——有意义和无意义、异化意义和共同体意义——都源于工作世界的基本结构，即工作力与工作关系的关联结构。

上述的文化世界的总体结构、工作世界本质结构和精神结构，都是人的结构，都表现为不同的阶级、阶层、身份和地位结构，即表现为一定的主体结构即群体结构。换句话说，主体结构或群体结构基于一定的文化世界结构特别是工作世界结构的阶级、阶层等身份、地位结构。这些阶级、阶层结构是总体的人的结构，而不单是按财产占有关系划分的阶级或阶层结构，它的基础和本质是工作世界结构，而工作世界结构是工作世界的本质结构即工作关系与工作力的互构关系结构以及工作关系结构和工作力结构的总体。以工作世界结构划分阶级、阶层结构才具有总体的主体结构或群体结构意义。如白领阶层、蓝领阶层的划分，就不是根据财产占有关系，而是根据工作世界结构中的工作力结构；再如权力阶层与知识阶层、干部阶层与平民阶层等，都以不同的工作世界为基础，都适用于工作世界结构划分标准，而不适用于经济关系或财产关系结构。从工作世界结构来认知、理解、划分和建构主体结构或群体结构，更具有主体或群体的总体意义，更具有生活世界总体意义和工作世界本质意义。而这里只是提供一个分析结构或方法，不再具体探讨如何依据工作世界结构划分主体或群体结构的问题，以及以此结构为根据能具体划分出多少阶级和阶层的问题。

四 文化世界的价值、伦理与审美

文化世界的总体、本质、结构意义决定了文化世界的价值、伦理与审美意义，就是生活世界总体取向以及工作世界本质结构取向。文化世界是主体化关系的总体，主体化关系的造化总是循着价值、伦理和审美意义进行的，或者说主体化关系就是造化主体化的价值、伦理和审美关系，从这个意义上讲，文化世界就是主体化的价值关系、伦理关系和审美关系。价值、伦理、审美就是主体化的世界关系，就是主体与自然、社会和主体的共同造化关系。或者说，主体化的世界关系就是价值、伦理和审美关系；价值、伦理和审美的总体是生活世界总体，本质是工作世界，是共创、共享物质财富和精神财富的工作世界共同体。幸福、快乐、自由、公平、正义、平等，所有的价值、伦理和审美都根植于这种生活世界共同体特别是工作共同体。为此，认知、理解、体验和建构文化世界要抛弃资本至上逻辑、权力中心思维、经济本位主义和消费物化、异化的消费美学倾向。

面对当下价值建构和价值取向中存在的把某一种价值本体化、中心化的单面价值观状况，确认生活世界总体价值原则尤为重要。生活世界总体价值是自然价值与人性价值、个人价值与社会价值、日常价值与非日常价值、物质价值与精神价值等主体化存在价值意义的总体。文化世界不是单面的意识化存在，也不是物化、异化的客体化存在，而是生活世界总体存在。生活世界总体性注定了文化世界的价值意义是生活世界总体价值意义，或者说是主体与自然、社会、主体价值关系的总体。这一价值总体意义是文化世界价值、伦理和审美的首要意义。这一意义要求要循着生活世界总体意义追寻、体验、理解和建构文化世界总体化的价值意义，从而戒除把价值、伦理和审美物化、资本化、权贵化、意识化的异化取向和单面倾向，即主体化的文化世界或人要在造化自然、社会、主体的关系中造化自己的自然价值、社会价值和主体价值，要沉入生活世界总体性中不断开拓、开启和开创存在的价值、伦理和审美场域。这对每一个人来说，都是一个无限的意义域和价值资源。从一定意义上说，文化世界的意义就是文化世界的价值、伦理与审美意义，而文化世界的价值、伦理与审美意义都在于文化世界的总体意义。

文化世界的生活世界总体价值意义即文化世界的价值是生活世界总体意义价值，而不只是某个本体、中心、个体、主流或决定者的价值，这是文化世界的第一价值原则。中心与边缘、主体与客体、主流与非主流、日常生活与国家生活、自然生活与社会生活、工作世界与生活世界、穷人与富人，都是文化世界的造化者，都是文化世界的价值意义所在，而文化共同体或生活共同体是价值意义的核心。确立生活世界总体和工作世界核心价值取向，尤其要反对和戒除经济本位主义的价值取向。亚当·斯密认为，人的行为动机源于经济诱因，人都要争取最大的经济利益，工作就是为了取得经济报酬；在自由经济制度中，经济活动的主题是体现人类利己主义本性的个人。这就是所谓的"经济人假设"。这种假设把人经济化了，最后把人的生活和工作归结为以报酬为最高或唯一价值动力的赚钱活动。现实中一些工作人就是为了赚钱或以赚钱为中心，无论做什么事都要考虑有没有利润、经济效益或能不能赚钱，把自己的工作方式、工作对象都当作赚钱手段，一切以钱为标准和最高价值取向。这种经济本位主义的价值取向是没有发展前途的，至多能实现一时的效益或暴富。因为出色的工作，大的能力和才华的累积有时是不被人知的，更谈不到赚钱了，特别是科学研究工作更是如此，大量的科学研究和技术创新活动都是默默无闻的。经济本位的价值取向，对于社会和单位来讲，必然造成忽视科技的自主创新和文化创造力，只顾眼前利益和一时效益，丧失恒久力和持续性；对于个人来讲，必然造成忽视技能和创造力的日积月累，只顾经济利益和金钱收入，最后丧失工作力和工作价值。工作的价值不只是赚钱、盈利或升职，否则就把工作价值经济化、工具化和权力化了。工作世界的价值是工作世界总体性价值，还包括一些不赚钱的工作甚至在一些人看来无意义的工作。一个家庭主妇或退休的老人培植、修剪自己家的盆景，希腊神话里的西西弗斯每天往山上和山下重复地背石头，等等，这些工作都不赚钱，但都具有愉悦身心或锻炼身体的价值，都具有生命活动的意义，都是工作世界的价值所在。当然，这些都不是工作世界的主流价值，主流价值是工作创造性活动。但是这些非主流价值对于那些退休的人、没有或丧失工作能力的人特别是找不到工作的或失业的人尤其具有生命活动的意义，他们可以从这些活动中，体验和建构自己生命、生活、生产以及一些微小的创造的意义。

  价值关系就是人对世界的关系，就是人与人、自然和社会的互相造化的关系，就是主体化的造化关系；有关系的地方就有人，有人的地方就有关系。由此，有关系的地方就有伦理，就有道德，伦理就是人与世界的道德关系，就是伦理道德关系或道德伦理关系。主体对世界的造化总是循着伦理道德进行的，人的主体化关系，无论是自然关系还是社会关系，无论是物质关系还是精神文化关系，都是循着一定的伦理道德关系造化出来的。从这个意义上讲，人的主体化关系都是道德伦理关系，但道德伦理关系不是唯一的关系，它依附于或衍生于生活世界或主体化关系的总体特别是主体化关系的本质、结构即工作共同体关系。价值决定伦理，物化的价值决定物化的伦理。资本家的个人功利主义伦理取决于其片面的利润价值取向。马克思在《资本论》中引用了《工联和罢工》（1860年伦敦版）一书作者登宁的一段话，揭露了资本家的利润价值导致其个人功利至上的冒险伦理："资本害怕没有利润或利润太少，就象自然界害怕真空一样。一旦有适当的利润，资本就胆大起来。如果有10%的利润，它就保证到处被使用；有20%的利润，它就活跃起来；有50%的利润，它就铤而走险；为了100%的利润，它就敢践踏一切人间法律；有300%的利润，它就敢犯任何罪行，甚至冒绞首的危险。如果动乱和纷争能带来利润，它就会鼓励动乱和纷争。走私和贩卖奴隶就是证明。"① 这是对资本中心价值伦理的典型写照。法国启蒙思想家霍尔巴赫指出："利益就是人的行动的唯一动力。"② 我国古代著名史学家司马迁指出：天下熙熙，皆为利来；天下攘攘，皆为利往。这些个人主义或功利主义的利益价值伦理都悖逆了生活世界总体价值伦理。文化世界的生活世界总体伦理即文化世界的伦理是生活世界总体意义伦理，而不只是某个本体、中心、个体或决定者的伦理，也不只是某个伦理原则或某些伦理原则的叠加，这是文化世界的第一伦理原则。也就是说，一个文化世界或一种文化形式、形态有没有德性伦理首先取决于它有没有生活世界总体意义，一个碎裂的生活世界或一个物化、异化、单面化的文化世界就不是一个德性的伦理文化世界，就不具有文化世界总体伦理意义，而不具有总体伦理意义就意味着是一个本体和中心意义的单面世界，也就不会有公平、正义、自由、仁爱、和谐等具体的德性关系，既丧失了人与人、自然和社会的总体伦理关系，也丧失了各种层次、领域和具体的伦理关系。而文化世界总体伦理的核心亦是文化世界共同体或生活世界共同体伦理，其本质是工作共同体伦理，工作创造是最大的德、爱、善，没有工作创造，没有工作共同体，就没有德性伦理。集体主义伦理以及"整体对个体责任的整体伦理""主体间性关系伦理"③，以及公平、正义、自由、仁爱、和谐等伦理原则，都要以生活世界总体伦

---

① 《马克思恩格斯全集》第23卷，人民出版社，1972，第829页。
② 〔法〕霍尔巴赫：《自然的体系》（上），管士滨译，商务印书馆，1999，第260页。
③ 笔者2013年由社会科学文献出版社出版的《世界境界哲学》提出并阐明了整体对个体的责任伦理、主体间性伦理及其与集体主义伦理的关系。

理为第一原则,以工作世界本质伦理为核心原则。

价值趋向伦理,伦理趋向审美。美即价值,美即伦理。文化世界的生活世界总体审美即文化世界的审美是生活世界总体意义的审美,而不只是某个本体、中心、个体或决定者的审美,这是文化世界的第一审美原则。"动物只是按照它所属的那个种的尺度和需要来建造,而人懂得按照任何一个种的尺度来进行生产,并且懂得处处都把内在的尺度运用于对象;因此,人也按照美的规律来构造。"① "按照美的规律来构造"就是人与人、自然和社会关系的总体意义的建造,而不是人类中心、物质中心以及资本和权力中心的建造。由此,这种总体审美就是生活世界共同体的审美,本质是工作共同体的审美。"关关雎鸠,在河之洲。窈窕淑女,君子好逑。"流传千古的《诗经》里的诗句,其优美指向采撷荇菜的女子的工作世界,那是一个人与人、自然和谐的个人工作世界共同体。假如那个女子是在河边散步或闲聊,就没有这种震撼千古的效应。凡·高的油画《农夫的鞋》作为世界名画的审美价值,亦在于其指向农夫行走的生活世界特别是工作世界。即使是今天,一个靠自己双手劳动养家糊口的下岗工人或普通工作者,他们给我们的审美震撼仍然远高于那些开名车、住豪宅、穿名牌的"消费英雄",即使是悲怆、痛苦或微小的美也远胜于那些奢侈和贪欲的丑陋。

文化世界的生活世界总体价值、伦理和审美意义表明,文化世界的意义并不只是或直接是工作世界或生产方式结构生成的,工作世界、日常生活、国家生活都是价值、伦理和审美意义的生成者。工作创造价值,生活也创造价值,价值、伦理、审美无所不在,意义无所不在。世界不是缺少意义,而是缺少对意义的发现、体验、理解和建构。价值、伦理、审美是生活世界总体的意义与生成,同时也意味着是每个个体的意义与生成,因为每个个体都是一个总体,都具有生活世界总体意义的价值、伦理和审美。由此,生活世界总体价值、伦理与审美意义也是每个个体持有的第一价值、伦理和审美原则。

多元、多样、多重工作世界生成多元、多样、多重的生活世界或文化

---

① 《马克思恩格斯选集》第 1 卷,人民出版社,1995,第 47 页。

世界，从而生成多元、多样、多重的价值、伦理和审美世界。而无论工作世界如何多元、多样、多重，每个工作世界都是一个世界总体，这就注定了文化世界价值、伦理、审美的总体意义和工作世界核心意义。工作世界是文化世界的基础和核心，亦是文化世界的价值、伦理和审美核心。文化世界的意义源于工作世界，工作世界的意义源于工作力与工作关系的互构关系结构，工作世界生成自身的意义也生成文化世界或生活世界总体的意义。文化世界价值、伦理和审美的核心意义是工作世界价值、伦理和审美。工作世界的价值、伦理和审美是工作世界总体的价值、伦理和审美，而不只是赚钱、技能、态度、业绩、消费、资本、成果、权力等某个单面的向度。工作世界总体性的本质是工作世界共同体，由此，工作世界的最高价值、伦理和审美就是工作共同体价值、伦理和审美，而工作力与工作关系的和谐互动结构，是工作世界的核心价值体系，即工作世界的价值是由这种结构价值和总体性价值构成的价值体系或框架。工作世界的总体性本质注定了其价值生成、价值取向和价值决定的结构性和总体性。离开工作世界及其价值谈生活世界、社会世界和实践世界及其价值，都带有抽象的不切实际的色彩。工作世界的价值、伦理与审美的基本意蕴就是工作世界总体与本质意蕴，而这两个意蕴恰好是被当下各种价值观和道德伦理观理论深深遮蔽。文化世界的生活世界总体价值、伦理和审美意义注定了文化世界的价值、伦理与审美方法，这个方法就是认知、理解、体验和建构文化世界要追寻文化世界的生活世界总体价值、伦理和审美以及工作世界核心价值、伦理和审美。文化世界的价值、伦理与审美方法的第一原则就是生活世界总体原则，核心原则就是工作世界本质原则。工作创造价值，工作创造道德伦理，工作创造美。由此，要把文化世界的价值、伦理和审美建立在工作世界基础上，要建立以工作世界价值、伦理和审美意义为核心的价值体系和工作美学，以此对抗物化、资本化的消费美学，并将生活美学建立在工作美学的基础上。工作美学就是以工作创造即工作共同体创造为价值核心的工作创造美学。

第六章　文化世界的矛盾冲突与建构趋势

文化世界的总体、本质、结构以及价值伦理审美意义都在人与人、自然和社会的关系中生成、实现与流变，这些关系都是矛盾冲突关系，也正是这些矛盾冲突关系推动文化世界的历史演进和空间进展，而这些演进和进展又都是主体的建构。有矛盾冲突就要解决，解决矛盾冲突的过程就是建构的过程。因此，本章主要阐述文化世界的矛盾冲突意义以及建构方法论、类型与境界意义，这是文化世界意义结构问题的进一步延伸。其中，矛盾冲突意义包括文化世界的动态过程和主要冲突倾向两个方面的内容，建构意义分为一般方法论以及建构类型和境界两个方面的内容。逻辑地看，冲突意义指向为什么要建构的问题，方法论意义指向怎样建构的问题，类型和境界意义指向建构什么的问题。

一　文化世界的现实矛盾冲突

从历史和现实来看，文化世界是一个总处在各种矛盾冲突中的动态过程。新技术与旧技术、先进的工作关系与落后的工作关系、新生活与旧生活、乡村与城市、大陆文化与海洋文化、物质文化与精神文化、日常生活与国家生活，都是由和谐与冲突双重关系构成的矛盾动态过程。"没有什么事物是不包含矛盾的，没有矛盾就没有世界。""事物发展的根本原因，不是在事物的外部而是在事物的内部，在于事物内部的矛盾性。"[1]"对立

---

[1]《毛泽东选集》第 1 卷，人民出版社，1991，第 301 页。

产生和谐","发展是对立面的统一"。文化世界观有的看到了并崇尚这种矛盾冲突,有的则没有看到或虽看到了却极力掩饰和回避,柏拉图就回避现实世界的那种"囚徒困境"的矛盾冲突而趋向只有和谐和美善的理念世界。有的只崇尚和谐而贬抑冲突和斗争,如儒家的"和为贵"观念。有的只看到矛盾冲突而忽略了和谐,如卡西尔认为:"在人类经验中,我们决不可能发现构成文化世界的各种活动处于和谐融洽之中。相反,我们可以看到各种冲突力量的无休止的斗争。""人类文化的统一与和谐至多是一种善良的欺骗而已。"① 在他看来,科学、宗教、神话、艺术都充满了相互的冲突。但卡西尔只探讨了哲学、宗教等意识形态之间的冲突,把冲突只归结为意识形态文化或符号文化的冲突。和谐也好冲突也好,看到也好没看到也好,喜欢也好不喜欢也好,文化世界的矛盾冲突就客观地摆在历史与现实中。有矛盾才有动力,有动力才有动态,有动态才有过程,文化世界就是一个矛盾动态过程。

首先,文化世界的矛盾动态过程是一个和谐与冲突并进且趋向和谐的过程。和谐与冲突是矛盾统一性与斗争性的日常相处方式。和谐是有意义的,可以维持生活世界的稳定和安宁,可以实现主体间性和主客体间性关系的共同进步与发展。冲突也是有意义的,有冲突才有活力、动力、方向、希望,对于进步的创造力量来说,冲突是一种革新、改变、创造、反抗、抗争的力量。和谐与冲突共同构成文化世界运行的动态根据和力量。每一个工作世界都既是一个片段又是一个总体,片段与总体亦是和谐与冲突的关系。片段构成总体,每一个文化世界无论是作为片段还是作为总体都是不完备的,每一个总体都是片面的,还要跳跃到新的总体。每一个文化世界都不可能成为绝对的总体,同时也不可能是绝对的片段、个体,不可能是绝对的残缺、客体化或非人性化。任何一个总体也不可能是绝对的圆满、和谐、完美。主体化中有客体化的倾向,客体化中有主体化的趋向,也正是这种圆满与不圆满、和谐与冲突、片段与总体的矛盾推动文化世界的动态演变和发展。而最有价值的和谐是生产力与生产关系、工作力与工作关系的和谐,最有价值的冲突是用先进的生产力、工作力和工作关

---

① 〔德〕恩斯特·卡西尔:《人论》,甘阳译,上海译文出版社,2003,第110页。

系淘汰、否定落后的腐朽的以至腐败的生产力、工作力和工作关系。由此，只讲和谐不讲冲突或只讲冲突不讲和谐，只求和谐不求冲突或只求冲突不求和谐，都是不完整的单面的残缺的文化思维。残缺的思维会导致残缺的文化生存。

其次，文化世界矛盾动态过程是一个累积创新的过程。"合抱之木，生于毫末"，这个过程就是一个不断地从量变到质变再从质变到新的量变的过程，就是一种靠累积"毫末"成就"合抱之木"的过程。质量互变逻辑似乎尤其适用于文化世界。每一个重大的发明、发现，每一项重要的生活关系或社会关系特别是工作关系的变革、优化和创新，每一个有影响力、感染力以及生命力的文化产品、作品的创造或创新，都需要一个不断地累积素质、人才、技术、技能和人际关系的过程，都需要一个历尽艰辛并甘于寂寞的过程，这样的文化才是可持续的恒久的文化，而一些急功近利的成就只能是一时的显赫和辉煌，只不过是恒久历史中的一抹过眼烟云。"资产阶级除非对生产工具，从而对生产关系，从而对全部社会关系不断地进行革命，否则就不能生存下去。"[①] 资本主义只有不断地进行技术、制度、社会关系的变革才能存在下去，任何一种社会生活、工作世界或文化世界都应如此，这个不断变革的过程就是一个累积新技术、新制度、新社会关系和新思想观念的创新过程。在一个似乎显得有些浮躁的文化时代，谁懂得并善于这种累积创新，谁就会创造出恒久的业绩和辉煌，谁就会进入历史、拥有现实并比别人提前进入未来。由此，要扎扎实实地累积、培育、养成工作力特别是创造力，戒除只求一时功效和个人业绩的急功近利的浮躁文化。

再次，文化世界的矛盾动态过程是一个多元文化融合互动的过程。和谐与冲突是多元文化的和谐与冲突，累积创新是多元文化的累积与创新，是多元生活世界和工作世界的累积与创新。文化世界的总体性是个体意义的总体性，每一个个体的意义都是一个文化世界的总体。多元个体的文化世界即多元文化世界、多元生活与工作世界。共同的生活结构、工作结构和精神结构注定了多元文化的和谐与融合趋向，而不同的利益关系和价值

---

① 《马克思恩格斯选集》第1卷，人民出版社，1995，第275页。

观又注定了其碰撞、对峙的冲突倾向。就现实文化世界来看，同质相融、异质并存、传承创新、和谐互动、平等尊重以及世界化等文化生态，构成了文化世界主要的融合趋势；差异化、多样化、个性化、民族化、区域化、贫富差距以及物化和异化等生态，构成了文化世界的主要冲突方式和倾向，而暴力、劫掠、谋杀、贪腐、阶级斗争、群体抗争，这些方面则构成文化世界的激烈对抗倾向。多元文化的融合互动并不总是和风细雨或温情脉脉的，而是一个充满矛盾冲突并趋向和谐的过程。这是一个文化世界总体的融合互动过程，它注定了生活世界特别是意识形态文化的多元融合过程。主导文化与受导文化、主流文化与非主流文化、官方文化与民间文化、体制内文化与体制外文化、日常生活与国家意识形态、马克思主义与非马克思主义、传统文化与现代文化、东方文化与西方文化，区域文化与普遍世界文化、内生文化与外生文化等，多元冲突趋向多元融合，多元融合包含多元冲突。文化世界不可能是一个齐一化的世界，但可以是一个有共同精神结构和符号意义的世界，否则就不能融合互动，而这些共同的精神结构和符号文化又总是在各自的生活世界和工作世界场域捕获和注入了各自的独特意义。由此，要推崇多样互构、多元融合的文化生态，弃绝齐一化的单调、冷漠、空洞和贫乏的文化生态。而多元文化生态又必定是有主导文化的多元生态，对于我们来说，就是马克思主义的主导生态。

最后，文化世界的矛盾动态过程是一个时空流变的过程。文化世界是在时空中发生和运行的，或者说，文化世界本身就是时空文化世界。时空轮转、时空流变就是文化世界的矛盾动态过程。所谓"动态"有两个方向，一个是时间上的动即时间文化的持续性，一个是空间上的动即空间文化的广延性，动态即文化时空的动态。生活时空或时空生活、工作时空或时空工作、文化时空或时空文化，都是人创造出来的，都是主体间性和主客体间性的造化，本质上都是工作创造。从乡村到城市，从大陆到海洋，从天国到尘世，从故乡到异乡，都是文化世界的空间展延。从过去到现在再到未来，繁华流变、兴盛与颓败、显赫与失落、喧嚣与沉寂、流行与没落，都是文化的时间流变。文化的本质就是创造，创造必须经历时间，辗转于空间。文化使空间充盈、开阔，使时间绵延、持续和永恒。文化就是生生不息的时空流动与流变，那么在这时空中有没有永恒，有没有不变、不朽？文化使时空永恒，时空使文化不朽，永恒和不朽不在柏拉图的天国和理念世界中，不在赫拉克利特的火焰本体中，不在笛卡儿的我思理性中，更不在那些资本的豪华与权贵的显赫中，而在我们每个人生活的时空和创造的工作中。不朽和永恒就是我们创造的流变的时空，就是这个文化世界。由此，要循着从乡村到城市、从大陆到海洋、从陆地到太空、从区域到普遍世界的空间文化运行逻辑，不断开拓文化世界的空间维度；要循着从传统到现代到未来或从历史到现实到梦想的时间文化方向，进行传承创新、融合再造、和谐升化，不断丰富、充盈、延续、革新、创造文化世界的时间流。

文化世界的矛盾动态过程是上述四个动态过程的统一。那么，矛盾冲突的根源是什么？可以说，历史上的文化世界观至多或一般看到了人与人、自然和社会关系的一般的矛盾冲突，没有深入社会生活即文化世界的深层结构，特别是忽略了社会基本矛盾结构或工作世界结构的矛盾冲突。而当代哲学特别是西方马克思主义的技术异化论，也主要是在技术异化的层面上触及工作世界的矛盾冲突以及工作世界同日常生活和国家生活的矛盾冲突问题，亦缺少对生产关系或工作关系的分析和批判。"需要、愿望、生活标准、闲暇活动及政见的同化，导源于在工厂自身中、在物质生产过程中的一体化。"① 马尔库塞认为发达工业社会精神生活和意识形态的同化、异化源于其工作世界的异化、一体化。"新的技术工作世界因而强行削弱了工人阶级的否定地位：工人阶级似乎不再与已确立的社会相矛盾。"② 马尔库塞认为人们的精神生活和意识形态与技术体系一体化，使人们只按技术合理性行动、思考，失去了批判和自由精神，丧失了对生活世界、工作世界的变革和改造精神。"以技术的进步作为手段，人附属于机器这种意义上的不自由，在多种自由的舒适生活中得到了巩固和加强。它的新颖之处在于这种不合理事业中的压倒一切的合理性和预处理的深度。……发达工业文明的奴隶是受到抬举的奴隶，但他们毕竟还是奴

---

① 〔美〕赫伯特·马尔库塞：《单向度的人：发达工业社会意识形态研究》，刘继译，上海译文出版社，2008，第 26 页。
② 〔美〕赫伯特·马尔库塞：《单向度的人：发达工业社会意识形态研究》，刘继译，上海译文出版社，2008，第 27 页。

隶……作为一种工具、一种物而存在,是奴役状态的纯粹形式。"① 在马尔库塞看来,工作世界的技术化、物化、单面化,导致人和社会的单面化,导致人和生活世界总体意义的裂变,这种裂变是物质生活和精神生活的裂变,是以牺牲精神生活特别是自由精神为代价换取的物质生活的充裕和技术生活的标准化、齐一化,而改变这种单面生态要靠精神革命,如"艺术拯救"和精神自由的"大拒绝"行动。马尔库塞从工作世界寻找文化冲突的根源应不失为一种真知灼见,但他只看到技术一体化的技术因素,不顾占有、分配方面的工作关系。马克思主义的文化世界理论把文化世界的矛盾冲突建立在了社会基本矛盾结构基础上。而我们对社会生活矛盾冲突的理解则偏重社会基本矛盾冲突,忽视了主体化的工作世界的矛盾冲突,偏重社会化的生产关系结构分析,忽视了主体化的工作关系结构分析。工作世界总体性的矛盾冲突特别是工作世界的结构即共同体关系的裂变,导致人和社会的单面化,改变这种单面的文化生态需要社会生活结构、物质技术结构、精神结构特别是工作世界结构的多重文化世界结构变革。

文化世界的矛盾冲突源于社会基本矛盾或工作世界的结构,但并不是所有的冲突都直接源于此。文化世界是生活世界的总体,生活世界的每一个部分、层次、要素即个体都直接地自我矛盾、自我冲突、自我肯定和否定。即生活世界矛盾冲突的意义并不都直接地根源于或来自这些本质结构,我们不可能把所有的问题、矛盾、冲突、和谐都归结为这些本质结构。如两个人在街上吵架,挤公共汽车的摩擦,老师批评学生,梦中的杀戮与战斗,这些日常生活的冲突都直接地源于日常生活,冲突本身就是冲突的原因。而诸如那些开发商制造的强拆事件、暴力执法事件、黑砖窑黑煤窑事件等一系列有重大影响的事件,确实都直接源于社会基本矛盾特别是生产方式以及工作世界结构的冲突,源于物质利益关系、权力利益关系和精神利益关系。

文化世界矛盾冲突的总体是生活世界冲突,本质是工作世界冲突,或

---

① 〔美〕赫伯特·马尔库塞:《单向度的人:发达工业社会意识形态研究》,刘继译,上海译文出版社,2008,第27~28页。

者说，工作世界冲突衍生文化世界总体的冲突。接下来融合历史，立足现实特别是中国现实世界，描述工作世界主要的冲突倾向及其衍生的生活世界诸多冲突问题。

首先是工作世界总体的冲突，即资源型工作世界与工作创造力的冲突。资源型工作世界就是主要靠占有、使用、耗费已有资源生存的工作世界。它可以分为技术资源型、经济资源型、权力资源型和文化（这里主要指狭义的精神文化和历史文化）资源型等四种类型。技术资源型工作世界就是自己不创造新技术，主要靠花钱购买别人的技术或复制、模仿别人的技术维持工作生态。经济资源型工作世界就是自己不创造高附加值的经济产品，主要靠使用和耗费自然资源维持工作生态，如煤矿企业和卖房子卖地的房地产企业。权力资源型工作世界就是不重视技术技艺、制度、观念创新以及人才积累，主要靠权力资源维持工作生态，如一些"体制内"的企事业和机关单位。文化资源型工作世界就是自己不创造新文化，主要靠使用、开发、解释、论证已有文化资源维持工作生态，如"吃老子""吃孔子"现象，就是典型的"吃老祖宗"现象。资源型工作世界由于主要靠已有资源进行技术、物质、精神和权力工作生产，用不着累积技术和人才等创新要素，所以必然轻视甚至不顾创造力的培育，如卖房子卖地，坐在那里批条子就可以了，用不着什么高技术和人才，用不着什么创造力，这就严重压制和阻碍了创造力的发展。但这些工作世界没有持续性，终将随着各种资源的匮乏、失落而衰落和破败，终将被创造型工作世界所淘汰和遮蔽。

创造是文化创造，文化创造的总体是生活创造，本质是工作创造，但不只是工作创造，如日常生活创造，家庭、婚姻、友情、爱情等日常生活关系也都是创造，前面关于文化世界的历史考察表明，文化世界的发端是工作世界，吃穿住行性行为一开始都不是主体化的文化，到了蒙昧中级阶段才因为人的造化被赋予了创造的因子即创造附加值，才成为文化，而一夫一妻制的专偶制家庭的出现，更是性文化、婚姻文化、家庭文化的创造性结晶和文明家庭文化创造的标志。而这些文化创造或生活创造一方面是这些文化或生活的自我创造、独立创造，另一方面又源于工作世界的工作力和工作关系的创新发展。生活创造的总体性和工作创造的本质性注定了创造力的总体是文化创造力或生活创造力的总体，本质是工作创造力，但不只是工作创造力。由此，创造型文化世界的总体是创造型生活世界，本质是创造型工作世界，但不只是创造型工作世界，日常生活亦是一个广阔而深厚的创造场域，但其根源在于创造型工作世界。由此，资源型工作世界对工作创造力的压制、破坏必然也会导致对总体的文化创造力或生活创造力的压制和破坏。在一个资源型的工作世界里，不仅工作充满了复制、重复、贫乏、单调、压抑，而且由此而生的生活也成了一种无创造力的资源型生活，甚至婚姻、家庭、性爱都在一定程度或很大程度上依赖那些工作资源。资源型工作世界衍生出诸多生活世界总体的冲突，使人成为资源型的"资源人"，使一些人过度占有和享用资源和财富，使一些人成为专门为别人生产"资源"的人，成为别人的"资源"。资源型工作世界使社会在很大程度上成为资源型社会，造成技术、经济、权力、文化的资源化。

　　人是生活世界的总体，本质是工作世界，或者说，人的本质是生活创造，生活创造的本质是工作创造。创造力特别是工作创造力是最根本的生活力、文化力、本质力。资源型工作世界靠已有的即成的资源工作和生活，轻视、压制、破坏工作创造力乃至整个文化创造力，势必造成创造力本质对总体的反抗和超越。如前所述，培根用经验论哲学批判和否定中世纪的经院哲学就是创造型工作世界反抗和超越资源型工作世界。经院哲学只研究、解释、注释已有的宗教和神学资源，沦为神学的"婢女"，完全丧失了创造力，并压制新思想、新文化。培根主张哲学要研究现实世界，要同科学"联姻"，要打断经院哲学的话题，进入经验或实践领域，这是一种创造型哲学研究，是一个创造型精神工作世界，它在对抗和冲突中实际地否定和超越了经验哲学的资源型研究世界。马克思视老年黑格尔哲学和青年黑格尔哲学为资源型哲学研究，批评它们为了维持自己的哲学地位，抱着黑格尔哲学资源的大腿不放，是远离现实生活的"独立哲学"。这种资源型研究就是从不同角度复制和解释黑格尔哲学，并用这种研究去评判现实世界、排斥现实哲学研究范式，严重阻碍和压制了哲学创造力，这就势必与创造型哲学研究发生冲突。马克思以自己的创造型研究和创造力毅然决然打断这些资源型研究，建构了现实世界哲学理论。资源型工作世界固守已有的概念、范式、体制、模式、人脉、资源，必然造成与工作创造力和文化创造力的矛盾冲突。在这种冲突中，工作创造力从根本上推动资源型工作世界向创造型工作世界转型。我国现在重视"大众创业、万众创新"，这是创造型工作世界的建构行动，它必将提升大众工作者的工作创造力。

资源型工作世界与创造力的冲突，在技术、经济、政治、精神文化的总体意义上关涉到人与人、自然和社会的关系，从而是一种带有普遍性的工作世界总体的冲突。这种总体的冲突在很大的意义上衍生于工作世界结构的冲突。资源型工作世界靠过度占有、占据和分有资源维持工作生态，这种享有资源的工作关系本身就是工作世界结构的一个基本方面。由此，工作世界冲突的本质是工作世界结构的冲突，即工作关系与工作力的冲突。

马克思揭示了资本主义雇佣劳动关系对社会生产力的推动效应和对个人工作力的压制和破坏作用。"工人生产的财富越多，他的产品的力量和数量越大，他就越贫穷。工人创造的商品越多，他就越变成廉价的商品。物的世界的增值同人的世界的贬值成正比。"[①] 在马克思看来，资本主义的私人占有制和雇佣劳动关系，使社会总体生产力发展而造成个体生产力即工作力贫乏和丧失，工人的工作产品、工作活动、劳动力或工作力都不归工人自己所有，成为异己的力量与自己对立。马尔库塞透视了发达资本主义社会工人工作力受压制状态，认为技术一体化使工人丧失了否定精神、批判能力和自由力量，成为被技术统治的"奴隶"，而技术统治就是工作世界的新型权力关系，即资本家阶级用技术权力的统治代替了传统的经济和政治权力的统治，或者说资本家将传统的经济、政治权力转换成隐蔽的技术权力，使工人心甘情愿地不知不觉地接受这种统治。除了用技术权力统治、压制工作力，资本家还用制度权力如股份制、福利制度等关系，麻痹和控制工人，使他们丧失反抗精神和自由力量，甘愿沦为资本的工具。"通过支配国营企业和私营企业的经营，通过巩固国营公司和私营公司的利益同其顾客和雇员的利益之间预先确立的一致，这种制度趋于全

[①] 《马克思恩格斯选集》第1卷，人民出版社，1995，第40页。

面管理，并且趋向于对管理的全面依赖。无论是部分国有化，还是劳工进一步参与经营和分红，都不能改变这一统治制度——只要劳工本身仍是支持者和肯定行力量。"[1] 在马尔库塞看来，资本主义的全面管理制度，使工人的工作力不再是资本主义的否定力量，而沦为其肯定力量，这种肯定力量是以丧失工人的创造力和自由本质为代价的，这是资本主义的全面管理制度即工作关系压制的结果。这种压制甚至使身体和性都成为在工作关系中展示的"劳动工具"："如果身体仍是一种劳动工具，它就会得到在日常工作世界和工作关系中展示其性特征的许可"；"性被纳入工作和公共关系之中，并因而变得更易于得到（受控制的）满足。技术进步和更舒适的生活使性欲成分有可能有步骤地融入商品生产和交换领域"。[2] 工作或工作关系是对工作本能即性本能的压制，而这种压制对被压制者来说，又是心甘情愿的，这就是发达资本主义技术统治和政治统治的特征。马尔库塞虽然从技术关系和政治管理关系等层面揭示了发达资本主义的工作关系对工作力的压制和破坏，但忽略了根本的工作关系即私人占有制度与工作力的矛盾冲突问题。

就我国现阶段而言，工作世界也存在诸多工作关系与工作力的结构冲突，这些冲突主要表现为占有不公或特权制与工作力冲突。如私营企业工作世界结构的冲突则大量表现为收入低、劳动强度大、劳资关系紧张、工作环境差以及社会保障水平低或没有保障等方面，这些都严重阻碍了工作力的发展，以至于有企业发生了年轻员工不堪重负连续跳楼的事件。个人工作世界构成单位工作世界，单位工作世界构成社会总体的工作世界。占有、分配等工作关系的不公导致工作力的落后和停滞，特别是导致技术创新能力和专业化能力的落后和停滞，也在很大程度上造成了资源型工作世界的盛行和创造型工作世界的稀缺。从一定意义上讲，一些私营企业也是资源型工作世界，即对企业主来说，主要靠占有生产资料和廉价劳动力资源维持生产、工作和盈利生态，而不是靠发展工作力和工作创造力来不断

---

[1] 〔美〕赫伯特·马尔库塞：《单向度的人：发达工业社会意识形态研究》，刘继译，上海译文出版社，2008，第32页。

[2] 〔美〕赫伯特·马尔库塞：《单向度的人：发达工业社会意识形态研究》，刘继译，上海译文出版社，2008，第61页。

提升自己的层次。一些暴发户就是靠占有和劫掠资源暴富的，最典型的就是官商合谋贱卖和侵吞国有资产以及挖国有企业的墙脚敛财和进行资本积累。还有，一些外资企业主要靠优惠政策或政策红利、廉价劳动力、廉价原材料维持工作世界生态，在很大程度上也属于资源型工作世界。工作创造力和专业能力是第一工作力，资本、权力以及各种资源不过是工作生产活动中的一些必不可少的较为低级的要素而已。依靠资本和资源可以在短时期内取得一时的效应或显赫的成就，当这些效应发挥殆尽后就会陷入沉寂和衰败。创造力才是最大的资源、真正的资源、永恒的资源，才是最大的真正的永恒的财富。

从一定意义上说，一个人、一个单位、一个国家，占有资源越多，越容易忽视大众工作者的工作力，创造力也就越容易停滞，越容易衰落。靠资源维持工作世界生态就是一种靠山吃山、靠水吃水、靠老祖宗吃老祖宗的不创造、不进取的做法。当然，创造型工作世界也需要一定的资源，但不是依靠资源，它能把一碗水的资源幻化、造化成一缸水或一缸油或更神奇的作品。而资源型工作世界却会把一缸水复制、解释、编撰成一缸水甚至一盆水或一碗水，因为那些资源、那些水很容易被权力和资本阶层侵占、劫掠，也可能被晾在那里，无所作为，白白地蒸发掉。"今夜，我只有美丽的戈壁，空空"，海子的这句诗可视为描述了一个空无资源或荒芜得只有一个戈壁滩资源的工作世界，而海子认为其"美丽"，海子的诗歌就是在这种空旷而荒芜的境地创造出来的精美的文化艺术作品。海子生前不占有任何诗文化的权力资源，死后他的诗歌却在诗歌界和民间自发地流传，这靠的不是资本炒作、官商推介和一些诗文化的权力平台，而是靠他自身的艺术创作力。对于这种有创作力的作品，一些资源型诗文化关系和体制可以禁锢、遮蔽其一时，但终究会被这种创造力冲破、消解和覆盖。

工作世界结构的冲突主要是资源占有、使用和分配关系与工作力的冲突，它引发贫富差距、腐败、群体事件等诸多生活世界总体问题。同时，这种冲突必表现和衍生资本、权力中心与主体中心的冲突，即工作世界的中心冲突，这是第三大冲突。工作世界的资源、财富的占有和分配过度向资本和权力阶层倾斜或过度被其侵占、劫掠和盘剥，必然会造成一些资本和权力的强势甚至不可一世,从而形成资本中心主义和权力中心主义,这就使工作世界的主体中心受到消解、贬黜,使主体成为相对的弱势主体,使主体中心沦为边缘状态。文化世界是主体造化的世界,是主体与主体、客体共同造化的世界,是人与人、自然和社会关系的关联结构。如此,主体是中心,但又不是本体,生活、工作、文化的意义是主体间性关系共同的创造,共同创造需要公平占有和平等享用。文化世界的主体中心本质上是工作世界的主体中心,但是工作世界结构的冲突使主体丧失了中心意义。工作世界是一个总体,而不只是权力,权力只是这个总体的一个要素和因子而已。作为总体的中心是大众工作者的主体中心,作为结构的中心是大众工作者主体的工作力特别是创造力,即一个工作世界的总体和本质的中心是这个工作世界的全体员工及其工作力。工作世界的中心冲突滋生生活世界的诸多冲突问题,使社会在很大程度上成为资本或权力中心社会,使人成为资本化的人或权力人,使一些人过度占有和享用资本、权力、资源和财富,使一些人成为资本和权力的工具,成为别人的资本和权力。如一些影视文艺作品千方百计地美化资本和权贵,贬抑、愚弄甚至丑化民众主体,"皇帝戏"的盛行就是资本中心和权力中心文化的典型写照,这与当代文化的大众化、普通化、日常化、生活化趋势背道而驰。如果长此以往不加以变革,这些工作世界就会慢慢衰败和破落。发达工业资本主义所实行的职工参股、福利制度以及终身工作制,就是一种消解资本、权力中心与主体中心冲突的办法。但从马克思主义观点看,这还只是一种改良,因为没有触动这种冲突和对抗的所有制根基。西方马克思主义认为,这反而加剧了主体中心的异化,使主体受到技术权力以及政治与资本权力的双重统治和压制。而社会主义以公有制为基础,却又面临诸如贪腐和不作为等新问题。现阶段我国大力深化改革和反腐行动可视为解决这种中心冲突问题的有效途径和希望之举。

工作世界的中心冲突实质仍是工作世界的结构冲突,是工作资源与财富的占有、使用关系与工作力的冲突。这一冲突同时又酝酿和表现着工作世界总体与个体的冲突问题,这是工作世界的第四大冲突。一些资本和权力阶层过度占有和享用工作资源和财富,又处在经营、管理、指挥和领导的中心,他们就会不仅把自己当成总体的中心,而且会把自己当成总体或整体，把大众工作者当成孤立的个体。他们总是以整体的名义发号施令，总是用整体的道德伦理要求和训诫个体，并经常把整体的利益据为己有，把整体的危难和困苦推给个体，这就势必造成总体或整体与个体的冲突。个人工作世界构成单位和社会工作世界并与之互构，整体或集体是由个体构造的，是个体的整体或集体，总体的意义或利益是大众工作者每个个体的意义或利益，而不只是某个或某些本体、中心的意义或利益。从道德伦理视角看，工作世界的道德伦理原则是个体和整体两个向度的统一。一是伦理学或道德观的惯常原则，即集体主义或整体主义的道德伦理原则，二是整体或集体对个体的个体主义的道德伦理原则。前者是个体对整体或集体的道德服从、道德贡献和道德义务，这里在共同体集体或整体的意义上依然持有这个原则。后者是整体或集体对个体的道德关系、道德义务，是被道德哲学或伦理学忽略的一个方面。所以在个体服从集体的道德关系和原则下，整体或集体也要为个体尽相应的道德义务，也要确立起整体或集体自己的道德伦理原则，这就是造化个体的工作世界总体存在和共同体的本质和结构，即整体或集体对个体的道德伦理关系有两个根本原则，一个是造化个体（含每个个体）的工作世界总体存在，另一个是造化个体（含每个个体）的工作世界共同体本质和结构。这是整体或集体的根本伦理道德准则、价值取向和存在的意义。背离了这两个原则，整体或集体就是一个虚假的共同体，就是一个沦为某个或某些中心个体或本体个体的整体或集体，就是一个对抗的、异化的、分裂的客体化的整体或集体，就是一个需要改变和重新造化的集体和整体。工作世界总体和个体的冲突会带来诸多社会生活的冲突，会使一些人、国家和社会成为冒充的总体，并以这个总体统治个体、侵占和劫掠个体，使一些个体沦为总体的工具。

马克思揭示的"社会总体生产力的发展与个体生产力的贫乏"状态，是资本主义工作世界总体与个体冲突的典型形式。我国 GDP 已跃居世界第二，但是，还存在诸多个体生产力的贫乏、贫困状态，这是总体的社会工作世界与个体冲突的一种倾向。当然，我国的公有制和社会主义国家性质决定了这种冲突不具有根本对抗的性质，且这种冲突只是在有限的或很小的范围内。而就一些具体的工作世界来讲，这种总体和个体的冲突则带有一定的普遍性。这种普遍性就是一些资本和权力阶层将自己视为总体,将民众工作者视为个体,只强调总体或整体对个体的统治地位,不讲个体对总体的生成意义和统治权力;只强调个体对总体的道德伦理,不讲或不承认总体对个体的道德伦理。这实际上就是用自己代替了总体,把总体资本化或权力化了,这必然造成总体和个体的冲突和对抗,因为这种与个体分离、分裂的总体已不是个体的总体,而是属于权力和资本的虚假总体。由此,要对这种总体进行变革,把总体的意义和利益还给大众个体,使其真正成为个体的总体即共同体。

工作世界总体与个体的冲突,本质是工作关系与工作力的冲突,即一些过度占有和享用资源和财富的资本和权力阶层将自己总体化从而造成对大众工作者工作力的压制、盘剥和劫掠状态,并引发大众个体的抗争与改变行动。这种总体与个体的冲突或结构的冲突,由于一些资本和权力阶层对资源和财富的过度占有、享用和追求,必然要以总体的名义把个体当成归自己支配和使用的工具、手段和资源,即把个体客体化。而工作世界的总体意义是个体意义的总体性,是个体造化的世界,即个体才是天经地义的主体,或者说,工作世界是这些主体造化的世界,是主体化世界。这样,总体与个体的冲突就造成了工作世界主体化与客体化的冲突倾向,这是工作世界的第五大冲突。

工作世界主体化就是主体与客体、主体与主体的共同造化,是把客体造化成归主体占有和享用的生活和工作世界,是主体自由自觉的创造。工作世界的客体化是人的物化和异化状态,是把人归结为客体存在,消解人的主体性、自由性,并使客体不为主体所有,而为某个或某些本体、中心或总体所有。客体化不同于对象化,对象化是主体化的一种存在方式,是主体将自己的工作创造力物化到客体对象之中,是主体自由自觉的创造和存在的自我确证,是归主体占有和享用的世界。工作世界主体化与客体化的对立冲突不是绝对的,二者互相包含、渗透。没有绝对的主体化,主体化总是或多或少地存在客体化的倾向,同样,没有纯粹的客体化,客体化总是或多或少地存在主体化的倾向。以客体化为主的对抗性的工作世界或文化世界有主体化的现象,以主体化为主的非对抗的工作世界或文化世界也有客体化现象和大量的客体化存在的事实。从人的存在看,任何一个主体化人都或多或少有一些客体化人的倾向和问题,同样,任何一个客体化人都或多或少有一些主体化人的存在。

工作世界的客体化与主体化的冲突是一种较为普遍的生态。①技术的客体化,主要表现为技术的物质化、机器化、产业化,丧失了与人相融的主体化本质,使人服从、依赖技术,接受技术的统治,甚至造成大量主体因技术进步而导致的失业,成为一些资本和权力阶层以总体的名义占有和享用用以统治大众工作者的工具。技术的本质是人与人、自然和社会的共同体关系的中介,本质是工作共同体关系的中介,而不是资本和权力的工具。技术的工具化、物化、客体化就是人的工具化、物化和客体化。②经济的客体化,主要表现为片面重视技术物质、资本和权力等客体因素,把人当成经济发展的手段和工具,把赚钱、盈利、红利等物质功利当成经济活动的最高价值和目的。经济生活是人或文化世界的总体性活动,人或文化的本质是工作世界,工作世界的本质是工作创造和工作共同体关系,而不是单向度的物质利益或技术、资本、权力等客体要素。③政治的客体化,主要表现为政治只为经济服务,只为 GDP 增长或拉动经济服务,从而成为经济的工具,丧失了生活世界总体意义。国家、意识形态等政治生活的产生是文化世界或生活世界总体意义的跃升,其本质是民众主体生产和使用权力的工作世界,并依赖于物质和精神生产的工作世界。政治的意义是生活世界总体意义,本质是工作世界意义,是为生活世界总体即总体的人服务的,而不只是经济发展的工具。政治的客体化就是政治的物化、经济化、资本化,并把人当成经济和政治服务的经济工具和政治工具,这就丧失了其主体化的本质和生活世界总体意义。经济只是生活世界总体意义的一个关键层次,政治要追寻生活世界总体意义,为总体的人服务。政治客体化的本质是人的客体化,这就构成了与主体化的冲突。④精神文化的客体化,主要表现为精神文化以金钱、资本、权力和物质财富为核心的价值取向,这就失却了精神文化的生活世界总体意义特别是工作世界本质意义,从而与主体化的人或总体的人相对抗和冲突。精神文化客体化的另一个突出表现就是靠复制、模仿、解释和编撰已有的或既成的文化资源维持文化生态,这就失却了文化的创造本性,并为了维持自己的既得利益和地位压制文化的创造力,从而造成与主体化的创造力相冲突的倾向。⑤工作力的客体化，主要表现为工作力只被当成劳动力商品或利润、绩效、经济以及拉动内需的工具，这就使其丧失了工作世界和生活世界总体意义，丧失了总体的人的意义，丧失了主体化的创造、生活、工作和自由的意义。

工作世界主体化与客体化的冲突倾向造成诸多生活世界总体意义上的主体化与客体化的冲突问题。生态危机、环境危机、资源危机、经济危机……最根本是主体化危机和主体化困境；城市化、现代化、科技化、产业化、全球化、资本化等所有的"化"，唯独缺少"主体化"，而主体化恰好在这些"化"中严重失落了。一些学生被既成的知识客体化，没有自主性、独立性，成为知识的奴隶；一些演员被金钱和名利客体化，卖身不卖艺，而技艺才是主体化的根基；一些企业被既成的技术客体化，图省力花钱买技术，自己不愿创新，自主创新的主体化能力不断弱化；一些文化沦为资源型文化，被文化资源客体化，不创造新文化；一些经济陷入资源型经济，被土地、矿产、人口红利等经济资源客体化，不创造财富，甚至靠卖资源、卖房子卖地生存；一些理论和文化研究被既成的经典和理论客体化，不研究现实世界和现实的人，丧失研究的创造性和主体性。西方经济危机就是主体丧失的危机，实质是主体化生活世界和工作世界的危机，根源在于工作世界，在于主体化工作世界共同体的失落、弱化与裂变。面对所有的危机和困境，我们应该有主体化危机的意识；面对所有"化"的运动和行动，文化哲学研究应该推进一场主体化运动。

"房奴""资本奴""权力奴"，甚至"名车奴""名表奴"以及那些沦为权贵和金钱玩物的"性奴"，与这些被存在的客体遮蔽了主体生命意义的客体化人相对峙，在另一个存在的平面上，城市化、现代化、工业化、农业产业化以及全球化在不断地推进，使得人们造化世界的能力和关系越来越强大和深入，使得主体化世界的意义越来越明亮。而处在城市化和现代化边缘的微不足道或物质贫困的人们，也在以主体的姿态默默无闻地造化着生活与工作、苦乐与悲欢。这个造化着又毁灭着主体意义的世界，这些拥有着又失落着主体意义的人，这些有意义与无意义不断地涌现，又不断地沉寂，构成一个对人的存在趋向充满选择困惑的意义世界，构成一个在冲突中令一些人们无所适从的矛盾世界或存在境遇。而工作世界的冲突是这种现实冲突境遇的核心。这些冲突的普遍性就是主体化与客体化、主体化人与客体化人的冲突，其根本冲突是工作能力与工作关系即主体化的存在结构的冲突。由此，确立和找寻主体化的存在意义，开拓主体化的存在疆域，避免客体化的沉沦状态、戒除客体化的存在倾向，就成为研究者和存在者的共同担当、责任和选择。

工作世界的主体化与客体化的冲突，实质是工作世界结构的冲突，即一些资本和权力阶层过度占有和享用资源和财富必然造成工具理性主义和功利伦理的盛行，必然造成把大众工作者物化、资本化等客体化的倾向，即便是马尔库塞所描述的发达工业资本主义的那种个体"自愿的客体化"，也是源于这种结构的冲突，源于技术统治和政治统治的工作关系对大众工作力和创造力的压制和破坏。当然，那种"自愿的客体化"在很大程度上或直接的意义上也是个体对自己的客体化，如一个演员被金钱、毒品客体化，吸毒或卖身不卖艺，他（她）只能自己承担法律和道德的责任，而那个买身的资本、官僚或权贵，那个贩卖毒品的毒枭，则不必为这种违法和失德买单，除非他们已经暴露或被抓捕。而那些为了生计、工资收入而整日疲于奔命的农民工、职员，将一生的积蓄用于购买一套住房的工薪阶层，他们的客体化又来自哪里？他们的自愿又是谁的自愿？对于后者回答是肯定的：他们才是真正的自己的客体化者，而正义的法律必将承担起主体化的责任，并为民众生产和集聚主体化的权力力量。而与工作世界的客体化相对峙的那些主体化的工作、生活和文化共同体，又凝聚着多少创造力的力量，又闪烁着多少苦辣酸甜的主体性光芒！

工作世界结构的冲突，如此魔幻地造就了工作世界的众多冲突倾向，并衍生出各种生活世界总体意义的冲突。资源型与创造力、工作世界结构、资本权力中心与主体中心、总体与个体、主体化与客体化，都蕴含和表现着价值、道德和审美冲突。这方面冲突的集中表现就是工作伦理与消费美学的冲突，这是工作世界的第六个主要冲突倾向，而这一冲突的根源亦是工作世界结构的冲突。工作伦理与消费美学的冲突是工作世界价值观、伦理观和审美观的总体冲突，而不仅仅是伦理冲突或审美冲突。由此，这里，在同等意义上使用工作伦理和工作美学这两个概念。同样，也在同等意义上使用消费伦理和消费美学这两个概念。如前所述，文化世界的价值、伦理、审美的总体是生活世界价值、伦理和审美，本质是工作世界价值、伦理和审美。文化美学的总体是以生活世界为价值、伦理和审美取向的生活美学，文化美学或生活美学的本质是以工作创造为核心价值、德性伦理与审美取向的工作美学。

如前所述，韦伯在《新教伦理与资本主义精神》一书中，将传统基督教抽象的道德信仰伦理转换为新教的工作伦理，他通过富兰克林的格言将新教工作伦理概括为谨慎、勤奋、珍惜时间和金钱、信用、准时、节俭等。在韦伯看来，新教工作伦理是以现实工作世界的工作奉献和工作创造为中心的价值体系，它教导人们：工作的价值至高无上，努力工作是上帝赋予的职责，即"天职"，是为上帝做奉献，是道德信仰的最高境界，也是获得他人尊重和幸福生活的途径。鲍曼亦确认了这种工作伦理："在现代工业社会的古典时代，工作同时是作为整体的个人生活、社会秩序和社会生存能力（系统性再生产）的中枢。"[1] "在一个以分类和归类为诀窍和喜好的而闻名的社会里，工作类型是具有决定性的、关键的分类，与生活有关的一切都以此从其他因素中区分出来。"[2] "工作是主要的定位点，所有其他的生活追求都可以依据这个点作出计划和安排。"[3] 这是现代和前现代的工业资本主义精神，是生产社会的价值标准和伦理准则。但是，随着现代工业社会向后现代工业社会的转换，价值轴心由生产转向了消费，消费美学遮蔽了工作伦理。"对于消费者体制来说，快乐消费的消费者是必要的；对于个体消费者而言，消费是一种职责，甚至可能是最重要的职责。""消费者在社会层面上感到消费的压力，因为他为了在象征意义上与同辈人保持一致，为了发展一个独特性和差异性相一致的自我认同，为了获得社会的赞同，消费者不仅努力去经历这些压力，也作为快乐和喜悦的来源去承受这些压力。"[4] 消费美学是消费价值观、伦理观和审

---

[1] 〔英〕齐格蒙特·鲍曼：《工作、消费、新穷人》，仇子明、李兰译，吉林出版集团有限责任公司，2010，第54页。

[2] 〔英〕齐格蒙特·鲍曼：《工作、消费、新穷人》，仇子明、李兰译，吉林出版集团有限责任公司，2010，第54页。

[3] 〔英〕齐格蒙特·鲍曼：《工作、消费、新穷人》，仇子明、李兰译，吉林出版集团有限责任公司，2010，第55页。

[4] 〔英〕Bauman Z., *Intimations of postmodernity*, London: Routledge, 2003, p.50.

美观的总体，它是后工业资本主义精神，是消费社会的价值、伦理和审美标准。

消费美学的基本原则是快乐原则，美国未来学家托夫勒早在1970年出版的《未来的冲击》一书中就指出了快乐、审美与消费的一体化关系，预示了消费美学的消费审美原则。他认为，由于物质需求的满足，人们会更多地追求心理需求，这样就"会有更多的经济力量转向满足消费者对美和气派、个人爱好和感官享受等方面变化无常、五花八门和因人而异的需要。制造部门将投入更大的财力、物力有意识地设计心理优势和心理满足。商品生产的心理成分将占越来越重要的位置"①。鲍曼指出："正如消费文化所定义的，快乐生活是一种确保不无聊的生活，是一种不断有事发生的生活，意味着有新鲜、令人兴奋的事情，而令人兴奋是因为事情的新鲜。"② 快乐原则的根本就是消费快乐，只有在消费中才能不断体验到身份确认与物质享受的快乐。离开这种消费，快乐就成为无身份标志与审美场域的抽象精神或转瞬即逝的难以捕获的行为。需求的满足和快乐是短暂的，满足和快乐之后就会觉得无聊，要获得持续的快乐，就要不断追求时尚。由此，时尚就成了快乐生活和身份确认的标准。

鲍曼分析了生产社会的工作伦理与消费社会的消费美学的冲突。他认为现代和前现代的社会生活都以生产为核心，生产中心表现为工作中心，生产者或工作者是社会生活的主导者，劳动力是值得重视和维护的有价值的资产。但是，在现实的消费社会中，工作的中心地位被消费取代，消费是维持现代生产体系的决定性力量，也是个人身份和社会关系建构的主要方式，这就使价值标准由工作转向消费。"'经济增长'是现代对事情是否正常并规范运转的主要测量手段，也是社会按照应有的模式运作的主要指标；在消费社会里，'经济增长'并不依靠'国家生产力强度'，而是被视为，依靠消费者的态度和热情。工作曾经扮演了连接个人动机、社会整合和

---

① 〔美〕阿尔文·托夫勒：《未来的冲击》，孟广均译，新华出版社，1996，第189页。
② 〔英〕齐格蒙特·鲍曼：《工作、消费、新穷人》，仇子明、李兰译，吉林出版集团有限责任公司，2010，第87页。

系统再生产的角色,现在这个角色由消费者活动来承担。"① "现在是消费美学占据了过去由工作伦理曾经统辖的位置。"② 在消费社会中,工作伦理难以实现其效应,工作价值被遮蔽和漠视,价值、伦理和审美都趋向消费美学。

工作伦理与消费美学的冲突导致新穷人与富人和社会的冲突。鲍曼指出:"一开始,工作伦理是填补工厂劳动力紧缺的十分有效的手段。随着劳动力很快变成高生产力的障碍,工作伦理仍然可以发挥作用,不过这次是作为另外一种手段:涤荡那些在社会认可的边界内因为抛弃大量同胞使他们成为永久性冗余而感到内疚的手和良心。"③ 在消费社会中,工作伦理不再能够兑现自己的许诺,遵守这种伦理意味着受歧视和贫穷。"过去,把眼前的穷人培训成将来的劳工的观点在经济上和政治上都是合理。它促进了工业经济的发展,充分地满足了秩序维护和法规之间融合的需要。在现代化后期、后现代,尤其是在消费社会,这两个作用都难以继续存在。现代经济已经不再需要大量劳动力,它已经学会在减少劳动力和支出的同时如何增加产量和利润。"④ 有工作能力而无消费能力或无工可做的工作者成为"新穷人",成为毫无用途的"废弃的生命"和"有缺陷的消费者"。在鲍曼看来,在消费社会中,对穷人的评判标准不只在于物质层面,更在于其精神层面,贫穷不仅是一种物质生活的匮乏,还是社会身份的低下和心理的自卑,新穷人就是遭受物质和精神双重价值的贬黜的群体。

鲍曼只是描述了工作伦理与消费美学的冲突,但对这种冲突似乎持价值中立态度,并没有明显的倾向性,更没有对消费美学的变异给予透视和批判,只是对消费美学表示了一些担忧:"如果消费是人生成功、幸福甚至尊严的度量器,那么人类欲求的盖子就被打开了。"⑤ 但从他描述的语

---

① 〔英〕齐格蒙特·鲍曼:《工作、消费、新穷人》,仇子明、李兰译,吉林出版集团有限责任公司,2010,第68~69页。
② 〔英〕齐格蒙特·鲍曼:《工作、消费、新穷人》,仇子明、李兰译,吉林出版集团有限责任公司,2010,第76页。
③ 〔英〕齐格蒙特·鲍曼:《工作、消费、新穷人》,仇子明、李兰译,吉林出版集团有限责任公司,2010,第145页。
④ 〔英〕齐格蒙特·鲍曼:《工作、消费、新穷人》,仇子明、李兰译,吉林出版集团有限责任公司,2010,第191页。
⑤ 〔英〕齐格蒙特·鲍曼:《工作、消费、新穷人》,仇子明、李兰译,吉林出版集团有限责任公司,2010,第148页。

言色彩看,又似乎有一些褒美消费美学的意向和嫌疑。我们认为,鲍曼所描述的消费美学是经济观、文化观特别是价值观、伦理观、审美观的全面变异。我们这里说的消费美学即指这种消费美学:它以消费中心消解生产中心、以功利伦理或工具理性遮蔽德性伦理、以消费价值代替工作价值,完全悖逆了生活世界总体意义特别是工作世界本质。从财富观上看,真正的财富是工作者的工作创造力,真正的富有是生活世界的总体意义的创造与享受,而不是单面的资本、权力、物质享受和心理满足。"真正的财富是个人发达的生产力","富有的人同时就是需要有完整的人的生命表现的人,在这样的人的身上,他自己的实现表现为内在的必然性、表现为需要"。①"内在的必然性"就是自由自觉地创造,通过自我创造满足对生命总体性的"需要",即做一个"完整的人"或"总体的人",全面占有和享受生活世界的总体意义,而这种创造又是"按美的规律创造"。消费美学却将财富指向物化的资本和消费产品,这是典型物化的客体化美学,严重消解了人的主体性,使人沦为消费物的奴隶。文化世界的生活世界总体意义即人的生活世界总体意义,人是物质生活与精神生活的总体,而工作世界是人的生活世界的本质,工作创造是工作世界的本质。一些资本和权力阶层靠占有、侵吞大众工作者的资源和财富追求骄奢淫逸的生活,在民众的眼里不但没有美感,反而觉得是他们的罪恶和丑陋。马克思指出:"我的劳动是自由的生命表现,因此是生活的乐趣。"②工作创造才是美、爱、价值和伦理,而工作创造的本质是工作共同体的共创共享。

工作伦理与消费美学的冲突表明消费社会工作伦理的失效和消费审美与价值的盛行,这种冲突的直接社会后果就是新穷人的出现和危机。那么,何谓新穷人?又何为新穷人的危机?在鲍曼看来,新穷人就是有缺陷的消费者。在前现代与现代社会中,贫穷意味着生命生存的危机,如饥饿、有病得不到医疗救治或无家可归,关于穷人的界定都与特定社会的衣食住行标准有关。而在消费社会中,穷人是指该社会中"有缺陷、有欠

---

① 《马克思恩格斯全集》第 42 卷,人民出版社,1979,第 129 页。
② 《马克思恩格斯全集》第 42 卷,人民出版社,1979,第 38 页。

缺、不完美的和先天不足的——换言之，就是准备不够充分的——消费者"①。消费社会的新穷人就是"有缺陷的消费者"。消费社会对穷人的判定标准已经由过去的工作伦理变成了现在的消费美学，即过去不工作或不努力工作就会成为悖逆工作伦理的物质贫穷的穷人，而消费社会即使努力工作也会成为消费不足或无消费能力从而丧失消费审美的新穷人，新穷人是消费社会工作伦理失效与消费美学盛行的产物。

鲍曼描述了消费社会新穷人的多重危机，如无社会存在意义的危机、物质与精神双重贫困的危机、流动的现代性危机等。身份与地位，名誉与尊严，贫穷与富贵……在后现代的流动的现代性里，一切都是未知的和不确定的。在鲍曼看来，持有消费美学或享受消费审美的消费者与"有缺陷的消费者"即新穷人，都处在互变的流动的流转的现代性之中，没有永恒的富有与贫穷、尊贵与贫贱。在鲍曼看来，危机是由工作伦理失效和消费美学盛行造成的。

鲍曼将新穷人的危机归咎于工作伦理失效和消费美学的盛行这一价值观的冲突。那么，这一冲突的根源又是什么？我们认为，这只是一个浅层次的冲突，伦理源于价值，价值源于结构。工作世界结构的冲突是这一冲突的根源，并给新穷人带来危机。新穷人危机表层是工作伦理的危机，工作伦理危机首先是工作价值危机。存在意义的危机、物质与精神危机以及身份转换的生命流变的现代性危机，都是工作价值的危机。工作价值的丧失使新穷人工作失去意义；不重视工作价值使他们无工可做；物质与精神的贫穷，也是由于一部分人懒惰不愿意工作，只享受福利或流落街头违法犯罪；工作价值的丧失使人们不追求工作价值而不停地追赶时尚的消费，使消费世界更新瞬息万变，造成流动的现代性危机。而工作价值的危机的实质是工作创造力、工作共同体关系即工作世界结构的危机，这一结构危机造成工作价值、伦理和审美的危机。

工作伦理的失效或危机不是工作伦理自身的问题，而是工作世界资源和财富的占有制度和分配制度的问题。工作伦理其实在资本主义体系下从

---

① 〔英〕齐格蒙特·鲍曼：《工作、消费、新穷人》，仇子明、李兰译，吉林出版集团有限责任公司，2010，第85页。

来就没有效过，马克思的异化劳动理论早就揭示了这一点，即工人创造的越多自己就越贫穷。韦伯不过是美化了资本主义的工作伦理而已，而鲍曼在马克思之后又表征了消费社会的工作伦理的失效性，把韦伯审美的有效的工作伦理还原成无效的丑陋的工作伦理，同时把马克思批判过的丑陋的肮脏的资本伦理又升华为审美的消费美学或消费伦理。解决新穷人的危机同解决资本主义所有危机一样，最根本的是要改变工作世界资源和财富的占有制度和分配制度。由此，要重构工作伦理或工作美学，弃绝悖逆工作伦理的消费美学，重构基于工作美学的消费美学。由此，必须重建或优化工作世界的结构特别是工作共同体关系。我国虽然总体上还不是一个消费社会，但工作伦理与消费美学的冲突，工作伦理的失效或危机与消费美学的盛行，在现实工作世界和生活世界都有大量表现，这一方面源于西方消费美学的影响，另一方面源于工作世界的结构冲突。一些资本和权力阶层过度占有和享用资源和财富，必然趋向消费主义的消费美学，必然贬抑甚至弃绝工作世界的工作伦理或工作美学——因为他们本身就是欲望或贪欲的消费者，盛极一时的贪腐和奢靡之风就是一个确证。而且，他们还要凭借资本和权力实力不断地刺激消费，以最大限度地实现他们所占有资源和财富的高贵价值和高额利润。这必然造成轻视和压制工作创造力、浪费资源、破坏环境以及贫富分化等一系列工作世界和生活世界的冲突问题。现在，我国大力反对奢靡之风和腐败行径，这是对消费主义的消费美学的抗拒和否定；同时，提倡和鼓励大众创业、万众创新，这是向工作伦理或工作美学的复归意识与行动，亦是一场主体化对抗、否定和超越客体化的行动。

工作伦理的失效或危机以及消费主义的消费美学的盛行除了工作世界的占有、分配等工作关系结构根源，还与工作力结构密切关联，即工作创造力提高导致技术进步，技术进步导致用工减少，使一些人失业和无工可做，造成与工作就业的冲突。失业和无工可做进一步使工作和工作力丧失了存在的价值，使努力工作、勤奋工作的工作伦理在一定程度上丧失了有效性。另外，人都是价值动物，既然工作的价值沦丧了，人们就转而趋向消费领域，在消费中寻求刺激、满足、快乐、自由以及身份和地位的确认。由此，这里将技术性工作匮乏与工作就业的冲突视为工作世界的第七个主要冲突,是当代特别是当今工作世界带有普遍性和根本性的冲突。

"技术性的工作匮乏"是指由于技术飞速进步而造成工作岗位大量流失的现象。鲍曼认为,过去医治因贫穷而在精神上受挫的穷人的方法是通过工作和工作伦理,通过高扬工作的价值给予穷人精神支柱,但在技术进步造成工作匮乏的时代,旧有工作岗位不断消失,新兴产业对劳动力总体需求的增长缓慢,而人口又在不断膨胀。这样,新穷人面临越来越大的就业压力,"充分就业"对资本主义国家来说越来越成为一种"梦想","努力工作"的口号面对"无工可做"的现实情境显得苍白无力。就业和失业问题一直是现当代哲学和经济学特别关注的问题。马克思早就指出,资本家过度、无度地追求剩余价值必然不断地提高资本有机构成,必然导致"机器排挤工人"的失业问题。马尔库塞认为发达工业社会的工作世界是"新的技术性工作世界"①,它削弱了工人的否定地位,使工人失去自由创造和否定力量,沦为技术一体化的奴隶,并造成工人的失业问题。"在现有情况下,自动化的否定特征十分显著:技术性失业的加快,管理地位的提高,工人无能为力和听天由命的思想增长。"② 熊彼特的技术创新理论认为通过不断的技术、制度创新可以解决资本主义的失业问题和社会危机。但在技术发展日新月异、大量产品面临"被革命"的经济形势好转的今天,这种理论逐渐显现局限性。如美国的能源产业正进行着一场动摇产业秩序的页岩气革命,苹果公司也在2013年彻底地击败了三年前还占据行业老大位置的诺基亚,成为手机行业的新统治者,而这些并没有让美国的就业数据在2013年有太多的变化。与创新说相对,古典经济学则一直对技术进步与失业的关系保持着警惕。李嘉图在《政治经济学及赋税原理》的"论工资"一章中认为,当更多的流动资本用于购置机器时,到了一定的边际,工人的均衡工资有可能跌至无法维持生活的水平,就会出现严重的失业问题。后凯恩斯主流派认为,技术的专业性特点使工人

---

① 〔美〕赫伯特·马尔库塞:《单向度的人:发达工业社会意识形态研究》,刘继译,上海译文出版社,2008,第27页。

② 〔美〕赫伯特·马尔库塞:《单向度的人:发达工业社会意识形态研究》,刘继译,上海译文出版社,2008,第26页。

在熟悉自己工作的同时，也增加了自己转行的困难。许多结构性失业或摩擦性失业事实上就是技术性失业，所以失业与职位空缺并存就成为一种普遍现象。在《与机器赛跑》一书中，麻省理工学院的埃里克·布伦乔尔森和安德鲁·迈克菲教授认为，由信息技术应用带来的全向度的技术进步正历史性地导致机器全领域替代人力，并导致就业结构的根本性变化，尽管诸如新产业的发展会带来新的岗位，但它已日渐难以弥补被机器夺走的就业机会，并称之为"技术性失业"和"工作的终结"。在他们看来，美国中产阶级收入增长停滞、工人工资萎缩、社会分配难题都与之密切相关。"技术性失业"在直觉上很自然，办公室电脑提高办公效率的同时也夺走了大量文职人员的工作；在法律行业，从人力劳动转为数字劳动后，一名律师能完成过去需要500人才能做完的工作[1]；零售业被集约到了超级市场，过去以家庭为单位的零售店铺逐渐丧失了生存空间，即便在超级市场内部，由于管理水平和信息化水准的提高，用工量也在不断减少。[2]

现今，世界经济正缓步迈出2008年金融危机的阴霾，美国在2013年实现了2%的经济增长，个人消费、私人投资等主要经济指标向好。在欧洲，欧债危机趋缓并显示出复苏的迹象，在亚洲，中国经济成功实现了软着陆，继续保持着较高的经济增长率。就在我们都以为世界经济衰退已然结束时，却发现就业问题依然严重。据美国劳工部统计，2013年末，美国依然保持着高达7%的失业率，尽管这已是金融危机以来的最低值，但平均的失业时间仍达到了8个月，20岁以上的人口的失业人数比2007年11月危机爆发之前要多出500万人。在西亚和欧洲，高企的失业率引发了大规模的社会动荡，在中国，2013年被广泛地称为"史上最难就业年"，据统计，超过300万名的大学毕业生未能实现就业。在经济衰退结束之后，世界主要经济体各项经济指标都迅速反弹，而世界范围的严峻就业形势却让人困惑。经济常识和历史经验表明，在经济复苏阶段，就业形

---

[1] Brynjolfsson E., McAfee A., *Race against the machine*, Lexington, Digital Frontier, MA, 2011, p. 11.
[2] Brynjolfsson E., McAfee A., *Race against the machine*, Lexington, Digital Frontier, MA, 2011, p. 23.

势将随企业雇工增加而好转，但是，这一次大衰退结束之后，企业并未大规模地招聘人手。恰恰相反，我们还能听到一些大公司裁员的消息。而美国劳工统计局的数据显示，事实上自进入 21 世纪后，考虑到人口增长的因素，即便是经济形势较好的头十年，美国的就业岗位增长就陷入了停滞。我国已进入必须依靠产业升级带动经济发展的新时期，而高端产业对工作力的需求更多地体现在质量而不是数量上，新技术不断提高生产效率的同时也冲击着我国的就业结构。技术性工作匮乏是我们未来必然面对的问题，而由此造成的就业、贫困等问题也将成为我们难以回避的难题。

技术性工作匮乏与工作就业的冲突，不仅表现为工作岗位减少从而引起无工可做的失业现象，而且还表现为对在岗工作者构成的工作就业压力，从而引起工作就业质量的降低。因为岗位短缺，工作者担心减员、裁员和失业，必须拼命工作，以至于不顾、不计较自己的工作权益。在一些企业和工作单位特别是一些私营企业，有的工作高强度、有的低工资、有的环境恶劣、有的缺少各种社会保障制度。这些都使工作力受到严重压制和破坏，失却了自由自主的工作和创造本质，甚至沦为资本和权力的工具。技术性工作匮乏与工作就业的冲突，本质是工作世界结构的冲突。在资本主义社会，资本和权力相融，为了利润的最大化，必然刺激技术创新、减少用工，并把工作世界完全变成以利润价值或功利价值为核心和全部价值的客体化或物化世界，从而不顾工作世界的总体意义特别是共同体本质意义，从而把人、工作力完全工具化，使他们失却了总体人的意义特别是自由自觉的创造本质。对我国来讲，技术性工作匮乏与工作就业的冲突，除了在一定程度上和某些方面——如在一些私营企业——具有资本主义工作世界的结构冲突意义外，还有自己特别的工作世界结构冲突意义，这主要是一些资本和权力阶层过度占有资源和财富，大搞资源型工作世界，不重视技术创新和新兴产业的发展，不重视对大众工作力的投资、优化和各种保障，使他们缺少创造能力和转型能力，而一旦资源型工作世界衰落，则产生无工可做和失业问题。而技术进步所创造的新型工作世界，又是吸收工作力较少的技术性工作匮乏的世界。我国现阶段的各项改革举措以及大众创业、万众创新的发展方式，将会在很大程度上破解技术性工作匮乏与工作就业冲突的难题。

二 文化世界建构的一般方法论

文化世界是矛盾冲突的过程,冲突的总体是生活世界关系的冲突,本质是工作世界关系的冲突。人作为文化存在,亦是一个在和谐中养成冲突、在冲突中造化和谐的过程。由此,人或文化世界的矛盾冲突,无论是和谐还是对立,都不是自然而然的或天上掉下来的,而是一个主体生成与建构的过程。古代客体化文化世界观将文化世界归结为客体化文化世界,在建构论上,或者循着自然元素的召唤,沉入自然,造化人的自然生活,庄子的逍遥游就是这种建构的范例;或者接受精神实体的牵引,静观天国,造化人的精神生活,柏拉图的理想国就是这种造化的范例。近代哲学的文化世界观将文化世界主体化,总体上是遵循工具理性和人文理性的引导,试图建构以自由、平等、博爱、科学、民主为价值和伦理以及审美的理性主体化的文化世界。现当代哲学的文化世界观直接指向生活世界特别是工作世界,在非理性冲动和意识意向性意义上建构主体化或主体间性关系的文化世界。马克思的多重文化世界理论则通过实践特别是工作实践的建构,追寻文化世界的生活世界总体和工作世界本质意义。这些"建构论"都启示、牵引和帮助我们在现实世界的矛盾境遇中进一步探寻文化世界的建构趋势即建构意义,而前述关于文化世界意义结构的探究则为这种建构提供了更为直接的根据,即文化世界的总体、本质、结构、冲突等意义注定了建构意义或建构趋向。接下来主要从文化世界建构的一般方法论意义、类型或转型意义以及境界意义三个向度阐述这种建构意义或趋向。

将文化世界观用来认知、理解和造化文化世界,文化世界观就转换成文化世界方法论。建构即主体化的行动,是物质主体化、精神主体化、行为主体化等主体化行动的总体,研究、理解、体验、确认、实践、造化等动向性的词语都是建构性的词语,都具有建构的意义。文化世界建构的一般方法论是基于文化世界观的认知、体验、理解、造化文化世界的总体的和根本的方法,包括基本方法和由基本方法衍生的文化生存方法。文化世界建构的基本方法主要包括文化世界总体方法、本质方法、结构方法以及价值、伦理、审美、精神方法。其中,总体、本质和结构方法是三个最基本方法,其他方法都由此而生。其核心要旨就是文化世界的认知、理解、体验、造化、建构都要追寻生活世界总体意义和工作世界本质价值特别是工作力与工作关系的互构关系结构。

文化世界建构的总体方法就是生活世界总体方法,即认知、研究、理解、体验和造化文化世界要追寻生活世界的总体意义。它是主体化关系总体方法和生活世界意义总体方法的总和。

文化世界总体方法是主体化关系总体方法,主体化关系总体方法是指认知、研究、理解、体验、造化文化世界要追寻主体化关系的总体意义,即人与人、自然和社会关系的总体意义,其核心是生活共同体意义。它是主体化自然关系方法、主体化社会关系方法和主体化主体方法即主体间性方法的总和。主体化自然关系方法就是主体造化自然为主体的生活存在,包括两个方面:一是造化自然为主体的精神快乐、幸福、富有、智慧等精神生活,这主要是一种指向自然的意化的精神生活;二是造化自然为主体的行为、物质、财富存在,这主要是一种对象化与意化并行的物质生活。主体化社会关系方法即主体造化社会为主体的生活存在。主体造化社会的对象是社会的物质关系和精神文化关系、经济关系和政治关系、技术关系和制度关系的总体。主体化社会和主体化自然是同一过程,而主体化社会是主体化世界的本质存在,只有在社会中才有人对自然的关系。个人主体化构成单位主体化,个人和单位主体化构成社会主体化,社会主体化又构成个人和单位主体化。个人、单位、社会主体化是一个互构的结构,社会对主体的构造和主体对社会的构造本质上都是主体对主体自己的构造。由此,每一个个体都可通过造化单位共同体而造化社会共同体,这就使主体化社会通过主体化单位获得实现的通道或路径,即每一个主体都可通过改变或造化单位而获得一份改变和造化社会的生活存在和价值意义,而个体主体造化单位又是从造化自己开始的,造化自己又是一种主体间性的主体化关系。主体化主体方法就是主体造化其他主体为主体间性的存在,这种造化是主体间性的共同造化。

文化世界总体方法是生活世界意义总体方法,是生活世界的世界意义总体方法、生成意义总体方法、个体意义总体方法、结构意义总体方法的总和。世界意义总体方法即建构文化世界要追寻生活世界的世界总体意义，包括物质生活与精神生活、社会生活与个人生活、实践生活与认识生活、感性生活与理性生活、日常生活与国家生活等方面。其中实践、物质生活处在本质或核心层次，而工作世界处在实践的核心层次。生成意义总体方法即生活世界意义生成的共同体方法。主体与客体、本体与实体、个体与总体、中心与边缘共同构成意义生成的共同体源泉。生成意义总体方法要求我们平等地看待文化世界的各个因子及其对总体的生成意义，特别是戒除权贵文化、资本中心文化和异化、物化文化世界的"虚假共同体"，追寻和造化真实的文化共同体意义。个体意义总体方法即文化世界的总体意义是多元、多维个体意义的总和，而不只是某个本体、中心或决定者的意义；每个个体亦是一个世界意义的总体，都造化和拥有自己的生活世界，每个人都是一个生活世界总体的人。个体意义总体方法要求我们要关注和重视个体文化世界的总体性及其对文化世界总体的生成与造化意义。如音乐、诗歌、影视文化都要指向和造化生活世界总体意义，而不是指向和造化资本中心和权力中心意义。结构意义总体方法即生活世界结构的意义是多重结构总体的生成，是结构总体或结构要素的共生过程，而非某个本体或中心的单面决定，这就要求我们建构文化世界要重视文化世界结构的各个层次及其互动、互构关系，以免陷入总体主义或整体主义以及各种决定论的泥沼。如影视文化不能只指向和表现资本和权贵的生活，而要造化和建构普通民众的生活世界意义特别是工作创造意义。

  文化世界建构的总体方法是生活世界总体方法，本质方法是工作世界本质方法，因为工作世界处在文化世界或生活世界的基础与核心地位。工作世界本质方法是指认识、确认、理解、体验和造化文化世界要以工作世界为基础和核心价值取向，而创造、工作创造、工作共同体创造这三位一体的工作世界本质价值取向是工作世界本质方法的核心。人是生活世界总体的人，也是工作世界本质的人。人必须造化一个工作世界即工作世界共同体才能成为主体化人，才能拥有主体化世界即文化世界。人的平等、自由、正义、快乐、幸福、价值、审美、道德伦理从根本上说都是在工作共同体中实现的。人的最深刻、最现实的本质是工作世界，工作世界的本质是工作创造，工作创造的本质是工作共同体的创造。工作世界本质方法对于文化世界的建构具有根本性的意义，如城市化进程必须以构建城市化的工作世界为基础，否则就会导致城市和乡村的空心化，只剩下一些高楼大厦的空间物质和贫瘠的土地，就会丧失城市生活和乡村生活的创造力根基。再如，艺术文化要指向工作世界的创造意义和共同体意义，而不是复制和记述日常生活中的琐事。

结构是存在的深层规定，是存在意义的源泉和意义生成的根本动力。文化世界的结构是以工作世界结构为核心的多重结构的总体。文化世界的结构方法就是对文化世界的认知、理解、体验、审美和建构，不能停滞于文化的表层存在，而要深入其内在的结构层次特别是工作世界的根本结构即工作力与工作关系的互构结构。文化世界结构方法包括文化世界总体结构方法和工作世界结构方法。

文化世界总体结构方法即生活世界总体结构方法，是指建构文化世界要追寻和造化文化能力和文化关系的互构关系结构。文化能力即主体化能力，它是主体造化世界能力的总和，是意化世界能力与物化世界能力、生活化能力与工作化能力的总体，是主体造化自然、社会和人为主体化存在的根本支撑和动力源泉。文化能力是人的生活力、工作力、生命力、创造力的总体。文化关系是主体对自然、社会和主体的造化关系，是自然关系和人性关系、个人关系与社会关系的总体，其本质是文化共同体关系。文化世界的总体结构是总体的生活世界结构，它内含了所有的生活能力和生活关系，是文化世界的最广义、最普遍的结构。它生成和建构文化世界总体的意义，也被这个总体的意义生成和建构。文化能力与文化关系的和谐互动关系结构是文化世界的总体结构，它表现在或存在于文化世界的多重结构中。文化世界的生活世界总体结构决定了文化世界的生活世界总体结构方法，它要求我们建构文化世界不能停滞于文化形态、形式、符号、载体等表层存在，而要深入文化世界的内在结构；造化文化世界的结构，则不能囿于精神结构、物质结构、社会结构等某种单面的结构，而要重视和把握文化能力和文化关系的总体结构，趋向人与人、自然和社会的总体关系。它要求我们社会、单位和个人，都要重视提升文化力和创新优化文化关系。文化力就是生活力、生命力、工作力，文化关系就是生活、生命和工作关系。

文化世界结构方法的核心是工作世界结构方法。文化世界的工作世界结构方法是指建构文化世界要以工作世界为价值核心，追寻共创、共享的工作世界共同体，这就要特别重视工作关系和工作力的互动关系结构。生产力与生产关系、经济基础与上层建筑的矛盾关系，是总体的社会生活和生产结构，工作能力与工作关系的互动关系是主体化或日常化的工作世界结构。工作能力决定工作关系和工作精神文化，工作关系决定工作精神文化并催生工作能力，工作精神文化是工作能力、工作关系的精神驱动力量，并与之一同成就工作事业和工作生存意义，而工作创造力是工作世界结构的根本支撑。个人工作世界构成单位工作世界，个人和单位工作世界构成社会工作世界并与之互构。建构工作世界的结构是社会、单位和个人的共同责任和担当。工作世界结构方法给我们的指向就是：认知、理解和建构文化世界要以广大民众的工作创造力为本，要以共创共享的工作共同体关系为本，要以广大人民群众即个人的工作就业关系或工作世界为本。如产业结构转型要以工作世界结构转型为基础，传统产业结构转向新兴产业结构或机器技术结构转向以信息技术为核心的高技术结构，根本上靠的是工作创造力、技术创新力，而不是资本投资和物质项目，靠花钱买技术和设备实现的转型是不可持续的转型，那样必然会陷入引进—落后—再引进—再落后的魔圈。而要靠自主创造实现转型就必须改变一些资本和权力阶层过度占有资源和财富从而压制创造力的工作世界结构，就必须建立工作共同体结构，以激发民众的工作创造力。不能只强调产业结构或经济结构调整，而忽视工作世界结构的调整、变革和优化，要从资本和权力中心型的工作世界结构转向创造型的共同体结构。

文化世界的总体方法、本质方法、结构方法决定了文化世界的价值、伦理和审美方法。文化世界的价值、伦理与审美方法是指认知、理解、体验和建构文化世界要追寻文化世界的生活世界总体价值、伦理和审美以及工作世界核心价值、伦理和审美。文化世界的价值、伦理与审美方法的基本原则就是生活世界总体原则和工作世界本质原则，而这两个原则恰好是被当下各种价值观理论和伦理道德观深深遮蔽的原则。文化世界是主体化关系的总体，主体化关系的造化总是循着价值、伦理和审美意义进行的，或者说主体化关系就是造化主体化的价值、伦理和审美关系。文化世界的存在、本质与结构规定了文化世界的价值、伦理和审美取向，这就是生活世界总体取向或主体化关系总体取向以及工作世界本质结构取向。为此，认知、理解、体验和建构文化世界要弃绝资本至上逻辑、权力中心思维、经济本位主义以及消费物化、异化的消费美学倾向。生活世界总体性决定了文化世界的价值意义是生活世界总体价值意义。这一价值总体原则是文化世界价值、伦理和审美的首要原则。这一原则要求循着生活世界总体意义追寻、体验、理解和建构文化世界总体化的价值意义，从而戒除把价值、伦理和审美物化、资本化、权贵化、意识化的异化取向和单面倾向。工作世界是文化世界或生活世界的基础和核心，亦是文化世界或生活世界的价值、伦理和审美核心。工作世界总体性的本质是工作世界共同体，工作或工作世界的最高价值、伦理和审美就是追寻工作世界共同体价值、伦理和审美，而工作力与工作关系的和谐互动结构，是工作世界的核心价值体系，是文化世界价值、伦理和审美建构的核心价值体系。文化世界的价值、伦理和审美方法为我们提供了判定文化世界、文化成果、文化作品的根本标准，那就是看它们是否有价值、德性和美，首要的原则就是看它们是否有生活世界总体意义，根本原则就是看它们是否有工作共同体及其创造意义。文化世界的价值、伦理和审美方法对于戒除文化研究和实践中存在的资本至上、权力中心和消费主义的消费美学尤其具有重要的方法论意义。

上述文化世界结构方法是一般方法论的基本方法，下面进一步阐述由这些基本方法衍生出来的更为具体、更有操作性的文化生存方法，其根本是工作世界生存方法，这里的方法主要围绕工作世界生存方法展开。文化生存方法是文化世界建构的基本方法在社会、单位、个体层面的具体化、现实化展开。而建构亦是创新，这些建构方法就是创新方法。

深度的生存智慧和方法要深入存在的本质与结构，造化存在的本质与结构，而不是表层的或平面化的具体方法和智慧的叠加。文化世界总体方法、本质与结构方法都要求认识和建构文化世界，要立足生活世界总体性，建造工作世界共同体，提升主体化能力特别是工作化能力，优化主体化关系特别是工作关系，把造化工作世界特别是工作共同体世界作为文化生存的根本方法，更要把造化工作能力特别是创造力、工作关系和工作精神文化及其互构关系作为文化生存的最根本方法。这是文化世界生存的根本智慧。工作世界的本质与结构决定了文化世界生存的根本方式以累积和提高工作能力特别是工作创造力为根本，以构建和优化工作共同体关系为基础和支撑，以积蓄优秀的工作态度等精神文化为驱动力。其基本方法论可归结为以下十律。

（1）工作创世律。每个社会、国家和个人都要靠工作创造世界。"诺亚方舟"并不是一条资本救世的船，而是一条工作创世的船。它是载着种子、工具和牲畜航行于灭世的洪水，而不是载着资本、黄金和铜钱。要趁早摒弃资本救世的思维，要从资本救世的思维转向工作创世的思维。以现在救现在就只有现在。那么未来呢？那些洪水般的欲望、暴虐、贪婪与堕落必将毁于洪水或已经毁于洪水。未来不在资本的手里，而在每一位工作者的创造行动中，资本没有未来。一个缺乏创造力或创造力处于停滞的民族是危险的民族，是没有希望的民族。中国长期以来的劳动力低成本红利、廉价资源红利、技术引进的后发优势红利在一定程度上抑制了创造力的发挥和提升。在这些红利的效应发挥殆尽的今天，转型、调结构、保民生除了依靠民众的文化创造力，再无别的生存依靠。

（2）技艺生存律。工作技艺或工作能力决定工作关系和工作态度。无论是国家、民族还是个人，工作素质、水平、能力越高，就越会得到他人的尊重、信任和爱戴，就越有可能建构更广泛、深厚和持久的工作交往关系，并能从总体上获得更多的工作成果和荣誉。否则，只引进、模仿、复制甚至抄袭就会被歧视、贬黜。加快转变经济发展方式要以提升工作创造力为支撑。转变经济发展方式就是要由片面重视 GDP 和片面依靠耗费资源的客体性发展方式转向依靠大众工作者创造力的主体性发展方式。工作创造力是工作生存的根本支撑，社会、单位、个人除了重视工作共同体关系以及工作态度和工作精神文化的建构，更要重视工作技艺、工作创造力的提升，要改变因为重视社会生产力发展而忽视工作者主体能力建设的倾向，以避免出现"社会生产力发展而个人生产力贫乏"的状况。工作创造力和专业能力是第一工作力，因此，最根本的技艺生存能力就是创造力和专业化能力。

（3）共同体优先律。技艺是第一工作力，是工作世界的根本支撑，决定工作关系、工作精神状态。工作共同体关系是工作世界的基础。工作创世、立世或工作生存要做好两个根本的事情,一个是提高和展现自己的技艺,二是造化和融入共同体关系。共同创造、共同占有和享受"生产力总和"或社会财富的工作共同体才具有工作生存意义,创造、主体间性的自由、审美、快乐、富有、享受、公平、正义、尊严、人性化等工作生存意义都因此而生,并与之一起构成工作生存的总体意义。社会、单位和个人都要重视工作关系特别是占有、分配和交往关系的改进,要改变因为重视社会生产关系变革而忽视工作者主体工作关系优化的倾向。"以人为本"要以人的工作生存为本,以构建工作共同体为本,工作生存或工作共同体是人的存在之基、利益之本、价值意义之源。社会、政府、单位和个人,都要把构建共创共享的工作共同体世界作为首要原则和核心价值取向。

(4) 改变律,亦是创新律。"改变""创新"已经成为流行世界的文化词语。改变即创新,创新即改变。改变与创新都是文化世界总体的改变与创新,亦是某个单位或个人文化世界总体的改变和创新。面对一个问题世界,面对工作长期没有起色的状况,面对无法再用已有技能和经验解决问题的困境,唯一的选择就是改变、创新。谁改变得快、创新得快,谁率先改变,率先创新,谁就会提前进入未来。个人改变、创新不了整个世界,但至少可以改变自己,创新自己,一旦每个自己都改变了,世界也就改变了。改变包括变革文化关系和提高文化能力两个方面。经济体制、政治体制、精神文化体制、科技体制、教育体制等体制的改革是改变,文化能力、生活能力、工作能力的发展和提高更是改变,工作世界、日常生活、国家生活的进步和创新都是改变,改变是文化世界的时空流变性和矛盾动态过程。要确立文化世界的改革思维,更要确立文化世界的改变和创新思维。

(5) 做事律,亦是实践律。人的素质、能力、水平是做事做出来的,多做一件事就多一点水平,少做一件事就少一点水平。一些人不愿意做事,遇事的第一反应就是如何逃避或推给别人,这样的人很难有出息。在工作中为人,是做人的水平;在为人中工作,是做事的水平。要讲究这两个水平,这是最高境界的"讲究"。要把做事当成展示自己才能、亲近他人、向他人学习的机会，而不应当成负担，有了这种思维就一定会有所成就。做事是永恒的机遇，做难事、做别人不愿做的事是大机遇。做事律既是个体的文化生存智慧，也是总体的文化世界建构智慧。

（6）问题承担与机会律，亦是矛盾创新律。文化、生活、工作世界都是由矛盾构成的，有矛盾就有问题，矛盾和问题的解决过程即创新、创造过程。要把承担问题、解决矛盾问题当成自我发展和提升的机会。一有矛盾问题了，就把自己摆出去，把别人摆进来；一有利益和好处了，就把自己摆进来，再把别人摆出去。这种自以为聪明的思维不适用于工作世界，结果只能是聪明反被聪明误。这样摆来摆去，就什么都摆不平。把矛盾问题特别是根本问题都摆给别人，自己就会因为丧失改变自己的机会和改变的力量而丧失自己。一些个人工作者总是抱怨没有机会，其实机会到处都有，真的到处都有。最常见的机会就是工作中的各种矛盾问题，谁善于思考、发现和解决问题，谁就把握了机会，就展现了自己。而只要留心观察、善于思考、勤奋做事，就总是能找到和把握问题和机会，特别是当下的工作世界现状，更是普遍存在着问题机会。

（7）累积创新律。改变创新离不开累积创新。都知道创新好，都想创新，但为什么缺少创新或不能创新呢？就是缺少累积创新要素的过程。在一个似乎显得有些浮躁的文化时代，累积创新思维和行动方式被许多急功近利的人所遗弃，也正是如此，愈发显出其价值意义。一个民族、一个社会乃至个人，要真正有所成就，必须有这种思维和行动。"合抱之木，生于毫末"，累积创新思维和行动的精髓就在于累积"毫末"的精神。而急功近利和浮躁有时可以取得一时的功效，但没有持续性。比如一些地方政府靠房地产拉动经济的思维和行动，又省力又快捷，不用费力累积技术、人才等要素，可房子和地都卖完了怎么办，资源都耗尽了怎么办？再如一些企业只愿意引进技术或买设备，不重视人才累积和技术创新，可是买的技术总是人家淘汰的或落后的技术，只有一时的效用，这就导致长期的产能落后和技术的低级化。面对显得有些浮躁和急功近利的文化世界特别是工作世界，最需要的就是踏踏实实地累积创新精神和行动。

（8）潜能涌现律。文化世界是在现实与潜能的矛盾转化中运行的，建构文化世界不能只看眼前或当下的存在，还要立足潜能，瞩目未来。许多现在看或在现在的条件下做不成的事，但做着做着就做成了，这就是潜能的力量。由此，设定工作目标不要追求100%的清晰度和正确率，通常情况下目标有60%的清晰度和正确率就可以做了。目标是在做的过程中不断修正、完善和趋向真理的。在做的过程中，自我的潜能、环境的潜能会不断涌现，一开始看上去不具备的条件、不清晰的物象和意识都会慢慢涌现出来，这就是"潜能涌现原理"。如果等什么都想得十分清楚明白了再做，那可能将一事无成，至少会错过很多机会。文化世界生存与建构不仅要立足和追寻当下，更要立足和追寻潜能，潜能就是未来，潜能就是希望和方向。

（9）和谐与冲突并进律。要学会和谐也要学会冲突，单向的和谐思维或冲突思维都不适用工作世界。可以说，这一思维对于改变当下和谐文化有余冲突思维不足的单向度思维文化倾向有重要意义。面对冲突和面对和谐具有同样的存在感，要像面对和谐那样去面对冲突，去选择价值，取舍意义。和谐与冲突各有其价值向度。对一些人和事，要用和谐思维；对一些人和事，要用冲突思维。平衡是最好的存在状态，总体的和谐与适宜的冲突构成平衡。文化世界、文化生存、文化建构就是在和谐与冲突的矛盾生态中前行。

（10）精神能量驱动律。精神文化是一个看不见的世界，这个世界最日常、最普通、人人拥有的世界，是我们每个人自己的存在与财富，是最能归我们每个人自己占有、支配和使用的资源，它具有深广而恒久的疆域，却因为自己的无形而被喜欢有形的人们淡忘了，这种无形的力量可以摧毁有形的力量，这种潜能的力量可以替换现存的实力，而现存的实力却会因为丧失这种力量而慢慢地衰退、没落和消亡。生活世界总体精神、工作创造精神、专业精神、工作共同体精神、德性精神等构成文化世界根本的精神结构。意识哲学的意识生存论越来越融入工作世界成为活灵活现的工作文化，它在很大程度上遮蔽和消解了大众工作者的工作生存意义。如某企业发生员工连续跳楼自杀事件后，把员工自杀问题归结为心理脆弱、意志消沉以及厌恶工作的态度问题，只靠请心理咨询师进行心理干预，甚至靠请法师做法驱除妖魅来解决员工自杀问题，而不从提高工作能力、改善工作环境特别是工作关系等方面解决危机和冲突，这是意识生存论只从精神意识层面解决工人工作生存问题的范例。意识生存论与工作世界相融而生的工作精神文化，会导致忽视大众工作者的工作能力特别是工作创造力的提升和工作关系特别是工作共同体关系的改善与建构。如此，要注重建设马克思主义的工作生存论和工作精神文化特别是创新精神文化建设，并以此矫正意识生存论及其工作文化和生活意识。

三 文化世界建构的类型与境界

前述文化世界的矛盾冲突问题主要是指向为什么要建构的问题，是文化世界建构的逻辑起点，即因为有矛盾冲突问题所以要解决这些问题，所以要建构。文化世界的建构方法论问题主要指向怎样建构的问题。那么，应该建构什么样的文化世界？这是文化世界建构的目标趋向问题，而目标趋向不是抽象的，而是要通过一定的类型来体现和标示，要通过一定的类型来实体化、具体化和现实化。而类型亦不是一个抽象思辨的问题，它主要是针对前述矛盾冲突的各种类型而言，是前述矛盾冲突问题衍生出来的类型。由此，这些类型都是具有文化世界总体意义、本质意义、结构意义以及价值、伦理和审美意义的类型，即文化世界哲学意义上的类型，而不是具体的文化学、社会学、经济学等意义上的具体化的类型。建构的类型又必是对已有类型的改变、超越甚至否定，由此，文化世界建构的类型问题实际上就是文化世界的转型问题。接下来从几个重要的转型意义上阐述文化世界建构的类型趋势。

从总体类型或转型看，要建构创造型文化世界，要从资源型文化世界向创造型文化世界转型。如前所述，资源型文化世界靠占有、使用、享受已有的或既成的资源维持文化生态，必然压制文化创造力特别是工作创造力。资源型文化世界即资源型生活世界，它根源于资源型工作世界；创造型文化世界即创造型生活世界，它根源于创造型工作世界。创造型文化世界的建构，要针对资源型文化世界存在的根本问题，进行资源的占有、分配和使用的改革或重新配置，特别是要将一些资本和权力阶层过度甚至违法占有和享用的资源配置给大众工作者，以激发和培育他们的工作创造力，这就要进行工作世界的占有和分配关系的改革，这是更为具体和微观层次的生产关系或社会体制的改革，即工作关系或工作体制的改革。而对于每个个体文化世界来讲，一方面要自觉地进行这种体制的变革，另一方面要自觉地累积和集聚文化创造力特别是工作创造力。资源型文化世界向创造型文化世界转型，至少有以下几个重要向度。

（1）资源型城市化向创造型城市化转型。资源型城市化就是主要靠占有和享受房地产资源维持的城市化生态，它在很大程度上缺少工作世界基础特别是创造型工作世界基础。一些"鬼城""空城"的出现就是这种城市化生态的确证。对很多民众来说，既无工作保障也无生活保障，至多在按揭贷款的政策驱动下拥有一套并不完全属于自己的或工作许多年后才能属于自己的钢筋水泥的物质居所，这样的城市化既不是大众工作者工作创造力发展的结果，也不是工作世界共同体关系生成的空间，它把工作力束缚在无度的、千篇一律的房地产开发上，使工作力片面地成为房地产的工作力，它既无生活世界总体意义，也无创造型工作世界根基，一旦购买力衰竭或资源耗尽，房地产支撑的资源型工作世界和生活世界也将丧失其片面的生活意义——那一点点作为被房地产客体化的工作和生活的意义。由此，资源型城市化向创造型城市化转型，必须确立生活世界总体意义和工作世界核心价值取向，要以创造型工作世界的建构推进城市化。城市、城市化或城市人的意义是生活世界总体意义，本质是工作世界共同体意义。不要把让农民工进城看作拉动高价房地产的手段和工具，而要为他们筑造生活世界的总体意义，为他们建构工作共同体的价值、伦理和审美存在。

（2）资源型经济文化向创造型经济文化转型。资源型经济文化就是靠占有、使用和消耗已有的自然资源、人力资源以及权力资源维持的经济文化生态。它以资源型经济工作世界为基础，严重压制和破坏工作创造力，即用资源赚钱省时又省力，不用辛苦地长时间地累积技术要素和人才力量，这样就不会重视工作力特别是创造力。创造型经济文化是以创造型经济工作世界为基础，是平等占有和公平分配的工作共同体，它主要靠创造高技术、高文化附加值延续经济生态。资源型经济向创造型经济转型的基本路径有两个：一个是改革，即改革一些资本和权力阶层过度占有和享用资源的经济体制和政治体制，并将这些资源公平分配给广大民众工作者，以激发其创造力；另一个是靠大众工作者创造自觉，即大众创业、万众创新。"必须清醒地看到，我国经济规模很大、但依然大而不强，我国经济增速很快、但依然快而不优。主要依靠资源等要素投入推动经济增长和规模扩张的粗放型发展方式是不可持续的。"① 2014年5月24日，习近平在上海考察调研时的讲话中指出："谁牵住了科技创新这个牛鼻子，谁走好了科技创新这步先手棋，谁就能占领先机、赢得优势。"2014年6月，在两院院士大会讲话中，习近平引用《礼记·大学》名句"苟日新，日日新，又日新"直指"我国科技发展的方向就是创新、创新、再创新"。2015年5月27日，习近平在浙江召开华东7省市党委主要负责同志座谈会的讲话中指出："综合国力竞争说到底是创新的竞争。要深入实施创新驱动发展战略，推动科技创新、产业创新、企业创新、市场创新、产品创新、业态创新、管理创新等，加快形成以创新为主要引领和支撑的经济体系和发展模式。"2015年7月17日，习近平在长春召开部分省区党委主要负责同志座谈会上强调："抓创新就是抓发展，谋创新就是谋未来。不创新就要落后，创新慢了也要落后。"习近平总书记把创新看作经济社会发展的根本动力，把科技创新看作创新的根本动力，这就为资源型经济文化向创造型经济文化转型指明了科技创新的根本方向。

（3）资源型政治向创造型政治转型。如前所述，国家生活、政治生活即权力工作世界，它以物质生产的工作世界为基础，其实质是为民众生产、创造和使用权力产品、权力财富和权力利益。资源型政治即主要依靠权力资源维持的政治生态，其特点是唯权是图、唯权是用，不顾国家和民生利益，或者固守既成的权力，不但不为百姓生产、创造新的权力，而且千方百计地排斥甚至打击创新作为，其实质是用权力中心取代人民中心或民本中心。资源型政治的典型表现有以下几种：①妄为政治，亦是乱为政治。一些领导干部或者是出于愚昧无知，不懂累积作为之道；或者是由于扭曲的政绩观，急功近利，不顾自然规律和社会规律，凭借手中的权力资

---

① 《习近平谈治国理政》，外文出版社，2014，第120页。

源,胆大妄为,如以权谋私、以权经商;或者是不惜破坏生态环境,不惜劳民伤财,乱批项目,造成产能过剩。②苟为政治,即苟且偷生,亦是不为、懒为、庸为政治。一些领导干部占有权力资源,无创新作为,只靠批文件、批条子、开会来维持权力工作。③奢为政治。一些领导干部受消费主义的"消费美学"影响,讲排场,摆阔气,挥霍无度,大兴土木,把奢靡视为身份地位和价值的象征。④伪为政治。一些领导干部凭借手中的权力,大搞形式主义,热衷在媒体上抛头露面,搞政绩工程、形象工程。资源型政治的本质是资源型权力工作世界,悖逆了权力工作世界为民众生产、创造和使用权力的本质。

创造型政治即依靠创新作为成就和实现的政治生态,其实质是以人民为中心的权力工作世界,是为人民生产、创造和使用权力的权力工作世界。被习近平称颂的福建东山县委书记谷文昌的创新作为就是创造型政治的现实彰显和实践诠释,是创造型政治的范例。谷文昌于1950年随部队进入东山县,视改造世界、为人民造福为己任,从解决群众的生活矛盾特别是人与自然的矛盾问题出发,带领群众奋战十年,历经无数艰辛磨难,把荒芜的东山岛建成了绿岛;修筑从东山八尺门到云霄的海堤,解决了东山人出海难的问题;打井,兴修水利工程,解决东山人饮水难和农业灌溉的问题;改造社会方面,除了土地改革等生产关系的创新,还创新了造林制度,推行"国造国有,社造社有;房前屋后,个人所有"制度。这些作为都是前无古人的创举。谷文昌在任期间,既没有中饱私囊,也绝不搞干部家属特殊化,他两袖清风,几十年如一日。公家为他配备的自行车不让家人骑,当上了林业厅副厅长却未用过公家的一块木材,从东山到福州,他的行李只有两只木箱和两坛自家的酸菜,妻子符合涨薪升级的标准却一再把名额让给别人。习近平为这位县委书记六次点赞,曾撰文称赞谷文昌"在老百姓心中树起了一座不朽的丰碑"[①]。

创新创造精神是谷文昌精神的根本精神,为民创新创造才是最大的德、爱和奉献,为民创新越多,奉献就越多,公仆精神就越丰厚,宗旨意识就越强。不能为民创新创造、不能为民众造福的领导干部,充其量是墨

---

① 习近平:《之江新语》,浙江人民出版社,2007,第108页。

守成规、不思进取或躺在已有的成绩上碌碌无为的庸官或"庸仆"。"唯改革者进，唯创新者强，唯改革创新者胜"，创新创造精神是经济社会发展的根本精神，是人的实践行为和精神活动的根本精神，是生活世界和工作世界的根本精神，更是权力工作世界的根本精神。谷文昌能在人民心中树起一座"不朽的丰碑"，靠的就是这种创新创造精神，且其业绩都是"为之于未有"的原始创新和自主创新，为民众造福的创新精神体现了创新精神与奉献精神、公仆精神、宗旨意识的统一，是谷文昌精神的根本所在。谷文昌的创新创造作为，成就了谷文昌的创造型政治生态。在谷文昌的创造型政治世界里，权力不过是工作世界框架上的居于领导地位的必备的职业、职能，掌权者即领导不过是创新作为中的一个与民众平等的普通的因子或创新要素。除此之外，权力没有任何特别地位或特权意义。创造型政治仰仗、依靠的是以人民为中心的创新创造作为，是技术、人才、人力、权力等创新要素的共同作为、共同成就。大众工作者物质生产的工作世界是政治世界乃至整个文化世界的基础，而权力工作世界是国家生活或政治生活的直接基础。资源型政治向创造型政治的转变直接取决于资源型权力工作世界向创造型权力工作世界的转变，要变革资源型权力工作世界的结构，特别是改变一些领导干部过度占有和享有权力资源的政治生态，并提升他们为民众生产、创造、创新和使用权力的权力工作力。

（4）资源型精神文化向创造型精神文化转型。资源型精神文化倾向存在于文化研究、教育、生产、意识形态以及社会生活各个领域中，其基础是资源型文化工作世界，资源型文化工作世界不创造新文化，靠复制、模仿、解释、编撰、生产已有的文化资源维持文化生态，从而导致文化生活的资源化。创造型文化以创造型文化工作世界为基础，在文化体制、评价机制等方面都以文化创造力为价值轴心。实现资源型文化向创造型文化转型，同样要靠文化体制改革和广大文化工作者的创造力。而文化体制改革的关键是公平占有和平等分配文化资源，这一方面可以激发广大文化工作者的创造热情，提升他们的创造力，另一方面可以使一些资源型文化企业、资源型文化生产者以及资源型文化大师失去资源优势，从而倒逼他们做出创新选择。如演艺文化的市场化改革，就是削减一些资源型文化工作世界的经济、政治、文化等各种资源，使他们面向市场进行创造，面向市场就是面向民众的生活世界和工作世界，就是要创造有生活世界意义特别是工作世界本质意义的新文化产品，否则就会因为远离生活世界受到民众的弃绝。由此，文化市场化的核心价值取向或第一价值原则并不是利润或赚钱，而是创造生活世界意义和工作世界价值，是创造总体的人即生活的人，是创造本质的人即工作的人，否则就会失去观众、听众和欣赏者，就不能实现任何价值和利润。因此，文化市场化的本质并不是创造产品、作品，而是创造意义，创造生活、工作、生命的意义，物质产品以及小说、诗歌、音乐、绘画、影视剧等文艺作品不过是承载这些意义的载体和符号，且这些意义是文化创造者与享受者、欣赏者的共同生活和工作世界意义。从这个意义上讲，文化产品和作品本质上是创造者或创作者与读者、听众、观众等欣赏者的共同创造、创作，是共创共享的文化共同体，这也是资源型文化向创造型文化转型的本质所在。

（5）资源型自信文化向创造型自信文化转型。现在一提"文化自信"有人就想到传统文化，好像传统文化就是我们自信的全部。到底什么是文化自信？文化自信就是借鉴世界先进文化、传承优秀传统文化、融合现实文化世界不断创造新文化的自信，而不是固守已有的文化。一个总是固守既成的或已有的文化的人、国家、民族是不可能自信的。试想一下，算盘文化跟计算机文化相比怎么能自信呢？马车文化跟汽车文化相比怎么能自信呢？我们国家现在之所以有文化自信，并不是因为固守传统文化，而是因为借鉴学习世界先进文化、传承中华优秀文化以及不断开拓创新。文化的本质是创造，文化自信的本质也是创造，文化自觉的本质亦是创造。没有创造就没有自信，也谈不上自觉。那种把文化自信理解为固守自己的文化特别是自己老祖宗的文化的思维必然导致文化的停滞、落后、衰落、失去创造力，这是一种资源型自信文化或资源型文化自信。由此，资源型文化向创造性文化转型，必须实现资源型自信文化向创造型自信文化转型。

资源型文化世界向创造型文化世界转型的根本途径是改革各种文化体制即文化关系，文化体制或文化关系改革的关键或本质是将一些资本和权力阶层过度占有的资源和财富公平分配给广大民众工作者，以激发他们的文化工作创造力。由此，改革不只是释放红利，本质上是激发和提升文化力特别是创造力。而这一根本途径实际上就是工作世界结构的转型途径，即由资本中心和权力中心型的与工作力相互冲突的工作世界结构向主体工作力中心型的工作共同体结构转型。如果问中国现在最缺什么，答案就是创新、创造，就是创新力和创造力。如果再问中国现在最难做的事是什么，答案亦是创新、创造，亦是提高创新力和创造力。创新创造的最大阻力就是资源型文化世界结构特别是其工作世界结构，特别是一些评价机制。中国自古以来就存在"枪打出头鸟""木秀于林，风必摧之"的文化顽疾，创新、创造总是受到资源型工作世界结构和反创新文化的双重压制，使得一些创新、创造比登天还难，在一个一有创新就恨不得有一千双手将其扼杀在摇篮里的文化场域，创新确实难于上青天。从这种意义上讲，一些评价体制不死，创新就不能活；压制、排挤和打击创新的自私、保守、迂腐思想不死，创新亦不能活。单靠资本或投资砸钱不可能从根本上解决创新力、创造力缺失问题。这表明，文化世界从资源型向创造型总体的转型要以工作世界结构转型为基础，同时还要特别重视培育和弘扬创新文化，贬黜和压制自私、保守和迂腐思想，机制体制转型和文化转型要并行不悖，构建创新体制机制与培育创新文化要并行不悖。而工作世界由资本或权力结构向共同体结构转型的根本路径还是工作关系的变革和工作力的提升，即主要改变一些资本和权力阶层过度占有和享用资源的工作占有和分配关系，激发、培育和提升大众工作者的工作创造力特别是专业化能力。这也是我国当前正在实施的两个基本路径，即一个是改革，另一个是大众创业、万众创新。而改革的根本就是改革资源型工作世界的结构，创新创业的根本就是提升大众工作者的专业化能力。

从工作世界的资本和权力中心结构向工作共同体的共同体结构转型，是资本、权力中心工作世界向主体中心工作世界的转型，亦是总体统治个体的工作世界向总体与个体互构的工作世界的转型，还是客体化工作世界向主体化工作世界的转型。因为工作世界的共同体结构是对资本中心和权力中心的消解，是对民众主体特别是其创造力的推崇和激励；是对总体或整体绝对统治个体的否定，是将总体的意义还给各个个体即民众主体；是将被资本、权力、物质、产品、成果、成就客体化的工作力升华为主体的创造力,并将这种创造力还给主体,使得主体的创造活动、创造成果都归主体所有,成为主体自身本质力量的确证和生命意义与生活价值的展现。

工作世界结构的转型亦决定了工作世界价值观念的转型,即消费主义的消费美学向工作共同体主义的工作伦理转型。如前所述,消费美学是以消费价值为核心的价值观、伦理观和审美观的总体。它拒斥和悖逆了消费世界的工作世界基础,用消费中心消解生产中心,用工具伦理遮蔽工作伦理,从而在一定程度上导致工作价值、伦理和审美的失落与失效,使消费社会的新穷人受到物质和精神的双重抛弃和贬黜。工作伦理是工作世界价值观、伦理观和审美观的总体,工作伦理的总体是生活世界总体意义伦理,本质是工作世界共同体伦理,它以创造、工作创造、工作共同体创造为工作伦理的三位一体本质,它是对享受、再享受、然后还是享受的消费美学的批判和否定。消费美学向工作伦理的转型,根本上要靠工作世界结构的转型,即从资本和权力中心的工作世界结构向工作共同体结构转型,即改变一些资本和权力阶层过度占有和享受资源和财富的工作关系特别是消费关系,把消费建立在工作世界的工作创造基础上,即消费的价值、伦理和审美关系取决于工作创造关系,消费能力取决于工作创造力。因此,消费美学向工作伦理的转型的根本路径是工作世界结构的转型。

但是,观念形态或意识形态有其相对独立存在性,工作世界结构的转型也依赖消费美学向工作伦理的转型。且这个转型不可能自发地实现,要靠意识形态的建构,特别是文化世界哲学的建构。因此,建构工作伦理,建构以工作世界为核心范式的文化世界哲学是实现这个转型的又一条基本路径。要建构工作伦理,建构工作美学,还要重建消费美学。工作美学就是以工作创造力和工作共同体关系为价值核心的审美观念体系。重建消费美学就是弃绝消费主义的消费美学,建构工作共同体主义的消费美学,这种消费美学就是以工作创造和工作共同体关系为价值核心的消费审美的观念体系。即消费美学的实质是工作美学,没有工作创造,没有工作共同体关系,就没有审美;没有工作审美就没有消费审美。所谓节俭、生态、和谐、适度的消费,所谓德性伦理消费以及审美消费,本质上都是以工作世界价值即工作共同体创造价值为核心和基础的消费。真正的消费美学在工作美学那里，在大众工作者的创造行动中。

《老子》说："甘其食，美其服，安其居，乐其俗。"自己双手工作，自己创造的衣食房屋，自己自由自觉的工作创造活动，对自己来说才是最美、最快乐、最幸福的。当然，这里的"自己"不可能是孤立的自己，必须是一个共同体的自己。《墨子》说："食必常饱，然后求美；衣必常暖，然后求丽；居必常安，然后求乐。"美的生活以工作力及其创造的财富为基础和意义的源泉。工作美学、基于工作美学的消费美学，都是生活美学。工作创造美，生活亦创造美。生活美学以生活世界的意义为总体，以工作世界意义为核心，比工作美学的意义更丰富，比工作美学具有更多的美，却以工作美学为意义的源泉。如此，对抗消费主义的消费美学，或者说实现消费美学向工作伦理的转型，除了构建马克思主义的工作伦理、工作美学以及消费美学，还要重构生活美学，从而以生活世界的总体意义和工作世界本质意义遮蔽和消解消费主义的物化、工具化的消费美学。

精神静观、皈依自然、理性自由、日常生活、诗性实践、心理革命或社会革命……这些古今文化世界观所崇尚的生活或文化，为我们建构文化世界提供了自然生活、精神生活、社会生活的趋向，可这些还远远不够。大众创业、万众创新，我们国家正走在通向创造型文化世界的途中。改革、制度、规定、道路、意识形态，这些社会化的行动和观念，都不可能尽善尽美，有时甚至滞后于文化世界的潜能和趋向。创造型文化世界主要靠我们自己去创造，资源型文化世界主要靠我们自己去改变。等待、消极、抱怨只能使我们自己越来越沉沦、虚弱和盲从。合理与不合理，优越与拙劣，进步与落后，都是我们自己的造化，都靠我们自己去承担和拥有。不可能有救世主把我们所需要、所希望的一切都安排好，把我们所厌恶、所不齿的事情都清除掉，如果是那样，世界也就不需要我们了。我们来到这个世界上就是为了改变这个世界或创造一个新世界。这就是文化，就是文化的使命。每一个国家、民族都是一个具有总体意义的世界，而个体的意义构成总体的意义。个体或许不能改变总体的世界，但至少可以改变自己，每一个自己改变了，世界也就改变了。个体不能只依靠社会，社会不能只依靠个体，创造型文化世界的建构是个体、单位和社会的共同担当和拥有。

　　文化世界建构的类型或文化转型所趋向的是创造型文化世界、工作世界的共同体结构、主体中心工作世界、主体化工作世界等类型，这些都是具有文化世界总体意义、本质意义、结构意义的建构目标，这些建构目标也是建构的境界。由此，文化世界建构的境界问题，亦是文化世界建构的类型或目标问题，是文化世界建构的最高最根本的类型或目标问题。由此，冲突—方法—类型或转型—境界，就构成了文化世界冲突与建构论的逻辑序列，而境界论则逻辑地处在这个动态序列的终点。哲学是世界观哲学，更是世界境界哲学。"哲学都有世界境界，哲学最终都要为人和社会提供一个世界境界的意义指向和追寻目标，否则哲学就失去了世界观哲学的本意，就不是真正的哲学，从这个意义上讲，任何哲学都要把世界境界问题作为人和哲学的最高问题和价值归宿。"① 文化世界的最高最根本的世界境界是什么，这已经不是一个阐述的问题而是一个结论的问题，那就是文化世界共同体即生活世界共同体，而文化共同体或生活共同体的最高最根本的境界是工作共同体。文化的本质是创造，创造的本质是工作创造，工作创造的本质是工作共同体创造。创造、工作创造、工作共同体创造构成工作世界和文化世界的三位一体本质。由此，文化共同体、创造型文化世界、工作共同体构成三位一体的文化世界最高最根本的世界境界。它高于无生活世界总体意义和工作世界本质意蕴的各种哲学境界，如自然主义哲学的天人合一境界，精神哲学的心灵静观境界，近代哲学的理性自由境界，西方马克思主义的诗性实践境界、艺术拯救境界，现象学的主体间性关系境界，同时，它也蕴含着这些境界的意义和美好。

　　谁都知道创新好、创造好，可是为什么缺少创新创造呢？根源就在于资源型工作世界的结构。"日新之谓盛德"，创新创造即最大的德、爱和美，亦即人与社会存在和发展的根本动力、核心精神、价值旨归和最高境界。创新创造的根本取决于共创共享的工作共同体结构，取决于大众工作

---

① 李晓元：《世界境界哲学——中国梦的世界境界及其实现》，社会科学文献出版社，2013，第21页。

者的工作创造力,而工作创造力取决于专业化能力,所谓人才即具有专业化创新力或创造力的德才兼备的人力存在者。哪里有共创共享的工作共同体关系,哪里有大众工作者的专业化创造力创新力,哪里就有创造型文化世界的结构,就有创新型国家或创造型社会,就有创造型生活世界、工作世界和精神世界。

第七章　意识形态实例：哲学、宗教、诗文化

　　哲学、宗教、神话、道德、艺术、政治思想等意识形态都指向生活世界总体意义和工作世界核心价值，只不过采取了不同的方式，如反映、映照、折射、启示、预示、展现、建构等直接与间接、实在与虚幻、理性与非理性的方式。意识形态都是生活世界意识形态，本质都是工作世界意识形态，而不只是政治或经济意识形态。本章以哲学研究、妈祖信仰文化（妈祖教）和诗文化为范例，探究意识形态文化的意义与建构问题，是前述文化世界一般意义结构理论在意识形态文化层面的进一步拓展和应用。首先承接前述资源型文化向创造型文化转型的话题，具体探讨哲学意识形态文化研究的转型问题，这也是哲学的意义与建构问题。而关于一般哲学意识形态，前面特别是第三章已做了大量的阐述。其次探究宗教信仰文化的意义，而关于一般宗教信仰文化的产生和意义问题，笔者已在第一章第三部分做了较为具体的考察，这里主要探究先大陆后海洋的妈祖信仰文化的空间生态，这既是基于工作世界的妈祖文化意义的分析与建构，也是对一般宗教意识形态意义的分析与建构。最后以诗歌文化为范例探究诗文化的生活世界总体意义和工作世界本质意义，这也是对诗文化意识形态意义的建构。本章的主旨就是通过探究哲学研究、妈祖文化和诗文化的生活世界总体意义和工作世界本质意义，把意识形态文化建立在文化世界哲学基础上，并在工作世界的核心价值取向的意义上重建意识形态文化的意义结构。

一 哲学研究转型论[①]

时下国内哲学界关于马克思哲学转向的研究方兴未艾，如实践转向、生活世界转向、生存论转向、政治哲学转向等。这些转向都是哲学理论研究内部的转向，即从一种理论研究范式向另一个理论研究范式的转向，而最需要转向的是哲学研究自身的转向，即从过度的理论哲学研究范式向被遗落了的现实世界哲学研究范式转型。这里，现实世界是以生活世界为总体、以工作世界为核心的多重文化世界。接下来从四个方面以马克思哲学研究观审视这种转型，而这种转型的主题就是从资源型的理论哲学研究范式向创造型的现实哲学研究范式转型。这种转型是一种研究类型即研究价值轴心的转换，每一种转换的研究类型中都肯定被转换类型的合法性并允许其适度存在。

（一）从哲学观统领的研究方法向现实世界主导的研究方法转型

现实世界主导的哲学研究方法即现实世界描述方法，它与哲学观或某种先在的哲学结构统领的哲学研究方法相对峙。前者指向现实世界，价值轴心是现实世界，后者指向既成的理论和概念，既成的哲学理论或概念是价值轴心。前者也考察既成的哲学理论和概念，但不以此为轴心和价值归宿，而是以此作为研究或描述现实世界的指向、借鉴和佐证。现实世界描述方法源于马克思的现实世界哲学研究观，其基本要义有以下两个方面。

第一，现实描述方法的本质是回到现实世界本身，按现实世界本来面目认识世界。现实描述方法就是搁置先在的或给定的哲学观和研究结构即跳出哲学的圈子，走进现实世界，叙说和建构现实世界。这个过程就是回到事情本身，按事物本来面目认识事物的过程。"在思辨终止的地方，在现实生活面前，正是描述人们实践活动和实际发展过程的真正的实证科学开始的地方"；"对现实的描述会使独立的哲学失去生存环境"[②]；每个时

---

① 此部分为国家社会科学基金项目"马克思主义哲学中国化的文化世界向度研究"（12BZX011）、教育部人文社科基金项目"许茨生活世界现象学理论研究"（12YJA720008）的阶段性成果。原载《社会科学辑刊》2013年第4期，选入本著作时文字上略有改动。
② 《马克思恩格斯选集》第1卷，人民出版社，1995，第73页。

代哲学研究的前提"只能从对每个时代的个人的现实生活过程和活动的研究中产生"[1]。马克思称脱离现实世界的哲学研究即从概念到概念、从理论到理论的哲学研究为"独立哲学",他不顾独立哲学的哲学理念、哲学方法和哲学话题,只按事物的本来面目认识事物,即描述现实世界,让现实结构统领或主导哲学观和哲学结构,并通过走在现实世界的研究途中来表达自己的哲学研究观或哲学观。"不是从观念出发来解释实践,而是从物质实践出发来解释观念的形成"[2];是"按照事物的真实面目及其产生情况来理解事物",这样,"任何深奥的哲学问题……都可以十分简单地归结为某种经验的事实"[3]。"不从观念出发"就是对已有哲学特别是当时盛行的独立哲学话题的打断,也可视为一种对已有哲学观念抛空似的"悬置",但马克思这种悬置是通过"打断"使其自然而然悬置起来的。马克思认为通过对现实世界或实践的描述,那些诸如"实体""自我意识"的"高深莫测的创造物"问题,"也就自行消失了"[4]。"打断"后进入现实世界的新语境或新话题,新的话题是由一些新的概念和命题构成的,都来自现实世界,如实践、生活过程、生产活动、生产力和生产关系等。当然,马克思也续接了黑格尔、费尔巴哈乃至整个哲学史的哲学文明,但这种续接是在对现实世界的描述过程中用现实哲学概念和话题对其进行批判、改造、继承与扬弃,而不是用它们来审视、评判现实世界。在马克思看来,描述现实世界是第一原理或首要原则,顾及或研究他人或经典哲学只是为描述现实世界清除障碍或寻找佐证。而对于纯思辨的没有现实世界意蕴的独立哲学的概念和话题,马克思则予以坚决彻底的打断,绝不接续,并欲使其"自然消失"。

第二,现实描述方法是对现实世界总体意义结构的动态描述。哲学描述不是对某个或某些具体现实问题的描述,而是总体性和根本性的描述,是世界观意义上的描述,而这种总体性又是多层次的。马克思在《形态》中首先通过对物质生活的生产、新的需要的生产、人与人和自然关系的生

---

[1] 《马克思恩格斯选集》第1卷,人民出版社,1995,第74页。
[2] 《马克思恩格斯选集》第1卷,人民出版社,1995,第92页。
[3] 《马克思恩格斯选集》第1卷,人民出版社,1995,第76页。
[4] 《马克思恩格斯选集》第1卷,人民出版社,1995,第76页。

产、生命的生产以及精神文化的生产等五种生产活动的描述，描述了生产活动的总体性；又通过对生产力、生产关系、经济基础和上层建筑及其关系的描述，描述了社会历史活动的总体性；还从人的存在与本质、物质生活与精神生活的视觉描述了现实人的总体性。这种总体的描述是对本体论哲学的超越，后者只是从一个本体演绎、推导出总体的存在。这种描述又是对每个时代现实人的现实世界总体性的动态过程描述。马克思除了认为对总体性的描述离开现实的历史就没有任何价值，还特别指出了每个时代的哲学前提"只能从对每个时代的个人的现实生活过程和活动的研究中产生"①。总体性描述预示着对事件和问题的描述。在马克思看来，一切事件和问题特别是重大事件和问题都源于现实的物质生产活动这一根本，而这一根本又构成现实世界的总体。如此，哲学只研究现实问题和事件而不研究现实世界总体就是舍本求末的做法。

依据马克思的现实描述方法论，重大哲学转向或变革首先或集中、突出地表现为哲学研究方法的变革，而不是先思考出一个新的哲学观再进行哲学变革。国内学界哲学研究观形成了一种先在哲学观统领的研究结构，一种流行的观点就是以哲学观或哲学理念统领哲学研究、评判哲学的是非。有学者认为，"哲学史上发生的哲学转向或变革，其突出标志在于提出了不同于传统哲学的种种新的哲学观"②。又有学者认为："人们必须从哲学观或'哲学理念'出发，去看待和评价各种不同的哲学理论，去理解和解释哲学的发展史。"③ 还有学者指出，哲学学者"应经常地反观哲学自身，思索'什么是哲学'的元问题"④；"对于某种哲学体系的建立和发展来说，最重要的是一种哲学观念的确立，正是在特有的哲学观的统领下，一种哲学理论的根本立场、思维方法、理论进路、理论特征才得以形成，并最终建构起完整统一的哲学理论"⑤。而以马克思现实哲学研究

---

① 《马克思恩格斯选集》第 1 卷，人民出版社，1995，第 74 页。
② 高清海、孙利天：《马克思的哲学观变革及其当代意义》，载叶汝贤、孙麾主编《马克思与我们同行》，中国社会科学出版社，2003，第 21 页。
③ 孙正聿：《哲学通论》，辽宁人民出版社，1998，第 23 页。
④ 俞吾金：《俞吾金集》，黑龙江教育出版社，1995，第 6 页。
⑤ 朱爱军等：《试论马克思的哲学观》，《沈阳师范大学学报》（社会科学版）2010 年第 5 期。

方法审视哲学创新、转向或变革，首要的是按事物的本来面目描述现实世界。哲学的前提、出发点亦即第一原理不是哲学观，而是从对现实生活过程的实际描述中产生。如此，哲学变革并不是"突出表现为哲学观的变革"，恰好相反，哲学观的变革依赖于哲学研究方法、研究过程、研究内容等哲学总体性的变革。马克思并没有在哲学变革之前单列出一个"关于什么是哲学的元问题"并加以"不断的思考"，他的哲学观或哲学理念是在哲学研究过程中逐步表明、流露和明晰的。有了哲学研究总体性的变革，哲学观的变革就可以自明，否则，无论怎样"不断地加以思考"，都不会有新的关于哲学是什么的哲学观。这正如海德格尔所言："如果我们为了更清楚地说明什么是哲学而喋喋不休地总是在谈论哲学，那就会在毫无结果的起步上停滞不前。"① 在哲学变革之前或之初就首先表明的哲学观，若是一种旧有的哲学观，它就不是哲学转向和变革；若是一种"新的哲学观"，那就肯定是一种先验的哲学观结构。而"用哲学观和哲学理念评判哲学"，还会导致用先验的哲学结构评判正在生成着的现实世界哲学研究，这样现实哲学研究必然会因为不符合某种哲学观、哲学理念或哲学范式而被评判者评判掉，这样哲学研究就只能在某种既成的哲学观或哲学理念中进行，就永远不会有新的哲学研究和新的哲学观。现实世界才是哲学的评判者。

先验哲学研究方法导致诸多先验的哲学研究结构，典型表现是"解释哲学""先验研究方法论哲学"以及各种"构建体系哲学"。"解释哲学"用既定的哲学观和研究结构解释现实，是一种比较普遍的先验研究结构。"先验研究方法论哲学"试图在研究现实世界之前，先设定出一些研究路径，然后让其他哲学研究者顺着这些路径研究，是当下一种较为流行的先验研究结构。哲学研究路径是研究者在对现实世界的实际研究中一步一步走出来的，在研究之前事先设定一些路径必是先验的路径或别人走过的经验的路径。作为前者，设定者和其他研究者都无法走下去，而作为后者则是过去时，无法完全通达于现在的世界。马克思认为抽象的理论离开具体的历史就毫无意义。同样，抽象的研究路径离开对现实世界的实际

---

① 〔德〕海德格尔：《形而上学导论》，熊伟等译，商务印书馆，2005，第10页。

研究亦毫无意义。此外，从概念推演概念的概念哲学和从体系推演体系的体系哲学也是一种持续很久的先验研究结构。如有学者认为哲学概念和体系都是从已有哲学概念和体系中推演或整合出来的："哲学是一种概念活动，是一种理性推理活动，这是西方哲学超越性或纯粹性所在，是哲学的魅力所在。"① 哲学描述主要是对现实世界的理性描述，那种对概念或先验意识的"纯粹"探索和描述，绝不是什么"超越性魅力"，仅是一点研究者自由理性或思辨意识得以生存的理由，而这一点理由或"魅力"是以丧失整个现实世界为代价的。哲学真正的"超越性魅力"是融于现实世界并超越现实世界的。还有学者痴迷于在既成哲学体系基础上和框架内构筑新的体系："立足于哲学研究在当代中国既深度分化又高度综合的历史趋势与现实状态，从建立具有高度整合性的当代中国哲学的高度来考虑现有各分支哲学的对话的问题，使之能够真正超越具体学科的局限和狭隘眼界，促进各分支哲学的沟通与融合，建构起既有传统根基又有当代内涵，既有民族特色又有世界意义的当代中国哲学体系。"② 应该说，当代中国哲学体系不是各种哲学的整合，而是描述现实世界的哲学体系。"一切划时代的体系的真正的内容都是由于产生这些体系的那个时期的需要而形成起来的。所有这些体系都是以本国过去的整个发展为基础的。"③ 如此，当下哲学研究需在理论上消除先在哲学观或先在哲学体系统领的哲学研究理念，弘扬现实世界主导的哲学研究方式，实实在在走进多维总体的现实世界。

（二）从理论哲学研究范式向现实世界哲学研究范式转型

马克思的现实世界描述方法论必然导致现实世界研究对象视域论，即主张哲学研究的对象视域是现实世界。而先在哲学观统领的哲学研究必然把哲学研究的对象视域或着力点放在寻找已有哲学观既成的哲学理念和结构上，必然导致过度的"理论哲学"研究倾向。如此，戒除这种先验结构统领的哲学研究，就必须从理论哲学研究范式向现实哲学研究范式转型。理论哲学研究范式之所以为范式，就在于它是在相当长的哲学研究过

---

① 江怡：《共时性哲学空间中的中国与世界》，《哲学研究》2008年第11期。
② 欧阳康：《对话与反思：当代英美哲学、文化及其他》，人民出版社，2005，第3页。
③ 《马克思恩格斯全集》第3卷，人民出版社，1960，第544页。

程中沉淀、凝结、活跃并被学界普遍接受的研究方式。这里说的"理论哲学研究范式"是指只研究既成的哲学理论或他人的哲学思想而不研究现实世界的研究生态。描述地看，理论哲学研究范式又可分为四个具体范式：一是"关于什么是哲学、怎样建构哲学体系"的元哲学研究，即从既成的概念和理论中寻找哲学观、哲学结构和体系的研究；二是总结哲学研究，即用先在的哲学观念解构、总结、梳理已有的哲学理论和思想；三是解释哲学研究，即用既成的哲学理论解释现实，或用既成的现实解释、说明既成的哲学理论；四是抽象研究方法论哲学，即专门从经典文本或经典作家的思想中寻找哲学发展、创新的经验、路径，指示哲学研究方向。这些哲学研究的特点就是以既成的或先在的哲学概念、理论、体系为价值轴心，而不顾现实世界的本来面目。从理论哲学研究范式向现实哲学研究范式转型，实质是研究价值轴心的转向，即从以理论为价值轴心的哲学研究转向以现实世界为价值轴心的哲学研究，而不是只研究现实世界，不研究理论和文本，那样就犯了同只研究理论不研究现实世界一样的单面性错误。理论哲学具有解释、传承、梳理已有哲学思想的重要价值，但若过度甚至只研究理论哲学，这就是价值轴心或价值取向偏离、背离了现实世界，就应该转向现实世界哲学研究。

简单描述一下学界存在的以理论哲学研究为价值轴心、把现实世界哲学研究边缘化的典型状况。其一，生活世界哲学研究不研究现实生活世界，而只研究经典哲学家的生活世界理论或概念。其二，马克思主义哲学中国化研究不研究中国现实世界，而专门研究经典作家中国化的理论、经验、路径以及中国化的概念辨析，甚至在学理上和学科建设上就人为地把马克思主义哲学中国化研究界定、限制在对经典作家中国化理论或既成的中国化成果的研究范围内，这就压制了普通哲学研究者把马克思主义哲学中国化的权力，也使得那些关于中国化的路径、经验的研究因为没有人有权力和资格按这些路径和经验去进行中国化的现实研究而失去研究的必要和意义。其三，研究大众化的哲学不研究大众，而专门研究经典作家大众化的经验、路径以及大众化的概念辨析。其四，从现在国内一些重要的哲学类学术期刊、论著、课题以及学术会议看，几乎很少有直面现实世界的哲学研究。如 2011 年立项的 173 项国家社会科学基金资助项目，90% 以上是理论哲学研究，现实哲学研究课题只占 10% 左右，且大多是诸如乡村伦理、绿色发展动力机制、人民内部矛盾、文化全球化、文化软实力等具体现实问题层面的哲学应用研究，缺乏对现实世界总体的研究，缺少具有现实世界观和方法论意蕴的现实世界哲学研究。这种立项结果是立项审批者和申报者的理论哲学研究旨趣和价值轴心的双重写照和反映。

那么，为什么会造成理论哲学研究过度、现实哲学研究不足这样一种价值轴心偏离的格局呢？原因很多，且一些原因是众所周知的，这里仅说两个似乎还未被人们提及的原因。其一，现实世界哲学研究在理论上是一种"为之于未有"的行动。它不是研究僵死的文本，而是面对活生生的现实世界和现实的人，是以活的现实为参照系和对照物，它一方面解读现实，另一方面也被现实解读。这种双向的比对、交流、照看甚至对峙，就限制了理论哲学研究中研究者对历史文本的随机地理解和先在结构的翻版，也使得那种文本化解读的创意、创新不再轻易降临，它必须实实在在地回到事情本身，即按事物的本来面目认识事物。如此，它是开拓、开创、开启、开辟、开发性较为艰难的研究行动。它没有理论的参照系，也没有曾经存在过的现实世界的参照系，而是直面一个丰富、陌生而亲历的世界，它最需要不怕失败的冒险精神，需要承受、承担在圈子哲学之外的寂寞，需要拥有面对熙熙攘攘的圈子内哲学时的淡定心态。而理论哲学研究是在事先给定的概念范式、经验资料的前提和基础上进行，是"为之于已有"，是逻辑化、系统化以及缩略化和通俗化意义上的复述、介绍或建构，是较为容易、便捷和没有风险的众人皆可作为的"研究"，如此就导致了理论哲学研究的盛行及现实世界哲学研究的遮蔽状态。其二，资源型经济衍生资源型文化，进而衍生资源型研究。资源型经济就是不创造，主要依靠开发贩卖已有资源发财致富，如此而生的资源型文化亦不创造新文化，主要靠研究、传播和贩卖已有的文化资源维持文化生态，如儒文化热、道家文化热、西方文化热等文化生存状态，而唯独没有创造文化热。如此而生的资源型哲学研究就主要依靠研究已有的或既成的哲学思想资源维持研究生态，而不研究现实世界，这就造成了理论哲学研究过度的研究生态，或者说理论哲学研究范式是资源型哲学研究范式。

哲学不能总是论证、解释、解构既成的经典或他人的思想，哲学研究要成为有难度和有高度的现实世界哲学研究。如此，要循着马克思的现实世界哲学研究结构和方法，进行理论哲学研究范式向现实世界哲学研究范式的转向，这一转向的根本就是立足中国实际，走进生活世界、工作世界、文化世界等多重现实世界的总体，并在这种研究和描述中预示现实问题和事件，实现基础哲学研究与哲学应用研究的一体化。而实际上，这些现实世界哲学研究范式已经或正在现实中孕育和生成，这恰好是当今学界哲学研究的景气和活力所在。资源型经济要向创造型经济转型，以此相应，资源型文化要向创造型文化转型，资源型哲学研究即理论哲学研究范式要向创造型哲学研究即现实世界主导的现实哲学研究范式转型。如此，在各级项目申报中，哲学学科除了要重视资源型哲学研究选题立项，还要重视和增加一定数量的现实世界哲学选题立项。各种期刊特别是哲学专业类期刊如《哲学研究》等，除了发表理论型或资源型哲学研究论文外，也要加大刊发现实世界哲学研究的论文的力度。

（三）从现实问题情结向现实世界总体旨趣转型

从以理论研究为轴心的理论哲学研究向以现实世界为轴心的现实哲学研究转型，还要注意审视和戒除过度的"哲学要研究现实问题"的现实问题情结。理论哲学研究向现实世界哲学研究转型，是向现实世界总体视域的转向，而不是转向具体现实问题或事件。哲学是世界观的理论体系，马克思主义哲学中国化研究不只是研究经典作家的思想和文本，也不只是研究某个或某些现实问题乃至重大问题的哲学应用研究，更不是脱离中国实际抽象地探求世界的一般意义，其本质是立足中国实际研究现实世界总体性的世界观和方法论研究，如毛泽东的实践哲学和矛盾哲学研究、邓小平的社会历史观思想研究。马克思主义哲学中国化研究要有世界向度、现实向度，更要有现实世界总体向度。与其说哲学要研究现实问题，不如说哲学要研究现实世界。这里"现实世界哲学"用语有别于研究现实问题的"现实哲学"一词。

马克思哲学的现实世界描述方法论和视域论都强调现实世界的总体性，即哲学是世界观，哲学研究现实世界是研究现实世界的总体意义结构，而不是某个或某些现实问题或具体问题。哲学研究的出发点是现实的总体的人，即人的生活世界，现实世界是人的世界。"人就是人的世界，就是国家，社会"①，哲学研究以现实的总体的人为出发点，必然会进一步深入现实总体的核心即实践活动。"这种活动、这种连续不断的感性劳动和创造、这种生产，正是整个现存的感性世界的基础。"②"全部社会生活的基础"和"整个现存的感性世界的基础"是实践的世界总体意义，而生产实践或劳动的主体化、实体化、现实化即人的工作实践或工作世界。由此，哲学研究以实践为核心还要主体化、实体化为以工作世界为核心。马克思的"异化劳动理论"和《资本论》既是从社会世界层面研究现实的生产实践总体，又是从主体层面描述现实的工作世界总体。这些都表明马克思哲学具有强烈的现实世界总体境界意蕴。在马克思看来，缺失对现实世界总体和结构的哲学研究，就会导致把历史看成"脱离现实生活和生产"、脱离"日常生活世界"的东西，是"处于世界之外和超乎世界之上的东西"，就会"只能在历史上看到政治历史事件"和"一般的理论斗争"，从而导致"虚幻"或"妄想"式的研究。③马克思特别强调哲学研究是"完整地描述事物（因而也能够描述事物的这些不同方面之间的相互作用）"④；"只要描绘出这个能动的生活过程，历史就不再像那些本身还是抽象的经验论者所认为的那样，是一些僵死的事实的汇集，也不再像唯心主义者所认为的那样，是想象的主体的想象活动"⑤。哲学研究是对现实生活过程总体的研究，是为事件、事实、现实问题或其他理论研究提供现实生活和实践的基础和前提，离开现实世界总体性孤立研究事件或用既成的概念解释、推演事件，就会割断、遮蔽事件或问题的现实总体性结构。马克思哲学本身也不是从某个或某些重大事件或现实问题开始，而恰好是从日常生活吃穿住行开始，描述现实世界的总体意义和结构。

德里达强调"没有事件就没有历史和未来"⑥，詹明信则呼吁哲学应

---

① 《马克思恩格斯选集》第 1 卷，人民出版社，1995，第 1 页。
② 《马克思恩格斯选集》第 1 卷，人民出版社，1995，第 77 页。
③ 《马克思恩格斯选集》第 1 卷，人民出版社，1995，第 93 页。
④ 《马克思恩格斯选集》第 1 卷，人民出版社，1995，第 92 页。
⑤ 《马克思恩格斯选集》第 1 卷，人民出版社，1995，第 73 页。
⑥ 《德里达中国讲演录》，中央编译出版社，2003，第 69 页。

该回归到当前"事件"本身，成为"事件哲学"①。而哲学只可以在总体的意义上抵达每一个事件、问题和具体，但不能揽尽它们的全部意义。如此，后现代的"事件哲学"只能沦为对某个或某些事件、问题的文学叙事、诗歌道白或绘画绘制，而非现实世界总体的哲学描述。受国外学界特别是后现代哲学把哲学研究事件化、碎片化的影响以及功利主义的利益驱动，国内学界形成了一种把哲学研究事件化、具体问题化的哲学研究观和研究倾向。如有学者认为，马克思哲学新世界观的现实向度就是研究现实问题或重大事件。②在国内学界，这种事件或现实问题研究情结几乎是一个深入每个研究者内心的研究情结，是一个恒久的思维定式，看上去似乎是一个不该有任何瑕疵、不该被任何人质疑的固化的研究范式。而以马克思哲学研究观审视，事件或现实问题研究情结作为一个马克思主义哲学的研究情结，在一定程度上是对马克思现实世界哲学研究观的误读；作为一个自然而然的情结，则是对哲学的世界观本蕴缺乏自觉，也是一种试图靠哲学解决经济社会具体问题的急功近利的功利主义哲学研究观。马克思的现实世界哲学研究观认为，现实哲学研究既不是孤立地研究现实问题，也不是离开现实生活抽象地研究现实世界的一般意义结构，而是融合一定的时代境遇研究多重现实世界的总体。"现实问题""重大事件"，乃至"重大现实问题"都是一定领域的具体问题，主要是具体学科研究，如2012年国家社会科学基金社会学立项课题紧扣"十二五"规划选题取向，重点资助事关我国社会发展的重大现实问题和社会关注的热点问题研究，研究内容基本覆盖了社会学各专业领域。哲学是对世界观及现实世界总体意义结构的研究，哲学研究的现实问题情结实际是把哲学研究同社会学等具体学科的研究混同了。

纵观国内学界的哲学研究，虽然研究者一直在接续"哲学要研究现实问题"这个话题，但始终没有出现一个研究重大事件和现实问题的哲学，倒是涌现出一些研究现实世界总体性的哲学，如一些研究生活世界、工作世界、社会世界、文化世界的现实哲学，这些恰好是当下哲学

---

① 詹明信：《回归"当前事件哲学"》，《读书》2002年12期。
② 陆杰荣：《马克思"新世界观"的现实性向度及其实质》，《中国社会科学》2007年第6期。

景气的原因。重大事件和问题不过是存在总体中的一个事件或问题,哲学对现实世界总体的研究,内含和预示了对事件或问题的研究。哲学要学会从现实世界研究中预示重大事件或重大问题,而不是等重大事件和问题出来了再研究。哲学研究的现实问题情结实质就是用具体问题或事件研究代替现实世界总体研究,这与国外学界特别是后现代的去总体化,把哲学研究事件化、碎片化的倾向是同一逻辑,既不能抵达现实世界总体性也不能进入现实事件或问题的总体性,无法回到事情本身,无法抓住人这个根本。这些研究往往出于这样一种幼稚的思维,即认为总体性的哲学不解决实际问题,没有实用价值,而研究具体问题或事件才有应用价值。这种把哲学完全功利化、工具化的急功近利的哲学研究,不可能抵达哲学的境界,而哲学的境界就是哲学的世界境界,就是哲学的现实世界总体境界。哲学研究现实世界的总体不是不研究具体、事件和重大问题,而是在全体即总体中研究具体、事件或重大问题。哲学要从单向度的研究重大事件和现实问题的过度情结中解脱出来,走进现实世界的总体意义,实现对具体问题和事件的超越。哲学可以在现实世界总体意义上抵达每一片叶子,但不能揽尽其全部意义。把哲学具体化、问题化,除了有功利主义的诉求,还有后现代哲学的乌托邦色彩。如此,哲学研究者要增强研究现实世界总体的自觉、能力和旨趣,而从哲学研究机制看,课题申报立项、社科优秀成果评奖以及期刊文论发表,都要加大对现实世界总体哲学研究的支持和扶持力度。

(四) 从经济本位、个人本位向大众本位转型

马克思哲学研究观的目的论同其研究方法论、视域论一样,总是特别顾及哲学对实践应用者的价值意义。"世界的哲学化同时也就是哲学的世界化"①,马克思所说的哲学现实化或世界化有两个内涵,一是对研究者来说,就是通过描述现实世界使哲学成为现实世界哲学,二是对哲学应用者来说,就是用现实世界哲学思维方式或精神力量去改变现实世界。哲学研究的根本目的是为大众提供精神力量,实现人的自由和解放。要改变世界就要靠人民大众,就要给大众提供改变的精神力量,这些精神力量驱动

---

① 《马克思恩格斯全集》第1卷,人民出版社,1995,第76页。

大众改变世界也改变自己的命运，并获得自由和发展。马克思批判地指出，那些经营绝对精神的哲学研究者，当黑格尔哲学瓦解的时候，靠抱着黑格尔绝对精神的残片保持自己的哲学地位、维持自己的利益。① 马克思认为哲学研究的目的是让哲学成为"无产阶级的头脑"，成为人民大众解放自己获得自由的精神力量。② 马克思极力想跳出"圈子里的哲学"，特别注重在民间特别是工人阶级中传播自己的思想。"我们决不想把新的科学成就写成厚厚的书，只向'学术'界吐露。正相反，我们两人（马克思和恩格斯——笔者注）已经深入到政治运动中；我们已经在知识分子中间，特别在德国西部的知识分子中间获得一些人的拥护，并且同有组织的无产阶级建立了广泛联系。"③ 马克思哲学研究观的这种大众主体目的论，也呼应了费尔巴哈所说的"真正的哲学不是创作书而是创作人"④。

哲学要研究人，而"人就是人的生活和工作世界，研究人就要研究人怎样生活和工作"⑤。现实世界是人的存在世界，是生活世界的总体，而大众是生活和工作世界的主体。如此，马克思的现实世界哲学研究观必然导致大众本位的哲学研究目的论，即哲学研究现实世界要以人为本，要为大众提供生活、工作世界的思维方式和价值取向，为大众提供存在总体的世界境界。哲学也要研究经济社会发展，但这种研究必须为大众所掌握、所实践，否则就会被束之高阁，成为无效研究。而哲学要为大众所掌握就必须研究大众，研究大众的生活、生产和工作世界，这应是哲学大众化特别是马克思主义哲学大众化的本意所在。"哲学工作者不能仅仅在书斋里自食其果了（当然，纯学术研究也是必要的），哲学工作者的责任在于以哲学的方式走进我们的时代和现实生活，为当代中国的发展提供核心理念。"⑥ 可以说，哲学研究最根本的转向或最高价值归宿是转向大众主体的现实生活世界、工作世界，在实际的哲学研究中却表现为诸多经济本

---

① 《马克思恩格斯选集》第1卷，人民出版社，1995，第63页。
② 《马克思恩格斯选集》第1卷，人民出版社，1995，第16页。
③ 《马克思恩格斯选集》第4卷，人民出版社，1995，第197页。
④ 〔德〕费尔巴哈：《费尔巴哈哲学著作选集》上卷，荣震华等译，商务印书馆，1984，第250页。
⑤ 李晓元：《人学走进工作世界——主体化人学初探》，人民出版社，2012，第1页。
⑥ 韩庆祥：《思想是时代的声音：从哲学到人学》，新世界出版社，2005，第69页。

位和个人本位的研究状态。

　　细看各种级别的哲学研究课题立项文件，一般要求申报和立项国家急需或政府需要以及为经济社会发展服务的课题，唯独遗漏了大众主体急需这一规定或诉求。这就在研究管理机制上淡化了哲学对大众主体本身的研究，从而偏离了哲学要研究大众、服务大众的马克思哲学研究目的观。一些国家急需或政府需要的课题固然要研究，经济社会固然要研究，但不能因此而漠视经济社会发展的大众主体。哲学更应该研究大众，为大众积聚精神能量或打造"精神武器"，成为大众的"头脑"。如此，哲学研究目的问题也是一个比"什么是哲学的元问题"更加元问题的元问题。哲学研究谁，谁就关注哲学；哲学替谁说话，谁就爱戴哲学。哲学有多少大众就有多少现实存在，而大众一般不太关心什么是哲学的元问题。如此，马克思哲学也不太关心什么是哲学的元问题，大众更关心哲学里有多少他们的存在和他们的现实世界。背离大众目的除了经济本位、政府本位还有个人本位的研究。哲学研究一旦脱离大众，就必然脱离现实生活世界和工作世界，结果必沦为民众不需要国家也不需要的无效研究。如此，在各级项目申报中，哲学学科的课题指南除了强调选题要符合政府、经济社会和国家需要外，还要强调选题要符合大众需要、研究大众主体，并增加这方面的立项课题数量。各种期刊除了发表理论型或资源型哲学研究论文外，也要加大刊发研究大众主体、研究大众生活世界和工作世界的哲学文论的力度。

　　马克思曾用现实世界哲学研究打断"独立哲学"话题，跳出哲学的圈子并使其失去生存环境，而实际上真正打断"独立哲学"话题、焚毁"哲学圈子"的是大众主体对这种哲学的弃绝。但"独立哲学"似乎很难彻底消失，总是在不同时代延续。那种哲学研究者的概念思辨乐趣、自我意识化的张扬，以及那种在一定哲学研究圈子里引经据典的缜密和荣光，或许是它得以自我延续的理由，但这一点点理由使它丧失了在整个现实世界中存在和延续的理由。经济本位、个人本位的哲学研究实际上是不顾现实世界总体性和大众主体的"独立哲学"，哲学研究要向大众本位的现实世界哲学研究转型，否则，即使不被现实世界哲学研究打断，也会因丧失生存环境而被大众弃绝，这是一个哲学研究者和实践应用者的双向选择过程。

二 妈祖文化的工作世界意义分析

宗教的本质在于它的各种文化符号所预示、标识和展现的生活世界总体意义和工作世界核心价值。妈祖文化、妈祖信仰或妈祖教亦是这样一种文化符号，是工作世界、日常生活和国家生活意义的总体。妈祖文化作为闽南海洋文化的独立范式起始于宋代莆田圣墩妈祖文化的大陆文化生态，成就于明清时期移民化和普遍世界化的妈祖文化存在。妈祖文化总体是海洋生活世界文化，本质是海洋工作世界文化。工作创造、工作创世精神是妈祖文化的根本精神，妈祖信仰的本质是民众对自己生活世界特别是工作世界意义的信念、信仰和追寻。妈祖文化的世界意义特别是海洋工作世界意义注定了它是闽南文化的跃升与标志形态。

生活世界的宗教热催生了学界的宗教哲学热，而不同的哲学有不同的宗教哲学。面对各种宗教哲学的风起云涌，不得不说，宗教哲学特别是区域宗教哲学的马克思主义哲学研究还是一个较为薄弱的环节，一个较为凸显的实证就是学界的宗教学、宗教哲学研究尚缺失马克思主义文化哲学的基本范式和核心价值取向。妈祖文化作为一种宗教文化，是区域宗教文化，也是在一定意义上的普遍世界宗教文化。这里应用文化世界哲学方法探究妈祖宗教文化的历史生成及意义结构，力图确立一个妈祖文化这种区域宗教文化或普遍世界宗教文化的文化世界哲学的分析结构，这个结构的核心价值取向就是工作世界的工作创造和共同体精神。妈祖文化是一种宗教信仰文化，由此，妈祖文化从大陆到海洋的空间生态亦是妈祖教从大陆到海洋的空间生态，妈祖文化的工作世界意义分析，亦是妈祖教的工作世界意义分析。

文化世界可分为时间文化和空间文化，前者是文化世界的历史绵延，后者是文化世界的空间拓展。历史文化学就是关于文化世界的时间绵延过程和逻辑的理论，空间文化学就是关于文化世界的空间拓展过程和逻辑的理论，而大陆文化和海洋文化无疑是空间文化的两个基本范式，亦是空间文化学的基本范式。学界对妈祖文化的研究，已有诸多历史文化学的视角，虽尚无空间文化学概念，但实际研究中亦有诸多空间文化学的视角，如对妈祖文化空间传播的研究。但学界对妈祖文化的研究，无论是历史文化学还是空间文化学，都缺少一个重要的向度，那就是妈祖文化是如何从大陆性质的大陆妈祖文化向海洋性质的海洋妈祖文化发展的，这就是本书要探讨的先大陆后海洋的妈祖文化空间生态问题。学界对妈祖文化研究的另一个缺失则是停滞于信仰文化和道德文化的表层，缺少对妈祖文化的生活世界总体特别是工作世界本质意义的分析，缺少以工作世界为核心范式的文化世界哲学分析视角。

本节所讨论的妈祖文化的边界主要是闽南妈祖文化，或者说，这里的妈祖文化主要是闽南妈祖文化及其影响和扩展生态。这里所说的妈祖文化概念是民系或人文风情与地理空间双重意义上的闽南文化概念。莆田妈祖文化是地理空间意义上的闽南文化，也在一定程度上是人文意义上的闽南文化，历史上莆田曾属于泉州府，宋代才从泉州析出。

（一）从陆神到海神：妈祖文化的工作世界源流与嬗变

闽南文化总是在工作世界的源流与跃升中循着先大陆后海洋的历史逻辑行进。闽南海洋文化一开始作为依附范式存在于与大陆文化的互构过程之中，到了宋代，伴随着妈祖文化和港口文化的生成，才形成相对独立范式。而就闽南海洋文化的具体、基本和标志形态看，其运行轨迹也是先大陆后海洋，也是以大陆文化为始基或出发点，逐渐走向海洋世界的深广之处。对于妈祖文化来说，这一轨迹更是清晰明白。妈祖作为一个神明，并不是一开始就是海神，而是经历了一个从陆神到海神的变迁过程。妈祖文化作为海洋文化的独立范式，并不是一开始就是海洋文化，而是循着先大陆后海洋的历史逻辑行进。而妈祖神明从陆神到海神的变迁和妈祖文化从大陆文化到海洋文化的嬗变都是在一定工作世界的源流中实现的，这里需要先做一个说明。这里所说的妈祖陆神，是大陆文化世界意义上的陆神，也包括了日常所理解的妈祖海神即海上的神灵的身份；这里所说的妈祖海神，是海洋文化世界意义上的海神，也包括了日常所理解的妈祖陆神即陆地上的神灵的身份。也就是说，说妈祖一开始作为陆神，是就妈祖神明的大陆文化世界总体性质而言，并没有否定妈祖一开始就兼具海神身份的神明生态；而说妈祖是海神，是就妈祖神明海洋文化世界总体性质而言，并没有否定妈祖兼具陆神的神明生态。妈祖文化要走向海洋、走向世界，必须先夯实大陆文化根基。大陆存在根基越坚实、越广博,海洋世界空间就越辽阔、越深邃。

1. 妈祖神明的生成

妈祖作为一个神明,首先是一个兼具海神身份的大陆神灵,即陆神,妈祖文化的始基和生成形态是圣墩妈祖文化,其本性是兼具海洋文化因子的大陆文化。

史籍记载,妈祖原名林默娘,于宋太祖建隆元年农历三月二十三,出生于莆田湄洲湾口的湄洲岛。出生后一个多月,从来没有啼哭过,人们都称她为"默娘",学名林默。8岁从塾师读书,能解书中大意。稍长,好诵经礼佛,以巫为业,常为人治病。她性情和顺,热心助人,教人防疫避灾,她通过留心观察和学习,能把握一些海上气象变化的预兆,为出海作业的人提前预测航行吉凶;又苦练海上游泳的技能,经常涉波履险抢救遭遇海难的人和船,受到人们的尊敬和爱戴。她卒于宋太宗雍熙四年农历九月初九,一生短暂,未嫁。刘克庄《白湖庙》记载:"灵妃一女子,瓣香起湄洲。"① 李丑父《灵惠妃庙记》记载:"妃林氏,生于莆之海上湄洲,洲之土皆紫色,或曰:必出异人。"② 湄洲岛是个四面环海的小岛,"海上湄洲"或"岛在海中",是妈祖庙的所在地。但作为妈祖成神标志性的妈祖庙不在湄洲岛上,而在一个叫"圣墩"的陆地上。确认圣墩这一妈祖成神地点,可见廖鹏飞的《圣墩祖庙重建顺济庙记》记载:

> 郡城东宁海之旁,山川环秀,为一方胜景,而圣墩祠在焉。墩上之神,有尊而严者曰王,有皙而少者曰郎,不知始自何代;独为女神人壮者尤灵,世传通天神女也。姓林氏,湄洲屿人。初,以巫祝为事,能预知人祸福;既殁,众为立庙于本屿。圣墩去屿几百里,元,丙寅岁,……(妈祖托梦圣墩父老)"我湄洲神女,其枯槎实所凭,宜馆我于墩上",父老异之,因为立庙,号曰圣墩。岁水旱则祷之,

---

① (宋)刘克庄:《白湖庙》,《后村先生大全集·卷九十六》。
② (宋)李丑父:《灵惠妃庙记》,《至顺镇江志·卷八》。

病疫祟降则祷之，海寇盘桓则祷之，其应如响。

故商舶尤借以指南，得吉卜而济，虽怒涛汹涌，舟亦无恙。宁江人洪伯通，尝泛舟以行，中途遇风，舟几覆没，伯通号呼祝之，言未脱而风息。既还其家，高大其像，则筑一灵于旧庙西以妥之。宣和壬寅岁也。

越明年癸卯，给事中路公允迪使高丽，道东海，值风浪震荡，舳舻相冲者八，而覆溺者七，独公所乘舟，有女神登樯竿为旋舞状，俄获安济。因诘于众，时同事者保义郎李振，素奉圣墩之神，具道其详，还奏诸朝，招以"顺济"为庙额。①

这篇保存于《白塘李氏族谱》中的《圣墩祖庙重建顺济庙记》作于北宋绍兴二十年（1150年），是已知有关妈祖记载的最早一篇文献，距离传说中妈祖升化的北宋雍熙四年（987年）仅163年，从时间上看应该说非常贴近历史。妈祖升化于987年，圣墩立妈祖庙在1086年。妈祖从升化到成神花了近百年。从《圣墩祖庙重建顺济庙记》的第一段看，妈祖升化时有岛上民众感怀其功德为其在海岛上立庙，即第一座妈祖庙是在妈祖升化后民众自发在湄洲岛上建立的。丁伯桂的《顺济圣妃庙记》一文对此亦有记载："神莆阳湄洲林氏女，少能言人祸福，殁，庙祀之，号通贤神女。"②

这个记载还表明，妈祖升化即被奉为"通灵神女"。但妈祖似乎不满足，非要到陆地上立庙才算如愿以偿。妈祖托梦圣墩父老说："我湄洲神女，其枯槎实所凭，宜馆我于墩上，父老异之，因为立庙，号曰圣墩。""宜馆我于墩上"，即相对岛上的庙宇，妈祖认为圣墩的陆地更适宜。"宜"可作"更适宜"解；"馆"即灵魂的栖居和筑造之所，即建设庙宇。妈祖这个托梦请求，从根本上讲，并不是不知足的那种不满足，更不是就想扩大自己的地盘，而是为了拓展自己扶危济困、拯救众生的工作世界空间，是为了信众或民众的生存利益。她深感湄洲岛这个小岛的空间有

---

① （宋）廖鹏飞：《圣墩祖庙重建顺济庙记》，《白塘李氏族谱》。
② （宋）丁伯桂：《顺济圣妃庙记》，《咸淳临安志·卷七十三》。

限以及向海洋进一步拓展的根基薄弱,所以要先夯实大陆存在空间,再向海洋进一步进发,即妈祖文化要走向海洋世界,必先走向大陆。这里所记载的妈祖托梦,实际上并不是妈祖托梦,而是妈祖的功德和事迹传播到那些"父老"百姓的心灵中,形成对妈祖的信仰,于是真的梦见了妈祖托梦让他们在圣墩建立妈祖庙。

  《圣墩祖庙重建顺济庙记》记载的圣墩距湄洲岛几百里,妈祖看好那个地方是因为那里有更多的民众主体和更适宜的工作世界空间和基础,更易于开展自己灵魂的工作和传播自己的信仰。当然,这里所说的"妈祖看好"也是个托词或符号,它实际上是历史运行的逻辑,是"历史看好"。湄洲岛是个小岛,生活于其上的大多是渔人,贫瘠的土地和海岛常有的风沙使得他们耕种艰辛,甚至无法维持生计;渔民们经受来自海洋的风浪特别是台风也比陆地沿岸更大、更多,渔业生存也较为艰难。这种海岛生态也使得岛上居民缺少进一步向更广阔的海洋世界开拓的冲动、冒险意识以及海洋工作技术和实力。如此,妈祖信仰的主体场域和存在空间都受到一定的限制。而从历史积淀看,圣墩立庙以前,妈祖的事迹、妈祖信仰已在当地渔民中流传了近百年,已经有了进一步向大陆空间传播的文化基础。据蒋维锬先生的考证,圣墩祖庙在木兰溪出兴化湾河口段北岸的镇前村,宋代属于宁海镇,是一个较湄洲岛更安生的陆地环境。圣墩地处木兰溪畔,而且在木兰溪出海口的一段,面临兴化湾,大海仍然近在咫尺。作为兴化平原对外的贸易通道,木兰溪和兴化湾的三江口是关键的出海口,兴化平原的出海货物自古都从这里集散,于是妈祖托梦给信众去陆地圣墩立庙。从《圣墩祖庙重建顺济庙记》记载看,妈祖在湄洲岛的工作世界事业主要是"以巫祝为事",工作空间十分有限,而圣墩立庙后的工作世界则更加开阔:"岁水旱则祷之,病疫祟降则祷之,海寇盘桓则祷之,其应如响。"洪迈《林夫人庙》亦记载:"兴化军境内地名海口,旧有林夫人庙,莫知何年所立,室宇不甚大而灵异素者。凡贾客入海,必致祷祠下,求杯,祈阴护,乃敢行。"[①] 妈祖在圣墩的工作事业拓展到降雨、治病、驱除海盗以及保护商船、官船、民船等领域。于是,信众不断增

---

① (宋)洪迈:《林夫人庙》,《夷坚志·支景卷九》。

多，庙宇不断被修缮，并获得官方的"顺济"庙额，有了正式的名分，从湄洲岛狭小空间和有限主体的巫女小神身份跃升为信众广泛的神明，成为一方大庙的主神。

2. 圣墩妈祖文化的性质

文献记载和历史事实表明，妈祖成神和妈祖文化生成的地点在圣墩、在大陆，这还只是妈祖文化最初作为大陆文化的地理空间证明。那么，从文化蕴涵上看，圣墩时期的妈祖是陆神还是海神？这时的妈祖文化是大陆文化还是海洋文化？如前所述，大陆文化以农耕文化或农业文明为标志，是一种原地不动的较为封闭的文化；海洋文化以走向海洋、走向世界的世界意义为根本或标志。从这一大陆文化和海洋文化的内蕴和外显意义上看，圣墩初期的妈祖是带有海神因子的陆神，本性上不是海神，或者说她是一个海神，但更是一个陆神。这时的妈祖文化是带有海洋文化因子的大陆文化，本性上不是海洋文化，庇护和拯救海上的生灵只是她的一项工作业务。

其一，从妈祖的工作世界空间看，特别是在立庙的初期，主要是造化雨水或风调雨顺的自然环境，以此庇护圣墩的农耕工作世界，距湄洲岛50千米左右的圣墩有平原环境，适合农耕文化生长，居民不会放弃这种农耕的优势，而去单一地追寻飘忽不定的海洋生存空间。如此他们所需要的神灵自然能降雨、庇护农耕以及会治病和拯救生命，这就决定了妈祖文化的大陆文化或农耕文化的功能和性质。而圣墩距湄洲岛又很近，这里的农耕活动必然总是带着海洋特质，这里的居民还有一定程度的海洋生活空间，所以他们所需要的陆神必然带有海神特质，这样他们就选择了妈祖。而妈祖被圣墩"父老"选择为保护神，看似源于一个偶然的"托梦"机会，实则不然。这是妈祖一生的修为所致，是妈祖一生的工作创造功德和业绩所致，即妈祖的美德、功德已经深入他们的灵魂，这使他们必然选择妈祖为保护神，于是借托梦与妈祖沟通、立庙，以此显示妈祖神灵的灵验。源于农耕文化的这些父老或民间的工作世界构成圣墩初期妈祖文化的最深刻和牢固的基础以及妈祖神明的主要工作空间。妈祖本来就是一个民间的神，她作为一个人，生活、工作在民间，升化后第一个为之修庙的人在民间，她托梦的人在民间，妈祖去圣墩发展也是为了这些以农耕生活为主的居民。"也就是说，在民间力量的推动下，发展到一定的规模，它才会具有被政治力量扶持的价值，这也是在民间信仰发展过程中，民间力量和政治力量的交替作用。"①《圣墩祖庙重建顺济庙记》展示了权力和资本对妈祖文化信仰的推动作用。"保义郎"（宋代官制中的九品小吏）李振上奏使得圣墩妈祖庙获得一块"顺济"庙额，商人获得庇护后又进一步对其进行修缮。圣墩祠的影响大大超过了湄洲岛上渔民兴建的小庙。但从根本上讲，这不是权力和资本带来的速度和影响力，而是民间力量，是包括渔业在内的农耕文化的力量，是农耕工作世界的力量。

其二，在妈祖神灵的庇护下，随着圣墩农耕文化的发展，圣墩的手工业、商贸业也发展起来，于是有了海洋贸易和交往活动。与此相应，妈祖的工作世界空间也从农耕工作世界拓展到海洋工作世界，开始庇护那些商人以及政府官员。但这并没有改变她作为一个陆神以及妈祖文化作为大陆文化的根本性质，而只是为陆神和大陆文化增添了更多的海洋性。因为这些海商和官员的海外或世界贸易和交往活动，还只局限于商品贸易层面的海洋化和世界化，他们所信仰的妈祖神明还只是他们自己的信仰。或者说，他们还没有来得及甚至还没有实力将妈祖文化推向海外和世界，他们还只能使妈祖神明成为自己的信仰、自己的意义，还不能使她成为世界的信仰、世界的意义。他们只是带着妈祖信仰去了海外和世界贸易和交流，然后就回来了，没有在海洋世界留下妈祖文化的痕迹，他们能做的主要的事情就是从海上回到圣墩后继续修缮甚至翻新妈祖庙，继续讲述妈祖庇护海上众生的故事，继续在陆地、原地传播妈祖文化。总之，圣墩时期的妈祖庇护商船、保佑去海外的官员使者以及驱除海盗等海洋工作行动，并没有使妈祖文化获得影响世界的意义，但这不是因为妈祖的能力不济，而是由于那些官员和海商工作世界的实力的局限。走向海洋并不就是海洋文化，若只是去了一趟或几趟海洋就回来了，没有在海洋世界留下影响或痕迹，这就不可能是海洋文化。而海洋贸易是海洋文化，因为它将大陆的茶叶、瓷器等手工产品通过海洋通道带到海外和世界，使它们成为世界文

---

① 郑衡泌：《妈祖信仰、传播和分布的历史地理过程分析》，福建师范大学硕士学位论文，2006。

化。这里又说到"海洋通道"这个词,是在表明海洋文化的世界意义是以海洋为通道或介质的世界意义,离开海洋通道和介质的世界意义不是海洋文化,如儒家、道家文化也都走向世界了,但不能说它们是海洋文化。

其三,圣墩时期的妈祖肯定还守护和庇护着渔业,渔业应该属于广义的农业文化,而不是世界意义的海洋文化。在古代社会的意义上,在海里捕鱼或在海滩养鱼同在内河或水库、水坑里捕鱼与养鱼都是一个文化性质,千万不要以为在海里捕鱼就是海洋文化,在河里捕鱼就是大陆文化。圣墩时期圣墩渔人对妈祖的信仰依然是大陆文化。

其四,具有大陆文化性质的圣墩妈祖文化是妈祖文化生成的起点,并不是妈祖文化的起点。妈祖文化的起点当然是生养妈祖或妈祖修为的湄洲岛的妈祖文化,这个时期妈祖的工作更为单纯,主要是巫女的事业,包括预测渔民的祸福和一些拯救生命的业绩。从文化性质上看,亦是带有海洋特质的大陆文化,妈祖亦是带有海洋性的大陆神灵,其影响范围主要是湄洲岛,妈祖、妈祖文化都没有走出湄洲岛,故这个时期是妈祖文化的孕育期,还不能作为妈祖成神和妈祖文化生成的起点和标志。第一座妈祖庙是在湄洲岛建的,但这是妈祖神明和妈祖文化孕育期的第一座妈祖庙,尽管在岛上立庙时妈祖就被岛上民众奉为神明。而圣墩妈祖庙是妈祖神明和妈祖文化生成、形成的第一座妈祖庙。

其五,从妈祖庙的分布看,"整个宋代发展的结果,在空间上形成三个区域:处于发源地的湄州岛及其周边、由圣墩发展而来的以木兰溪为主轴的莆田平原和宋代莆田北部山区处于经济文化重心的新县和白沙"[①]。从宋代闽南妈祖文化的总体布局看,这三个区域总体上都是以大陆农耕文化为根基,这就决定了妈祖文化是带有海洋文化因子的大陆文化。宋代港口和海上贸易这些独立的海洋文化范式,是闽南文化的进展或前沿范式,为妈祖信仰文化奠定了直接的工作世界基础,但它们还不可能从总体上取代和改变闽南文化的大陆文化地位和性质。泉州位于莆田西南约 100 千米,原是莆田所属州府所在地。宋代莆田、仙游以兴化军建置从泉州析

---

① 郑衡泌:《妈祖信仰、传播和分布的历史地理过程分析》,福建师范大学硕士学位论文,2006。

出。南宋时代泉州港并没有为妈祖这个民间女神带来与之相称的地位，因为泉州当时官方的海神是一个来自山区的海神叫通远王，但泉州港的繁荣将妈祖神明广泛播种到民众特别是航海者的心灵之中。

妈祖正式成为神灵的第一座妈祖庙或妈祖文化生成的地点不在湄洲岛上，而在一个叫圣墩的陆地上。有学者、研究者对此大惑不解，似乎觉得妈祖是海神，妈祖文化是海洋文化，妈祖神明生成的第一座妈祖庙应该在湄洲岛上，即应该"在海中"。其实，这恰好是妈祖从陆地神到海洋神、妈祖文化从大陆文化到海洋文化运行的历史逻辑，也恰好迎合了闽南文化和闽南海洋文化都是先大陆后海洋的历史运行逻辑，即使是作为闽南海洋文化初始独立范式的妈祖文化也不例外。有学者、研究者把妈祖庙落户陆地的原因归结为陆地上的经济实力和政治势力，这种归结显然既没有触及妈祖文化先大陆后海洋的历史运行逻辑，也未能解释出"先陆地"的真正原因。妈祖文化一开始是带着海洋因子的大陆文化，这不是歪理，而是正理；不是非法性、偶然性，而是合法性、合规性、必然性。大陆、陆地，是闽南文化、闽南海洋文化、闽南港口文化、妈祖文化等诸多闽南文化基本、标志形态的起点、始点、始基，闽南文化乃至整个人类文化都循着先大陆后海洋的历史逻辑运行。妈祖文化只有先走向大陆、夯实大陆根基，才能走向海洋世界，成为具有世界意义的海洋文化。

两宋时期，妈祖庙已经扩展到全国沿海，商人特别是海商以及官方对妈祖庙的兴建给予了资金和政策的支持。如莆田境内莆田平原上的大多数妈祖庙以及香港、广州、泉州、南澳等都有明确记载其与商人、商业或商舶的直接联系。其他区域如杭州、上海、宁波和镇江等地妈祖庙的分布特点与海商的活动区域亦相吻合。有学者、研究者据此过度渲染资本与权力阶层对妈祖文化传播的决定性作用，这就悖逆了妈祖文化的工作世界源流与基础。妈祖庙分布在沿海，或与海商活动区域吻合，或可表明海商对修庙尽了力，却不能证明海商对妈祖文化信仰的关键推动作用，因为妈祖信仰的传播主要靠心灵，而不是庙宇。有些人造神灵虽有富丽堂皇的庙宇，但信者寥寥；有些庙宇虽有神像，但无人光顾。所有的信仰包括宗教信仰都是心灵的事业，都靠大众的心灵维系。正所谓神无定所，神在心中，有人遇而不遇，逢而不逢；有人未遇而遇，未逢而逢。所以，研究宗教、研究妈祖文化不能过度依赖庙宇及其分布、神像等物质载体，更不能过度夸大资本与权力阶层的作用，而要以大众的心灵为依托，以升起心灵的生活世界特别是工作世界为基础与核心价值取向。

3. 海洋妈祖：妈祖文化海洋性质的生成

宋代圣墩时期的妈祖文化是大陆性质的文化，是妈祖文化的起点、基点。宋代，妈祖女神走出家乡的海岛，走向海滨陆地圣墩，在夯实大陆文化基础后，开始沿着海岸不断拓展新的工作世界空间，所到之处有确切记载的包括仙游、泉州、惠安、龙宫山、南埔乡以及宁波、杭州、江阴、镇江、上海、广州、香港等地，这些地方都是工作创造力和工作关系发达、人口稠密的生存空间，这些空间对于妈祖文化影响力的不断扩大起着根基的作用。那么，妈祖文化是何时成为具有海洋文化性质的文化范式的呢？随着工作世界的进展，特别是明清以来海外移民对海外工作世界的拓展，妈祖文化的大陆文化性质逐渐转变为海洋文化性质。确切地说，明清时期，妈祖文化成为具有海洋世界意义的海洋文化范式，妈祖的神明性质由陆神变为海神。

其一，元代是妈祖文化进一步兴旺以及从大陆性质的文化向海洋性质的文化过渡的时期。元代妈祖被官方称为"海神"，这并不妨碍妈祖在元代的陆神性质，行海神之事或既是海神又是陆神是妈祖作为陆神的神明生态。元代政府由于海上漕运的需要，对妈祖信仰大力推动。妈祖所获朝廷封号在宋代为"夫人""妃"，元代为"天妃"，清代为"天后""天上圣母"。从1278年到1329年，元朝政府先后六次加封妈祖为各种名号的护国、护民特别是护漕运的"天妃"，称妈祖为"泉州海神"①，并不定期地祭祀妈祖，大力修缮和扩建妈祖庙。元代的妈祖信仰从册封、祭祀到建庙几乎都围绕着海上漕运。国家大力支持妈祖信仰，扩大了妈祖信仰的传播范围，使东部沿海的妈祖庙顺着漕运的路线不断增加。妈祖文化在元代的进展源于以海上漕运为主的海洋工作世界的拓展，但妈祖信仰主要还是在漕运人群中传播，依然缺少其世界意义生态，依然没有改变其大陆文化的性质。

---

① 《天妃显圣录·历朝褒封致祭诏诰》。

其二，国内传播区域前所未有，这是妈祖文化海洋意义大众化和普遍世界化的重要标志。直至元代，妈祖信仰还是主要在沿海地区传播。明清以来，随着商人和移民的增多，妈祖信仰传播到了许多远离海岸的内陆地区，如辽河流域、长白山南麓以及云南、江西、四川等地。在广东，妈祖不仅作为海神受到崇拜，还在农田基塘、河涌闸口等地被作为土地神崇拜，妈祖不仅是保佑航海贩运安全的海神，而且是保佑生产和贸易兴旺发达以及农业丰收和基塘安全的神，还是区域性组织的联系纽带，连举子赶考也要拜妈祖，妈祖几乎有求必应。这表明妈祖信众主体的广泛性。再如妈祖的故乡莆田或湄洲岛，明代的湄洲岛造船技术先进，造船业发达。据史料记载，湄洲岛造的船"工料皆廉"、技术"精娴"，人们认为湄洲船带有妈祖海神的神气，常常"欲重金购买不得"。湄洲岛的造船技术和造船业推动了商业、港口和海上贸易的发展，进而推动了妈祖文化的传播。到了清代，莆田新建于海边的庙宇达47座。

其三，海外传播初具规模，这是妈祖文化成为海洋性文化、捕获海洋世界意义的根本体现。随着东南沿海人口不断向台湾和东南亚移民，妈祖信仰也被带到中国台湾和东南亚等地，并建起了诸多妈祖庙，使妈祖文化拥有了大量的信众，成为具有世界意义和影响力的信仰文化。特别是台湾，随着清政府统一台湾，汉人大量涌入，妈祖庙大量兴建，妈祖信仰迅速在台湾全岛盛行。据统计，明郑时期，台湾有十座妈祖庙，从康熙二年（1683年）到清末，台湾有222座新建妈祖庙。当然，宋代和元代都有移民特别是福建移民将妈祖信仰带到海外，但影响甚微，是明清以来的移民潮才成就了妈祖文化在海内外的传播和影响力。

其四，相对区域海神，妈祖成为天下第一海神，这是妈祖文化海洋世界意义的统一性和张力所在。国内各个区域大都有自己的海神，但这些海神都未成为普遍世界的海神。经过数百年的发展，到了明清时代，妈祖才获得普遍世界的信仰空间，并与其他民间的区域性海神处在融合发展的海神信仰框架中。

总之，妈祖文化总体上是海洋文化范式，但其在起点即宋朝的圣墩文化时期是兼有海洋文化性质的大陆文化，明清以来才成为具有海洋性质的海洋文化。同样，妈祖神明的起点是兼有海神职业和功能的陆神，随着妈祖文化成为海洋文化,妈祖陆神亦成为海神。但妈祖文化作为海洋文化或妈祖神明作为海神,从来都没有失却大陆文化的根基,就像妈祖陆神从来都与海神同行、妈祖大陆文化从来都与妈祖海洋文化互构一样。而这些同行和互构都源于工作世界的同行与互构,都源于工作世界基础。闽南海洋文化先走向世界的是宋代的海商文化范式,而后才是明清以来的妈祖信仰文化范式,这亦符合先物质后精神、先物质工作世界后精神工作世界的文化历史运行逻辑。

(二) 妈祖文化的意义蕴涵

妈祖信仰的本质是对妈祖文化符号所标识的生活世界和工作世界意义的信仰,妈祖文化不只是信仰文化,也不只是精神文化,更是持有妈祖信仰的生活世界和工作世界文化,其根本意蕴是工作创造、工作创世、工作拯救文化。妈祖文化是闽南文化的独立、普遍和最具影响力的文化范式之一,亦是闽南文化的跃升和标志形态之一。

1. 妈祖文化新界说

从妈祖由陆神到海神、妈祖文化由大陆文化向海洋文化的演化历史过程看,妈祖文化是先大陆后海洋的信仰文化生态,妈祖文化的基点是兼具海洋文化性质的大陆文化。宋代圣墩妈祖文化是其生成的标志,湄洲岛妈祖文化是其孕育阶段。伴随着宋代港口和元代漕运工作世界的进展,妈祖文化的大陆文化生态进一步兴旺。明清以来,随着海内和海外移民工作世界的大众化和海洋世界化进展,妈祖文化的性质从大陆文化转变为海洋文化。"较早的主体化世界思想是通过宗教、神话等意识形式呈现的。人祖的'原罪'就是不工作而享伊甸园生活却偷吃果实;上帝初现是以造万物的工作者姿态;救世的诺亚方舟是载着种子和牲畜航行于灭世的洪水,亦是主体化的生产工作救世。宗教和神话最初是工作者的话语方式,自然烙上工作活动的深痕明迹,人们对神灵的崇拜即是对工作者造物工作行为与境界的景仰。这虽是虚幻,但仍不失为一种主体化工作文化自觉,可视为古代民众的'主体化人学'或'工作人学'。"① 主体化世界即人化世界,人化世界的总体是生活世界,本质是工作世界。人就是文化,就是主

---

① 李晓元:《人学走进工作世界——主体化人学初探》,人民出版社,2012,第4页。

体化，就是生活世界总体存在与工作世界本质的统一。如此，人、文化、宗教的本质都在于工作世界。从总体和本质上看，妈祖文化是走向海洋、走向世界的海洋文化范式；其总体是海洋生活世界文化，是以海洋为介质的人与人、自然和社会关系的总体，是海洋物质世界与精神世界、生活世界与工作世界的总体，是海洋经济、政治、道德文化的总体，是海洋日常生活与社会生活的总体；其本质是海洋工作世界文化，是海洋工作能力与海洋工作关系的互动关系，是海洋工作世界与精神世界的互动关系，是民众的海洋工作创造与妈祖的海洋工作创造文化的总体，是海洋工作世界共同体文化；其特质是妈祖神明信仰文化，是兼具妈祖陆神信仰的妈祖海神信仰文化；妈祖文化不只是妈祖信仰文化，还是持有妈祖信仰的生活世界和工作世界文化。

妈祖是一个文化符号，其意义在于其蕴含和标识的生活世界和工作世界意义，而其直接的总体的标识就是海洋生活和工作世界，人们对妈祖的信仰，是对妈祖道德精神和工作创造精神的敬仰，更是对自己的生活世界和工作世界的信仰，是人们开拓自己的海洋生存空间的理性化的信念、信仰、理想、冥想、梦想以及非理性化的冲动与激情。庙宇、雕像、塑像、遗迹、博物馆以及影视、绘画、文学、诗歌、舞蹈、纪念日、诞生地和狂欢的节日，等等，都不过是承载和涌现这些精神特别是工作创造与工作拯救精神的载体或媒介。我们崇尚妈祖文化、信仰妈祖神明，就是崇尚、信仰和追寻这些生活世界和工作世界的意义，此外再无别的意义。而这些生活和工作世界的意义，又是闽南人民、闽台人民乃至普遍世界人们的共同追寻与造化。这种共同造化就是以妈祖文化为介质的生活共同体和工作共同体，就是妈祖文化共同体。而妈祖作为一个人，作为一个地理意义上的闽南区域的莆田的湄洲岛上的一个被称作"默娘"的普通女子，无疑是妈祖文化和这些存在意义的原创者或初创者；而作为一个穿越于故乡与异乡、大陆与海洋、庙宇与空地、海岸与江畔的神明，作为一个行进于哲学与诗学、舞蹈与音乐、爱情与美善等心灵旷野和海域的女神，则是标识妈祖文化普遍造化与创造者的文化符号，是妈祖文化共同体符号；而作为一个普通民女的原创者身份，同时亦是造化着普遍生活世界和工作世界意义的普通民众的身份标识。从内生与外生文化的关系看，妈祖文化是闽南内生与外生文化的融合文化，是闽南区域文化，更是普遍世界文化。从精神向度看，妈祖文化是和平与抗争、包容与和谐、同质与异质、美善与创造、拯救与逍遥、故乡与异乡等精神观念的总体，而工作创造、工作创世、工作救世等工作世界精神是其根本精神。从文化的外显形式看，妈祖文化是妈祖庙宇、妈祖信仰仪式和规制、妈祖文化交流活动、妈祖文化节等形式的总体。

学界已有诸多关于妈祖文化概念的解释和界说，普遍认为从内涵看，妈祖文化是海洋文化、寻根文化、和平文化、爱国文化、美德文化、兼容文化；从外延看，包括有关妈祖的建筑艺术、雕塑、绘画、书法、诗文、楹联、文物、民俗、神话故事、民间传说、宗教信仰等。热爱祖国、热爱和平、除暴安良、见义勇为、助人为乐、扶危济困、无私无畏、爱劳动爱人民、和谐包容、开拓进取是妈祖文化的基本精神，而道德精神是其核心价值取向。学界普遍认为妈祖信仰实质是建立在世界范围内华人的众多信仰基础上的全球华人认同符号，是建立在大陆与台湾都有广泛信仰基础之上的海峡两岸民族认同符号。妈祖文化是信仰文化，这触及妈祖文化的表层蕴涵，但没有从妈祖文化演进的历史过程视角将妈祖信仰文化规定为以海神信仰为总体和根本的海神与陆神信仰并行的信仰文化，也没有厘清妈祖文化的生活世界总体意义和工作世界价值核心。妈祖文化不只是妈祖信仰文化，还是持有妈祖信仰的生活世界和工作世界文化。有学者将妈祖文化归结为扶危济困、爱国爱乡、和谐包容、开拓创新等精神或特质的叠加文化，这就把妈祖文化的蕴涵简单化、抽象化了。妈祖文化不只是精神信仰文化，还是持有妈祖信仰的生活世界和工作世界文化。有学者过度关注妈祖文化的庙宇、仪式、节日以及旅游经济等外显和物化形式，这就把妈祖文化物化、经济化了，悖逆了妈祖文化的心灵实体本蕴，更远离了其生活世界和工作世界创生意义。

2. 妈祖文化的精神意义

学界已有诸多关于妈祖文化的精神蕴涵的研究，有研究者将妈祖文化的精神资源归结为立德、行善、仁爱等道德精神资源，征服自然的自然意识、以人为本的生命意识、坚不可摧的爱国意识、兼收并蓄的包容意识等人生价值资源以及政治上的维和、市场经济中的维信、政治情感等政治资源。① 学界将妈祖文化精神归结为和平、仁爱、厚德、无私奉献、忘我利他、开拓进取、爱国爱乡、扶危济困、包容兼容等精神的总体。而道德精神是其核心价值取向。上述妈祖文化精神的研究在具体精神指向的层面上已经比较丰富和充分，这里主要从妈祖文化精神的总体框架和格局视角以及文化哲学方法论的意义上阐述妈祖文化较为独特的精神结构。

其一，思想政治教育精神。教育特别是思想政治教育是文化的价值旨归，人们创造、享受、消费文化的过程，就是对这种文化的建构、理解、体验和追寻的过程，就是接受、传授、传播这种文化的教育的过程，就是人的文化生存、生活的过程。一种文化如果失却了教育特别是思想政治教育价值，就不可能生成与发展，更不可能在历史中延续下来。思想政治教育是生活世界总体特别是工作世界本质意义的教育，而不只是政治和意识形态的教育。妈祖文化有着强烈的思想政治教育精神，甚至可以说妈祖文化就是思想政治教育文化。妈祖文化的思想政治教育精神值得现代思想政治教育者学习、借鉴和传承。它主要表现为三个方面。一是神明思想政治教育与身体力行和工作奉献相结合的精神。妈祖文化赋予妈祖巫女与神灵的身份就是赋予其思想政治教育者的身份。古代没有专门的思想政治教育学科、专业和机构，所以巫女、巫师较多，他们在很大程度上承担着思想政治教育的功能。妈祖作为一个巫女，既是一个医生、预言者，也是一个心理咨询师、精神导师和教师，既治病拯救肉体，也通过传道授业解惑来治心、教化灵魂。而作为一个神明，她本身就是一个道德教化的精神实体。妈祖一边从事思想教育工作，一边扶危济困、帮人解难，这是一种思想政治教育与身体力行和工作奉献相结合的精神，达到了理想的教育效果，以至被奉为道德神明。二是国民思想政治教育精神。这主要体现在国家和政府通过封号、祭祀活动和修造庙宇等形式向全体国民推介、宣传、传播妈祖文化，特别是其道德精神和工作拯救精神，从而使国民受到教育。这既是一种国家层面的思想政治教育精神，也是政治意识形态层面的

---

① 李倩：《妈祖文化的思想政治教育资源及其现代转化研究》，闽南师范大学硕士学位论文，2014。

思想政治教育意识,但不只是政治意识形态教育,而且是内含政治意识形态的生活世界总体性教育。至于有"台独"人士认为利用妈祖文化进行思想政治教育就会使妈祖成为"奸神",且一看到妈祖为国家或政治保驾护航就说妈祖是"奸神"①,则是不懂文化的思想政治教育意蕴的表现。我们不能因为妈祖有了政治意识形态色彩就贬黜甚至玷污妈祖,关键要看这种政治是什么政治,是民众政治还是权贵政治,是大众民主政治还是暴力专制政治,是生活世界中心政治还是权力至上政治,是先进的世界政治还是落后腐朽的狭隘地域政治。三是民间自我思想政治教育精神。信众信仰妈祖就是把妈祖作为道德精神实体来信仰、追寻和践行,这是民众的自我思想政治教育。

其二,工作创造、工作救世精神。关于海神的记载较早可追溯到春秋战国时期。如《山海经》之《海外北经》《大荒东经》《大荒南经》《大荒北经》等记录的海神是"人面鸟身"。汉代司马迁的《史记·秦始皇本纪》记载:"始皇梦与海神战,若人状。问占梦,博士曰:'水神不可见,以大鱼蛟龙为候。今上祷祠备谨,而有此恶神,当除去,而善神可至。'"这里的海神为海中之大鱼。在唐天宝年间又出现了四海龙王,有了人间帝王的威严以及龙母、龙后。那么,为什么那些更具有海洋性或海洋特质的水生水长的"人面鸟身""四海龙王""海中大鱼"没有成为人们信仰的海神,而妈祖作为一个岛生岛长的女子却成为人们顶礼膜拜的海神?这就在于她升化之前作为一个人、作为一个女子,为渔民、为父老乡亲、为民众付出了虔诚的爱以及青春与生命,就在于她以巫女的工作活动、工作创造拯救了众多生命的肉体和灵魂。人们只愿意为那个虔诚的真实的爱过他们的人立庙,并在内心缅怀、呼唤和膜拜那个爱他们的人,并希望那个人的在天之灵继续护佑他们,在这种膜拜和希望中继续与神灵交谈,不断追寻着神灵的足迹、践行着神灵的精神、捕获着神灵的工作创造力与美善的德性,最终与神灵融为一体。而人们对那些远离他们生活世界和工作世界的"大鱼""龙王"之类却总是充满了陌生和恐惧感,将他们拒之于心灵信仰的大门之外,至多将他们作为一种编造的神话在自己都不相信的讲述

---

① 韩槐准:《天后圣母与华侨南进》,《南洋学报》第 2 卷第 2 辑。

中诉说着它们的故事和传说。如此，只有人才能真正成为人们心灵信仰的永恒的神灵，但这个人必须是有工作创造力和功德的人，而功德靠创造，创造必有功德。创造与功德从根本上讲就是对生命与灵魂的创造与功德。妈祖诞生地紧邻宋代"海上丝绸之路"的重要出海口泉州。宋初，随着中国造船业的发达与指南针等远航技术的完善，泉州成为当时"海上丝绸之路"最重要的国际港口之一，外销的货物除了丝绸还有瓷器、茶叶等，故又被称为"香瓷之路"。宋哲宗元祐二年，泉州设立市舶司，专责处理海上贸易事务，泉州成为东方第一大港。南宋庆元二年（1196年），在泉州的市舶司相邻之地盖了天后宫。如此，海洋工作世界的发展需要有海洋工作世界的信仰文化，这就决定了妈祖文化的海洋工作世界意蕴特别是工作创造和工作拯救精神。妈祖的传说和事迹主要发生在海洋工作世界，大多是她救助渔民、船员、水手生命的海上故事，这些都体现出妈祖文化的工作创造、工作救世精神，而不是资本创世或资本救世。妈祖不是用黄金和铜钱去拯救那些贫困和受灾难的人，而是用自己的技艺、神力为他们创造一个工作世界，是用工作创造去拯救工作创造，是工作者拯救工作者，是民众工作者的互相拯救和造化。工作世界、工作创造、工作共同体是妈祖文化的核心价值取向。

其三，日常生活的主体间性精神。"显灵""灵验"是宗教信仰文化更是妈祖文化中两个重要的文化符号，它标识日常生活世界的主体间性关系。"任何神话都是用想象和借助想象以征服自然力，支配自然力，把自然力加以形象化；因而，随着这些自然力实际上被支配，神话也就消失了。在印刷所广场旁边，法玛还成什么？希腊艺术的前提是希腊神话，也就是已经通过人民的幻想用一种不自觉的艺术方式加工过的自然和社会形式本身。"[①] 神话固然如此，神话主要体现的是人与自然的关系，主要是人借助神去改变和改造自然，所以随着科学技术的发展，人就不需要想象的不切实际的神话了，科学技术就成为最好的神话。从想象到科学技术，这是神话的运行路径。而宗教则不同，它除了对人与自然关系的想象，更多的是对人与人的关系的信仰和情感，它甚至无须想象就对人与神的关系

---

① 《马克思恩格斯选集》第2卷，人民出版社，1995，第29页。

直接相信、直接爱护,如神灵对人的拯救或人对神灵的呵护,而这种人与神的关系实际上是人与人的关系,如妈祖神灵对人的拯救实际上是妈祖作为人对他人的帮助和造化,台湾人送妈祖回娘家这种人与神的关系实际上是台湾人与大陆人的关系,实际上是自己在回娘家。而妈祖海上显灵救人则是对妈祖扶危济困的人与人关系的信念、愿望、感怀、崇尚和追寻。显灵实则是一种人对人的信念、愿望、感情、崇尚和造化。如此,信仰、显灵这些人与神的关系实则是人与人的关系,它无须随着科学技术的发展而消隐,也就是说,无论科学技术怎样发展,这些人与人或人与神的信念、情感和造化关系都始终存在。只要信念、愿望和感念需要,宗教信仰宁愿将承载着万物的世界看作一片空无,宁愿将行走的人类看作头足倒置的怪物。妈祖信仰就是人与妈祖神之间的相互感念、爱护、祈愿与造化关系,这种关系用一个流行于当代文化世界的词语表述就是人与人之间的主体间性关系。而这种主体间性关系就发生在日常生活世界特别是工作世界的交往和行动之中。信仰和"显灵"是人与人的主体间性关系,那么"灵验"就是这种主体间性关系的发生和造化生态,即有了信仰和显灵,就有了灵验。

其四,人神互佑的感恩、感念精神。"回娘家"是妈祖文化中又一个重要的带有审美色彩并蕴含丰富文化风情的文化符号,也是作为女性海神信仰的妈祖文化的一个特质。妈祖作为一个独身的尚未婚配的女子在异乡是肯定会想家的,而作为一个神灵虽已贵为天妃、天后,也会想家,回娘家也是一个必需的选项。回娘家是中国已婚女子带有荣光的对自己父母亲人的探视以及对生养自己故乡的回归,已婚女子回娘家似乎总是比在夫家更幸福、更兴奋和更美好,回娘家似乎是她们的节日,是她们节日的狂欢。每一次回归似乎都能使她们获得一次重生,然后又带着喜悦离开娘家的怀抱、离开故乡走向异乡。她们回娘家不仅带着喜悦,还带着丰厚的礼物。她们回娘家不只是回归旧梦,还带着新的梦想……凭妈祖的神力,自己就能回娘家,但那样会孤独寂寞,妈祖保佑漂泊者、海商、偷渡客去异乡、海外,妈祖想家,妈祖恋家,妈祖要回娘家……我们不可以让她一个人孤零零地走,那样她会寂寞、孤单,我们要护佑她回娘家。这是以人佑神,这是人与神的主体间性的互佑,我们不能只让神灵庇护我们，我们也要庇护神灵。神在亲情方面有时也是脆弱的，需要人的庇护和陪伴。她愿意在人的陪护下与人一起乘坐渡轮回娘家。而那些信众特别是台湾的信众总是那么善解人意、善解神意，总是有求必应，不厌其烦地护送妈祖回娘家。我曾经看见，在从湄洲屿回来的挤着几个旅游团的渡轮上，一个台湾来的进香团，有几人怀里紧紧抱着一个小妈祖像。他们不是请了妈祖回去，他们早已请过了，而是送妈祖回娘家，他们每年都送妈祖回娘家，已经回过四五次了。他们说"妈祖也会想家"。在这些台湾人的眼里，妈祖太有人情味了，像个普通的人间女子；在妈祖的心里，这些台湾人也太有人情味了，每个信徒都是一个普通的神灵。而这一年一度的"回娘家"又仅仅是妈祖的心愿吗？又仅仅是妈祖在回娘家吗？或许，人类有时需要借助神的愿望来实现自己的愿望、用神的心迹表白自己的心迹。这种人与神的感恩、感念关系就是人与人的感恩、感念关系。人感神之德，神念人之恩，如此互相感念、祈愿和造化。

其五，走向海洋、走向世界的海洋世界精神。妈祖所庇护的主体是普遍世界的大众，包括渔民、农民、官员、商人、海外移民，庇护的空间是普遍世界，包括陆地、海岛、海洋、天空，彰显了走向海洋、走向世界的海洋世界精神。宋代以来，海洋工作世界的发展决定了妈祖文化的海洋工作世界精神。这是一种国内与国际双重意义上的世界精神，是农业文明与海洋文明、古典文化与现代文化、同质文化与异质文化多重文化意义上的世界精神，是技术、制度、观念总体意义上的世界精神，是以海洋为通道或介质的人与人、自然和社会关系的总体精神。而所有这些精神和世界都基于海洋工作世界和精神。总之，世界意义、世界精神是妈祖文化的总体意义和精神，工作世界意义、工作世界精神是妈祖文化的核心意义和精神。神无常形，神无常所，妈祖属于任何一个地域又不属于任何一个地域，妈祖是闽南区域、台湾区域的妈祖，更是普遍世界的妈祖。有"台独"人士云"台湾的妈祖是'本土化'的妈祖，更是台独先知的妈祖"[①]。这就把"台湾妈祖"封闭、禁锢在一个狭小的空间区域了，这就切割了妈祖的普遍世界空间，这会使妈祖丧失独立、自由、自主的神明本

---

① 《湄洲妈祖，建国党比作统战之神》，台湾《民众日报》1997年1月24日。

性。而一个神明一旦失却了神明的普遍世界本性，在她所属的那个狭小的区域也就不再有"显灵""灵验"的经验与效用。如此，必须将妈祖从一些"本土化""区域化"的禁锢中解救、解放出来，使其回归普遍世界的自由、独立本性与精神。让妈祖在普遍世界巡回，让妈祖走在"回娘家"的普遍世界的途中，让妈祖穿越于故乡与异乡的普遍乡情之中。这就是"本尊"的妈祖，本尊即分灵，是无数个分灵；分灵即本尊，是合一的本尊。本尊为一，分灵为多。本尊为"理一"，分灵为"分殊"。本尊与分灵都处在普遍世界的存在框架与生活和工作世界空间，都处在生活妈祖与工作妈祖、心灵妈祖与万物妈祖的行进格局之中。而本尊和分灵的最初，都在圣墩、在湄洲岛。

（三）妈祖文化是闽南文化的跃升与标志形态

妈祖文化是闽南文化的跃升形态。从人类历史文化的行进看，信仰文化如宗教信仰文化范式是人类文化从野蛮时代跃升到文明时代的标志之一。妈祖文化范式的生成亦是闽南文化的跃升形态。如前所述，唐代的开漳圣王文化才结束了闽南历史的刀耕火种的野蛮时代，但开漳圣王文化作为当时的一种信仰文化范式，更多的是依附于开漳建州的现实世界文化，至少在当时还没有演化为信仰文化的跃升形态，开漳圣王成为一个神明并支撑起一个独立的信仰文化范式，应该是唐代以后的事了。而开漳圣王文化总体上的大陆文化性质又在一定程度上抑制了它向信仰文化范式的跃升进度，因为自宋代开始，闽南文化的热点和前沿开始走向沿海的海洋文化境遇，而其他一些诸如巫术、图腾崇拜的信仰文化虽然在闽南远古时代就存在了，但都没有成为独立的文明文化范式。正是如此，具有海洋文化质地的妈祖文化作为信仰文化的独立范式就生成了。信仰文化是人类对原始本能活动或原文化的文明升华和精神跃迁，是建立在文明工作世界进展基础上的精神生活和精神追寻，是人类生活世界空间从本能的物质活动向精神空间的拓展。妈祖文化作为闽南信仰文化的独立范式，进一步丰富、升华了闽南文化的世界空间，可以说妈祖文化是闽南文化第一个独立的普遍的信仰文化范式，更是第一个独立的普遍的海洋文化信仰范式。这种信仰文化养成于闽南文化的总体框架，又构成闽南文化前行的精神能量、理想信念和梦想。

妈祖文化作为闽南文化的跃升形态，还表现为它对儒道文化的承接、融合与超越。从闽越部落融合文化开始，闽南就承接和融入了中原的儒道文化，特别是唐代开漳建州文化的儒道教化，使得儒道文化成为闽南的主流文化。可以说，中国传统儒道文化都讲究天地人神合一，但是，儒家把人合于道德关系，道家把人合于自然万物，都缺少工作创造、工作创世和工作拯救精神。妈祖文化的道德仁爱精神与修仙得道意识承袭了儒道文化的精髓，但并不囿于这些道德与自然文化，而是立足于大陆文化世界开辟的海洋生活和工作世界，它将道德精神和自然精神融入工作创造、工作创世和工作拯救精神和行动，将生存空间从大陆拓展到海洋世界，这就在精神与物质、信仰与行动、生活与工作、道德与创造、自然与人性等双重价值意义上超越了儒道文化的单向度价值取向特别是较为封闭的大陆文化意识和存在生态。可以说，妈祖在升化之前作为一个巫女开始，就已经实现了这种超越。巫女的地位在那个时代是崇高的，就在于她是一种天地人神合一的精神，高于与天地分离的独立的孤立的个人意识，她又是治病救人和消灾祛祸的工作创造者和拯救者，超越了道家天人合一的自得其乐和儒家仁爱诚信的抽象精神生态。就是妈祖文化的这种工作创造、工作创世和工作拯救精神，激励着海商、窑工、织女、船队构成海洋工作世界共同体，不断地走向海洋、走向世界。

妈祖作为一个神明，不是痴迷于道家去世外成仙，也不是沉湎于儒家在精神世界里修德筑爱和治人治国，而是飘落于人世间和苍茫大海，以"显灵"的工作生态去拯救生灵，所谓"灵验"就是她对生灵的拯救和工作世界意义的创造功德和效应。妈祖文化不只是精神信仰文化，还是持有妈祖信仰的生活世界和工作世界文化。

妈祖文化是闽南文化的标志形态之一。其一，妈祖文化是闽南文化的独立范式。作为标志形态，它必须是独立范式。妈祖文化的生成即意味着它是一个具体的实体的文化范式，其标志就是有了精神指向、物质的居所或朝圣的殿堂即庙宇以及信众和祭祀朝拜的仪式。而其独立性的最主要标志是它可以在信仰世界独行，并不断地开拓信仰世界的空间。它与其他闽南文化范式共存共荣，但不随其他闽南文化范式的消亡而消亡、衰落而衰落。其二，妈祖文化是闽南文化的普遍范式之一。作为标志形态的文化，必须具有普遍世界意义。妈祖文化是独立文化范式，这种独立是相对的独立，它还存在于其他闽南文化范式之中。如闽台文化、闽南商贸文化或港口文化、闽南土楼文化、闽南红色文化等，都蕴含着妈祖信仰文化，或都有妈祖文化的信仰空间，都与妈祖文化互动、互构，都与妈祖文化融合发展。其三，妈祖文化是闽南文化最具影响力的文化范式之一。妈祖文化的根本意义在于其海洋世界意义或普遍世界意义。妈祖文化不仅在中国大陆和台湾具有普遍世界性，而且在国际世界具有广泛而持久的影响力和存在空间。泉州港、漳州月港文化及其所创造的物质的繁华早已进入历史，只能以其历史的残缺或破败的遗存向今人诉说着往日的风光与辉煌，短暂、脆弱、易碎的物质只能成为历史。而精神的创造文化、精神的信仰文化特别是妈祖文化却可以跨越历史、穿越千年的时空，进入现代和今人的灵魂，依旧以其丰盈的存在和风姿绰约的生命展现着自己的工作创造活力与青春的魅力，这或许就是所谓"显灵"和"灵验"的真谛，而那些源于巫女与女神、陆神与海神、天妃与天后、显灵与灵验、本尊与分灵的节日狂欢，更使得这种精神文化、精神创造在融入今人的生命和灵魂的同时，抵达爱与创造之美的终极。当今时代，妈祖信仰遍布世界各地，在五大洲华人集聚的地方都有妈祖庙，据统计，有一定规模的妈祖庙在1500座以上，妈祖信众已达到2亿人。而作为一种对这种文化的精神信仰、工作创造力的膜拜、共同体的追寻、爱与美的渴望以及拯救技艺与逍遥生活的梦想，又何止2亿人，又有多少亿静默的生灵！海水无所不在，爱无所不在，这种拯救和逍遥亦无所不在。

妈祖文化作为闽南文化的跃升与标志形态之一，其核心价值源于其工作拯救与创造、创世精神。这一点也有妈祖诗文化为证：

  此时，你驾着红色的祥云
  出行于芗江
  芗江，大海的入口
  游江的人、行船的人、出海的人
  为你焚香，向你叩拜
  请求你的庇护

此时，众神门庭冷落
海妖的殿堂开始倾斜
你是民间的女神
大海的女儿
没有谁比你更懂得大海
在江边、在海上、在庙宇、在心灵
你已无所不在
海水无所不在
拯救和逍遥亦无所不在

海神的封号必属于你
海王的宝座必属于你
你的法力与众神不同
道术、儒术、东学、西学
你知众神所知
知众神所不知
海峡两岸
你包容众神也为众神包容
柔指轻弹，平息一场风暴
红颜一怒，喝退一场劫掠
诗语低吟，春情涌现
台湾、香港、澳门、大陆
所有的海岛必归于陆地
所有的陆地必归于海水
所有的海水必归于你的爱情①

诗文化亦是妈祖文化的重要承载形式。信仰文化是诗性文化，诗文化更能彰显妈祖文化的诗性魅力，更能增添其感染力、亲和力和空间张力。

---

① 处女座：《穿越者之诗——从故乡到异乡》，知识产权出版社，2013，第 196~197 页。

宗教如基督教就很重视宗教诗文化教育，一些圣歌、圣诗教育都达到了信仰审美教育效果。诗文化是诗性文化的总称，这里主要指诗歌文化。从妈祖诗词来说，宋代以来，自平民百姓到文人、帝王将相均有歌颂。如黄公度的"传闻利泽至今在，已死犹能效国功"；陈宓的"但见舳舻来复去，密俾造化不言功"；元代张翥的"普天均雨露，大海静波涛"；明成祖的"扶危济弱俾屯亨，呼之即应祷即聆"。还有楹联，如林则徐的"八百里寰海昭灵，溯湄屿飞升，九牧宗风荣庙祀；四万顷具区分派，喜娄江新浚，三吴水利沐神庥"；梁启超的"向四海显神通，千秋不朽；历数朝受封典，万古流芳"。这些传统诗文化主要是把妈祖当作一种神灵自身或本体来赞颂，没有展现妈祖文化的妈祖神明与信仰者的生活共同体本性，更没有解蔽妈祖文化的工作创造、工作创世价值和精神。当代诗歌《妈祖行记》，彰显了妈祖文化的海洋世界精神、工作创世精神和道德拯救精神，这使妈祖、妈祖文化登上以"芎江"为标识的闽南文化的"海王的宝座"。登上"海王的宝座"即预示着妈祖文化是闽南文化的跃升与标志形态。

"芎江"即闽南漳州的九龙江，这里，妈祖以标识大陆文化的符号九龙江为基点，走向海洋、走向世界。"驾着红色的祥云出行于芎江"，即闽南海洋文化与大陆文化、蓝色文化与红色文化的融合生态。此时，海洋世界的众生纷纷焚香叩拜，以至于"海妖"恐惧、众神受到冷落。这是一个"民间女神"的力量，而"民间女神"的力量来自"大海女儿"的大海的力量，而这大海的力量依旧是海洋世界众生的力量。"海水无所不在"，"最懂得大海的人"已"无所不在"，这无所不在源于她的工作创造、工作创世、工作拯救，源于那朵飘向海洋、开创海洋工作世界的"红色的祥云"，那是海神妈祖的一种"显灵"的化身。这工作创世的拯救必然导致显灵的灵验，而灵验使她感到惬意和逍遥，成为一朵漫游于海陆、穿越于江海的"逍遥"的云。云，在七彩的世界里，始终闪着红色的灵光。除了这个民间的女神、大海的女儿，除了这个作为民众标识的文化符号妈祖，"海神的宝座""海王的宝座"还能属于谁呢？道术、儒术，东学、西学……她的法力，这工作创造、创世与救世的法力，在大海之上，在学说之上。她是大海的精灵、众神的合一，她将"风暴"与"劫掠"——幻化成"诗语"和"春情",让所有的海岛归于陆地,又让所有的陆地归于"海水",再让所有的海水归于这诗语和春情涌现的爱情——对普遍世界与普遍人们的爱,爱是海峡两岸以及大陆与海洋的真正的统治者,爱是这个世界真正的主人。这是生命与海洋的真谛,这是海洋世界意义的真理,这是妈祖信仰、妈祖文化的终极旨归。在这个生活世界的爱与工作世界的创造里,大陆与海洋、陆神与海神,已无空间的边界和身份的分歧,终将融为一体。这是妈祖信仰文化或宗教文化的世界境界。世界境界就是人们对生活、工作世界总体意义特别是共同体意义的梦想、创造与追寻。①

三 诗文化的意义向度②

现代诗歌写作和诗歌研究中流行一种不问意义而将诗歌语言化的语言形式主义倾向,有诗歌作者和学者认为,现代诗歌拼的就是语言,而拼语言就是拼语言的新奇,而语言的新奇就是语言或意象的出乎意料即"陌生感",如什克洛夫斯基提出:"艺术的手法就是使事物'陌生',使得形式难懂,增进认知的难度和长度。"③ 俄国形式主义的传统继承者穆卡洛夫斯基指出"艺术是体验事物艺术性的方式,而事物本身并不重要","艺术的技法是使事物'不熟悉',使形式变得困难,加大感知的难度和长度,因为感知过程本身就是审美的目的,必须把它延长"④,认为诗歌价值就在于通过语言对熟悉的事物最大限度地"前景化",即在熟悉的背景、自动化和常规中突出呈现陌生的"前景","前景"即以背景相对的新的创造性的语言意象。这种诗歌语言化倾向实际是对语言意识本体化、

---

① 李晓元:《世界境界哲学——中国梦的世界境界及其实现》,社会科学文献出版社,2013,第21页。
② 此文为国家社会科学基金项目"马克思主义哲学中国化的文化世界向度研究"(12BZX011)的阶段性成果。原载《理论界》2015年第4期,原文为《诗文化的意义向度——工作诗学初探》。选入本著作时文字上有较大改动,并增添了新内容。
③ 转引自〔英〕拉曼·塞尔登《文学批评理论——从柏拉图到现在》,刘向愚、陈永国等译,北京大学出版社,2000,第290页。
④ 转引自朱刚《二十世纪西方文论》,北京大学出版社,2006,第20页。

人本化的现代语言哲学和意识哲学的诗文化呈现。利奇认为理解诗歌就是进行诗歌语言分析，就是"把语言中那些被前景化的方方面面解释清楚"①。"语言是从劳动中并和劳动一起产生出来的"②，语言的意义在于生活特别是劳动（工作）的意义，语言是思维形式或意识存在方式，人与世界的意义都通过语言来呈现。从这个意义上讲，人与世界就是语言的存在，而语言的存在实质是意义、人与世界意义的存在。离开意义，离开生活世界总体特别是工作世界本质意义，语言就会成为空壳。如此，诗歌写作和研究若只求语言不问意义无疑是舍本求末的做法，或者至多是离开生活世界或事物本身去关注语言本身的意义。

针对过度追求离奇语言形式、不问诗歌意义的形式主义诗文化倾向，针对缺失生活世界总体性特别是工作世界价值核心意蕴的文化诗学、存在诗学、主体诗学和当今学界的实践诗学等诗学范式，本书提出"主体化诗学"或"工作诗学"的概念。这里以文化世界哲学方法为导向，以诗人处女座的诗歌为范例，主要从诗歌视觉探究诗文化（诗歌）的意义问题，阐明诗文化的生活世界总体意蕴和工作世界本质，以具体化、现实化、实体化地佐证和预示工作诗学研究的价值取向和意义指涉。这里所说的诗文化是以诗歌为主要形式的艺术文化。在本书的语境中，诗文化有两个意思。一是狭义的诗文化，指诗歌；二是广义的诗文化，指诗性文化，包括诗歌、诗论、诗生活、诗交流活动等一切与诗歌有关的文化活动、文化存在和文化意识形式，以及各种艺术存在、活动和意识形式。海德格尔认为，诗就是指诗意创造，而一切艺术的本质都是诗，即一切艺术文化都是诗文化。③ 而诗歌只是诗意创造的艺术或诗文化的一种主要方式："诗歌仅是真理之澄明着的筹划的一种方式，也即只是宽泛意义上的诗意创造（Dichten）的一种方式；虽然语言作品即狭义的诗（Dichtung），在整个艺术领域中占有突出地位。"④ 这里主要在诗歌的意义上使用"诗文化"一词，但在这种使用中也蕴含了广义的诗文化意义。即本论题"诗文化

---

① 转引自朱刚《二十世纪西方文论》，北京大学出版社，2006，第225页。
② 《马克思恩格斯全集》第20卷，人民出版社，1971，第512页。
③ 〔德〕海德格尔：《林中路》，孙周兴译，上海译文出版社，2004，第59页。
④ 〔德〕海德格尔：《林中路》，孙周兴译，上海译文出版社，2004，第60~61页。

的意义向度"所探讨的诗文化的意义主要是诗歌的意义,同时也指向和适用于广义的诗文化意义。

(一)"工作诗学"概念的提出

将文化世界哲学方法应用于诗文化问题研究,文化世界存在与本质的丰富性、现实世界性就更加具体、亲切和明晰。文化世界哲学方法认为,人的世界就是主体造化的世界即主体化世界,主体化世界是主体造化的生活世界即主体化生活世界,而工作世界居于生活世界的核心。由此,诗歌、诗文化的意义就是主体化意义,就是主体化生活世界总体和工作世界本质意义。由此,这种建立在工作世界文化哲学基础上的诗学就是主体化诗学。主体化诗学是研究诗文化主体化或主体化诗文化的生活世界总体意义的理论体系,内含诗文化世界观、价值观、生存论和建构方法论,是以工作世界为核心范式的关于诗文化总体意义结构的理论体系,是走进工作世界的诗文化哲学,即工作世界诗文化哲学,简称工作诗学。概言之,工作诗学即主体化诗学,是探究诗文化意义结构的理论体系,是既指向诗文化的生活世界总体意义,又指向诗文化的工作世界本质意义上的诗文化哲学。主体化诗学与工作诗学是同一概念,只是在不同语境中选择不同。这里所说的诗学是柏拉图传统诗学意义上的诗学(文艺学)与广义的诗文化学的总体。

对现实、事物、感性世界的理解,不能只从客体的角度去理解,而要从主体的角度去理解,从实践的角度去理解[①],这样理解的世界就是人的存在,就是人的生活过程或生活世界。马克思的"人化自然"或"人化世界"的概念,海德格尔的"此在"或"亲在"概念,都是主体化世界或主体化存在概念,都表明现实世界是主体化世界。主体化世界是主体化生活世界的总体或主体化关系的总体,其本质是主体化工作世界。主体化关系是主体化世界的基本结构,是主体对世界的造化关系,是主体与主体、自然、社会的互动、互构关系。诗文化是主体理解、体验和造化世界的文化艺术方式,是主体化世界的诗文化存在形式。诗文化的本质是诗文化主体化或主体化诗文化,诗文化主体化与主体化诗文化是同一概念。诗

---

① 《马克思恩格斯选集》第1卷,人民出版社,1995,第54页。

文化主体化的总体是生活世界主体化或主体化生活世界，本质是工作世界主体化或主体化工作世界。诗文化关系是诗文化的基本结构，是主体与自然、社会和主体的诗性或诗意造化关系。

诗文化的本质是工作世界诗文化，工作世界诗文化的本质是工作共同体化诗文化。现实世界是一个日常生活世界，日常生活世界是一个常识世界，而"常识世界从一开始就是一个文化世界"①，现象学社会学家许茨的生活世界文化哲学道出了文化的生活世界总体意蕴，并确立了工作世界对于文化世界或生活世界的核心地位。卡西尔的人类文化哲学认为，人就是文化，人的本质就是创造文化的工作活动，"人的突出特征，人与众不同的标志，既不是他的形而上学本性也不是他的物理本性，而是人的劳作（work）。正是这种劳作，正是这种人类互动的体系，规定和划定了'人性'的圆周，语言、神话、宗教、艺术、科学、历史，都是这个圆的组成部分和各个扇面"②。即诗文化是工作世界圆周上的一个"扇面"，包括诗文化在内的所有文化都环绕工作世界这个价值圆周或轴心。马克思的实践文化哲学认为，"全部社会生活在本质上是实践的"③，实践就是人化自然、人化社会、人化世界的文化活动或文化世界。"物质生活的生产方式制约着整个社会生活、政治生活和精神生活的过程。"④ 在文化世界中，生产活动或生产方式是一切文化现象、文化意义的源泉和根本动力，而生产活动或生产方式的主体化、现实化就是人们的工作活动或工作方式。由此，文化就是文化世界，文化世界就是人化世界，就是主体化生活世界总体或主体化关系的总体，其本质或价值核心是工作世界，是共创、共享生命、财富和生活的工作共同体世界。任何一种文化形态、文化形式，其本质不仅在于自身，而且在于其与自然、社会和人的关系，在于其生活世界总体性和工作世界本质。由此，我们对文化的认知和理解要持有文化世界总体性方法，把文化置于文化世界的总体性存在背景或境遇中进行考察、分析和确认，并解构其工作世界内蕴。由此，诗歌、小说、音乐、舞蹈、

---

① 〔美〕阿尔弗雷德·许茨：《社会实在问题》，霍桂桓译，华夏出版社，2001，第388页。
② 〔德〕恩斯特·卡西尔：《人论》，甘阳译，上海译文出版社，2003，第107页。
③ 《马克思恩格斯选集》第1卷，人民出版社，1995，第56页。
④ 《马克思恩格斯选集》第2卷，人民出版社，1995，第32页。

歌曲、绘画等文学艺术或诗文化，就是主体化世界的艺术形式，就是主体化生活世界总体和工作世界本质意义的艺术形式，它们是作者、读者、学者、听众、观众等多重主体生活世界和工作世界共在性意义的共同体，是创作者主体与其他研究者、教育者、阅读者、欣赏者和应用者多重主体的共同造化、共同创作、共同自觉、体验和享受。以此类推，舞蹈不只是舞者的舞蹈，而是舞者的舞姿所蕴含的生活世界的意义，其本质是工作世界的意义，这种意义不只是舞者或创作者的意义，而是舞者、歌者、创作者和观众与欣赏者的共同自觉、体验、造化和建构。诗歌不只是诗人的诗歌，而是诗歌语言符号所蕴含、指向和预示的生活世界的意义，其本质是工作世界的意义，是诗人与读者等多重主体共同的意义自觉和建构。

海德格尔认为，艺术的本性是真理，也就是诗。他说：“作为存在者之澄明和遮蔽，真理乃是通过诗意创造而发生的。凡是艺术都是让存在者本身之真理到达而发生；一切艺术本质上都是诗。艺术作品和艺术家都以艺术为基础；艺术之本质乃真理之自行设置入作品。由于艺术的诗意创造本质，艺术就在存在者中间打开了一方敞开之地，在此敞开之地的敞开性中，一切存在遂有迥然不同之仪态。”[1] 艺术的本质是诗，艺术文化的本质是诗文化，但艺术与诗、艺术文化与诗文化又有所不同。艺术使存在之真理发生并对存在者显现，使存在者获得敞开的世界的意义。艺术与诗都是"存在者的真理到达与发生"，都是人的存在的真理，而人的存在就是"此在"或"亲在"，即主体化的存在，即主体化的生活世界和工作世界。由此，"存在者的真理"就是生活世界总体意义和工作世界本质意义的真理。当然，海德格尔的存在诗学并没有直接地将"存在者的真理"归结为生活世界特别是工作世界的意义，还主要是一种存在者的主观体验与澄明状态。但他毕竟强调了艺术或诗文化的意义指向，特别是诗意创造的真理的意义向度，这与那些只顾诗文化形式不问意义的诗学、诗论迥然不同。

综上，工作诗学或主体化诗学既是生活世界总体诗学，也是工作世界本质诗学，它不同于作为本质诗学的实践诗学，实践无法涵盖生活世界意

---

[1] 〔德〕海德格尔：《林中路》，孙周兴译，上海译文出版社，2004，第59页。

义的总体性；它以工作世界为基础和核心价值取向，不同于时下学界论及的文化诗学，后者只有文化总体性意义，缺少工作世界总体意义和工作共同体的核心价值取向，且最终把文化的意义归于语言符号的意义；它也不同于生活世界总体意蕴和工作世界本质内涵的存在诗学、生活诗学、人本诗学等其他诗学形式。

（二）"诗人，大地的异乡者"：诗文化的生活世界总体意义

诗文化的意义就是诗文化的主体化意义，诗文化主体化的意义就是主体造化的生活世界总体和工作世界本质意义。存在必须有意义，否则就不是存在，更不是本质的存在。灵魂的本性就是运动，就是在现实的"大地"上栖居。海德格尔在读到乔治·特拉克尔《灵魂的春天》里的诗句"灵魂，大地的异乡者"时指出："诗人把灵魂称为'大地上的异乡者'。灵魂之漫游迄今尚未能达到的地方，就是大地。灵魂才寻找大地，灵魂没有逃之夭夭。灵魂之本质在于：在漫游中寻找大地，以便它能够在大地上诗意地筑造和栖居，并因之得以拯救大地之为大地。"① 尽管灵魂视大地为"异乡"，但她也获得了异乡的实在感和现象感，尽管她体验着孤独、沉寂，但她与大多数现当代哲学家一样，觉得再也不能甚至也不想回到柏拉图的纯粹的精神世界或理念之故乡，她甚至甘愿在大地的对象中沉沦，她觉得这就是生活、生命、工作的意义，而她就是意义的主体，她的使命是不仅要发出意义，而且要把意义给予使她沉沦的对象和现实世界，她的使命就是在对象上指示意义，不断地用新的意义覆盖以往的"有意义"和"无意义"。从诗人关于灵魂的意象和海德格尔对灵魂本质的理解看，现代的灵魂实际上已经背叛了被古典哲学家柏拉图称之为故乡的那个理念世界，或者说，灵魂自己对自己的故乡有了现代的理解，即视异乡为故乡，这完全是为了获得"大地"的实在性或"现象"的强烈感，她似乎厌倦了始于柏拉图的西方理性主义的理念故乡的虚无、纯粹、抽象和"无主体"。生活在现代生活大地上的现象学家同样把意义问题作为世界和文化的根本问题，可以说，现象学就是在"现实的大地"上探寻、求索意义的哲学。现象学的意义原则，不仅建构意义，而且是"自我或我

---

① 〔德〕海德格尔：《在通向语言的途中》，孙周兴译，商务印书馆，1997，第13页。

们"的"共同意识"在"大地"的对象中建构意义,即建构"主体间性"的普遍意义。"我们可以说,现象学家并不与客体本身发生什么关系,他所感兴趣的是它们的意义,因为它是由我们的心灵活动构造的。"①

生活在现代生活大地上的诗人特拉克尔与现当代一些哲学家都体悟到了自己、他人和灵魂的现实的故乡就是"大地"。"灵魂的本性就是运动",就是说灵魂是思想大地的意义,亦即"我思故我在",灵魂的运动就是自由的思想,但不是笛卡儿理性主义的无大地对象的精神自思、我思或自我意识。从一定意义上讲,诗歌、诗文化就是在现实的大地上追求意义的艺术,它同其他文化一样,是人的生命的一种本质的存在方式。诗歌、诗文化,就是对存在的诗性规定;诗人、艺术家就是在现实的大地上创造意义的人,而这现实的大地就是生活世界和工作世界。"灵魂,大地的异乡者",就是说灵魂给大地带来新的异乡的意义,而灵魂创造意义的过程即她的漫游过程,而诗人或诗文化创作者即灵魂的漫游者、穿越者,意义的解蔽者、规定者、建构者。

"诗人,大地的异乡者",这是诗人处女座在读到特拉克尔的诗句"灵魂,大地的异乡者"时进行的话语转换。处女座把来自天堂的灵魂现实化、亲和化为诗人的灵魂即诗性存在者的灵魂,其意义更逼近大地、更融进生活和工作世界、更嵌入生命,这就使"大地的异乡者"进一步超越了灵魂的简单和抽象,更具有血肉、肢体的人性主体感和生活世界特别是工作世界意义的"大地"现实感、真切感,这不仅是诗性话语的艺术文化转换,同时也是对海德格尔的存在主义、胡塞尔与许茨的现象学的哲学文化的话语转换,即把哲学文化的意义原则或意向性精神注入诗文化及其主体化的生活世界。诗歌、诗文化就是诗人或创作者给生活的大地注入新的异乡的意义,就是诗歌或诗文化主体造化世界为主体存在的意义,而这种造化是主客体间性的造化,更是主体间性的造化,所有的物或艺术形式不过是承载意义的载体或标识意义的符号。"看起来,艺术作品中的物因素差不多像是一个屋基,那个别的东西和本真的东西就筑居于其上。"②

---

① 〔美〕阿尔弗雷德·许茨:《社会实在问题》,霍桂桓译,华夏出版社,2001,第167页。
② 〔德〕海德格尔:《林中路》,孙周兴译,上海译文出版社,2004,第4页。

海德格尔所说的"那个别的东西"即艺术作品的意义，他把意义视为作品的本质和根源，但他没有指出这种意义的生活世界总体意义特别是工作世界根源。诗歌、诗文化的意义向度是诗歌、诗文化的根本向度，诗文化的意义自觉是诗人或创造者的根本自觉，诗文化的意义建构是诗文化的根本建构，而这个意义就是主体化的生活世界总体意义和工作世界本质意义。

诗文化的意义向度就是诗人或创作者在现实生活特别是工作世界的大地上创造意义的价值取向和存在趋向，就是在无意义中创造有意义，在有意义中创造新的意义。意义从根本上说不是发现的，而是创造、建构出来的，或者说发现的意义已经存在了，存在的东西不需要诗人再去鹦鹉学舌地发现了，诗人是大地的异乡者，要把新的自觉的意义给予大地。对一些人来说，世界不是缺少意义，而是缺少意义的发生与建构，缺少对擦肩而过的五百年"情人"的高度自觉。只有意义的发生者、建构者才能成为诗人，才能抵达"与大地相融"的诗性意义的本质与存在境界。

诗歌的生活叙事和现实描述，都不是支离破碎的意象罗列和叠加，而是生活世界总体意义的解蔽，且这种总体意义是多重生活世界的总体意义，即每一片叶子都是一个世界、一个世界总体。而缺少现实世界总体性或存在格局，是当今中国诗歌的主要问题。由此，建立主体化生活世界的总体意义，就是当下诗文化的一个重要运行趋向。这种建构可循着以下意义行进。

其一，诗文化的存在之乡意义。人活着就是在一定的时空中居住和筑造，这一定的时空就是人们称为"乡"的东西。在这个意义上，人的存在就是"乡"的存在，存在的追寻就是对"乡"的追寻，而"乡"又有"故乡"和"异乡"之分。在存在论的意义上，人的一生就是在"乡"中旅行——地域之乡、生命之乡、心灵之乡、现实之乡、理想目标之乡……就是不断地从故乡到异乡或从异乡到异乡的过程。在存在论的意义上，对"异乡"的追寻就是一定追寻主体对自己"异在"的追寻，对"故乡"的追寻则是一定追寻主体对自己"同在"的追寻。在存在论的意义上，主体对一种"乡在"的追寻，具有价值取向、思维方式和精神理想的生命存在本体论和方法论意义。中国传统文化贵"和"，重"同在"，尚"同乡""故乡",在一定程度上排斥"异在""异乡""游子""浪子",如"落叶归根""月是故乡明""浪子回头金不换""孝子不远游"等理念。而当今时代文化的趋向是尊"个性",重"异在",尚"异乡"。在城市化、现代化与全球化的生存境遇中,我们都是有着故乡情结又时刻充满异乡感的人。面对故乡情结相对较重、异乡精神相对缺失的当今文化,建造从故乡到异乡再到新的异乡的存在者之乡,具有当今时代文化的宝贵意蕴和当代人存在的实有、实用价值。

  人的一生就是在乡中穿越
  从故乡到异乡
  从异乡到故乡
  从异乡到新的异乡
  穿越就是我的乡
  我的乡情

  凡是我灵魂飞过的土地和天空
  都是我的故乡
  凡是我灵魂栖居和筑造的寓所
  都是我的故乡
  凡是我的故乡
  都是我的异乡

  如果我不飞翔筑造
  大地与天空、陆地与海洋
  哪里是故乡
  哪里是异乡
  故乡与异乡都是我的乡
  我的乡情

  我们去异乡不是缘于诱惑

而是生命的承担

　　存在的召唤

　　我们回故乡

　　不是回归旧梦

　　而是带着新的梦想①

　　　　——处女座《穿越者之诗——从故乡到异乡》

从乡村到城市或从城市到乡村,从大陆到海洋或从海洋到大陆,从大地到太空或从太空到大地,从历史到现代再到未来或从未来到现代再到历史,穿越者的乡情是存在的乡情,穿越是穿越存在之乡,存在之乡就是时空流变与绵延之乡。要改变乡的传统观念,确立存在之乡的意识。现代人已无传统意义上的乡或故乡,是以"穿越"为乡,这个乡是流动和流变的而不是固守的乡,是主体化的而不是客体化的乡。这里,"穿越者"如果是被客体诱惑而去异乡,或如果是回归故乡客体的旧梦,他就被客体化了。带着生命的承担去异乡,或带着新的梦想回故乡,这就是一个主体造化客体的主体化人存在的过程。人的存在就是乡在,乡就是一个时空文化世界,其总体是生活世界,本质是工作世界。诗文化主体化就是建构存在之乡,就是解蔽、理解、建构人的乡在,就是建构主体化的故乡或异乡。

其二,诗文化的民间意义。民间是存在之乡的所在地和依附地,是文化世界的主体中心场域。民间最具主体化的生活世界总体意义和工作世界共同体本意,也是主体间性意义的最深厚的策源地。"桃花真正属于民间/绝世的美不可复制……/桃花生来就属于山谷/她的美一年一度"②。"民间"是诗文化意义的对象支撑或主体依托,是意义之本;灵魂、思想意识是意义之源。以人为本就是以民众的生命存在和发展为本,就是以"民间"的意义为本,而民间意义的根本就是民生的意义,民生就是民众的生存、生产、生活、工作,就是民众的生活世界和工作世界的主体化。写写鸡鸭猪狗并不代表具有了民间性,民间性或人性化写作的关键在于创

---

① 处女座:《穿越者之诗——从故乡到异乡》,知识产权出版社,2013。本节所引用的处女座诗歌、诗句,除了《我们的云水谣》,其他皆出于此。
② 处女座:《穿越者之诗——从故乡到异乡》,知识产权出版社,2013,第6页。

造出"民间"的意义和价值,而不是消解甚至丑化"民间"的意义。"爱情的石头沉默无语/……丘陵地带/桃花生于石头/桃木坚硬/桃花挺立/像雪一样白/像血一样红"①;"桃花世界/你是真正懂得桃花的人/你是桃花唯一的情人"②。石头表征民生的艰难和顽强,生于民间的山谷,"民间"是主体化的最美丽的"情人",桃花开满山谷,这是一种何等的艺术震撼和存在之澄明!而这开满桃花的山谷就是一个民间的工作创造之地和生活栖居之所。凡·高的名画《农夫的鞋》,就是解蔽了民间普通存在者的存在的真理和澄明之境界意义,总是给人极大的震撼。正如海德格尔在谈到这幅画时指出的:"从鞋具磨损的内部那黑洞洞的敞口中,凝聚着劳动步履的艰辛。这硬邦邦、沉甸甸的破旧农鞋里,凝聚着那寒风料峭中迈动在一望无际的永远单调的田垄上的步履的坚韧与滞缓。鞋皮上粘着湿润而肥沃的泥土。暮色降临,这双鞋底在田野小径上踽踽而行。在这鞋具里,回响着大地无声的召唤,显示着大地对成熟谷物的宁静馈赠,表征着大地在冬闲的荒芜田野里朦胧的冬眠……"③ 民间的生活和工作空间卑微而博大、静默而澄明、寂寥而震撼,这就是海德格尔诗学所指向的艺术的诗意创造本性和真理之澄明生态。

其三,诗文化的实有意义。民间是存在和本质最丰富的领域,诗文化的民间性注定了诗歌的实有意义。"他习惯性地/把左手放在右手背上/两只冻得发胖的手/叠在一起/一种坦然的姿态/他表情灰暗、亲切、安详/土豆,土中的豆/闪耀灰暗的光芒"④。诗歌的实有性往往体现在民间的日常工作和生活中,体现在被一些目光短浅者和理解力低下者认为是无意义甚至是丑陋的活动和存在之中,而处女座则指示了他的意义:"我真想摸一摸他的冻手/我的灵魂/一直在抚摸"⑤。这又使人想起凡·高的名画《吃土豆的人》,这一幅画里,凡·高用粗陋的模特来显示真正的平民,他自己说,"我想传达的观点是,借着一个油灯的光线,吃马铃薯的人用他们

---

① 处女座:《穿越者之诗——从故乡到异乡》,知识产权出版社,2013,第6页。
② 处女座:《穿越者之诗——从故乡到异乡》,知识产权出版社,2013,第6页。
③ 〔德〕海德格尔:《林中路》,孙周兴译,上海译文出版社,2004,第18页。
④ 处女座:《穿越者之诗——从故乡到异乡》,知识产权出版社,2013,第131页。
⑤ 处女座:《穿越者之诗——从故乡到异乡》,知识产权出版社,2013,第131页。

同一双在土地上工作的手从盘子里抓起马铃薯——他们诚实地自食其力"。土豆象征着卑微而晦暗的民间存在,实有的存在者是那些善良而勤劳的工作者,艺术作品使那些晦暗时空中的存在者在诗性创造的存在的真理中敞开和明亮起来。面对在别人看来除了空无和死亡什么也没有的沙滩和河流,处女座则指示其潜在的主体化意义:"沙滩灿烂/金灿灿的沙滩/河流的骸骨/河流裸露的皮肤/灵魂的水川流不息"①。别人看见的枯竭的河流,诗人却能赋予其川流不息的意义,并且那样让人相信。是啊,即使是我们看见那些枯竭了的古河道,灵魂中总是浮现出水的奔流景象。

其四,诗文化的普遍世界意义。诗文化的普遍世界意义即诗文化的主体化世界意义或主体化世界的总体性意义,亦即生活共同体意义。"作品之为作品建立一个世界。作品张开了世界之敞开领域。但是,建立一个世界仅仅是这里要说的作品之作品存在的本质特性之一。"② 即作品要有世界的总体性,这种世界性或总体性即存在者的共同的真理意义。"因为只有当我们本身摆脱了我们的惯常性而进入作品所开启出来的东西之中,从而使得我们的本质在存在者之真理达到恒定时,一个作品才是一个现实的作品。"③ 即艺术作品必须是对普遍世界意义的解蔽或建构,才能抵达存在的真理境界,使创作者和读者、欣赏者共处一个存在共同体意义的世界之中,从而抵达真理的"恒定"境界。具有这样的普遍世界意义即生活共同体意义的作品才是现实的作品。"真理的诗意创作的筹划把自身作为形态而置入作品中,这种筹划也决不是通过进入虚空和不确定的东西中来实现的。而毋宁说,在作品中,真理被投向即将到来的保存者,亦即被投向一个历史性的人类。……真正诗意创作的筹划是对历史性的此在已经被抛入其中的那个东西的开启。那个东西就是大地。"④ 即诗意创作指向人类或大地共同体的意义。诗歌不是单个人的孤立写作,也不是某个集体的集体道白,而是诉说和展现主体化存在共同体的共同性、共鸣性。如果写一个人或一个事,不能写出它的普遍世界性,就绝对不是诗歌,而是一种

---

① 处女座:《穿越者之诗——从故乡到异乡》,知识产权出版社,2013,第125页。
② 〔德〕海德格尔:《林中路》,孙周兴译,上海译文出版社,2004,第31页。
③ 〔德〕海德格尔:《林中路》,孙周兴译,上海译文出版社,2004,第62页。
④ 〔德〕海德格尔:《林中路》,孙周兴译,上海译文出版社,2004,第63页。

纯粹个人化的自我表现。诗歌、诗文化应该有自己的存在也有他人和世界的境遇，有现世的生活也有来生的生命，有尘世的栖居也有天堂的筑造，这些都是诗文化普遍世界意义的主体化规定。这种普遍世界意义就是强调诗文化是作者与读者、作者与世界境遇的共在性和共同体性。"桃花真正属于民间/绝世的美不可复制""灵魂的水川流不息"，这难道不是普遍的主体化存在意义和精神吗？当然，这更是低处的流水、低处的民间人的主体化存在意义和精神。可以说，每一首真正的诗歌或艺术作品，都呈现出这种强烈的普遍世界意义，都抵达了有自己和世界、有尘世和天堂、有现世和来生的主体化生活、生命的境界。

其五，诗文化的建构意义，这也是诗文化的前景化意义，也就是诗文化的诗意创造意义，这是诗文化的根本意义。民间意义、普遍世界意义、实有意义都是建构出来的，而这种建构又都是在生活世界特别是工作世界的主体化建构。"诗并非对任意什么东西的异想天开的虚构，并非对非现实领域的单纯表象和幻想的悠荡飘浮。作为澄明着的筹划，诗在无蔽状态那里展开的东西和先行抛入形态之裂隙中的东西，是让无蔽发生的敞开领域，并且是这样，即现在，敞开领域才在存在者中间使存在者发光和鸣响。"① 海德格尔指出了诗文化不是肤浅的世界表象，也不是脱离现实世界的虚妄构想，其本质是诗意的创造和建构，是创造存在的真理，使存在处于无遮蔽的自由的敞开状态，从而捕获澄明的诗意的存在意义，但是他没有把这种诗意的创造同工作世界连接起来。而文化创造的本质是工作创造。诗歌、诗文化一旦肢解了生活世界的总体性，一旦偏离了工作世界的价值核心，就会失却建构意义，就会沦为"虚幻"。喋喋不休的个人化写作、唠唠叨叨的生活碎片化叙事、云山雾罩的妄想化直白、怨天尤人的概念化图解、鸡鸣狗盗的世俗化诉说、风花雪月的意象化复制、怨妇式的辱骂……面对这些诗文化生态，面对这些无意义或消解意义的非意义写作，面对这个缺少意义、遮蔽意义、消解意义、不太清楚意义的时代，谁能建构意义，谁就能成为民间诗人、时代的思想者；谁的意义越多，谁就越是诗人，反之亦然。诗人，是这个时代的思想者；思想者，是这个时代的诗

---

① 〔德〕海德格尔：《林中路》，孙周兴译，上海译文出版社，2004，第60页。

人。思，就是指向对象，在现实生活的大地上指示意义、建构意义。"心灵的旅行/穿越客体的景物/构造经验的世界/心灵的旅行/深入存在的内部/以灵魂建造灵魂"①。"我站在最大的铜鼎前拍照/这意味着/我的诗歌必将问鼎中原/我叩问铜鼎/四壁铮铮作响/这意味着/她内心装满我的诗歌"②。这是用主体化诗性存在的建构消解客体化的权力中心文化。诗歌是不能改变世界的，但可以改变世界的意义。世界的破坏已经够多了，现实的人们看见、经历和感受的破坏绝不比诗人少，他们不需要诗人再去破坏了，他们急需重建世界的意义，他们急需在残破的物质世界上重建主体化的生活世界和精神家园。在构建和谐世界时代，破坏是低层次的意识和行为，连一个精神病患者都会破坏，而建构就不是那么简单了，它需要从诗歌和诗人的灵魂中"流溢"，而这个灵魂就是工作建构、造化和创生的精神。"诗人，大地的异乡者/栖居在丘陵地带/灵魂的诗歌川流不息"③。下面再以处女座的《我们的云水谣》一诗为实例，进一步表证诗文化建构意义即诗意创造意义。

云水谣是闽南漳州市南靖县的一个小镇，原名长教镇，是台湾拍摄的反映闽台青年恋爱关系的电影《云水谣》的取景地，后更名为云水谣镇。"云水谣"亦成为标识闽台关系或两岸关系的一个文化符号，亦是现代闽台文化的重要构成因子，一提起云水谣，人们就会想到台湾和闽南。处女座2013年创作的诗歌《我们的云水谣》可理解或释义为借用"云水谣"这一文化符号，标识和建构"我们"的闽台关系、两岸关系和普遍世界的爱情关系，这些关系的意义是生活世界共同体意义，本质是工作世界共同体意义。

　　　三月的相聚，闽南雨
　　　唱着云水的歌谣
　　　漫过火山口，穿越云洞岩
　　　流落九龙江畔

---

① 处女座：《穿越者之诗——从故乡到异乡》，知识产权出版社，2013，第210页。
② 处女座：《穿越者之诗——从故乡到异乡》，知识产权出版社，2013，第17页。
③ 处女座：《穿越者之诗——从故乡到异乡》，知识产权出版社，2013，第125页。

我们一直在云水之中
远离盛会与盛宴
一生爱过的人
是一支支沉寂的歌谣
唯有这一曲，我们的云水谣
一直萦绕耳畔

"你没有变，就像从前"
在心灵的注视里有青春的永恒
爱与美，往昔与现在
没有什么可以改变
淅淅沥沥的雨
细细碎碎的脚步
不紧也不慢
恰好是初爱的节奏
云水的恋情只要今生的序曲
把高潮和尾声留给来世[①]

——处女座《我们的云水谣》

云水谣镇固然是云水谣的本谣，而有爱的人处处都是云水谣。"三月的相聚，闽南雨/唱着云水的歌谣/漫过火山口/穿越云洞岩/流落九龙江畔"。闽南雨，每一滴雨水都是一个云水谣的一个分谣，所有的闽南雨合在一起构成云水谣的本谣。本谣的"理一"在哪里，分谣的"分殊"又在哪里，这个其实并不重要，重要的是爱，有爱就有"理一"，有爱就有"分殊"，海洋文化、海洋精神的精髓就在于这种普遍世界的爱。火山岛的火山口、云洞岩、九龙江畔，处处都是云水谣，处处都承载着海洋世界的爱与美。

---

① 转引自李晓元《文化哲学方法与闽南文化思想政治教育研究》，社会科学文献出版社，2013，第395~396页。

爱在云水之中，"我们一直都在云水之中/远离盛会与盛宴"。"盛会"与"盛宴"是一个正在消隐的遭遇国家意识形态贬黜的被民众弃绝的文化符号。海德格尔认为艺术的本性是真理，也就是诗。爱亦是真理，亦是诗。艺术、真理和爱，都不在"盛会"与"盛宴"之中，都在云水之中，被云水谣唤醒，在云水谣中涌现。"一生爱过的人/是一支支沉寂的歌谣/唯有这一曲/我们的云水谣/一直萦绕耳畔"。我们一直在云水之中，爱情的雨水，净化岁月的沧桑，洗涤存在的尘埃。爱的世界，不是一个物是人非的世界。"在心灵的注视里有青春的永恒。"流动的现代性，使那些消费英雄、资本时尚、权贵荣耀和精英审美都成为转瞬即逝的灵光，却无法改变爱与美的青春，因为它们一直在云水之中，被心灵注视、庇护和照耀。是的，心灵的能量是精神的能量，可以穿越历史，在物质的颓败与盛宴的荒芜中进入永恒，她是这个世界唯一的永恒。只要将目光转向心灵，以心灵注视心灵，就可抵达爱的永恒，这个世界是有永恒的。以至于一生的爱、脚步以及醉心其中的雨水，不过是一支支序曲，吟唱着云水的歌谣，"把高潮和尾声留给来世"。来世就在今世的隔壁，或是一山之隔，或是一海之距，或是一天之远。那边，闽南雨依旧唱着云水的歌谣，那边的城市由云水筑成，矗立于尘世和心灵之上，那边依旧是"我们一直在云水之中"。来世的云水飘落今世，"我在云水谣等你"，他与她似乎都听到了彼此的呼唤……

有房地产商也听见了云水的召唤，并在《海峡导报》上用《我们的云水谣》推销南靖的楼盘。他说："有诗叙之：'三月的相聚/闽南雨，唱着云水的歌谣/漫过火山口/穿越云洞岩/流落九龙江畔/我们一直在云水之中/远离盛会与盛宴'。电影《云水谣》让许多人认识了南靖这座美丽的小城，在山清水秀的地方寻求建筑与环境的和谐共生，在钢筋水泥的建筑中让生活多一些温情和诗意，这正是许多旅居项目的灵魂……"①

"我们一直在云水之中"，房地产商、旅行者、闽南人……他们都在倾听《我们的云水谣》，这是每一个人的"云水谣"。"我在云水谣等你"，此时，大陆与海岛、陆地与海洋、心灵与肉身，都漫过闽南雨、闽

---

① 李会堂：《旅居，小城的生态乐活》，《海峡导报》2014年5月28日。

台雨，倾听着云水的召唤，吟唱着《我们的云水谣》……这是一个文化共同体的诗意创造，是文化共同体、生活共同体、工作共同体三位一体的建构境界。

（三）诗文化的工作世界本质意义

诗文化的工作世界本质意义是诗文化建构的根本意义。存在意义、生活意义都以工作世界为根基和支撑。"任何一个民族，如果停止劳动，不用说一年，就是几个星期，也要灭亡，这是每一个小孩都知道的。"① 在马克思看来，文化就是人的历史或存在过程，人、文化都依靠工作（劳动）生存，这是连"小孩都知道"的生存论。他把实践、生产、劳动以及社会关系或生产关系作为人与文化的生存基础和意义的源泉，就是把工作活动看作人或文化的生存依靠。工作是一个内含了工作能力、工作关系、工作环境以及占有、分配、交往关系的世界总体，即工作就是工作世界，工作世界是生产活动、实践活动的主体化、实体化、具体化。现象学社会学家许茨认为，生活世界是一个文化世界，工作世界是生活世界或文化世界的核心领域和最高的社会实在。"精明成熟的自我在它的工作中并且通过它的工作，把它的现在、过去和未来结合成一种特殊的时间维度；它通过它的工作活动实现作为一种整体性的自身；它通过工作活动与他人进行沟通；它通过工作活动把这个日常生活世界的不同空间视角组织起来。"② 个体通过自己的工作活动与外部世界连接起来，实现自己在世界中总体的生存意义；工作世界赋予日常生活最切实的实在感，只有在工作世界的实在中，个体之间才能有效地相互作用、观察、沟通、理解、支持、感受，从而形成主体间性的"伙伴关系"。③ 许茨这种主体间性的个人工作共同体的现实生存状态或生存方式，最后又被他还原为工作意识的生存过程，还原为意识的工作意向性，即他否认客体本身的意义，认为意义是主体工作意识给予客体的。福柯认为，人们写作、生活、恋爱、乐趣等生存意义，都存在于创造性的工作过程，生活本身就是工作创造出来的活生生的艺术品，"人生劳作的主要兴趣是使自己成为不同于昨日的另外

---

① 《马克思恩格斯选集》第 1 卷，人民出版社，1995，第 580 页。
② 〔美〕阿尔弗雷德·许茨：《社会实在问题》，霍桂桓译，华夏出版社，2001，第 289 页。
③ 〔美〕阿尔弗雷德·许茨：《社会实在问题》，霍桂桓译，华夏出版社，2001，第 298 页。

之人"①。

人的存在就是主体化世界，就是文化世界，主体化世界或文化世界的总体是生活世界，生活世界的本质是工作世界，工作世界的本质是工作共同体；工作世界是一个创造意义的世界，是一个不断地建构、获得意义与破坏、丧失意义并行的过程。"艺术工作是真正的工作"②，即艺术由工作创造，艺术的本质是展现工作世界的创造意义。工作世界总体化生活世界、现实世界、存在世界、价值意义世界，工作世界意义是文化世界根本意义所在，也是诗文化的根本意义向度。处女座的《穿越者之诗——从故乡到异乡》中大量的诗歌都展现、解蔽、建构了工作世界的意义。如《在凤阳》中的诗句："我坐在凤阳的山坡上/面朝山谷/三年如一日/一日如三年/我抚摸着、敲打着/诗歌的石头/中都颓败/我用诗歌的石料/再建都城的王室和圣殿/我快乐着异乡人的快乐/痛苦着异乡人的痛苦"，用工作创造的诗性精神消解权力中心主义。再如《中原大地》《卖土豆的男人》《寂静的乡村》《故园》《红冠鸟》《孔雀东南飞》等，都具有强烈的工作世界核心价值意蕴。可以说，处女座的诗歌特别是2000年以后的诗作几乎都以工作世界的意义为根本向度，具有强烈的工作世界感，而这种工作世界诗歌是展现工作世界的总体性，这不同于一些具体地描述某种工作活动、工作场景、工作身份的"工作"诗歌，如一些写农民工、打工族的诗歌，后者缺少工作世界总体性和存在的大格局。诗歌、诗文化的本质是工作世界诗歌，其核心价值指向工作世界共同体意义。诗学的本质是工作世界诗学即工作诗学。离开工作大地、工作世界，实践、文化、生活、存在就无所依附，实践诗学、文化诗学、存在诗学等诗学就无所寄托。下面以处女座的《芗城天上人间》这首诗为例，进行诗文化的工作世界意义分析。这首诗从城市的多重工作世界向度，批判了资本和权力中心的城市意义，展现了城市的工作共同体生态。

---

① 转引自〔美〕大卫·雷·格里芬《后现代精神》，王成兵译，中央编译出版社，1998，第4页。
② 〔美〕赫伯特·马尔库塞：《爱欲与文明》，黄勇、薛民译，上海译文出版社，2012，第73页。

登上七楼的平台
这是他芗城①的天上人间
一把南方的红木椅
一块红土堆砌的菜地
黄瓜藤开满黄花
结出带毛刺儿的小黄瓜
番茄、南瓜，都结出硕果
还有韭菜、香菜、茄子、丝瓜
这些都是女人的建造与播种
他只是一个黄昏的看客
一个把菜地当女人的欣赏者
一个酷爱土地与植物的恋人
——处女座《芗城天上人间》

　　存在者视楼顶的一块平台为自己的寂寞之地，为自己的天上人间。而这寂寞的天上人间都是女人的建造，他只是"一个把菜地当女人的欣赏者/一个酷爱土地与植物的恋人"，他在黄昏时走进这片天地，静静地对着菜地像对着心爱的女人，体验着与土地、大地和女人的融合之美、之爱。走向诗意的工作大地——精神与物质的工作大地。这就是他的天上人间，在喧嚣的城市之上，只占一小块平台。与大地融为一体，与植物融为一体，是对大地爱的寂寞，是冲动与生长的寂寞。每一粒草籽都是大地的富贵，对于大地来说，草籽与黄金、美元没有区别，黄金也没有大地长久。而在现存的意义上是有区别的，大地更爱草籽，那是她自己的生养，自然的生养，而纸币和黄金，那是大地的怪胎，一叠纸币或一两黄金要祸害多少大地的身体和精神，大地喜欢、酷爱的是植物的生长和生命的雨露阳光。资本的高楼分割、遮蔽大地的肢体，权力贩卖大地，不断使其升值成为资本的奴隶和权贵的财富，甚至成为其豪宅、豪车的资

---

① 芗城即漳州，漳州地处"闽南金三角"，芗城区为核心城区。这里，芗城是城市的一个文化符号，亦是存在者空间的一个文化符号。

费；而植物遮蔽和呵护大地。大地给了我们一个对富贵的理解或富贵的理念，那就是普遍生命的冲动、生长和创造，而不是资本和黄金。这与马克思的富贵观相契合：因为真正的财富就是所有个人的发达的生产力。[①] 马克思也认为真正的财富不是黄金、纸币和楼房，而是普遍个体的生产力即工作创造力。诗歌《芗城天上人间》只用一小块平台上的土地，建造了一个生命富贵的空间，这是男人、女人与土地的共同造化。一个酷爱土地与植物的恋人，珍惜土地，无须更多的土地。但似乎光这物质的或自然的空间还不够，还要筑造一个精神充盈的空间家园。

> 而此时，他坐在椅子上
> 用肘拄着椅子的扶手
> 用手掌托着脸颊
> 凝望着九龙江的天空
> 一片片鱼鳞状的云彩
> 一根根青龙的肋骨
> 一缕缕清幽的思绪
> 缓缓地凝聚又缓缓地飘散
> "守得住寂寞
> 你就是一个圣者"
> 一切繁华在此消隐
> 一切孤独在此沉静
> ——处女座《芗城天上人间》

大地的富贵是生命的富贵，生命的富贵是一种寂寞，而不是所谓"消费英雄"的身份显赫或消费美学的物质张扬，如此，"守得住寂寞/你就是一个圣者"，守得住寂寞就是守得住这种生命的富贵，而这种生命的富贵是生生不息的生命创生与精神建构的双重存在空间和过程。一个小平台、一把红木椅、一个座位，只是这双重存在空间的有形载体，那些

---

① 《马克思恩格斯全集》第31卷，人民出版社，1998，第104页。

"清幽的思绪"才是这空间的潜能巨泄，它隐含和发生于存在者的内心，又以云的形体和龙的肋骨展现于这双重存在空间的天地，使那些显赫的物质的繁华成为浮华并消退、消逝于这精神、思绪和思想的光辉。而存在者的孤独亦不再是孤独，而是寂寞之美、沉静之爱，是寂寞与沉静之富贵，是抽象精神之美与富贵。这寂寞的圣者是一个普通的、日常的、大众化的存在生态，是土地与植物、男人与女人共同造化的爱的共同体。这寂寞之美足以构成一种寂寞美学，足以抵消、消解和遮蔽那些承载着太多贪欲、猥琐、腐败、欺诈、虚伪甚至罪恶的消费美学。而这寂寞美学除了流溢着普通圣者的普通思绪和爱意，还发生和创生着普通圣者的不普通诗性与哲思的存在空间，而这哲诗空间又超越了圣者的自身存在空间，展延为一个普遍的精神空间，悬浮于"六月的芎城"，悬浮于城市与普遍存在的空间，这精神的空间是悬浮着的，是在城市之上照耀城市。

> 起身的天空暗下来
> 浮现一缕火烧的云
> 一首诗已经炼成
> 一个思想已经出炉
> 拖曳着爱情的火焰
> 悬浮于六月的芎城
> ——处女座《芎城天上人间》

这里，"火烧""火焰""炼成""出炉"，这情丝的云水、诗性的冶炼、爱意的烧制、哲思的灿烂，是一个多么艰辛的充满技艺和艺术的工作创生过程，这个寂寞的独创的过程生成一个寂寞的独创的作品，它可以是一首诗或一个哲思，可以是一本诗集或哲学著作，它以黄昏时分火烧云的姿态和肢体悬浮或飘荡于城市的天空，这爱情的火烧云构筑的精神家园在物质的城市之上，使存在者与存在、圣者与非圣者、芎城与普遍世界共同获得了物质与精神生命的双重存在空间意义，并演绎着寂寞美学与资本美学、消费美学的对峙行动，试图用精神的质料填充物质高楼的沟壑。这就是芎城、芎城天上人间的真意、本意和全意。

在《芎城天上人间》里的存在者是"一个把菜地当女人的欣赏者，一个酷爱土地与植物的恋人"。对于生命的总体意义来说，收获、果实并不是唯一的意义，过程的意义大于利润和果实。即便是有更多的利润，可是也要给农民一块土地，给他们生活和工作的存在空间，这是他们的本质之地、存在之乡。土地不只是利润、资本和经济价值，而是生活世界的总体意义，是生命活动的过程，它可以贫瘠，但不能失落；它可以无高楼大厦、灯红酒绿，但不能没有播种、耕耘和灌溉；它可以无资本、老板、开发商、村主任，但不能没有农妇、农夫和一切以土地为生命本身的人。

爱的寂寞是生命的充盈。守得住寂寞，对一个人是这样，对一个国家、社会、政府也是这样。好大喜功地建造那些形象工程和显赫的辉煌是短期效应，只有默默无闻地创造、实干，甚至坐得住冷板凳，才能干出真正的事业，表面的轰轰烈烈和物欲的喧嚣往往都是短命的。缺乏实质性的创造力，任何显赫和辉煌都是浮华与颓败。但是，怎样追寻那种爱的充盈的寂寞？诗歌里的芎城本质上并不是一个地理空间或城市物质空间，而是在城市物质空间之上的精神空间。物质空间是一个被分割的物化场所，存在者的物质空间很小，甚至只在一个平台上，但他可以通过精神空间的开拓超越物质空间的狭小，用精神思想和诗性弥合物质空间的碎裂。

最富丽堂皇的地方往往装置最腐烂的肉体和灵魂。在《芎城天上人间》里，城市的物质空间只是一个背景，主体成为前景，存在于城市之上的精神空间，与诗和哲思融为一体。天女与云融为一体，在宗教画像里云是天使，是天女。火烧的云是一种悬置，一种被悬置和自我悬置，一种悬置的寂寞，圣者的寂寞。圣者从不因为没有或失去物质、金钱、财富、权力而寂寞，他的寂寞是精神空间里沉静而美丽的寂寞，是坐在尘世的冷板凳上造化、开辟诗性和哲思的精神空间境界的寂寞，是真正的寂寞美学。谁守得住这样的寂寞，并带着对大地、对每一棵植物的爱和敬畏，谁就会成为一个圣者，就会捕获自己爱的天上人间。它在城市之上，是一座寂寞之城，并与欲望之城相对峙。

综上，诗文化、诗歌的意义是生活世界总体或共同体意义，核心是工作世界意义。而生活世界、工作世界都是主体造化的世界，都是主体化世界，由此，诗文化就是主体化诗文化或诗文化主体化，就是主体与主体共同造化生活世界或工作世界意义，诗歌就是诗人主体与读者主体造化世界为彼此共在的语言艺术形式，诗歌主体化或主体化诗歌就是诗歌主体把世界造化为主体与主体、主体与世界的共在。所谓"共鸣"即这种共同体意义的共振，这种意义即创作者、读者、欣赏者共同体在生活特别是工作世界中的共同创造，而作为诗歌、小说、音乐、舞蹈、绘画等艺术形式则是创作者的相对独立创造，但这些语言、符号、音符、旋律、舞姿、线条、色彩等艺术形式，都不过是意义的载体，离开意义，悖逆了生活世界总体意义特别是工作世界核心价值，它们便没有意义，便会因丧失意义而不再是艺术或文化。哈贝马斯指出："言说者与受听者从共同的生活世界出发，就客观的、社会的和主观的世界中的某物达致相互理解。"[1] 客观世界、社会世界、主观世界是生活世界的三个重要向度，都是由主体间性关系构成的世界，"言说者和受听者所面对的是具有同样根源的三个世界的同一体系"[2]。诗歌、艺术、诗文化本质上是作者与读者、听众、欣赏者对生活世界和工作世界的共同体验、理解和建构，其根本的创造力是意义的创造力。海德格尔指出："艺术家是作品的本源。作品是艺术家的本源。"[3] 即作品是艺术家创造出来的，而艺术家又是作品创造出来的。艺术家要靠作品立世，而作品要靠创作者与受用者的共同体意义立世、传播、传承、弘扬和再造。诗歌、艺术、诗文化本质上是作者与读者或欣赏者的共同创作、共同吟唱，而"吟唱意味着：归属到存在者本身的区域中去"[4]。吟唱就是道说世界，道说生活世界和工作世界的真理意义，就是存在总体的在场或此在的美妙，就是生活的真理之澄明生态。

---

[1] J. Habermas, *The Theory of Communication Action*, Vol. 2. Stafford: Polity Press, 1989, p. 126.

[2] J. Habermas, *The Theory of Communication Action*, Vol. 2. Stafford: Polity Press, 1989, p. 84.

[3] 〔德〕海德格尔：《林中路》，孙周兴译，上海译文出版社，2004，第1页。

[4] 〔德〕海德格尔：《林中路》，孙周兴译，上海译文出版社，2004，第332页。

参考书目

一 译著

《马克思恩格斯选集》第1~4卷，人民出版社，1995。

《马克思恩格斯全集》第1、2、3、46、47卷，人民出版社，1979。

《马克思恩格斯全集》第6卷，人民出版社，1961。

《马克思恩格斯全集》第7卷，人民出版社，1959。

《马克思恩格斯全集》第42、45卷，人民出版社，1995。

〔美〕路易斯·亨利·摩尔根：《古代社会》上、下卷，杨东莼、马雍、马巨译，商务印书馆，1971。

〔英〕罗素：《西方哲学史》上、下卷，何兆武、李约瑟译，商务印书馆，1963。

〔古希腊〕柏拉图：《斐德罗篇》，载苗力田主编《古希腊哲学》，中国人民大学出版社，1990。

〔古希腊〕柏拉图：《国家篇》，载苗力田主编《古希腊哲学》，中国人民大学出版社，1990。

〔古希腊〕亚里士多德：《论灵魂》，载苗力田主编《古希腊哲学》，中国人民大学出版社，1990。

苗力田主编《亚里士多德全集》第7卷，中国人民大学出版社，1997。

〔法〕笛卡儿：《谈方法》，载北京大学哲学系外国哲学史教研室编译

《西方哲学原著选读》上册，商务印书馆，1981。

〔法〕笛卡儿：《形而上学的沉思》，载苗力田主编《古希腊哲学》，中国人民大学出版社，1990。

〔德〕黑格尔：《历史哲学》，王造时译，上海三联书店，1956。

〔德〕黑格尔：《哲学史讲演录》第2卷，贺麟、王太庆等译，商务印书馆，1960。

〔德〕胡塞尔：《欧洲科学危机和先验现象学》，张庆熊等译，上海译文出版社，1988。

〔德〕胡塞尔：《生活世界现象学》，倪梁康等译，上海译文出版社，2002。

〔德〕孙周兴选编《海德格尔选集》上卷，上海三联书店，1996。

〔德〕海德格尔：《在通向语言的途中》，孙周兴译，商务印书馆，2004。

〔德〕海德格尔：《存在与时间》，陈嘉映等译，三联书店，1987。

〔德〕海德格尔：《林中路》，孙周兴译，上海译文出版社，2004。

〔奥〕弗洛伊德：《图腾与禁忌》，杨庸一译，中国民间文艺出版社，1986。

〔奥〕弗洛伊德：《精神分析引论》，高觉敷译，商务印书馆，1984。

〔匈〕卢卡奇：《历史与阶级意识》，杜章智等译，商务印书馆，1992。

〔德〕恩斯特·卡西尔：《人论》，甘阳译，上海译文出版社，2004。

〔美〕阿尔弗雷德·许茨：《社会实在问题》，霍桂桓译，华夏出版社，2001。

〔美〕赫伯特·马尔库塞：《爱欲与文明——对弗洛伊德思想的哲学探讨》，黄勇、薛民译，上海译文出版社，1987。

〔美〕赫伯特·马尔库塞：《单向度的人：发达工业社会意识形态研究》，刘继译，上海译文出版社，2008。

〔德〕马克斯·韦伯：《新教伦理与资本主义精神》，于晓、陈维刚译，陕西师范大学出版社，2006。

〔德〕哈贝马斯：《后形而上学思想》，曹卫东、付德根译，译林出版社，2001。

〔美〕大卫·雷·格里芬：《后现代精神》，王成兵译，中央编译出版社，1998。

〔英〕齐格蒙特·鲍曼：《工作、消费、新穷人》，仇子明、李兰译，吉林出版集团有限责任公司，2010。

〔美〕丹尼尔·贝尔：《资本主义文化矛盾》，严蓓雯译，人民出版社，2010。

〔美〕刘易斯·芒福德：《技术与文明》，陈允明等译，中国建筑工业出版社，2009。

〔美〕刘易斯·芒福德：《城市发展史——起源、演变和前景》，宋俊岭、倪文彦译，中国建筑工业出版社，2005。

〔美〕刘易斯·芒福德：《城市文化》，宋俊岭、李翔宁等译，中国建筑工业出版社，2009。

〔美〕曼纽尔·卡斯特：《信息化城市》，崔保国等译，江苏人民出版社，2001。

〔美〕曼纽尔·卡斯特：《网络社会的崛起》，夏铸九等译，社会科学文献出版社，2001。

〔法〕亨利·列斐伏尔：《空间与政治》，李春译，上海人民出版社，2008。

〔美〕戴维·哈维：《后现代的状况——对文化变迁之缘起的探究》，阎嘉译，商务印书馆，2003。

〔美〕大卫·哈维：《希望的空间》，胡大平译，南京大学出版社，2006。

〔美〕凯文·林奇：《城市意象》，方益萍、何晓军译，华夏出版社，2001。

〔英〕埃比尼泽·霍华德：《明日的田园城市》，金经元译，商务印书馆，2000。

二 中文文献

《毛泽东选集》第1~4卷，人民出版社，1991。

《邓小平文选》第1~2卷，人民出版社，1994。

《邓小平文选》第3卷，人民出版社，1993。

中央文献研究室中国外文局编《习近平谈治国理政》，外文出版社，2014。

中共中央文献研究室编《习近平关于科技创新论述摘编》，中央文献出版社，2016。

《周礼》卷一〇《秋官司寇下》。

《周礼》卷八《秋官司寇下》。

《山海经》卷一〇《海内南经》。

《汉书》卷一《高帝祀》。

（汉）司马迁：《史记》，中华书局，2006。

（宋）廖鹏飞：《圣墩祖庙重建顺济庙记》。

（宋）洪迈：《林夫人庙》，《夷坚志·支景卷九》。

（宋）李丑父：《灵惠妃庙记》，《至顺镇江志·卷八》。

（明）黄仲昭：《八闽通志》，福建人民出版社，2006。

《大清仁宗睿皇帝实录》卷二二九。

（清）李光波《周礼述注》卷一九。

陈先达：《马克思与马克思主义》，中国人民大学出版社，2006。

高鉴国：《新马克思主义城市理论》，商务印书馆，2006。

王海明：《公正与人道——国家治理道德原则体系》，商务印书馆，2010。

衣俊卿：《文化哲学》，云南人民出版社，2005。

张一兵、胡大平：《西方马克思主义哲学的历史逻辑》，南京大学出版社，2003。

刘怀玉：《现代性的平庸与神奇——列斐伏尔日常生活批判哲学的文本学解读》，中央编译出版社，2006。

姜军、李晓元：《产业技术与城市化——技术与人、自然、社会》，辽宁人民出版社，2003。

何林、李晓元：《日常生活世界的意义结构——许茨〈社会实在问题〉初探》，知识产权出版社，2005。

李晓元：《人学走进工作世界》，人民出版社，2012。

李晓元：《世界境界哲学》，社会科学文献出版社，2013。

李晓元：《文化哲学方法与闽南文化思想政治教育研究》，社会科学文献出版社，2014。

尤玉柱主编《漳州史前文化》，福建人民出版社，1991。

福建省地方志编纂委员会编《福建省志·民俗志》，中华书局，1997。

福建博物院编《福建考古资料汇编》（1953-1959），科学出版社，2011。

福建晋江流域考古调查队编著《福建晋江流域考古调查与研究》，科学出版社，2010。

邓聪、吴春明主编《东南考古研究》第二辑，厦门大学出版社，1999。

陈国强、叶文程、吴绵吉主编《闽台考古》，厦门大学出版社，1993。

连横：《台湾通史》，商务印书馆，1983。

李献璋：《妈祖信仰研究》，澳门海事博物馆，1979。

蒋维锬、朱合浦：《湄洲妈祖志》，方志出版社，2011。

陈碧笙：《台湾地方史》，中国社会科学出版社，1982。

陈支平：《福建六大民系》，福建人民出版社，2000。

林国平主编《闽台民间信仰源流》，福建人民出版社，2003。

杨琮：《闽越国文化》，福建人民出版社，1998。

林文豪主编《海内外学人论妈祖》，中国社会科学出版社，1992。

徐晓望：《妈祖的子民：闽台海洋文化研究》，学林出版社，1999。

陈寿祺等：《福建通志》，华文书局，1968。

三　英文部分

Martin Heidegger, *The Fundamental Concepts of Metaphysics*, trans. by WcNeill and Nicholas Walker. Bloomington：Indiana University Press, 1995.

Wagner. H. R., *Alfred Schutz：An lntellectual Bioigraphy*, Chicago and London：The University of Chicago Press, 1983.

Castells M., *The Urban Question: A Marxist Approach*, London: Edward Arnold, 1977.

Thomas S. Kuhn, *The Structure of Scientific Revolutions* (3rd Edition), Chicago: University of Chicago Press, 1996.

Henri Lefebvre, *Reproduction of the Relations of Production*. trans. by Frank Bryant, London: Allison & Busby Ltd., 1976.

Henri Lefebvre, *The Production of Space*. trans. by Donald Nicholson-Smith, Oxford: Black-well Ltd., 1991.

Brynjolfsson E., McAfee A., *Race against the machine*, Lexington, Digital Frontier, MA, 2011.

J. Habermas, *Toward a Rational Society*, trans. by J. J. Shapiro, Boston: Beacon, 1970.

J. Habermas, *The Theory of Communication Action*, Vol. 2, Stafford: Polity Press, 1989.

后　　记

　　本研究是笔者主持的国家社会科学基金项目"马克思主义哲学中国化的文化世界向度研究"（12BZX011）的最终成果。本研究以马克思主义哲学为主导，立足中国场域，同时又有世界维度，探究文化世界的一般意义结构，是以工作世界为核心范式的文化世界哲学研究，亦即当代中国马克思主义文化哲学研究。在核心范式的意义上，文化世界哲学亦可称为工作世界文化哲学。文化世界哲学将创造、工作创造、工作共同体创造视为工作世界乃至整个文化世界的三位一体本质和最高境界，诉诸资源型文化世界向创造型文化世界转型，亦是文化世界创新哲学，而创新哲学即文化世界创新哲学。

　　文化世界哲学就是关于文化世界意义结构的理论体系，是对什么是文化世界、文化世界是怎么来的、怎样建构或创新文化世界等问题的探究。笔者对文化世界哲学的研究始于2000年前后，那时主要是探讨城市化、城市文化的工作世界基础问题，并有这方面的专著。2005年开始关注许茨的生活世界文化哲学特别是其工作世界理论，并出版了这方面的专著。2006年笔者申请到一个省规划办课题"科学发展观的人本范式与人性化工作关怀"，并出版了这方面的专著。经过多年的探索和努力，以国家社科基金项目研究为契机，近年笔者又将人学、世界境界哲学、诗文化、宗教信仰文化、闽南区域文化等研究建立在工作世界基础上，并出版了这方面的专著。随着自身研究逻辑的行进，以工作世界为核心范式的文化世界哲学的总体研究就水到渠成了。

文化世界哲学同时开启文化世界和工作世界两个哲学范式，前者是总体范式，后者是核心范式，本书的主题是探究文化世界的意义结构，主线是探究文化世界或生活世界的工作世界基础和源泉。从根本意义上说，是工作世界范式使得本研究的文化世界和生活世界范式有了与众不同的独特意义。在这十几年的研究岁月里，笔者坚信，工作世界范式将会成为一个基本的哲学范式并与其他哲学范式互相映照；工作世界文化哲学将与生活世界文化哲学、实践文化哲学、人类文化哲学等文化哲学一道共同构成文化哲学的基本范式并互相映照。由此，笔者再次感谢国家社会科学基金评审的专家和评委，是他们在2012年给了笔者一个在国家社会科学基金立项的机会、平台，这激励笔者将文化世界哲学研究拓展到更为深广和绵延的存在域——这是一个默默无闻的研究者的默默的持续恒久的感激，这是一个坐在尘世的冷板凳上努力创造命运的存在者的幸运。笔者也十分感谢闽南师范大学为本研究提供的研究支持。

　　哲学是一种创作。哲学创作所需的材料，一个是经典文本，另一个是现实世界。而后者就是回到现实世界本身，是哲学创作的第一原则。不是哲学观，而是现实世界才是哲学研究的统领者、评判者！笔者深知，作为一项研究成果特别是开创性的哲学基础理论研究成果，任何时候都是有问题的。文化世界哲学研究是面对现实世界的开拓性、探索性的文化哲学基础理论研究，它的难度在于没有既成的理论和理论框架的参照系，加之笔者水平有限，必会存在这样那样的问题和不足，希望广大读者和同行专家不吝赐教。

李晓元
2016年5月20日于芗城白鹭园

图书在版编目(CIP)数据

文化世界的意义结构：马克思主义哲学中国化向度／李晓元著． -- 北京：社会科学文献出版社，2017.2
ISBN 978 - 7 - 5201 - 0144 - 8

Ⅰ.①文… Ⅱ.①李… Ⅲ.①马克思主义哲学 - 发展 - 研究 - 中国 Ⅳ.①B27

中国版本图书馆 CIP 数据核字（2016）第 308345 号

文化世界的意义结构
——马克思主义哲学中国化向度

著　　者 / 李晓元

出 版 人 / 谢寿光
项目统筹 / 周　琼
责任编辑 / 周　琼　孙连芹

出　　版 / 社会科学文献出版社·社会政法分社（010）59367156
　　　　　　地址：北京市北三环中路甲 29 号院华龙大厦　邮编：100029
　　　　　　网址：www.ssap.com.cn
发　　行 / 市场营销中心（010）59367081　59367018
印　　装 / 三河市东方印刷有限公司
规　　格 / 开本：787mm × 1092mm　1/16
　　　　　　印张：26.75　字数：424 千字
版　　次 / 2017 年 2 月第 1 版　2017 年 2 月第 1 次印刷
书　　号 / ISBN 978 - 7 - 5201 - 0144 - 8
定　　价 / 105.00 元

本书如有印装质量问题，请与读者服务中心（010 - 59367028）联系

▲ 版权所有 翻印必究